新编21世纪社会学系列教材

外国社会学史

第三版重排本

History of Foreign Sociology

主　编　贾春增

中国人民大学出版社
·北京·

撰稿人 （按执笔章节先后排序）

贾春增　朱晓权　杨榴红
林克雷　马顺军　于　硕
高　佳　于显洋　李　强
谢　文　李路路　王满传
应　星

主编简介

贾春增，1939年生，社会学博士，中央社会主义学院教授；北京市社会学学会副会长，欧美同学基金会常务理事、副秘书长。早年毕业于苏联列宁格勒大学（现圣彼得堡大学），后在贝尔格莱德大学获博士学位，20世纪80年代末在基辅大学作博士后研究。先后在北京大学、中国人民大学等高校任教，是费孝通先生主编的《社会学概论（试讲本）》（1984）编写组作者之一。著有《当代苏联社会学》（1992）。主编《外国社会学史》（1989）、《南斯拉夫和东欧社会学》（1992）、《民族社会学概论》（1996）、《知识分子与中国社会变革》（1996）等。译著主要包括《现代资产阶级理论社会学批判》（1981）、《社会学原理》（1986）、《西方社会学——人物 学派 思想》（1992）、《社会学二十讲》（2000）等。

内容简介

《外国社会学史（第三版重排本）》是对2008年出版的《外国社会学史（第三版）》进行校订后重排录入的再版图书。

《外国社会学史》的初版于1989年问世，第三版在前两版的基础上增加了一些新内容，主要包括20世纪90年代以来西方社会学综合趋势的新发展，以及进入21世纪以来俄罗斯社会学的新动向。另外，本版对其他个别章节也作了一些补充。经过上述修订，本书在内容上更加完整，层次更加清晰。本版在每章后增加了本章要点、基本概念、思考题和参考书目，以便读者把握每章的基本内容并进一步思考。社会学是一门理论紧密联系实际的学科，本书力求以史为鉴，从中汲取营养，不断丰富当今的社会学理论。

第三版前言

《外国社会学史》第三版现在与读者见面了。本书初版至今已经过去了20年，在此期间中国社会面貌发生了巨大变化，人民生活水平有了显著提高，这些都是改革开放所取得的成果。与此同时，也出现了诸如环境污染、官僚腐败、社会分化这样一些突出问题。如何实现社会持续、和谐发展，建设小康社会成了当今人们关注的焦点。构建和谐社会，树立科学发展观就是在这种情况下提出来的。从社会学的角度看，这无疑是对社会学理论的重大发展。

社会学作为理论性和应用性很强的一门学科，它一直把现实社会作为研究的对象。当前我国社会生活中存在的上述问题，是构建和谐社会中的不和谐因素，必须在科学发展观的指导下认真加以解决。《外国社会学史》作为一部社会学理论的发展史书，仔细阅读，不难发现，发展和进步、社会稳定与和谐，一直是理论家们致力于探究的一个主题。由于社会学家们各自所处的时代和面对的现实不同，观察问题的角度和解释的立场不一，于是便出现了各种理论流派，形成了一部斑斓多彩的社会学理论史说。这种理论的多样性，正是思想家们相互借鉴、批判继承、不断创新的结果。

率先提出“社会学”这个名称，并致力于建设一门关于社会的实证科学的社会学创始人孔德，在他的眼里，社会学的基本任务就是构建一个和谐一致的社会。然而，他的唯心史观和他所处的时代注定了他不堪此任。至于其他社会学家，尽管没有像孔德那样如此明确地提出这样的目标，甚至有人把研究的重点放在相反的领域，如社会冲突论，但细究起来，社会冲突理论强调冲突的正面作用，致力于把冲突建设成“社会安全阀”机制，最终还是为了维护社会的平衡和稳定，也并未背离社会学研究的主旨。总而言之，认真阅读，以史为鉴，定会对我们进行理论思考有所裨益。

贴近生活，与时俱进，是社会学的一大特点。这一特点也充分反映在本书中。各个时期理论家们的理论，表面看来像是纯理论性的问题，但实际上都是当时现实社会中的社会问题的反映。为此，本书在论述每一位理论家时，尽量叙述一段作者生平，介绍一些时代背景材料，其用意也就在此。有条件的读者，多读一些有关史料，对理解当时的理论定会有所帮助。

第三版《外国社会学史》对书的基本内容和框架没有改动，只是在第二版的基础上对个别章节进行了修订，所谓修订也完全是补充性的，不是重新改写。

本版修订的部分涉及第一章、第二章、第十五章共计三处，其余部分没有改动。在第一章“孔德的实证主义社会学”，增加了“孔德社会学思想的理论发端”一节，并在第三节（原第二节）“科学分类和社会学”一节中，增加了“二、社会学的对象和任务”，在第六节（原第五节）“关于社会改建的实证主义思想”一节中，新增加“一、孔德的实证政治纲领”两处新内容。

在第二章“斯宾塞的社会有机论”的第二节“社会有机论和社会进化论”增加了“一、斯宾塞的综合哲学”的新标题及相关的内容，介绍了斯宾塞的社会学理论的哲学基础。

本书的后面部分，第十五章“当代西方社会学理论的发展趋势”增加了“后现代社会理论”一节（第三节），原来的第三节与第二节合并为第二节。这样一来，读者能够看到整个20世纪西方社会学理论综合发展趋势的比较完整的画面。本章仍然保持三节的格局没有变，现在的第三节是新增加的内容，由中国政法大学应星教授执笔，并将原来的第三节整理合并到第二节中，内容基本没变，个别的段落或文字略作了删节。

另外，本版在每一章后面还增加了本章要点、基本概念、思考题和参考书目，并对教学大纲有关部分和人名对照表作了相应修改和补充。

这里，我要向参加本书修订工作的应星教授表示衷心感谢，他除了完成所承担的撰写任务外，还为本书提供了部分参考书目。另外，我还要感谢我的学生，云南大学社会学系教授王彦斌博士，他为本书的修订做了前期的准备工作。正是由于他们的积极参与，才使本书的修订工作得以顺利进行。

在此，要特别感谢潘宇博士，她在几年前就提出了本书改版的建议，并列入了出版计划，但由于一时准备不足，条件尚不成熟，未能如愿。此次，经过她的精心策划和姜颖昳编辑的辛勤工作，《外国社会学史》第三版终于与读者见面了。这里还要感谢宁成春、胡长跃和王坤杰三位编辑对封面和版式的精美设计。

最后，谨向广大读者表示由衷的谢意，在如此长的时间里，本书能得到读者的厚爱，对编者来说是莫大的鼓励和支持，大大增强了编者完成本版修订工作的信心。

在本版的修订过程中，除了应星教授撰写的部分外，其余均由编者完成。由于能力所及，疏漏和不妥之处在所难免，希望读者发现后提出宝贵意见，以利于日后改进。

贾春增

2007年11月5日于北京

再版前言

《外国社会学史》一书，是我在十几年前主持编写的一本社会学专业教材。由中国人民大学出版社于1989年初版。当时正值社会学恢复不久，各地都在积极开办社会学科系和专业，各方面传来的信息表明，学生和教师都期盼着有一本外国社会学史方面的教材。这本教材就是在这种情况下编写和出版的。

转眼间十多年过去了，通过教学实践和读者的反映，至今社会上对这本教材仍有需求。在此期间，我本人就接到过不少读者主要是报考研究生的学生的来信，询问何处能购到此书。因为书早已脱销，自然无处能买到。急望读到此书的学生，有的直接提出能否从我手中暂时借用。作为一名教师，对于青年学生渴望知识的心情我是十分理解和同情的。一般情况下，我都回信说明情况，建议他们到大学图书馆找一找。在特殊的情况下，对于一再来信索询的读者，我只好答应将我手中的书寄去复印。对于更多的索询者，我没有办法满足他们的愿望，我觉得根本的办法还是能够再版此书。

应当说20世纪90年代初有过重印该书的计划，当时和人大出版社的一位责任编辑已经商定此事，后来由于责任编辑出国，我本人方面也有些变动，使得这一再版计划搁置下来。每当我收到读者来信索购此书或询问再版情况时，我都觉得应当再把此事继续做下去。当然关心此书再版的不仅是学生，还有大学社会学系的负责人和专业教师。

1999年，承蒙中国人民大学出版社编辑室主任王爱玲女士的大力支持，加上出版社领导的重视，以及责任编辑潘宇同志的努力，落实了2000年出版本书的计划。

本书第一版分三篇，共14章。现在的修订版，保持三篇的格局未变，只是在前两篇里各增加了一章新内容。具体地说，第一篇是写社会学产生和形成时期的西方社会学家及其理论观点，在这一部分介绍了法国、英国和德国的社会学家，限于当时的情况，没有把意大利的社会学家帕累托的理论包括进来。这次的修订本增加了关于帕累托普通社会学思想的一章，即第七章。目前关于帕累托方面的材料开始多了起来，不过读起来感到有些凌乱，本版按照已经形成的体例加以编排，使其属于他特有的思想内容更为集中和突出。在本版第二篇，20世纪以来的美国社会学的发展，增加了自80年代末以来的西方社会学理论的综合发展趋势一章，即第十五章；另外，将第一版书的附录——社会学的现代化理论——改作一章放在第二篇，即现在的第十四章。在第三篇，第二次世界大战后的马克思主义社会学部分，由于这些国家发生了根本性的变化，第十六章冠以“前”苏联社会学的发展历程及其特点的标题；将第十七章也冠以“前”南斯拉夫社会学，删去东欧国家社会学提法和相关的内容。为了向读者说明苏联解体后俄罗斯社会学的一般状况，故增加了附录部分的新内容。

在初版的基础上，修订版各章的作者是：贾春增：绪论、第一、二、十六、十七章；朱晓权：第三、五章；杨榴红：第四章；林克雷：第六、九章和第十章的第四节；于硕：第八章；高佳：第十章第一、二、三节；于显洋：第十一章；李强：第十二章；谢文：第十三章；李路路：第十四章。

新增加部分的作者是：第七章：马顺军；第十五章：王满传；附录由我本人执笔。马顺军和王满传都是我在中国人民大学社会学研究所工作期间指导的硕士研究生，王满传同学还获得了博士学位，他们现在都是各自工作岗位的骨干。他们参加本书的写作，我感到十分高兴。这不仅由于他们是我曾指导过的学生，更重要的是，他们是改革开放后社会学恢复以来培养的一批年轻人，他们的迅速成长，代表了中国社会学事业的兴旺，由此可以看到21世纪中国社会学的发展和未来。

在作了上述补充和改动之后，本书内容更加充实和完整，与我们现在的时代更加贴近。除了新增加的材料外，其他各章节的内容也在尽可能的情况下作了一些补充，对其中个别不确切之处乃至标点错误也作了纠正，并在文字方面作了一些加工和润色，使之读起来更加通顺。

在众多的史书中，本书能在十几年中一直得到读者的厚爱，这是对本书的全体作者最大的鼓励，我作为本书的主编感到由衷的欣慰。在本书重新修订出版之际，我代表本书的全体作者谨向广大读者表示深深的谢意。如上所述，本书再版的想法较早，但作为修订本再版却是出版社领导几个月前的意见，做起来感到时间有些仓促，但我认为这样做是必要的。由于时间短，加之收集资料有一定的困难，其中不足之处难以避免，希望广大读者能够提出宝贵的批评和建议，以便今后改正和提高。

过去曾与王爱玲女士有过愉快的合作，本书这次再版得到她的支持，在此谨向她表示衷心的感谢，对出版社其他领导同志也表示诚挚的谢意。

在本书编辑和成书过程中，责任编辑潘宇女士做了大量工作，付出了辛勤的劳动，在本书出版之际，向她表示深深的敬意。

贾春增

2000年3月30日

第一版前言

社会学自 1979 年 3 月在我国重新恢复以来，已经过去八九年的时间了，在这期间，社会学这门学科无论在教学还是在科研方面都取得了可观的成绩。到目前为止，全国已有近十所高等院校建立了或正在筹建社会学系。与此同时，许多省市也相继成立了社会学会或建立了社会学的专门研究机构。现在可以说，社会学在我国已经站稳了脚跟，并成为当前改革和“四化”建设中不可缺少的一支力量。笔者作为社会学在我国恢复和重建活动的参加者和继续工作在该领域里的一名专业人员，对此感到由衷的高兴，并愿为推动这一事业的前进贡献力量。

随着社会学教学活动的蓬勃开展，社会学专业教材的建设也取得了可喜的成绩。费孝通教授主持编写的第一本《社会学概论》（试讲本）于 1984 年出版以来，几次重印，此后，又有若干教材推出，这在一定程度上缓和了“社会学概论”教本的不足。但从总的情况来看，社会学的教材建设赶不上教学需要的状况还很突出，特别是像“外国社会学史”方面的教材，至今仍感十分短缺。现在向读者献出的这本《外国社会学史》教科书，就是应当前社会学专业教学之急需，结合我们的教学实践编写而成的。

本教科书力求简明、扼要、系统、全面地向读者介绍外国社会学史的基本知识。该书包括从孔德至今西方各个历史时期社会学的主要理论流派及代表人物，以及二战后苏联、南斯拉夫和东欧社会学的发展，最后，附录还专门介绍了社会学的现代化理论。读者通过本书可以了解到社会学发展的历史线索，以及在这一过程中形成的两种不同的理论传统，从而有助于客观全面地认识社会学这门学科的性质和特点，加深对“社会学概论”课程的理解。

目前我们编写的这本教材，还是一种尝试和探索。限于目前我们国内的研究条件以及写作者的水平，本书中不当之处甚至错误在所难免，恳请使用者和阅读本书的同志提出宝贵的批评和建议，以利于本书今后的修改和提高。

这本教科书由中国人民大学社会学研究所集体编写，现在在美国哥伦比亚大学攻读博士学位的谢文应主编之邀也参加了本书的编写。全书分三篇，共十四章和一个附录。按照书的先后顺序，参加各章和附录编写的有：贾春增：绪论、第一、二、十三 和十四章；朱晓权：第三、五章；杨榴红：第四章；林克雷：第六、八章和九章的第四节；于硕：第七章；高佳：第九章；于显洋：第十章；李强：第十一章；谢文：第十二章；李路路：附录。李路路和林克雷还协助主编修改了本书初稿部分章节，李路路还受主编之托通读了整个书稿。最后主编统改了全书并定稿。

这本书能够迅速成书出版，是同中国人民大学出版社总编辑李淮春同志的热情鼓励和支持、责任编辑夏建中同志的辛勤劳动和卓有成效的工作分不开的，在此向他们表示衷心的感谢。

贾春增

1987 年 12 月 29 日

目 录

绪　论

社会学作为一门独立学科在19世纪中叶前后首次提出，绝非是历史的偶然现象，而是日趋激化的资本主义社会各种矛盾的具体反映，同时也是人类对社会及其本质的认识逐步深化的结果。

第一节　社会学产生的历史背景

自18世纪后半叶英国工业革命和法国政治革命爆发以来，西欧资本主义制度所孕育的各种社会矛盾日益加深，资产阶级和无产阶级之间的斗争开始激化。

一、工业革命和现代无产阶级的出现

英国在18世纪中叶，特别是在18世纪最后30年左右的时间里，成为工业革命（亦称产业革命）的发祥地。这不是历史的随意选择，而是经济发展的必然。到18世纪中叶，英国资产阶级通过对本国人民和殖民地人民的残酷剥削和赤裸裸的掠夺，基本上完成了资本的原始积累。众所周知的英国圈地运动，使成千上万的农民丧失了土地，变成了名副其实的无产者和廉价的劳动力，为工业大生产提供了充足的劳力资源，不断扩大的国内外市场和与日俱增的商品需求，极大地刺激和推动了资本主义生产的发展。当时的英国拥有欧洲最先进的手工工场，在手工工场的内部有精细的劳动分工，日益精细的劳动分工使各个工序的操作变得越来越简单，从而为机器生产代替手工劳动创造了条件，使大工业生产的出现成为可能。

英国工业革命最先是从棉纺织业开始的。早在18世纪30年代就有“飞梭”的发明，60年代中期手摇纺织机已投入使用，80年代初期发明的水力织布机，特别是80年代中期经过改进的蒸汽机在工业中的应用，使劳动生产效率空前地大幅度地提高，这时大型的纺织厂开始出现。到19世纪30年代，英国各主要工业部门都采用了机器。英国的工业革命运动迅速地扩及法国、德国以及其他欧洲国家。这场革命引起了整个西欧资本主义社会的深刻变化。在漫长的中世纪形成的根深蒂固的传统农业社会彻底土崩瓦解，代之而起的新兴的资本主义制度不仅站稳了脚跟，而且迅速地扩大着自己的阵地。

从18世纪下半叶到19世纪上半叶这段时间里，资本主义社会生产力有了突飞猛进的发展。马克思和恩格斯在总结这段历史时写道：“资产阶级在它的不到一百年的阶级统治中所创造的生产力，比过去一切世代创造的全部生产力还要多，还要大。自然力的征服，机器的采用，化学在工业和农业中的应用，轮船的行驶，铁路的通行，电报的使用，整个整个大陆的开垦，河川的通航，仿佛用法术从地下呼唤出来的大量人口，——过去哪一个世纪料想到在社会劳动里蕴藏有这样的生产力呢?”①

在以蒸汽机作为动力的大工厂出现以前，即手工作坊时期，产品的制作主要靠手工劳动，当时只具有简单商品生产的条件。各个经济部门的多数生产过程基本上是分离的，相互之间没有多少联系，彼此之间不依赖。然而，经过工业革命，随着机器的广泛应用，其情形有了根本的变化。一方面，不仅在一个工厂的内部分工日益精细，另一方面，在工厂与工厂之间，以及在各个工业生产部门之间的相互联系、相互依赖的程度也大大加强，并逐步融合为一个统一的社会生产过程。这就是说，在进一步发展了的资本主义工业生产条件下，单一的、专门化的、不依赖于其他部门的生产已经不复存在，每个生产部门都变成了整个社会生产的一个组成部分。这一事实清楚地表明，在工业革命之后形成了这样一种生产关系：市场上出售的一切产品，已经没有一件再是纯属于个别工人或个别工厂的制作，而变成了整个社会的劳动成果。这就是通常所说的劳动产品的社会性。但在资本主义制度下，社会产品却不属于生产它的劳动者，也不属于全体社会所有，而仅为少数生产资料的所有者——资本家独占。于是便出现了生产的社会性与生产资料私有制的矛盾。马克思主义经典作家把这一矛盾称作是资本主义社会最基本的矛盾。资本主义条件下的这种基本矛盾，在没有实现社会主义革命之前是无法解决的，因为它是建立在生产资料和生产者分离基础上的。

随着工业革命的步伐，现代无产阶级开始出现和形成。恩格斯指出：“英国工人阶级的历史是从18世纪后半期，从蒸汽机和棉花加工机的发明开始的。”②显然，恩格斯这里所说的这段话也适用于经历了工业革命的其他西欧资本主义国家。“随着工业的发展，无产阶级不仅人数增加了，而且它结合成更大的集体，

---

① 《马克思恩格斯选集》，2版，第1卷，277页，北京，人民出版社，1995。

② 《马克思恩格斯全集》，中文1版，第2卷，281页，北京，人民出版社，1957。

它的力量日益增长，它越来越感觉到自己的力量。机器使劳动的差别越来越小，使工资几乎到处都降到同样低的水平，因而无产阶级内部的利益、生活状况也越来越趋于一致。”① 这在客观上为现代无产阶级的诞生奠定了基础。这就是马克思主义经典作家所指出的：“单个工人和单个资产者之间的冲突越来越具有两个阶级的冲突的性质。工人开始成立反对资产者的同盟；他们联合起来保卫自己的工资。他们甚至建立了经常性的团体，以便为可能发生的反抗准备食品。有些地方，斗争爆发为起义。”②

现代无产阶级随着资产阶级即资本的发展而逐步壮大。现代无产阶级由于完全丧失了生产资料，并同现代的大工业生产相联系，代表先进的社会生产力，所以与工场手工业时期的工人相比，他们有着很大的不同。工场手工业时期的工人阶级是现代无产阶级的前身，或称前无产阶级。在前无产阶级身上保留着相当多的农民习气和小生产者的狭隘性。他们当中许多人不时梦想恢复失去的那种小农或个体手工业者的独立地位，重新过不依赖于他人的自给自足的生活。他们思想上比较保守，目光短浅，看不到发展和未来，再加上手工工场生产规模的相对狭小和行会组织的分割，使得手工工场的工人不能广泛地团结起来，采取一致的行动，开展与资产阶级的斗争。

二、经济危机和无产阶级与资产阶级斗争的加剧

正当19世纪20年代欧洲资本主义开足马力前进时，震撼世界的经济危机于1825年在英国爆发了。这是人类历史上破天荒第一次由于生产过剩引起的危机。这次危机不仅席卷了英国，使英国的大批工厂倒闭，银行破产，使成千上万的工人被解雇，而且也波及资本主义世界的其余地区，在荷兰、德国，乃至美国也都可以看到这场危机带来的影响：失业、饥饿和社会的动荡不安。

正如马克思在《资本论》第2版跋中所指出的那样，随着1825年的危机，大工业脱离它的幼年时期，开始了它的“现代生活的周期循环”③。随着资本主义经济危机和社会各种矛盾的加深，无产阶级和资产阶级的斗争也开始进入了一个新的、更高的发展阶段。

资本家和雇佣工人之间的斗争是同资本关系本身一起开始的。早在工场手工业时期，这场斗争就一直如火如荼地进行着，只不过在资本主义的早期阶段，无产阶级和资产阶级的斗争还不带有政治的性质，没有发展成一个阶级反对一个阶级的斗争。当时工人反对雇主的斗争只局限于提高工资和改善劳动条件这样一些经济目的，没有触及和提出改变生产资料所有制的性质和反对剥削制度这样一些根本性的政治要求。而斗争又多是自发的、分散的、限于个别企业和个别工人团体之间，没有统一的组织和领导，斗争的规模一般也不很大。故而，早期的无产

①② 《马克思恩格斯选集》，2版，第1卷，281页。

③ 《马克思恩格斯全集》，中文1版，第23卷，17页，北京，人民出版社，1972。

阶级反对资产阶级的斗争没有构成对资产阶级的严重威胁。这时的资产阶级还处于上升时期，它本身还是新的生产力和生产关系的代表，是一个革命阶级。在17、18世纪资产阶级夺取政权的斗争中，它还不时地需要联合工人和其他遭受封建制度剥削和压迫的劳动者一起共同反对封建贵族，组成统一战线。这种状况表明，在资产阶级取得政权以前，无产阶级同资产阶级的斗争与资产阶级以及广大平民反对封建贵族的斗争相比，具有第二位的性质，还没有上升为当时社会的主要矛盾。

在工业革命开始以后，在相当长的一段时间里，无产阶级反对资产阶级的斗争也还停留在反对机器生产和破坏机器的低级阶段。所谓鲁德运动就是这方面的典型例子。这种破坏机器和把一切不幸归罪于机器的情景在19世纪初期的德国和其他资本主义国家也可以看到。这种情况表明，工人阶级还处在幼年时期，它在思想上和政治上还很不成熟，还没有认识到自己的社会地位和历史使命，还是一个没有觉醒的“自在阶级”。造成这种状况的根本原因是当时的资本主义生产方式还不十分发达，资产阶级对工人阶级的剥削性质没有被清楚地认识到和揭露出来。

自19世纪30年代起，工业资产阶级相继在法国和英国取得政权，“从那时起，阶级斗争在实践方面和理论方面采取了日益鲜明的和带有威胁性的形式”[①]。这就是说，随着资本主义第一次经济危机的爆发和以后周期性的出现，掌握了政权的各国资产阶级为了自身的利益，不断加深对工人的残酷剥削，致使工人阶级的生活状况进一步恶化，从而使无产阶级也日益成熟起来。在30年代和40年代期间，工人阶级在反对资产阶级的斗争中，第一次提出了作为独立阶级的政治要求。

1831年，法国南部里昂市爆发了3万纺织工人的武装起义，起义者高呼反对资产阶级剥削和压迫的口号：“劳动不能生活，毋宁战斗而死！”在1834年爆发的里昂工人的第二次起义中，工人们已不限于单纯的经济目的，提出了推翻君主制、建立共和政体的口号，使斗争带有更鲜明的政治性质。1836年至1848年持续12年之久的英国宪章运动，1844年德国西里西亚纺织工人的起义都告诉我们：工人阶级反对资产阶级的斗争，已经从破坏机器和自发的斗争时期转到了有意识有组织的经济斗争和政治斗争的时期。

上述资本主义制度下的各种矛盾，特别是经济危机以来的社会动乱：犯罪、自杀、失业和饥饿，以及日益激化的无产阶级和资产阶级的斗争事实表明，资本主义的社会运行和发展问题变得越来越突出，成为引人注目的课题，它促使社会思想家和哲学家进行思考。历史也告诉人们，用传统的方法和在原有的科学体系内已无法作出满意的解释和回答，需要另辟新径。因此，不同于经济学、政治学、历史哲学等学科的社会学，作为从整体上和从发展机制上对社会进行综合具体考察的学科，就应社会的这种需要而出现了。

---

① 《马克思恩格斯全集》，中文1版，第23卷，17页，北京，人民出版社，1972。

第二节 从社会哲学到社会学的转变——社会学产生的理论前提

社会学作为关于社会运行和发展的专门知识的理论体系，在其正式成为一门独立的学科之前，它的许多思想观点一直被包含在诸如历史哲学、政治学、经济学和空想社会主义等学说理论之中，或者说它是以社会哲学的形式而存在的。社会学作为一门独立学科在欧洲出现，经历了从社会哲学到社会学的转变，这是一个漫长的历史过程。

一、古希腊哲学关于社会的思想

早在古希腊时期，哲学家们就开始对社会问题进行思考，这一时期的一些主要社会哲学思想代表着各个不同阶层的奴隶主阶级的利益和要求。在这方面，柏拉图、亚里士多德和智者派具有典型的意义。

柏拉图（公元前427—前347）关于社会思想的代表作有《国家篇》和《法律篇》。他在《国家篇》中提出了建立“理想国”的政治主张，其矛头指向当时的奴隶主阶级的民主政治。他认为，社会应由三个等级组成，这三个等级是：哲学王、武士和劳动者，他们各有不同的社会职责。哲学王是负责社会管理的统治阶级。武士的任务是保卫国家的安全，他们是社会的上等阶级。至于作为下等阶级的劳动者，他们的任务当然是用自己的生产劳动养活上等阶级。柏拉图这里所说的劳动者是指具有平民地位的手工业者和农民，不包括被认为是“会说话的工具”的奴隶。按照柏拉图的观点，上等阶级没有私人财产，也没有家庭。结婚、生育和抚养子女是下等阶级即平民的事情。国家应关心平民的教育，并负责调节他们的全部社会生活。

柏拉图在《法律篇》里已不再提及他的三个等级的社会主张，而强调在各个家庭之间进行平分土地的重要性。

柏拉图提出的“理想国”即理想社会的构想，并不意味着他不了解他所处的那个时代，恰恰相反，正由于他对那个时代的社会现实的不满，才提出了建立“理想国”的政治要求。柏拉图在社会思想史上的贡献在于：他首先发现了社会分工这个事实，并指出了它对社会和人们的意义，以及由于经济的不平等所造成的某种类型的阶级斗争。他在《政治篇》中写道：“每个国家中都存在着两个国家：一个是穷国，一个是富国，他们是纷争的根源。”① 柏拉图还指出了人口数

① 转引自［南］A. 费亚缅科：《一般社会学原理》，16页，萨格勒布，1982。

量及其增长的意义，以及地理因素、教育和社会意识，特别是宗教对社会产生的影响。

柏拉图的社会思想观，从根本上说来是唯心主义的，因为他把现实看做是理念的反映。柏拉图的思想观点反映了奴隶主贵族阶层的利益和要求。

亚里士多德（公元前384—前322）是柏拉图的学生，但在关于一些社会问题的看法上，他比他的老师要现实得多。他没有沉醉于“理想国”的幻想，而是致力于揭示现实社会的规律。他不相信有绝对完善的国家或社会的存在，但他认为使现有的国家或社会变得相对好一些是可能的。在谈及社会结构时，他认为每一个国家都是由最富有阶级、最贫困阶级和处于二者之间的中等阶级组成的。富有阶级的统治导致贵族政治，最贫穷阶级的得势导致民主政治。亚里士多德认为中等阶级掌权最好，因为它是一个国家中人数最多的阶级，它能抑制上述两个阶级的对立，保证社会的秩序和稳定。他的观点是既反对贵族统治，也不赞成民主政治，而主张建立共和政体。

亚里士多德第一个探讨了社会革命理论，指出革命产生于社会不同阶级之间斗争的观点，而且指出政治制度是由社会生产方式、阶级差别以及其他社会因素引起的。同时他还研究了地理因素，首先是气候条件对社会发展的影响，并以此解释民族间的差别。他还看到了作为社会共同体的家庭、村落、城市乃至国家的各种不同形式。在经济领域里，他第一个区分了产品的应用价值和交换价值。此外，他还断言：人是社会动物，个人不能离开社会而单独生存。

如果说在思维方式或方法论上亚里士多德与柏拉图有什么不同的话，那就是后者擅长于思辨和在事先制定的一般原则的基础上进行演绎，而前者作为一个现实主义者倾向于经验的观察和在观察所得资料的基础上进行归纳。亚里士多德曾分派自己的学生收集希腊各城邦国的法规有158条之多，据此他对相应的社会和国家的制度作了详细的描述。正是由于他的功劳，使一部分古希腊法得以流传至今。

智者派是公元前5世纪在希腊奴隶主民主政治繁荣时代出现的一批职业教育家和哲学家。他们并不是建立在统一学说的基础上的思想派别，而是由于自称能给人以智慧以及能教会人们在辩论中取胜的技巧和方法而得名。

智者派最先发展了关于社会起源的契约理论。这个理论从本质上区别于亚里士多德的人是社会动物的学说，认为人类最早生活在“自然状态”下，在自然状态下的个人享有最充分的自由，正是由于这个缘故，人与人之间处于无休止的相互战争之中。这种战争状态使个人的安全和财产都得不到保证，为了结束彼此间的战争，人们同意交出自己的部分权利，遵守一定的法则，组成社会，共同生活。

社会契约理论就其本质来说是唯心主义的，因为它没有把社会看做是不以人们意志为转移的客观发展的自然历史过程。但社会契约理论的思想，较之关于人和社会起源的各种寓言和神话的描写，代表着人类在自我认识的道路上的一大进步，因为它毕竟是把人类的历史看做是人们自己创造的，而不是神或神在地球上代理人的意志的产物。

二、中世纪时期的社会观

随着奴隶制度的灭亡、封建制度的确立，西方社会进入中世纪时期。这一时期可以说在社会科学领域里没有取得多少有意义的实质性的进展，这是由于宗教神学统治和垄断的结果。在这一时期里，特别值得一提的是伊本·哈尔顿所作的贡献。伊本·哈尔顿（1332—1406）是一位多产的阿拉伯著述家，穆斯林人民历史的撰写者。他在《绪论篇》里，阐述了关于社会和历史发展的一般观点。他认为历史学的任务不应是简单地描述历史事件，而应是揭示人类社会发展的一般规律。任何社会现象的变化和运动都不是杂乱无章的，而是有规律可循的。社会上的一切都具有自己的开始、发展和结束。一种现象的灭亡，导致另一种现象的出现，世间的万物就是这样永恒不息地变动着。

伊本·哈尔顿认为各个社会和民族间的不同是由于生物和地理的因素所造成的，特别是由于生活方式和生产方式不同的结果。正是由于他强调把生产方式作为解释社会性质的基础，有人推崇他为历史唯物主义的先驱。在谈及社会意识和社会关系时，他认为一致的社会意识是社会一致的反映，同时一致的社会意识在很大程度上又是模仿和同化的结果。伊本·哈尔顿不仅看到社会有一致的方面，同时也看到社会中存在的对立和不和。他认为自私和仇恨是社会对立的根源，社会中的斗争和战争都是由于自私和仇恨引起的，国家衰亡的原因是统治阶级及其代表人物的腐化堕落。

伊本·哈尔顿还注意到了劳动分工。他认为只有进行劳动分工才能保证人们的社会生活，而劳动分工的结果形成了人们之间的相互依赖。他从劳动分工这一事实出发，推论出了交换的必要，又由交换和供需关系推论出了商品的价格。

伊本·哈尔顿认为社会不是从来就有的和一成不变的，他把社会看做历史发展的过程。他指出，人们最早生活在部落里，只是后来才建立了国家。国家在伊本·哈尔顿的眼里是某种类型的有机体，这种有机体也是遵循着既有生又有死的一般规律的。伊本·哈尔顿认为国家对于社会的发展具有重要意义。他认为人们的经济生活也是历史形成和变化的。最初，人们过着游牧的生活，不断迁移；后来才转入定居，从事农业生产；直至最后才出现了城市，发展了城市经济和生活。

从以上的叙述可以看出，伊本·哈尔顿的许多思想观点具有朴素的历史唯物主义性质。其中最主要的是他看到了生产方式对社会发展的意义，他指出了社会分工的重要性和由于社会分工形成的人们之间的普遍联系，以及社会发展服从于客观规律。当然，伊本·哈尔顿也不能完全摆脱他所处的时代赋予他的某些局限性，如在解释社会现象的终极原因时，仍归结于上帝的意志，尽管人们可以推测，这在很大程度上可能是因为不愿意直接冒犯宗教的权威，仅具有象征性的表态意义。

三、文艺复兴以来的社会哲学思想

以意大利文艺复兴为标志的人类历史新时期开始以来，一扫过去长期的愚昧和黑暗，迎来了科学的明媚春天。在新时期里，出现了一大批有名的思想家和科学家，他们的业绩有力地推动了社会思想的发展，并为最终实现由社会哲学向社会学的过渡，使社会学成为一门独立的学科奠定了基础。

这里首先要提到的是马基雅弗利（1469—1527），他是意大利文艺复兴时期的著名代表人物之一。他在《君主论》一书中，描述了在各种卑鄙动机和不道德的思想驱使和怂恿下的人们进行的令人发指的争权夺利的斗争情景。同时他也看到了现实社会中阶级的冲突和对立及其造成的严重后果。他写道："因为在每个城邦里都存在着两种不同的意向：人民不想让达官贵人统治他们和压迫他们，而达官贵人硬是要这样做；由于这种对立的行为，于是在城邦里就出现了这样三种结果中的一种情况：或是霸主政权，或是民主政治，或是不法统治。"①

马基雅弗利没有对整个社会进行系统研究，而首先关心的是国家和政治现实问题，但是他的贡献在于，他是在经过中世纪经院哲学和宗教神学的长期统治之后第一个进行自由思考和用世俗眼光实事求是地看待社会现实的人。

继马基雅弗利之后，对社会学思想形成具有重要意义的另一个人物是法国著作家博丹（1530—1596）。他在《共和六书》里，讨论了社会的起源和国家的诞生。博丹认为，社会最初起源于家庭，家庭不断扩大和发展，最后形成了社会。在博丹看来，社会就其本质而言是由为了从事手工业、商业、礼仪等类似活动而组织起来的众多小群体结合而成，因为大家都看到合作带来的好处。如果说社会是这样和平地产生，那么国家的形成，在博丹看来，完全是建立在暴力的基础上，是一个群体征服另一个群体的结果。②

此外，博丹还详细探讨了亚里士多德关于地理气候因素影响人类社会发展的理论，指出：北方人身体强健，而性格粗野；南方人聪明，有教养，但身体虚弱；地处南北之间气候温和地带的人们兼有上述两者的优点。

从16世纪开始到18世纪末，社会契约论在欧洲社会和政治思想中成为流行和占统治地位的一种理论。社会契约论主要是在资产阶级和封建统治阶级的斗争中发展起来的，它是新兴资产阶级夺取政权和反对封建统治斗争的思想武器。

社会契约论的基本思想是，人之秉性是天生自由的，世上的人们应享有平等的权利，用社会契约的形式来解释社会的产生和国家权力的本质。

这一理论的主要代表人物有：霍布斯（1588—1670）、洛克（1632—1704）、卢梭（1712—1778）。在解释社会发展问题上，霍布斯和卢梭的不同之处在于，霍布斯认为，社会形成之前的"自然状态"是"一切人反对一切人"的战争局

---

① 转引自［南］斯·布里舍里奇：《社会学原理》，35页，北京，东方出版社，1986。

② 参见［南］H. 巴恩斯：《社会学史导论》，第1卷，51页，贝尔格莱德，1982。

面；而卢梭则认为，在“自然状态”下，人们之间并没有出现普遍不和与彼此对立的局面，而是一派友好相处的和平景象。霍布斯和卢梭在这一问题上的严重分歧，表现为他们对于人之本性的不同认识。前者认为人之本性是自私和丑恶的，是社会使人去掉劣根，变得高尚；后者认为人之本性是至善至美的，相反，是社会使人变坏。很显然，不论前者还是后者对于人和社会的解释都是错误的，因为他们都站在唯心主义和形而上学的立场上，从人具有一种天生好或天生坏的本性出发讨论这一问题。应当说，社会契约论对于当时及后来的社会学发展没有作出很大贡献，因为他们依然是在先验和抽象的基础上讨论社会和人的问题，而不是强调对具体的社会事实作认真的调查和研究，在此基础上提出和发展自己的理论。

在新时期里，除了社会契约论这一主要思想潮流之外，也还有另外一些思想家，他们程度不同地基于丰富的观察材料提出了较为准确的关于社会的看法。这些人是维科、孟德斯鸠以及 18 世纪的英国经济学家。在 17 世纪，特别是 18 世纪，今天称之为人种学和人种史以及社会纪实（对偏远落后地区原始部落人群的生活和社会现象的观察和描述）有了很大的发展。资本主义制度本身的发展，也要求对一系列的社会现象，特别是对社会经济现象进行实际观察和了解。

维科（1668—1744）是继中世纪的伊本·哈尔顿之后第一个试图制定关于社会发展一般理论即历史哲学的意大利人。他抛弃了社会契约论的理论，认为人就其本性来说是社会性的。他在《新科学》一书中提出了作为历史一般规律的社会发展三阶段的理论。维科所说的社会发展三个阶段是：（1）神学阶段，在这一阶段神是历史的主宰；（2）英雄阶段，在这一阶段军事贵族居于统治地位；（3）人本阶段，在这一阶段人们都享受着民主制度和平等权利。维科是历史循环论或周期运动理论的代表人物之一。他认为社会的发展表现为上述三个阶段的不断循环和周期性地反复。不过这种循环不会永远停留在一个水平上，而是沿着螺旋形的上升路线进行。

孟德斯鸠（1689—1755）是法国著名的政治哲学家，对早期的人类地理学思想发展作出了重要的贡献，推动了关于人类社会的历史研究。他在 1748 年写成的《论法的精神》一书成为政治理论史和法学史上的名著。在这部著作中，他提出了基于道德、荣誉和恐怖进行政体分类的三项原则。认为共和政体是建立在道德的基础上，君主政权是建立在荣誉基础上，而专制统治则是建立在恐怖行动上。他还提出了政权分为立法、行政和司法三种权力的思想，认为这三种权力应当分立、相互制约。他认为气候影响人体结构，通过人体结构影响人对社会的看法，所以地理气候与政治不是无关的，立法的责任就在于要减少和消除这种影响。不过，孟德斯鸠已经注意到除气候以外的其他社会因素（如法律、宗教等）对政治的影响以及这种影响随文化的发展而逐步增大。另外，他还提出必须把社会看做是一个整体，应对社会整体及其各种现象进行具体研究的思想。

随着资本主义生产关系的发展，在这个时期里出现了收集当时欧洲各种社会现象统计资料的尝试，特别是关于人口增长和经济变化的情况。在此之前，人们一般不认为在这些现象里面有什么规律可循，但统计资料表明，人口数量的变化，如人口的出生、死亡、结婚、疾病，以及经济领域里的生产、消费、出口、进口、失业等，都是服从于一定规则，不是杂乱无章的。以人口作为研究对象的人口学和以经济现象为其研究内容的政治经济学，就是在这种基础上产生和形成的。

马尔萨斯（1766—1834）是英国当时的经济学家，是近代人口问题研究的先驱。他在1798年匿名发表的《人口原理》一书中，提出了人口增长趋势快于生产增长的理论，认为如果不对人口采取有效控制，任其自然增长，到一定时候就会出现饥饿、战争和疾病。马尔萨斯较早地发现和注意到了人口问题，在这一点上应当给予肯定，但他关于造成人口问题的原因分析和解决的途径，至今仍有争议。

政治经济学在18世纪的法国和英国最先得到发展。这一时期形成了法国的重农学派和英国的古典经济学派两大派别。重农学派的代表人物和创始人是路易十五的宫廷御医魁奈（1694—1774）。他在1758年发表了名为《经济表》的著作，最先用图表描绘了整个经济体系，从此闻名。魁奈坚信自然法则学说，认为在经济领域里自由放任就是遵从自然法则的表现。这一学派后来之所以得名为重农学派，是因为集合在魁奈旗帜下的思想家们反对重商主义政策和理论，认为土地或农业才是一切财富的来源。在他们看来，其他生产形式只是将农产品改变为可供消费的形式，并不创造超过生产费用的净剩余。因此，他们把非农业的工人统统看成是非生产阶级。由此不难看出，重农学派对于经济现象的认识存在很大的片面性。

英国古典经济学以亚当·斯密（1723—1790）和大卫·李嘉图（1772—1823）为代表。他们通过自己的研究，发现了货币、利润、地租和工资的一般规律，指出资本主义社会阶级——资本家、工人、自耕农和佃农——的存在。他们还指出了由于社会分工带来的专门化和人世间的不平等。他们与重农学派的不同是，比较准确地研究了经济现象并确定了一系列的经济规律。

还有一位被称作“常识”哲学学派的苏格兰哲学家和历史学家弗格森（1723—1816）对社会思想发展也作出了贡献。他依据当时人种志学、经济学、心理学以及其他科学的成果，在1769年发表了《市民社会史》一书，书中提出了人类社会发展经历三个阶段的思想，这三个阶段是：未开化时期、野蛮时期和文明时期。他关于人类历史阶段的划分至今仍被许多人认为是正确的。

资本主义的发展和无产阶级贫困的加深，导致了这一时期空想社会主义的产生。尽管就其本质而言，空想社会主义是唯心主义的，但它揭露和抨击资本主义制度，对促进社会思想的发展起了积极作用。这一时期著名的空想社会主义者有法国的圣西门、傅立叶和英国的欧文。

圣西门（1760—1825）被许多人推崇为社会学的先驱和奠基者，这不是没有根据的，因为正是他最先提出使“社会哲学”置于科学体系之首，赋予它实证的性质，使其成为真正的科学。圣西门把社会看做是一个有机体，认为社会的发展也像自然界那样是有规律的。

作为一个空想社会主义者、社会改革家，圣西门对于社会的改造给予极大的关注。他把社会分成生产者和非生产者，生产者包括实业家和工人，非生产者系指封建地主贵族和国家官吏。他认为整个社会都是建立在生产的基础上，因此生产在社会生活中应占有最重要的地位，一个社会里可以没有非生产阶级，但不可以没有实业家阶级——资本家和工人。

圣西门像他的同代人一样，确信当时的欧洲处于深刻的危机之中。他认为这场危机是由封建社会向资本主义社会即工业制度的过渡引起的。克服这场危机需要采取与以前不同的方式和方法。圣西门承认法国革命在克服这场危机中起了重要作用，但它只限于破坏的性质。而圣西门认为，摆脱这场危机的根本途径是对社会进行根本的改造，但这种改造本身又取决于思想意识的转变。

圣西门关于阶级社会的发展经历奴隶制度、封建制度、资本主义制度和最终由社会主义取代资本主义的思想，后来在马克思主义社会学中得到确认和发展。

德国古典哲学，特别是黑格尔的历史哲学对于社会学的产生作出了重要的贡献。黑格尔强调所有社会现象都是历史形成和发展的观点，以及它们彼此联系和相互影响的辩证思想，都是非常可贵的，尽管他对历史的发展过程作了唯心主义的解释。黑格尔继莱布尼茨及其他先辈之后明确区分了“市民社会”和国家的概念，从而为社会学作为一门独立学科的出现澄清了概念，提供了理论根据。

此外，作为社会学理论前提的自然科学的发展，对于社会学的产生也起了重要的作用。自然科学的成果反映在哲学思想上，通过哲学思想又直接影响到社会学。康德的星云说和达尔文的进化论在促进形而上学的瓦解、辩证世界观的形成方面起了革命的积极作用。康德的星云学说使牛顿的稳定的太阳系变成了历史过程；达尔文的物种起源学说，证明整个有机界，包括人类在内，都是延续了几百万年长期发展的结果。能量守恒和转换定律以及胚胎学说也从另一方面促使了关于世界的辩证观点的形成。

综上所述，社会学在19世纪上半叶得以产生和发展，不是某些人凭空想象的产物，而是长期存在的各种社会哲学思想演化的结果。在社会现实的推动和前人思想的启发下，在社会科学领域中逐渐形成了社会学这样一门独立的学科。

【本章要点】

1. 绪论作为本书的开篇之章，是对社会学诞生的阶级、社会条件和理论背景的总体论述。

2. 社会学的思想理论源远流长，但是作为一门学科，它诞生于工业革命和现代无产阶级出现后的19世纪前半叶的资本主义阶段。

3. 无产阶级和资产阶级的斗争加剧，社会问题增多，社会矛盾尖锐化，是社会学产生的社会基础和阶级条件。

4. 经历了从古希腊到近现代思想启蒙运动长时期的理论积累，从而实现了从社会哲学到社会学的转变。

【基本概念】

工业革命　无产阶级　阶级斗争　社会问题　社会哲学　社会学

【思考题】

1. 社会学产生的历史背景。
2. 如何理解从社会哲学到社会学的转变？

【参考书目】

1. 马克思恩格斯选集．2版．第1卷．北京：人民出版社，1995
2. 马克思恩格斯全集．中文1版．第2卷．北京：人民出版社，1957
3. 马克思恩格斯全集．中文1版．第23卷．北京：人民出版社，1972
4. ［美］梯利．西方哲学史．北京：商务印书馆，1979
5. ［南］布里舍里奇．社会学原理．北京：东方出版社，1986
6. 侯俊生．西方社会学思想进程．沈阳：辽宁人民出版社，1988
7. 袁华音．西方社会思想史．天津：南开大学出版社，1988
8. 苗力田主编．古希腊哲学．北京：中国人民大学出版社，1995
9. 于海．西方社会思想史．上海：复旦大学出版社，2005
10. 张传有．西方社会思想的历史进程．武汉：武汉大学出版社，2005
11. Fiamengo A. *Osnove opće sociologije*. Zagreb，1982
12. Barnes H. E. Uvod u istoriju sociologije. Beograd，1982
13. Small A. W. *The Meaning of Social Science*. Chicago ，1910
14. Hertzler J. O. *The Social Thought of Ancient Civilizations*. New York，1936

第一篇

社会学产生和形成时期的西方主要社会学家及其理论观点

第一章
孔德的实证主义社会学

西方学术界通常认为法国的实证主义哲学家奥古斯特·孔德（1798—1857）是社会学的创始人，因为他最先提出和使用了“社会学”的名称，并力图把它建设成为一门研究社会的实证科学。

第一节 生平与著述

孔德出生于法国南部的蒙彼利埃市。这是一座历史悠久、文化发达的古城，早在1289年就建立了大学，被认为是欧洲最古老的大学之一，历史上有不少的名流学者曾到这里进行讲学或访问，英国著名哲学家洛克就是其中之一。

孔德生长在一个政治上谨小慎微的保皇主义者家庭，一位叫昂孔特雷的数学老师，给少年的孔德留下了非常深刻的印象。这位数学老师知识渊博，同时又是著名的新教牧师。他成为孔德崇拜的偶像和学习的榜样。

1814年10月，孔德进入巴黎工科大学学习。1816年4月，因学生反对学校执行政府当局陈旧的考试形式，聚众示威，学校被政府主管部门关闭，勒令停课整顿，并要求学生重新注册登记。这实际上是对那些具有革新精神和反对因循守旧的学生进行一次变相的清洗。孔德对学校和政府当局的这种做法极为不满，愤然离开学校，回到家里。孔德再次来到巴黎的时候，学校已经复课，他本可以返校注册，继续学业，但他放弃了这一机会，因为此刻他对校园内的学习已失去了兴趣。他在巴黎找到了做私人家庭教师的工作，决定走独立谋生、校外自学的道路。

1817年夏，孔德认识了圣西门。孔德作为圣西门的私人秘书，开始了两人长达七年之久的学术合作。在此期间，圣西门的许多思想对年轻的孔德产生了巨大的影响。正是在与圣西门的合作著述活动中，孔德形成了他后来的核心思想。直到 1824 年，圣西门逝世的前一年，两人才最后分手。造成两人分手、关系破裂的原因，表面看来是在论文署名问题上产生了争执，但实际上，孔德与圣西门的分歧有着更深刻的政治和理论方面的原因。圣西门作为积极的社会活动家，十分强调直接改革的必要性，认为最重要的是鼓励实业家和银行家的自由经营，主张采取果断步骤，改革当时的法国社会。而孔德的看法恰恰相反，他强调理论宣传应先于改革活动，并且认为，就当时的情况而言，建立科学理论的基础比达到某些实际的结果更为重要。此外，颇为滑稽的是，孔德当时拼命反对圣西门提出的关于宗教价值的思想，谁曾料到晚年的孔德竟成了鼓吹实证主义人道教的宗教狂。

孔德在与圣西门决裂之后，在生活和工作上都很不顺利，遇到了一系列的困难。对孔德来说，断绝了同圣西门的关系，不仅仅标志着二人学术合作的结束，同时意味着他失去了一笔作为前者私人秘书可以定期得到的维持生计的收入。此时的孔德虽说多少有了一点名气，但这远远不足以使他得到社会的正式承认和获得一份有一定社会地位的工作，比如说被聘请作为大学的教授，领取有保证的薪水。为生计和孤独所迫，孔德于 1825 年与和他已经同居多年的一位名声欠佳的年轻妇女——一个小书店的老板娘正式结婚，以图建立一个小安乐窝，暂时摆脱一下于己不利的形势。但这一举动引起了社会上的不良反应，迫使孔德不得不在与她分居一段时间之后最后分手。失去生活保障的孔德，在走投无路、万般无奈的情况下，只好又重操旧业，做富家子弟的家庭教师。孰料，这竟成了孔德学术生涯的转折点，从此他开始了对理论问题的潜心研究和著述。

在此以后的时间里，孔德把主要精力放在建立庞大的实证哲学体系上。孔德的第一部巨著，六卷本的《实证哲学教程》，发表于 1830 年至 1842 年之间。在这部巨著中，他制定了科学分类的原则，首次提出了社会学的概念和建立实证主义社会学的思想。他的第二部巨著，四卷本的《实证政治体系》，发表于 1851 至 1854 年之间。此外还有：《论实证哲学的精神》（1844）、《实证哲学概观》（1848）、《实证主义手册》（1851）、《实证教义问答》（1852）、《向保守主义者的呼吁》（1885）、《主观的综合》（1856）等。

孔德死于 1857 年，他去世后出版的著作有四卷本的《奥古斯特·孔德的遗言》。孔德一生著述颇多，但他在世时影响不是很大，忠实的信徒和真正的追随者寥寥无几。这固然同他所处时代政治环境动荡不安有关，但另一方面，也是因为他的实证主义思想从根本上背离了无产阶级的利益，故不可能指望得到无产阶级的响应；此外，由于他的实证理论的抽象的思辨性质，也不可能为贪图眼前现实利益的资产阶级所理解，致使晚年的孔德陷入十分尴尬和孤立无援的境地，甚至不得不依靠别人的施舍度日。

第二节 孔德社会学思想的理论发端

孔德的社会学思想和实证主义精神源于他的理论前辈，是在承袭了 18 世纪法国启蒙思想家以及和他的同时代的理论前辈的思想基础上形成和发展起来的。

一、“精神之父”和实证主义哲学精神

孔德十分关注自然科学、人文学科的发展，通过观察，他发现在科学、艺术领域同代之间和代际的相互联系。他写道：“在科学和艺术领域，无论是在一代人中，还是几代人之间，其所有成果都是紧密相连的，一代人的发现为另一代人做准备。”①

从这一立场出发，他分析了当代思想理论前辈的思想，考察了哲学研究的目的和任务，并揭示了实证思想的发端。他写道：“在两个世纪前培根学说、笛卡儿思想和伽利略发现的综合作用下发生的人类理智运动，正是实证主义哲学精神在世界开始出现的时刻。”②

其中，孔德高度评价了笛卡儿的思想，因为后者崇尚理智，富于想象。同时，孔德也对笛卡儿采用数学方法研究社会和解释历史的做法提出了批评。在孔德看来，社会现象是极其复杂的，对社会现象仅采取数学的方法进行分析是远远不够的。除了笛卡儿、培根、伽利略之外，孔德还把狄德罗、休谟、孟德斯鸠、加尔、莱布尼兹、孔多塞等人称作自己的“精神之父”。

在孔德的思想形成中，18 世纪的法国启蒙思想家起了重要作用，因为他们的思想充满了对理性胜利的坚定信念。这个时期的启蒙思想家都主张面向世俗社会，反对宗教专制，号召与宗教传统决裂，并对建立在抽象原则基础上的所谓科学体系提出了质疑。孔德发扬了这一传统，他对宗教，对科学中一切抽象思辨都持批评的态度。他指出，只有不断与科学中的特别是关于社会的科学中的形而上学、神学和抽象思辨作不懈的斗争，人类思想才可能顺利前进。

二、孔多塞和蒂尔戈的进化论思想

在 18 世纪的法国，用进化论的观点分析社会历史现象渐成时尚，在坚持进化论观点的哲学家中，首先应当提及的是孔多塞和蒂尔戈。他们站在进化论的立

① ［法］孔德：《实证政治体系》，第 2 册，116 页，圣彼得堡，1910。

② ［英］斯宾塞：《我与孔德分歧的原因》，5 页，圣彼得堡，1906。

场上，解读社会历史现象，将进化论的观点摆在首位。

孔德赞同孔多塞的历史进化论的观点，但同时批评了他的不彻底性，认为他未能将这一思想贯穿到对人类历史发展的具体分析中。孔德指出，孔多塞关于社会发展进步理论的不成功之处，在于他过分地相信数学的作用，采用数学的方法分析、研究社会生活，而不是采用历史的方法。

所谓孔多塞的数学方法，是指他在考察社会历史现象时，强调要有数学的可靠性。而孔德这里所说的历史的方法，实际上是指对社会历史现象要像对待自然现象那样，做深入细致的观察。

与此同时，孔德高度评价了孔多塞的哲学理论，认为它是建立关于社会的科学的一种尝试。在孔德看来，尽管由于理论超前和导致不可避免的失败，但孔多塞的哲学理论仍不失是前进中最终走向建立实证科学的指导理论。

孔德进化论思想的另一个来源，是蒂尔戈的进化论思想。蒂尔戈的进化论观点表现得比较彻底，在许多方面和孔德关于社会进步的学说相吻合，如关于一代人的活动不是个别社会成员偶然互动的结果，在相当程度上是由其先辈的活动所决定的思想。蒂尔戈关于社会进步的顺序性、渐进性、不间断性和连续性的原则，在孔德那里也都不难找到。

蒂尔戈在考察人类发展时，同人类理智的进步作了类比，而且认为人类理智的进化是决定性的。蒂尔戈所设想的人类理智的进化或发展的进程，依次是神学思维、形而上学思维和实证思维三个阶段。孔德把蒂尔戈关于人类理智发展三个阶段的思想拿来作为自己社会理论的基础，并赋予它“伟大哲学和社会学规律”的意义。

三、圣西门思想的影响

如果说孔多塞和蒂尔戈作为理论前辈，对孔德的实证主义思想的形成产生过重要影响，那么聘请其作为自己私人秘书的圣西门，自然也应看做是孔德思想理论的前辈，在历史哲学领域对孔德思想的影响更加直接。有人称圣西门是孔德思想的鼓舞者，有人称其是孔德的导师，不管怎样讲，圣西门对孔德的影响是不容忽视的。

孔德有的思想是直接从圣西门那里借鉴来的，有的是受到圣西门思想的启发形成的。比如，在对哲学的理解上，圣西门把哲学活动的对象看做是对历史过程的分析和对其意义的解释；在对社会过程进行分析和对人类活动的各个领域进行评价时，圣西门认为人类理智的历史具有决定性的作用，孔德将这些观点都视作自己社会学说的理论基础。圣西门也像蒂尔戈和孔多塞那样，把关于社会的科学建立在社会进步这一观念的基础上。圣西门关于社会动力学和静力学的观点，也成了孔德社会学思想中的重要内容。但孔德也并不是处处都同他的导师或合作者圣西门相一致，如圣西门视社会关系为生理性的，而不是社会性的，没有把它们作为人类知识的专门领域单独进行研究，在这方面孔德则前进了一大步，他清楚地将有机科学区分为生理学和社会学两部分，把它们作为人类知识的专门领域分别进行考察。

孔德一方面称赞了孔多塞、蒂尔戈和圣西门对社会科学的发展所作出的贡献，另一方面他又对 18 世纪关于社会的科学的整体状况发表了批评性的意见。他对实证哲学刚刚出现时没有立刻引起学术界的注意，并被排斥于科学范围之外十分不满。

孔德一方面肯定了自己的理论前辈——法国启蒙思想家，在分析社会某一领域时从整体论立场出发所作的努力，但同时指出他们的不彻底性，指责他们忽视观察的方法而寻求对社会的终极原因或结果的解释。所以，孔德在清理理论前辈的思想遗产时，把经验和想象、科学和思辨区别开来。孔德的这种立场，有助于认清和提出摆在时代面前的科学任务，从具体科学中剔除形而上学的糟粕。在孔德看来，这是解决时代赋予的使命，使人类知识所有领域紧密联系起来的必要条件，唯有如此，才能更好地发现存在于各门科学之间的相互联系。

作为实证主义的奠基者，孔德不仅提出了摆在当时科学界面前的任务，而且指出了解决这些任务的途径。孔德相信，必须把世界看做是建立在同一原则或规律基础上的统一的整体。此外，他还认为应当运用观察的方法，应当经常地求助于自然科学的资料。孔德看到了解决上述任务的复杂性，但他依然对此持有乐观态度，因为他所做的，是在致力于完成自愿承担的历史使命，即构建关于社会的实证科学。他相信，关于社会的科学，也应当像关于自然的科学那样，能够成为运用准确的研究方法的领域。

第三节
科学分类和社会学

科学分类和建立其上的科学等级体系是孔德实证主义哲学中的一个重要内容，或者说是他的一大理论支柱。孔德关于社会学作为一门实证科学的提出，与他的科学分类及其等级体系不无关系。

一、科学的分类

孔德认为，整个宇宙现象是一个统一的整体，按其性质可具体分作五类：天体现象、物理现象、化学现象、生物现象和社会现象。与此相应地，他将科学也划分为五种：天文学，研究天体现象；物理学，研究物理现象；化学，研究化学现象；生物学，研究生物现象；社会学，研究社会现象。这就是孔德实证哲学体系中著名的科学分类。

既然整个宇宙现象是相互联系的，是一个统一的整体，那么，作为研究这些现象的各门科学也不是彼此孤立、互不相干的，而是相互连接，形成一个体系。在这个体系中，各门科学之间的关系既不是平行的，也不是对立的，而是一种顺序有先后、位置有高低的次第结构，这就是孔德的所谓科学等级体系。在科学等级体系中，每门科学都占有固定的位置，这种位置的高低或排列的先后是由下述原则所决定的，用孔德的话来说就是：先达到实证阶段的任何一种知识都同它的一般性、简明性和不依赖于其他知识相一致。由此不难理解，天文学在先，物理学在后，是因为天文学知识最具有一般性、简明性和不依赖于其他知识的特点，所以在人类知识的发展史上最先达到实证阶段，取得了科学地位。孔德将天文学排在物理学的前面，作为科学系列之首，等级体系之基础，就是因为这个缘故。物理学相对于化学，化学相对于生物学和生物学相对于社会学，都具有前者因其知识的简明性和一般性程度上高于后者、不依赖于后者，因而在历史上先出现。

从逻辑的角度看，它们彼此间的关系是：随着科学阶梯的升高，知识内容的复杂性程度在增加，也就是孔德上面所提到的知识的一般性和简明性程度在下降。不仅如此，这里最能体现孔德科学体系的相互关系和等级特点的是：后一门科学离不开它前面的科学，前者是后者的基础。在孔德看来，没有前面科学的存在，紧跟其后的科学部门是不可能出现和成立的。具体地说，物理学依赖于天文学并建立在天文学的基础之上，这就是物理学迟于天文学而后出现的原因所在。化学对于物理学，生物学对于化学和社会学对于生物学，其情形都是这样。

历史地看，孔德的科学分类和关于科学体系的构想，尽管其中包含着不少形而上学的成分，但总的说来，对整个科学的发展起了积极的作用。因为他从历史发展的角度观察人类知识的进化过程，并试图从知识之间的内部联系考察科学体系的结构，这些都是应当肯定的。然而，每门知识领域本身又是在不断开拓、发展和深化的。因此，不能简单地把各知识部门之间的联系仅看做是单方面的，而忽视其彼此影响、相互渗透和互为补充的性质，现代科学的发展已经清楚地说明了这一点。同时也应当指出，孔德的科学分类是19世纪发展出的许多种科学分类方式中的一种，他的科学分类除了包含了社会学之外并没有其他与众不同的地方。孔德的贡献在于，他对长期以来要求把关于社会的知识作为一门科学的呼声作出了回应，把自然科学和社会科学看做是一个统一的知识体系，它们都是这一体系中的两个不可或缺的组成部分。

二、社会学的对象和任务

孔德关于社会学研究的对象和任务的讨论，首先从社会学作为一门实证意义上的关于社会的科学这一观点出发，把社会学关于社会的论述严格地同神学和形而上学关于人和社会的思辨区别开来。在他看来，神学将人看做是与动物有本质区别的另类，是神或天命的创造物；而形而上学则脱离现实，把社会解释为人类理智或个人理性意志的产物。

孔德认为，社会学是唯一研究人类心理和理智的科学，是探讨人的心理和理智怎样在社会生活的影响下完善起来的学问。孔德的这一思想发展成一个完整的观念，根据这一观念，个体是抽象的，只有社会才是现实的，社会活动同样也遵循着自然规律。社会现象与生物现象的区别，仅在于前者处在经常的变动和被改造之中，随着时间推移而不停地变化，社会现象的本质在于它的历史性。孔德对孔多塞的推崇，也正是看重他从历史的角度观察社会的立场。

从社会现象服从于自然规律的观点出发，孔德反对唯意志论，反对夸大"伟人"的作用。他认为社会政治制度同文明发展水平相一致，尽管他并不否认经济因素的作用，但他更看重的是思想精神因素的作用，因为后者才对社会进步起着决定性的作用。孔德认为，科学思想、科学精神的进步是社会发展过程的主要内容，社会历史发展的图景与此相一致。他写道："思想支配和改变世界……整个社会机构归根结底建立在舆论的基础上。"①

孔德关于作为一门科学的社会学的研究对象和范围的论述，带有非常抽象的性质。社会学研究的领域在孔德笔下被描述得宽泛而不确定，几乎囊括了他的科学分类中所有其他学科不研究的内容。不过，被摆在首位的、社会学首要研究的问题依然是整体社会。在孔德看来，社会作为一个相互联系的整体，只有它的各个部分彼此和谐一致，才能发挥作用。社会的任何部分都离不开社会的整体。同时孔德还指出，社会现象的复杂性是由于历史因素与现实因素交织在一起，前者影响后者的结果。孔德还把社会或称人类看做是最高的现实、最高的存在。

在论及社会现实时，孔德与被一些人用于指责他的唯实论划清了界限。他认为中世纪的唯实论与唯名论之争是不值一提的形而上学的思辨，因为唯实论的观点得不到经验上的证明，这与他关于社会整体论的观点毫无共同之处。在孔德关于社会整体论的观点中，可以发现后来被称作社会系统论的萌芽。但是孔德并不了解社会构成或结构的真正辩证法，他把社会生活成分看做是简单的、永恒不变的，而把不断变幻的社会生活看做是同样一些成分的不同形式的组合。由此不难看出，孔德的社会学并没有完全摆脱唯心论历史哲学的束缚，包含了不少形而上学的思辨。

三、作为实证科学的社会学

孔德提出的社会学的概念关于和建立实证主义社会学的构想，无疑是应当特别加以论述的一个问题。孔德认为前四种科学，即天文学、物理学、化学和生物学，在他之前都已经有了专门的研究，成为独立的学问。唯有关于社会现象的研究，因为受到形而上学思想的束缚，尚未进入实证阶段而成为真正的科学。孔德给自己提出的任务，就是要建立这样一门科学。这是怎样的一门科学呢?

---

① [法] 孔德：《实证政治体系》，第4册，19页，圣彼得堡，1912。

孔德把这门科学最初命名为“社会物理学”（Social Physics），学科的命名和孔德关于这门学科性质的理解是吻合一致的，因为孔德所要建立的这门科学正像物理学研究自然现象那样对社会现象进行研究。孔德认为，这门科学不仅在经验的方法上，而且在对事物的认识和理解上，以及在服务于人类的功能上，都应当仿效自然科学。它不仅能解释人类的过去，而且能够预测社会发展的未来。社会物理学后来被改名为社会学，是因为孔德怀疑别人“盗用”了这一名称。“社会学”一词系由拉丁语的“Societas”（社会）和希腊语的“Logos”（言论、学说）两个词复合而成。“社会学”一词正式出现在他的《实证哲学教程》第4卷，发表于1839年。因此，现在人们通常把这一年看做是西方社会学历史的开端。

在谈及社会学与科学体系中其他各门科学的关系时，孔德通过强调社会学对相邻学科生物学的依赖，以及两门学科之间的相似之处，阐发了关于社会学学科性质的基本思想。关于社会学对生物学的依赖，是由孔德科学体系的一般原则所决定的，这里无须重复。关于社会学和生物学的相似之处，孔德认为，突出表现在它们研究对象的整体性质上。正是在这一点上生物学不同于物理学和化学。在孔德看来，物理学和化学都是从研究分散的、非有机的个别物质开始，而生物学的研究，则是以整体性的、有机的个体作为自己的出发点，社会学的研究与此类似。孔德指出，在研究社会现象时，如果将其分割开来，只对个别事物进行孤立研究，那么，就不可能取得对社会状况和社会运动的正确认识。但这并不等于说不允许对社会的各个组成部分进行专门的研究，而是说，这种研究必须在认识到社会是一个有机的整体的前提下才是科学的和有意义的。按照孔德的思想，非有机体科学（天文学、物理学和化学），一般都是遵循着从简单到复杂的研究程序，而有机体科学（生物学和社会学）对于生物个体和人类社会的研究，则是沿着相反的路线，即从复杂到简单的研究程序进行。孔德这里所说的复杂是指整体，而简单系指部分。在孔德看来，对生物现象和社会现象的研究，只有在把握其整体之后，才能够清楚地认识其组成部分。

孔德在讨论了社会学和生物学的相似之处后，同时也指出这两门科学之间的具体不同。它们的不同点表现在：生物学研究的对象是个体有机体，而社会学研究的对象则是集体有机体或叫做社会有机体。孔德认为二者最大的区别就是，个体有机体一般是不变化的，而社会有机体在一定的条件下是可以改变的，比如说，如果对社会管理得当，符合科学原则，那么社会自身是可以不断完善的；另外一点不同是，社会有机体可以进行广泛的分工和高度的合作，而生物个体有机体则不具备这种性质，因此无法做到这一点。

最后，需要指出的是，孔德把社会学摆在他的科学体系的最后位置、塔式结构的最顶端，完全符合他关于各门科学之间关系的原则。也就是说，社会学作为一门科学较之位于其下或它前面的各门科学所包含的知识内容复杂，所以这些科学只不过是它产生的条件和准备。

社会学概念的提出和把它建设成为一门独立学科的努力，无疑是孔德对社会学的贡献。自然，孔德所要建设的社会学是按照他的实证主义思想设计的，远不是马克思主义意义上的科学的社会学，同时由于他所处的历史时代和所受的思想传统影响，孔德提出的社会学概念仍然比较抽象，带有很浓的思辨色彩，他常把社会哲学和政治哲学的概念与社会学的概念交替使用，就很能说明这一点。

第四节 社会静力学和社会动力学

孔德把社会学定义为研究社会秩序和社会进步的科学。按照生物学区分为解剖学和生理学的类比，孔德把社会学区分为社会静力学和社会动力学两部分。不过孔德指出，这种区分不是两类事实之间的区分，而是理论的两个方面之间的区分。社会静力学是孔德关于人类社会自发秩序的一般理论，而社会动力学则是关于人类自然进步的一般理论。

一、社会静力学

孔德早在社会学家大量开始讨论作为有机体的社会和达尔文的生物进化理论问世之前，就提出了社会有机体的思想，并使用了社会系统或体系的概念。孔德的社会静力学是在关于人类自发秩序的一般理论指导下，研究社会有机体的组织和结构及其各部分之间的相互关系。

孔德指出：社会静力学的研究，在于考察社会行动和社会系统各个不同部分的反应规律，研究构成社会机体的各部分之间的平衡与和谐。在孔德看来，社会结构各部分间的平衡与和谐的关系，是社会正常运转的基本条件，一旦这种关系遭到破坏，社会系统的运转就会发生障碍，造成社会病态。在孔德的眼里，社会革命和动荡就是社会病态的具体表现。

孔德在社会静力学中对社会组织的研究是从作为社会基本单位的家庭开始的。他认为，家庭是“真正的社会单位”，反对把个人作为研究社会的出发点。他说：科学精神不允许我们把社会看做是由个人组织成的，真正的社会单位是家庭。按照孔德的逻辑，家庭形成部落，部落形成民族，所以说，家庭是构成社会组织的基础，理所当然地应成为社会研究的出发点。孔德认为，如果不是这样，把个人的需要或个人的特征作为研究社会起点的话，必将导致研究的失败。

家庭作为社会的最基本成分，与其他社会组织和单位一起，组成整体社会或集体有机体。孔德说：“本质上看，集体有机体是由作为它真正成分的家庭、形成它真正组织的阶级和种姓，以及最后由作为它的真正器官的城市和乡镇所组成。”①

尽管孔德把社会（集体有机体）同生物个体有机体作了类比，但他清醒地意识到二者之间的不同。生物个体有机体的范围局限于该个体的皮肉之躯，有物质的界限和纽带，而社会或集体有机体则没有这种物质意义上的界限，是靠精神因素或力量实现其各部分之间的联系。所以孔德对于作为社会有机体联系纽带的语言、宗教和劳动分工赋予特别的意义，给予高度重视。

语言具有横向联系和纵向联系的特点。社会中人与人之间的合作，正是靠语言的中介加以实现的。因为有了相通的语言，人们才能进行思想交流，形成一致的情感，维持共同的秩序，否则，社会的合作与秩序将是不可能的。这是指语言的横向联系的作用。语言的纵向联系的作用表现在，通过语言这一载体可以把先辈的思想和文化继承下来，传给下一代，同时又可以通过它向前追溯到久远的过去。

宗教的作用表现在，它向人们提供共同的信仰和一致的原则，构成人们行动的社会基础，否则，人们各行其是，最终将造成社会的分裂和动乱。在孔德看来，正是宗教克服着人们的利己思想，教育人们热爱他人，从而保证人们彼此间的友谊与合作，所以说宗教是秩序的源泉。孔德号召：“每个政府为使统治和服从神圣化并能加以控制都要支持宗教。”②

除了语言和宗教之外，孔德认为促成人与人结合的第三个重要因素是社会劳动分工。随着社会劳动分工的发展，社会有机体变得更加复杂多样，然而通过各种职业的分配又把人们有机地联系起来。这是因为，社会职业的增多，加强了职业之间的相互依赖，加强了人们的合作精神。但孔德认为，过多过细的社会劳动分工也带来某些消极的后果，如社会分工发展了人们专业化的精神，这种精神倾向于熄灭和取消集体合作的一般思想。为此，孔德寄希望于未来通过实现世俗权力与宗教权力的结合，来保持“整体思想和共同联系的情感”。

孔德一向重视语言、宗教和劳动分工等社会制度，他之所以看重这些制度，与其说是由于这些制度的作用之本身，倒不如说是因为这些制度具有维护社会秩序的广泛功能。正是因为这一点，孔德被认为是对社会进行功能分析的最早的一位社会学家。他把社会看做是一个有机体系统，各部分彼此保持着联系，而且这种联系“始终应当是社会系统各部分及其整体之间的一种自发的和谐”。

二、社会动力学

孔德的社会动力学，主要是运用关于人类智力发展三阶段的理论解释社会历史的进步。因此说，智力发展三阶段的理论是孔德社会动力学的基本内容。

---

① ［法］孔德：《实证政治体系》，第 2 卷，293 页。

② 同上书，194 页。

自从人类摆脱了中世纪的黑暗与桎梏，进入新的历史时期以来，自然科学有了迅速的发展，出现了像伽利略、牛顿这样的一些伟人，发现了许多重要的自然科学规律。然而孔德认为，在社会科学领域里还没有人做过类似的工作，他决心要担负起这一重任。早在 1822 年，孔德做圣西门的私人秘书时，就给自己提出了这一任务，他要研究社会和发现社会发展的根本规律。最后，他宣布他终于发现了这种规律——人类智力发展的三段律。孔德认为，他通过研究人类的智力在各个方面和各个时代的发展，发现了一条伟大的根本规律，这是一条人类智力必须遵循的根本规律，它是建立在我们的机体发展和历史经验事实所提供的充分根据的稳固基础之上的。“这个规律是：我们的每一个主要观念，我们的每一个知识部门，都相继经历三个不同的理论阶段：神学阶段，或虚构阶段；形而上学阶段，或抽象阶段；科学阶段，或实证阶段。”① 由于孔德认为智力是社会发展的动力和基础，所以社会发展的阶段与人类智力发展的过程完全相适应，也同样经历了三个阶段或历史时期：远古时代的神学阶段，中世纪时期以来的形而上学阶段和 18、19 世纪之交开始逐步进入的科学阶段。

社会的神学阶段，是指远古至中世纪早期（1300 年之前）的这段历史。孔德把这一阶段又细分为三个具体时期：拜物教时期或万物有灵论时期，多神教时期和一教独尊的基督教时期。在每个具体时期里都有相应的社会组织出现或社会关注的问题提出来。比如，在拜物教时期出现了家庭或氏族公社，同时开始了定居生活，在此基础上形成了后来的国家。在多神教的最初时期，即神权政治或东方帝国时期，城邦国的建立和土地制度的发展是这一时期政治发展的主要成就；而这一时期的主要问题是，在市民生活没有完善之前就企图建立教会。神学阶段中的最后一个时期是笃信耶稣的基督教时期。在这个时期里，教会大量出现，就像人类早期家庭诞生和国家形成时那种局面。孔德认为这一时期的主要目标是使社会生活秩序化，同时对妇女解放给予特别的注意。在这一时期里，宗教具有普遍的性质，政权只具有地区性的特点。因此，宗教与政治分离成为不可避免的发展趋势。同时战争由对外扩张变成了对外防御。再就是雇主与工人的分离，手工作坊的出现和农奴的解放，所有这些都是巨大的进步。

然而一神教时期的重大历史贡献和社会进步，并没有导致实证秩序的产生或科学阶段的到来，反而使人类开始步入 1300 年至 1800 年的形而上学阶段，即“西方革命”时期。孔德认为，导致这场革命发生的有以下几种力量：妇女的影响，科学的进步，现代工业的完善，艺术的繁荣，国家的发展，教会的衰落和形而上学的副作用等。在这一历史时期里，工业巩固了自己的阵脚，因为雇主与工人为保卫自己利益不受其他阶级的侵犯实现了联合。政府从自己的利益考虑，也开始转向保护工业，因为工业的发展是政府取得庞大军事开支的重要来源。就这样，工业开始进入西方政治，并成为现代政府的主要目标。在此之前的文明主要是军事的文明，而在这个时期开始出现的则是工业的文明。整个这一阶段，特别

---

① 转引自洪谦主编：《西方现代资产阶级哲学论著选辑》，25 页，北京，商务印书馆，1964。

是法国革命，是社会解体和为进入实证阶段做准备的时期。

孔德认为，科学的普及、实证主义理论的创立以及科学社会作用的增长，是社会逐步进入实证阶段的标志，社会的实证阶段是社会发展的顶峰。孔德为未来的实证社会制定了详细的蓝图。实证社会将由牧师、银行家和工业家共同管理。这里所说的牧师不是一般宗教的牧师，而是孔德所倡导的以实证主义学说为宗旨的人道教的牧师—科学家。这些牧师—科学家在未来的社会中将发挥特殊的作用。他们因为具有知其好坏、判断是非的实证知识，教育人们履行对集体的义务，并帮助人们克服利己主义的思想，树立为他人的精神，从而保证社会的秩序与和谐。

通过以上介绍可以看出，孔德的社会静力学与社会动力学代表和反映了他对人类社会组织、结构及其社会运动规律的基本思想。从反对神学和形而上学的角度来看，他的一些思想不乏积极的历史作用。但总的说来，孔德关于社会和人类历史发展的观点是唯心主义的。因为他看不到人们的生产活动在整个社会进步中所起的决定性作用，把人类的智力活动当作社会活动的中心，由智力发展的三个阶段推导出社会发展的历史规律。因此，最终他没有摆脱他曾一度极力反对的神学和形而上学的社会发展观。

第五节 社会学的研究方法

社会学作为研究社会规律、解释社会秩序和进步的科学，又是依靠什么能够做到这一点呢？孔德认为，这主要是因为社会学运用了自然科学中卓有成效的研究方法。具体地说，这些方法是：观察法、实验法、比较法和历史法。

一、观察法

孔德认为，观察是社会学的一种重要方法。社会学研究社会规律是建立在对社会事实进行观察的基础上。孔德指出，任何一门科学都离不开观察，自然科学很早就采用了观察的方法，其中天文学就是一个明显的例子。孔德认为，即使数学也必须采用观察的方法，尽管在这方面它不像天文学表现得那样突出。在孔德看来，越是复杂的自然现象越是需要采用观察的研究方法。总之，观察作为自然科学的研究方法或手段早为人知并广为采纳。孔德反问道：如果没有观察或拒绝一切观察，那么一门新的科学又怎样产生和建立呢？[①] 由此断言，科学的形成和

① 参见［法］孔德：《关于社会的实证研究》，载《社会学经典作家论文选》，42页，纽约，1971。

发展是建立在观察基础之上的。

孔德接着指出，对于自然科学采用观察的方法一般已经没有人反对，当把观察的方法用于对社会现象研究时，问题就被提了出来。反对在社会科学中使用观察的是这样两种人：一种是形而上学的理论家，一种是纯经验主义者。① 形而上学的理论家反对把观察的方法扩展到社会现象的研究中去，是由他们理论的反实证主义性质所决定的。同时，形而上学哲学家把孔德所说的观察视为没有理论指导的纯经验的活动，这是对孔德的一种误解。事实上，孔德非常重视观察中理论的指导作用。用孔德的话来说，如果没有理论的指导，观察者在大量的事实面前，将会陷入不知该看什么和不该看什么的束手无策的困境。孔德指出，至今在对于天文学、物理学、化学和生物学及其各个分支复杂现象的研究中，能够称得上好的观察非常之少，其原因就是指导这些领域研究的实证理论还很不完备。

孔德把在实证理论指导下的观察称为"合理的观察"。孔德认为，没有理论的指导，观察者看不到事物之间的内在联系，看到的只是一些孤立的事实。他说："一种社会事实在没有同其他某种社会事实发生联系之前，是没有任何科学意义的；没有这种联系的社会事实纯属轶事，不具有合理性。""科学地讲，一切孤立的、经验的观察都是无用的，都是完全靠不住的。"②

孔德从社会静力学和社会动力学的理论出发，把复杂的社会现象也划分为静态现象和动态现象两大类，与之相应的观察分别称为静态观察和动态观察。显而易见，对于社会静态现象的观察必须在社会静力学的理论指导下进行，对于社会动态现象的观察自然离不开社会动力学理论的帮助。

正是由于孔德十分重视和强调对社会现象进行观察时理论指导的意义，所以不要一切理论的纯经验主义者从另外一个角度反对在社会科学中采用观察的方法。

孔德不仅指出直接观察在社会研究中的意义，同时还论证和肯定通过对历史和文化遗迹的研究，如对风俗、礼仪和各种语言的分析获取有用的社会资料的间接观察的科学价值。

二、实验法

实验是孔德强调的进行社会学研究的第二个重要的方法。实验法在自然科学中应用很广。孔德认为，这一方法在社会学中也应占有自己的位置。不过，社会学使用这一方法与自然科学有所不同。孔德清楚地区分了直接实验和间接实验两种类型。自然科学可以采用直接实验的方法，而对于社会现象的研究则不能采用这种方法。他说："如果说直接实验用于复杂的生物现象就已很困难，那么这一方法用于社会科学则被认为是不可能的。"③ 这里表现出社会现象与自然现象的

---

① 参见［法］孔德：《关于社会的实证研究》，载《社会学经典作家论文选》，42 页，纽约，1971。

② 同上书，43 页。

③ 同上书，45 页。

不同。孔德写道："根据共存和演替的规律，对于社会任何一部分的任何人为的干预都会影响到所有其他部分。所以，这一方法如果全部实行，将由于不可能将现象的条件或结果单独分离出来，而失去其全部的科学价值。"①

孔德在排除了直接实验用于社会学研究的可能性之后指出，对于社会现象的研究只能采用间接实验的方法。所谓间接实验，是指实验者——社会研究人员，不是在人为的条件下，而是利用社会本身的特殊状况向人们提供的机会开展的社会研究。孔德认为，当社会现象的正常进程受到某种确定方式的干扰时，实验的作用就表现出来……病态现象是真正具有科学意义的纯实验的同义语。这是因为透过病态现象的分析，可以发现在革命时期和平常时期破坏社会"和谐或演替自然规律"的各种原因：一般原因或特殊原因，意外原因或暂时原因。孔德认为，通过对社会病态现象的观察，可以了解社会现象正常进程的规律。

在孔德看来，社会病态犹如个人机体害病一样，抓住这一时机进行观察和研究是一个难得的好机会，不可随意地放过。但是孔德注意到，这种间接实验的方法还很不完善，在生物学的研究中是这样，在社会现象的研究中也是如此。孔德出于对革命运动的惧怕，坚决反对任何个人为了任何目的提出的社会实验，他认为对于社会哪怕是无关紧要的"不合理的"变动都是危险的。

三、比较法

比较法是社会学采用的第三种方法。在孔德看来，比较法在社会学研究中占有核心地位。孔德认为，通过对人类社会和动物社会的比较，可以从中窥探人类社会关系的萌芽，进一步弄清人类与动物界的联系和区别。因此，他指出轻视或反对在人类社会和低级动物的社会状态之间作任何比较是非常没有道理的。孔德分析，造成人们这种态度的历史原因，是由于神学和形而上学哲学的长期统治。他深信，当人们更好地了解和能够评价高等哺乳动物的社会状态之后，上述的错误态度将被实证哲学加以纠正。

这一方法的重要性还在于，它可以直接比较世界各地同时并存的各种社会形式，发现社会进化的不同阶段。孔德指出，人类作为一个整体，其各个部分分别地然而以一致的方式在进化，由于种种的原因，不同地区、不同人群进化的速度不同，有的进展迅速，有的发展迟缓，于是造成了在同一历史时期里处于不同的发展阶段。由于西方文明在过去的发展阶段上没有留下明显的历史痕迹，这给研究它的过去带来了很大的困难。因此，要了解这些阶段的历史情况，就不得不采用其他的途径，即通过比较的方法，透过对现有的某些原始社会状态的研究，推论出西方文明的过去发展历史。此外，在研究人种或气候对社会事态的影响时，也显示出比较方法的重要作用。利用比较的方法，可以发现那种把社会差别描绘成是由于气候的原因而不是由于进化阶段的不同的错误观点。

---

① ［法］孔德：《关于社会的实证研究》，载《社会学经典作家论文选》，45页。

孔德在高度评价比较方法的同时，也指出了比较方法的不足，这就是，就其本质而言，比较法是一种对事物的静态的思考，也就是说，比较方法不能揭示社会状态的连续性、事物发展的先后过程，而只能把它们当作同时并存的现象加以表述，因此有可能使人们形成错误的进化观念。所以，在使用比较方法研究社会现象时，要求人们具有明确的社会发展总体观念。以上三种方法系由孔德从自然科学中引进而来，不可否认这些方法对社会现象研究的科学价值和孔德在这其中的贡献。但在上述方法中，如比较方法的一些缺点，又如何得以克服呢？于是，孔德特别指出了社会学所固有的方法——历史方法的作用。

四、历史法

孔德认为，历史的方法是社会学研究的专门方法，它最适合于对社会现象的考察。因为在孔德看来，历史法是从事物的先后和连续上考察社会现象和状态的一种方法，注重于事物的发展过程正是历史方法的基本特点。这就是孔德如此看重历史方法的原因所在。

孔德指出，历史方法本质上也是一种比较方法，只不过是它们比较的时空不同。如果说一般的比较方法是相对于现有事物的一种横向和共时性的比较，那么历史的方法则是相对于过去事物的一种纵向的和历时性的比较。在使用历史方法时，要求人们具有历史进化的理论和思想，也就是说，需要用孔德关于人类智力和社会发展的三阶段的理论作为指导，否则，历史的方法也同样无从发挥其威力。

关于社会学研究方法的归纳和论述，无疑是孔德社会学中最有价值的一部分。它充分体现了孔德要把社会学建设成为一门实证科学的思想和作出的努力。诚然，任何一门科学都这样或那样地包括理论和方法两个方面，社会学作为一门科学自然也不例外。然而，在孔德以前，很少有人像他那样大胆突破社会科学和自然科学的界限，明确提出社会科学可以而且应当借鉴和采用自然科学的研究方法。在这一点上，不能不说是孔德的一大贡献。孔德关于社会学方法的论述，为社会学进一步发展和最终形成一门具体学科奠定了基础。直到今天，孔德总结归纳的这些方法仍为大多数社会学家所采用。

第六节 关于社会改建的实证主义思想

孔德是法国政治革命和工业革命之后的社会现实的见证人，他完全了解尚在过渡之中的新的社会制度的不幸遭遇。他与法国一些乐观主义者不同，对于新的资本主义制度持有某种悲观的立场和批判的态度。但这不是说，孔德要推翻资本主义制度，因为他认为社会的不幸不是由于资本主义制度造成的，而是由于现代工业制度没有置于社会道德的控制和管辖之下。所以孔德特别强调普遍的道德教育和发挥牧师的特殊作用，借以实现其社会改建的实证纲领。

一、孔德的实证政治纲领

孔德在从社会动力学转向社会政治，阐述实施其实证政治纲领时，表现出极大的热情，对其政治主张赋予重要的意义。他认为这是实现他的政治抱负，完成伟大使命的一次伟大实践。也正是在这一过程中，暴露出他在社会生活领域的唯心主义和形而上学倾向。如果说在社会学领域，在对现实研究中，他一直致力于倡导为发现真理而采用客观的方法，特别是社会观察和历史比较的方法，那么，他在推行实证政治纲领中，则大力渲染唯心主义，强调主观评价、抽象的人类利益和理想的重要性，并将其作为他政治思想的杠杆。他写道："一部著作（《实证哲学教程》）把哲学从科学中逐出，另一部著作（《实证政治体系》）把哲学变成了宗教，彻底的和完全的宗教。"①

孔德把他的《实证哲学教程》看做是哲学发展史上的里程碑。他认为在此以前的传统哲学，充斥着抽象思辨和形而上学，不具有科学性质，不能称之为科学，只有在他的实证主义哲学问世之后，哲学才具有科学意义获得了科学的地位。孔德还自我标榜他的《实证政治体系》一书改变了哲学的使命和作用，由以往的认识世界和解释世界，变成了人们生活的信仰和教条，把哲学融化成了宗教。而且与以往的宗教不同，它是完全的、彻底的、不拘泥于某一民族和地区的整个人类和全世界的宗教。

综上所述，孔德的实证政治纲领，是把他的实证主义哲学变成人类的信仰和宗教。按照他的实证主义宗教（人道教）学说，资本家，即孔德所称的企业家（工厂主和银行家）和无产阶级（一无所有的无产者），应当各安其位，忠于职守，各自做好自己的工作，这样一来就不再会有阶级斗争和尖锐的社会的冲突。他不赞成马克思主义的无产阶级革命的思想，不主张采用革命的手段推翻资本主义制度，而是要通过普遍的道德教育和发挥牧师的作用，实现社会进步和改造的目标。

二、实行普遍的道德教育

在孔德看来，社会的改组不是建立在政治或经济的基础上，而是要靠新的工业社会的道德。因为仅靠政治的手段，即使可以防止财富在少数人手里积累，但

---

① 转引自［俄］Г. В. 奥西波夫：《西欧和美国社会学史》，第1章，14页，莫斯科，2001年俄文电子版。

这将会引起社会的普遍不满，并且要冒工业活动遭受破坏的危险，使其不能顺利地推行。为此，孔德提出的办法是通过普遍的道德教育，纠正社会的弊端，而这样做又要依赖于精神权力的建立。实证主义的优点恰恰在于它具有这种能力。在精神权力的管理下，普遍的道德教育将不必惧怕资本家阶级的专制行为。通过这种教育，富人将把自己看做是社会资本的道义保护者，他们将保障所有的人都能上学和有工作做，他们这样做时，不是出于他们个人的好心，而是由于他们感到这是自己应尽的义务。孔德十分重视新的社会分工在社会改建中的作用，但是，应当明白，孔德详尽地探讨新的社会分工之主要目的依然是为了发展新的社会道德。因为在孔德看来，只有新的社会道德才是唯一能够解决现代工业社会问题的可靠力量。

孔德关于社会改建的理论，像他的历史哲学和关于社会组织的理论一样，归根结底是建立在人的个性三分法基础上的。这种三分法是指情感、行动和智力。孔德认为社会有三种力量：一是建立在行动基础上的表现为财富的物质力量；二是建立在思考基础上的表现为观念的智力力量；三是建立在博爱基础上的表现为命令与服从的道义力量。社会组织和改建的最高任务和最大的困难，是将这样三种力量合理地结合起来，不使其中任何一种获得不必要的特权。

国家中的社会阶级同样是建立在这种一般原则的基础上。孔德写道："在能够独立生存的最小城市里，我们发现有三个阶级：牧师，他们指引我们思考；妇女，她们激发我们最高的仁爱；实际首领，他们指导我们战争和平日的生产活动。"① 那么何处去找连接和调和这三个社会阶级的力量呢？孔德的回答是，这种力量存在于劳动群众或无产阶级之中，因为正是在他们那里通过家庭的联系实现男人同其所爱异性的结合，通过牧师的教育和劝导同牧师相联系，又通过共同的劳动和战争与组织这些活动的实际领域发生关系。

三、牧师的特殊作用

在孔德设计的实证社会里，正如我们前面曾经提到过的，政治的权力或统治的"功能"应集中在人道教的牧师和工业领袖的手中。在实证社会中最重要的阶级将是作为实际权力持有者的僧侣。不言而喻，这些僧侣并非是传统意义的神学家，而是像他这样一些实证主义的社会学家。他们是社会的科学领导者，他们是靠自己的天才，拥有渊博的知识，通晓建立实证社会所必须依据的社会学原则被推选出来的。这些牧师的任务是向人们解释人道教的实证主义学说，其要义是：爱是原则，秩序是基础，进步是目的。牧师们除了向人们施与专门的教育之外，还用其勇敢、正义和智慧影响人们，使社会变得更美。

孔德对实证社会中牧师的作用十分重视，对此问题他进行了极为认真的，但

① ［法］孔德：《实证政治体系》，第 2 卷，291 页；转引自［南］H. 巴恩斯：《社会学史导论》，第 1 卷，127 页，贝尔格莱德，1982。

从今天的观点来看未免有些滑稽可笑的讨论，这里仅举一例便可清楚。经过计算，孔德认为，西欧需要 2 万名人道教牧师。不言而喻，这一庞大僧侣队伍的总头目就是孔德本人。为完成领导重任，他需要有 7 名法国籍的主教协助工作。如果将全世界都改造成实证社会的话，所需要的牧师的数量将大大增加，需要帮助他工作的主教人数远不是 7 人，而是此数的 7 倍，49 人。其他大量缺额的牧师将由地方的牧师来补充。为了满足人们宗教活动的需要，教堂数量也需要大大增加。他认为教堂的数目与家庭的户数的比例应是 1 比 1 万为宜。人道教的牧师们只获得象征性的工资，所谓象征性的工资，是指工资的数额很低，低到足以使那些为获取个人物质利益的小人不来争夺这一职位。

孔德认为牧师的职责有以下几个方面：首先是领导人们的学习和教育，评判每个社会成员的能力，并通过他们的建议，安排适合每个人特点和能力的工作。孔德承认，这是一项十分艰难的任务，因为断定一个人的能力不是一件轻而易举的事情。孔德清醒地意识到，这项工作或许不会有所成就，但至少牧师们应该进行大致公正的评判，教会人们处理好同自然、历史和他人的关系，加深人们代际联系的情感，提高各个阶级间互助合作的觉悟。其次，牧师们作为社会的仲裁者，应利用劝说的力量，使人们意识到自己的义务和责任，特别是在社会出现偏离常规时要及时告诫人们。最后，牧师们将是科学知识和社会指导的力量。简单地说，牧师们将成为理想的精神贵族，就像柏拉图幻想的“理想国”中的哲学家——国王那样，只不过孔德使用了新的术语而已。

四、社会舆论的控制作用

孔德认为，过去最大的毛病是政教合一，人道教的最大贡献恰在于使政权和教权实现分离。僧侣可以使用自己的权力而不采用强制的法律，通过对实证学说的宣传，来指导社会舆论。

孔德这里突出强调了社会舆论在社会控制中的作用。他认为社会舆论是社会控制的有效手段和形成社会道德的重要保证。在孔德看来，没有很好组织的社会舆论，社会的改组或改良就没有希望。合理组织社会舆论需要有以下三个先决条件：“第一，确定社会行动的现有原则；第二，公众接受这些原则，并同意在特殊情况下运用这些原则；第三，设立公认的机构，负责制定这类原则并付诸日常生活实践。”① 孔德提出要运用 1848 年革命高潮时期建立起来的工人俱乐部作为教育公众掌握社会行为规范的场所。孔德自然也看到，作为自然形成和人们意愿直接表现的民意，常常是软弱无力，难以发挥作用，为了使民意（即社会舆论）发挥应有的作用，就必须有公认的和强有力的代表机构。孔德认为，实证主义这时可以大显身手，提供实际代表民意的机构。因为孔德认为自己的学说里包含有公众行为的准则，无产阶级提供行动的力量，人道教的牧师——实证主义哲学家

① 转引自［南］H. 巴恩斯：《社会学史导论》，第 1 卷，112 页。

们是正确表现民意不可取代的机构。也是说，孔德上面提到的为健全民意所必需的三个条件全部具备，只不过是它们彼此没有发生联系和结合起来而已。为此只需一步，即实现“哲学家和无产者的牢固联盟”[①]。

当然，在孔德看来，社会舆论在未来社会中的作用将进一步加强，它作为社会调节的杠杆，将消除社会革命和可怕的社会冲突，代之以人们忠于职守、安分守己。

很明显，在孔德的未来社会里并没有留有政党的位置和活动的地盘，但是某种类似于今天政党的一批宣传鼓动者将是需要的，他们的任务是以适当的方式指导社会舆论。不言而喻，这一重任落在实证主义社会学家身上。

五、关于社会的进步

在社会进步问题上，孔德从他的社会发展三阶段理论出发，认为人们合理的合作可以加快社会进步的过程，但这必须在了解社会进化伟大规律时才是可能的。为使社会改良得以顺利和有计划地进行，必须符合文明发展的一般规律，而不能走得太快。这时科学的任务就是要收集过去社会革命的有关资料，指导今天的实验活动。孔德意识到社会并不完全是消极地服从于社会进化的规律，人们通过合理的行动可以加速这一过程，但不能设想在一个早晨就能实现，如果这样想那是非常愚蠢的。由此可以看到，孔德认为社会进步有自发进步和由于人们采取合理行动而促成的进步两种形式。为了防止进步过程中出现的破坏，人们需要根据变化的发展制定相应的措施，采取符合实际的政治行为。

孔德所鼓吹的社会重组或改建并不是要根本改变资本主义社会的生产资料私有制和人剥削人的社会制度，而只是强调人们道德观念的变革，这与马克思主义号召无产阶级起来彻底推翻资本主义制度、建立社会主义和共产主义的思想是针锋相对的。不仅如此，孔德晚年沉醉于建立人道教的幻想，试图用人道教的信仰来统一人类，改造世界，消除资本主义社会的弊端，这种主张显然是脱离资产阶级需要和不切实际的，这也可能是为什么忠心维护资本主义制度的孔德得不到资产阶级青睐的一个原因。孔德关于社会改建的实证主义思想是孔德实证社会学唯心主义史观的大暴露，是他思想糟粕最集中的地方。

*　*　*

关于孔德在社会学史中的地位和作用，前面已部分地提到。总的来说，孔德的实证主义思想在其生前影响不是很大，这很可能同他与当时流行的各种思潮的对立有关。就孔德的思想政治立场来说，他既反对保守主义，因为他宣布赞成新的工业社会；又反对自由主义，因为他不为这个社会的某些弊端作辩护；同时他也反对社会主义，因为他在对资本主义进行尖锐批评时，并不赞成走资本主义以外的道路。这样一来，使许多追随孔德的实证主义者认为他与预见社会未来的思

---

① 转引自［南］H. 巴恩斯：《社会学史导论》，第1卷，120页。

想进行对抗，违背科学家的使命，而纷纷离开了他。直到 20 世纪 60 年代以前，孔德的实证主义思想影响一直很弱。

关于孔德社会学思想体系，西方学术界对他的评价也不完全一致。有的认为，孔德的社会学思想体系，仅仅倡导社会学在社会科学中应有的地位，但并无实际成就。[①] 也有的说，孔德在社会学上的贡献，在于提倡用科学的精神研究社会生活和人类智力进化的关系。[②] 还有人称孔德是“社会学洞察的开山祖”[③]、“巨大的创造天才”[④]。

不难看出，后人对孔德社会学有着各种不同的评价，但是无人否认他的实证主义思想对他以后的各个历史时期，直至今天的西方哲学和社会学界的重大影响。特别是他作为资产阶级社会学的先驱或创始人受到重视，根据世界和平理事会的倡议，1957 年隆重地举行了纪念孔德逝世 100 周年的活动，便是佐证。

【本章要点】

1. 孔德的社会学是以实证主义哲学为其理论基础的。孔德实证主义思想理论的发端。孔多塞、蒂尔戈的进化论及圣西门的思想对孔德实证社会学形成的影响。

2. 孔德关于社会学对象的认识。

3. 孔德从科学分类出发，论证了社会学的科学地位和重要性。

4. 社会静力学和社会动力学是孔德社会学思想的重要组成部分，认真理解它们的含义及其关系，才能更好地理解孔德的社会学思想。

5. 社会学研究方法是孔德社会学的重要内容，是对社会学的重要贡献，通过他的努力，打破了社会科学与自然科学在研究方法上的壁垒。

6. 孔德社会实证主义的政治纲领在社会改建中，强调了普遍道德教育、牧师和社会舆论控制的作用，这是孔德唯心主义社会观的集中表现。

【基本概念】

实证主义　科学分类　社会静力学　社会动力学　观察法　实验法　比较法　历史法　社会改建　人道教　社会进步

【思考题】

1. 孔德的科学分类与社会学的关系是什么？

2. 为什么孔德把社会学分作社会静力学和社会动力学？

3. 孔德都提出哪些社会学的研究方法？基本内容是什么？

4. 如何看待孔德关于社会改建的实证主义政治纲领及思想？

---

① 参见《社会科学百科全书》英文版，第 14 卷，23 页，1924。

② 参见孙本文：《近代社会学发展史》，15 页，北京，商务印书馆，1947。

③④ ［美］L. A. 科塞：《社会学思想大师》，40～41 页，纽约，1977。

5. 如何评价孔德在社会学史上的地位和作用？

【参考书目】

1. ［法］孔德．论实证精神．北京：商务印书馆，1999

2. ［法］孔德．实证主义概观．北京：商务印书馆，2005

3. 孙本文．近代社会学发展史．北京：商务印书馆，1947

4. 洪谦主编．西方现代资产阶级哲学论著选辑．北京：商务印书馆，1964

5. 欧力同．孔德及其实证主义．上海：上海社会科学院出版社，1987

6. 邱觉心．早期实证主义哲学概观——孔德、穆勒与斯宾塞．成都：四川人民出版社，1990

7. ［美］科瑟．社会学思想名家．北京：中国社会科学出版社，1990

8. 孙中兴．爱、秩序、进步：社会学之父孔德．台北：巨流图书公司，1993

9. Comte A. *Cours de philosophie positive*. Vol. 1-6. 3 ed. P. , 1869

10. Comte A. *Systeme de politique positive*. Vol. 2. P. , 1912

11. Armand P. *Sociologie de Comte*. P. , 1969

12. Cresson A. *Le courants de la philosophique frarnjaise*. Vol. 2. P. , 1927

13. Кон И. С. *Позитивизм в социологии*. Л. , 1964

14. Грязное Б. С. “Учение о науке и ее развитие в философии О. Конта.” *Позитивизм и наука*: *Крит*, *очерк*. М. , 1975

第二章
斯宾塞的社会有机论

赫伯特·斯宾塞（1820—1903）是西方社会学史上另一位著名的早期社会学家、实证主义者、英国社会学的奠基人。他以社会有机体学说而著称，所以人们通常把他的社会学理论称为社会有机论。

第一节 生平与著述

斯宾塞出生于英格兰中部地区一个普通教师的家庭。父亲乔治·斯宾塞以教学为职业，但他很关心政治，又爱好科学，是当地哲学学会颇有名望的一名秘书，同时是当地贵格教的坚定信徒，他反对英国国教，反对教权主义，是边沁激进主义的拥护者，笃信个人主义。赫伯特的父亲在数学、物理学等自然科学方面颇有造诣，在教学活动中，他反对当时流行的让学生死记硬背的做法，提倡学生独立思考，这对少年的斯宾塞有较大的影响。

幼年的斯宾塞因为体质较弱不能坚持正常的上学，所以他真正在学校里学习的时间并不多，他的知识主要来自父亲的家教。父亲教他物理、化学知识，指导他绘画、制作标本。为了验证学到的知识，他同父亲的学生一起做物理、化学实验，并经常参加他父亲和叔父定期举行的学术讨论会，听取他们对当时人们迫切关心的一些政治问题和宗教问题的讨论。

1833 年，斯宾塞 13 岁时，离家到靠近巴斯城的叔父家继续求学。他的叔父维列德·斯宾塞是一名牧师，同时也是一名进步的社会改良家、宪章运动的支持者。叔父向年轻的斯宾塞传授了哲学激进主义和与英国国教相背离的新教思想，这对后来斯宾塞思想的发展产生了一定的影响。但斯宾塞本人的兴趣，决定了他从父亲和叔父那里吸取的主要还是有关科学方面的知识。

尽管斯宾塞在数学和自然科学方面有较好的功底，但由于拉丁语和希腊语的基础较差，英语又未接受过老师的正式传授，加之历史知识匮乏，使他未能按照他父亲所希望的那样进入剑桥大学学习。斯宾塞自感此路不通，于是便顺乎自己对科学的兴趣另辟他途。1837年，他被录取为修筑伦敦至伯明翰铁路的工程师。一年之后，他取得了更高的职位——作为伯明翰至格洛斯铁路的绘图员，在此工作期间，斯宾塞还不乏一些细小的技术发明创造，可见他对工作的满意和安心。1841年铁路工程完毕之后他卸任回到家乡。

在此后的几年里，他弃工从文，常在激进的报刊上发表文章，先是关于工程技术方面的，后来涉及社会与政治问题。1842年，他将自己给一家持不同政见的报刊——《不信奉国教的人》所撰写的一系列文章，汇集成书，取名为《政府的作用范围》，于同年正式发表。书中基本观点是要求严格地限制政府部门的活动范围，主张除了社会治安活动之外，一切都应该由私人企业自行管理，政府不得干涉。在此期间，斯宾塞积极活跃在激进的报刊和政治的前沿，但最终由于作为一个写作家的收入不能保障其生计，不得不于1844年又回到先前离开的铁路工作，直到1846年，由于经济危机的影响，铁路交通不景气，才被迫离开。

1848年年底，斯宾塞幸运地找到了一个满意的工作，担任了英国最有声望的金融经济周刊《经济学家》的编辑。这项工作一方面有较高收入，另一方面更为重要的是有充足的业余时间，为斯宾塞的创作活动提供了方便的条件。斯宾塞在做《经济学家》周刊工作的5年期间，广交了上层社会的进步作家和科学界人士。他结识了当时的著名生物学家赫胥黎和著名的物理学家廷德耳，后来他们都成了斯宾塞生活中的亲近朋友。

1851年，斯宾塞发表了第一部社会学专著《社会静力学》，该书的基本思想同在此前发表的《政府的作用范围》一书在内容上一脉相承，其宗旨仍在限制国家和政府的活动领域，要求给予个人充分活动的自由。该书的发表受到激进社会舆论的欢迎和好评。1852年出版了《进化的假说》，这就是说，早在达尔文的《物种起源》一书问世之前，斯宾塞就依据拉马克的进化理论提出了发展进化的思想。

1853年斯宾塞的叔父去世，给他留下了一笔数目可观的遗产，这时他辞去了在《经济学家》周刊的任职，已不必再为生计而奔波，开始专心致志地投入了自己的创作活动。1854年他开始撰写他的第二部著作——《心理学原理》，该书于次年出版。但这本书没有为社会所理解，也没有引起像他的第一部著作《社会静力学》那样的反响。

从19世纪60年代初开始，斯宾塞朝着建立自己综合哲学体系的宏伟目标迈进。1862年发表了《第一原理》，1864—1867年间，他完成了多卷本的《生物学原理》，1873年发表了《社会学研究》，我国著名的翻译家严复将此书译为《群学肄言》。在70年代至90年代期间，出版了《社会学原理》、《伦理学原理》和《人与国家》等著作。1904年发表了《自传》，此外，还发表了他的多卷本的《科学、政治和思辨论文集》和主要由他的几个秘书和其他作者写的多卷本的

《描述社会学》。

斯宾塞死于1903年。从上面所介绍的情况不难看出，斯宾塞也像孔德一样是一位多产的著作家。但他在个人著述和社交活动中与前者不同的是，孔德在世时没有得到社会的承认和尊重，而斯宾塞在世时获得许多荣誉，受到国内外的赞扬和尊重。他先后得到剑桥大学、爱丁堡大学、布达佩斯大学、波伦亚大学、圣安德鲁大学授予的博士头衔，并被委任为国外许多著名科学院院士的称号。由于成绩卓著，斯宾塞在英国被誉为学术界的“思想泰斗”、“维多利亚英国的亚里士多德”。

斯宾塞作为英国实证主义的主要代表人物之一，他的著作对当时和后来都产生了较大的影响，他的著作被译成多种文字，在世界各地广为流传。

第二节 社会有机论和社会进化论

社会有机论和社会进化论的思想是贯穿斯宾塞社会学的两条主线，是他关于社会的基本理论观点。一些社会史学家倾向于把斯宾塞看做是孔德社会有机论的继承者，不可否认，斯宾塞的社会有机论思想和社会进化观同孔德有一定的联系，但从根本说来，二者的思想体系不同。

关于这一点，斯宾塞本人这样写道：“孔德公开宣称的目的是什么？是对人类概念的进步给予条理化的描述。我的目的是什么？是对外部世界的进步给予清楚的说明。孔德认为思想具有必然的和实在的起源，而我认为物质具有必然的和实在的起源。孔德的宗旨在于阐明我们关于自然界知识的发生过程，我的目的则是对组成自然界各种现象的发生过程作出解释。这里一个是主观的，一个是客观的。”①

下面我们分别介绍一下斯宾塞的社会有机论和进化论的思想及其哲学基础。

一、斯宾塞的综合哲学

作为一位哲学家，斯宾塞的哲学被称作“综合哲学”，社会学概念就是在他的综合哲学的框架内制定出来的。斯宾塞无所不包的进化论思想，由此被称作万能进化论，是斯宾塞哲学理论的杠杆。斯宾塞综合哲学的基本原则在他的《基本原理》中得到详尽的论述。

① ［英］H. 斯宾塞：《自传》（2卷本），第2卷，570页，纽约，1904。

在斯宾塞看来，物质处于永恒的和无休止的运动之中。同时，这种运动或变化不是杂乱无章的，而是遵循着某些一般规律。其中，自然因果关系就是具有支配作用的一种一般规律。

物质的每一现存状态都是由以前的因果关系，或者说由先前状态所决定的。因此，物质的进化是一个不间断的和经常性的过程，统一的因果关系链条贯穿其中，并支配着它的进程。与此同时，结构复杂化是物质的内在属性，这种属性赋予物质进化某种方向性。

物质基本单元以自然方式结合成聚合体，较简单的聚合体结合成更为复杂的形式。这种变化总是伴随着打破先前的力量平衡和建立新的力量均势，进而生成新的联系和保持新的状态。物质形式的这种解构和生成渐进性的演化，伴随着物质内部组织的复杂化与功能分化的过程。

按照斯宾塞的观点，进化所反映的是物质从同质性向异质性的变化、从不确定性向确定性、从没有联系向建立联系方向发展；而物质“聚合体”规模增长，结构变复杂和功能分化，以及各个组成部分之间的协调一致这样一系列的变化，是其重要的表现。这些基本规律，在物质世界，从最简单的物质形式到最复杂的物质现象，均无例外。上述关于物质系统发展和维持内在平衡状态的基本特征，成为后来斯宾塞用来分析生物现象、心理现象和社会现象的理论模型。这种模型对斯宾塞来说不是归纳性的结果，而是用来分析事物的框架和基本原则。关于这一点，斯宾塞本人写道：“我有更快抓住真理，而不是细枝末节的能力。对我来说，现象的含义始终比现象本身更有意思……对因果关系的意识……经常促使我进行分析，因此，基本原则比起各种具体现象和例证来，对我更有吸引力。”①

综上所述，可以看出，斯宾塞社会学的最一般理论也是这一抽象原则的具体应用，经验材料对他来说，只起到注释和例证的作用。其次，这一模型是一种最一般的，没有内容的理论框架，正因为如此，依据经验材料，可以对具体社会现象的历史进化作出相应的解释。

对于物质进化，斯宾塞划分为三个基本阶段：无机体进化、有机体进化和超有机体（或称后有机体）进化。物质发展的每个水平（或秩序）都是平稳的、渐进的，由它的先前阶段发展而来的，阶段与阶段之间没有清晰的界限，特别是超有机体，是从有机体的形式，经过了若干无感知（情感）阶段的过渡。斯宾塞这里所说的超有机体（后有机体），即社会机体，指的就是社会现象。而社会现象是以许许多多相互配合的个体的活动为前提的，或者说，社会现象是无数个体相互协调和作用的结果。同时，斯宾塞的社会定义涵盖面广，不仅人类的社会生活现象，而且动物的群体生活表现（如蜜蜂、蚂蚁、鸟类、哺乳动物等）都被包括在斯宾塞的社会定义之中。不过，动物表现出来的社会生活形式应当看做是人类社会生活复杂形式的“萌芽”状态。

---

① ［英］H. 斯宾塞：《自传》（［俄］A. 科罗特涅娃，缩译本），54 页，圣彼得堡，1914。

人类社会通过其生长、结构、功能和结果表现出超有机体发展的专门形式，一方面它是物质进化的最高级和最复杂的阶段，另一方面又通过因果链条同低级阶段的现象联系起来。这两个方面表明社会现象在物质进化中的地位，也是社会现象的特殊性所在。斯宾塞认为，在他以前没有任何一门科学对此进行过研究，因此，他提出要建立专门研究此类现象的一门科学——社会学，并论证了它的可能性。

斯宾塞指出，社会现象也是自然因果关系链条中的一环，由此他得出结论，社会学也是自然科学。他写道："对那些处于高序列的现象应当像对处于低序列的现象一样地进行研究，当然，不能采用那些物理学的方法，但可采用同样的原则。"①

斯宾塞认为，社会学的对象领域是由超有机体序列即人类社会的特殊性质所决定的。从斯宾塞的观点来看，社会学的对象范围"是以众多个人协调行动为前提的过程和结果"所组成的。换句话说，人们的相互作用的过程和结果，构成了社会学的对象领域。每一个属于这一对象领域和进入研究视野的具体现象，都置于因果联系之中，其现状和过去的每一个时段状态，都是由其先前的各种内部和外部因素决定和相互作用的结果。

在社会学的对象领域中，斯宾塞区分了社会有机体（社会）和社会制度，并将其作为基本的研究单位。

二、社会是有机体

斯宾塞在《社会学原理》一书中辟有"社会是有机体"这样一章，专门讨论这个问题。首先，斯宾塞讨论了如何看待社会、社会是一个实体还是一个非实体的问题。在他看来，在没有阐明这个问题之前，关于社会的概念是不可能搞清楚的。

在关于社会唯实论和唯名论的这场争论中，斯宾塞的基本立场是站在唯实论的一边。他不同意唯名论者把社会比喻为在大厅里听演讲的听众这样一种观点。因为在这种观点看来，演讲一结束，听众走散，作为听众这个实体也就不复存在了。社会唯名论者想用这样的例子来说明社会不是一个客观常在的实体。

斯宾塞正确地指出，在大厅里听讲演的群众和社会现实中的人们虽然都是靠某种关系彼此发生联系，但是他们联系的性质不同。听众之间的关系是一种暂时的和不稳固的结合，而社会中人们之间的联系则具有长期和牢固的性质。由此，斯宾塞得出结论说：社会是一个实体。在确认社会是一个实体之后，紧接着要讨论的一个问题是：社会是什么样的一种实体，即是有机体实体还是无机体实体？斯宾塞的观点是：社会是一个"有机体"实体。斯宾塞之所以用有机体的模型而

---

① ［英］H. 斯宾塞：《社会学研究：智力、伦理和体育教育》（俄译本），4 页，圣彼得堡，1899。

不是用无机体的假设来解释社会，是因为在斯宾塞看来，社会与生物有机体之间存在着许多相似之处，概括起来主要有这样几点：生长过程、结构进化、功能分化、相互依赖等。

所谓生长过程，是指社会规模由小到大的变化。生物个体的生长和增殖现象比较容易看得清楚，在短时期里就可以显现出来。具体到社会，其情形有所不同，因为一个社会的规模即地域空间的扩大，往往不是在一短时期里能够完成的，而需要经历一个漫长的历史过程。当然，在特殊的历史条件下，社会规模的改变也是很明显的。一个小王国变成一个大帝国就是社会有机体的生长现象。

结构的进化，是指社会组织形式由简单到复杂的改变。以工业社会和原始社会为例，可以说明这种变化。在结构简单的原始社会里，它的各部分基本相似，其中一部分很容易被另一部分所代替，社会内部缺少分化，因而具有较高的同质性和综合性的特点。在复杂的工业社会里，其情形已有根本的不同。这时，先前简单社会的那种单一性和同质性特征已不复存在，社会组织呈现出分化和专门化的发展趋势。在这种社会里，一部分活动遭到破坏时，另一部分已无法取代它的活动来维持社会的正常运行。

功能分化，是伴随着社会结构进化而产生的一种必然现象。举例说，在一个原始的狩猎部落里，猎手和武士是由同一部分人担任，没有发生彼此分离的现象。社会的全部成员，在平时一起出猎，是猎手；战时一块出征，是武士。但是，随着历史的发展，社会结构日益变得复杂，其社会各部分的功能也出现了自然分化的现象。在定居的农业社会里，耕作者和武士的角色已不再由同一部分人担任，逐步形成相互独立的两部分人。务农者专事耕作，武士们专职战事，已不再参加生产活动。在一个小的部落联盟里已开始出现初步的政治设施，随着一个更大的政治单位的形成，社会结构的进化和功能的分化更为明显。这时开始出现领袖、统治者和国王。他们成为与普通群众、被统治者和臣民们对立的阶级或阶层，执行着与后者完全不同的社会功能。

相互依赖，是指执行各种不同功能的社会各部分之间相互联系和制约。按照斯宾塞的观点，社会结构越复杂、功能越分化，其各部分间的功能联系和相互依赖的程度越高，社会变得越加脆弱，比起先前未分化的社会更容易受到伤害。随着社会各部分间的相互依赖性增强，导致了社会控制系统的出现，用以调节各部分间的活动，保证整体活动的正常进行。

除了上面谈到的相似之处外，斯宾塞也清楚地看到，生物有机体和社会有机体间的不同：第一，生物有机体是一个具体的整体，它的各个部分结合紧密；而社会有机体则是一个松散的整体，组成它的个体或多或少是自由和分散的，彼此结合的程度不那样牢固。第二，生物有机体中，意识集中于机体的一定部位，其他部位缺少感受能力；而在社会中，意识遍布于组成它的各个分子即每一个个人身上，因此，它的每一个成员都有程度大体相当的感受能力，知其痛苦和欢乐。第三，生物有机体中部分与整体的关系是：部分是为其整体而存在；而在社会有机体中，社会整体则是为其部分即成员的幸福服务，而不是相反。在这点上明显地表现出他与孔德社会有机论思想的不同。孔德是在反对个人主义的基础上发展了他的有机论理论，孔德的社会有机论要求个人绝对服从社会整体；而斯宾塞则与此相反，认为社会是增进个人目标的工具和手段。

三、关于社会进化的思想

在斯宾塞早期的著述中，他把社会进化看做是一个持续的、没有倒退的和不间断的过程。社会进化存在于人类历史的始终，是永恒的现象。这时斯宾塞理解的社会进化是从同质性社会向异质性社会的变化，这种变化在人类整个文明和在每一个民族的文明的进步中都有表现，而且以不断增长的速度在继续进行着。①

成熟时期的斯宾塞，面对19世纪末期英国社会大量存在的社会冲突，使他对社会进化和倒退现象有了新的认识：他承认人类社会在整体进化的总趋势下，在具体的社会中可能有暂时的倒退现象发生。这就是说，从整体来讲，社会的进化是必然的，而具体来讲，社会的暂时倒退也是可能的。②

总的来看，斯宾塞认为社会发展是不可逆转的，不能返回到先前的阶段上去，因为社会的发展要与社会环境和自然环境相适应。斯宾塞写道，社会的进步像其他类型的进步一样，不是直线的，而是以一种分散和再分散的方式进行的。在斯宾塞看来，进化遍及整个地球人类过程之中，但当它遇到性质不同的社会环境时，进化过程部分地为先前社会生活所决定，部分地受新环境的影响和制约，于是便呈现出进化的发散现象。斯宾塞认为，不断增殖的群众，总是倾向于获得新的越来越大的社会差异，从而导致各种类型社会的产生。

斯宾塞特别指出了他与那些分阶段发展理论拥护者（如孔德）的不同。斯宾塞认为，不应把地球上未开化民族和文明民族所显示出的社会的不同形式，看做是同一种形式的社会在进化中表现出的不同阶段；而实际上，它们像各种类型的个体有机体那样，是不同类型的社会，并不构成一个系列，它们只是一些平面进化的分散和再分散的群体。③

斯宾塞在这里实际上遇到这样一个问题，如何理解进化过程中的量变和质变的问题？斯宾塞从庸俗的平面进化论的观点出发，自然对这样一个复杂的问题无法作出正确的解释。他只注意到，社会进化在很大程度上是一种自发的过程，人类的有意识活动不能对此进程产生任何影响。斯宾塞的这种观点实际上是为资本主义发展的盲目性和无计划性作辩护，反对采用任何革命手段改造社会的企图和努力。

---

① 参见［英］H. 斯宾塞：《科学、政治和思辨论文集》，第1卷，19页，纽约，1892。

② 参见［英］H. 斯宾塞：《社会学原理》，第1卷，96页，纽约，1896。

③ 参见［英］H. 斯宾塞：《社会学研究》，399页，纽约，1891。

第三节 关于社会的类型——军事社会和工业社会

斯宾塞从他的社会有机论和社会进化论的思想出发，试图对社会进行分类，但是，他并没有把自己的理论原则贯彻到底。

一、社会分类的标准

斯宾塞关于社会分类的标准有下列几种不同的说法，因其分类的标准不同，所得出的社会类型也不一样。

首先，他按照社会进化的程度或社会结构由简单到复杂的变化，把社会分为简单社会、复合社会、二次复合社会和三次复合社会。在斯宾塞看来，社会结构由简单到复杂的进化是必然的，因此在他的社会分类中，就出现了由简单社会到复合社会直至三次复合社会情形的出现。

在简单的社会中，斯宾塞又依据有无首领及其首领的任职状况区分为没有首领的简单社会、有偶然首领的简单社会、无常任首领的简单社会和有常任首领的简单社会四种情况。同样，斯宾塞对于复合社会和再复合社会又依据其政治组织的复杂程度作了进一步的区分。

其次，他还提出以社会内部管理形式作为基础的新的分类标准。按照这一标准，斯宾塞把社会分作军事社会和工业社会两大类型。

斯宾塞这一新的分类方法，与他上面所讲的以社会的进化程度作为基础的分类方法相矛盾。因为新的分类标准与社会本身在进化阶梯中的位置及其社会结构的复杂程度没有直接关系。这种分类只着眼于一个社会同作为其主要环境的其他社会之间的关系和由此对该社会内部管理形式的影响。按照斯宾塞的看法，如果一个社会同其周围的社会是和平的关系，那么该社会内部的管理就会呈现出相对松散和衰弱的情形；如果是处于交战的状态，那么就会导致强制性的和中央集权的社会控制。很明显，这时社会的本身结构已像在第一种分类法中占有那样举足轻重的地位，有无与邻近社会的冲突成了划分社会类型的依据。

另外，斯宾塞还提出过以人们居住的方式——游牧、半游牧和定居等不同的形式作为划分社会类型的思想。

二、关于军事社会和工业社会的比较

军事社会和工业社会是性质不同的两种社会（见表 2－1）。斯宾塞认为，军事社会最突出的特点是强制。他写道："军事结构的典型特征始终是强迫它的各个单位进行各种联合行动。犹如士兵的意志事事都以指挥官的意志为转移那样，公民的意志无论是在私人的还是公共的所有事务中，同样要由政府的意志作裁决。军事社会生活所维持的合作，是一种强制性的合作……就像个人有机体的外部器官完全服从于神经中枢那样。”①

与此相反，工业类型的社会是建立在志愿合作和个人自我节制的基础上。他写道：工业社会“始终是以个人具有同样的自由，包括商业活动的自由为其特征的。社会在多种形式的活动中所进行的合作是一种志愿的合作。就像一个具有发达给养系统的动物获得分散的和非集中化的调节器官那样，有着发达给养系统的社会机体，当它取得了工业类型时，也趋向于借助从众多的阶级当中产生出它的抵抗力量，使其基本的调节器官分散”②。

不难看出，在军事型和工业型的社会里，社会结构复杂性程度已经失去了应有的意义，社会内部的调节或管理系统的性质成了注意的中心。斯宾塞并不担心由此得出具有复杂结构的现代工业社会由于存在着与外部环境的冲突而成为强制性的军事社会，那些结构简单、尚未分化的原始社会由于与外界环境保持友好的睦邻关系而成为工业型社会的结论。如何解释后者与事实的矛盾呢？显而易见，斯宾塞这里所说的工业型社会不是指今天意义上的那种工业社会，而是指社会的管理方式或社会的内部关系而言。这从下面关于军事社会和工业社会的具体比较中可以得到证明。

表 2－1　　军事社会和工业社会之比较③

特　征	军事社会	工业社会
主要的功能或活动	为保卫和扩张而进行的共同防御和进攻活动	彼此提供和平的个人服务
社会协调的原则	强制的合作，靠命令形成的严密组织，对活动的正面和反面的两种管理	自愿的合作，靠契约和正义原则的管理，对活动只作反面的管理
国家和个人之间的关系	个人为国家的利益而存在，对自由、财产和流动的限制	国家为个人的利益而存在，对自由、财产和流动的较少限制
国家和其他组织之间的关系	全部是公共组织，私人组织受到排斥	私人组织受到鼓励
国家的结构	中央集权制	权力分散
社会分层的结构	等级、职业和住地固定不变，地位继承	等级、职业和住地的可变性和开放性，地位之间的流动性
经济活动的类型	经济自给自足，少量的贸易，贸易保护主义	不再是自给自足的经济、相互依赖的和平贸易，贸易自由
受重视的社会品质和个人品质	爱国主义、勇敢、权威、忠诚、服从、崇拜权威、纪律	独立、尊重他人、反对强制、个人的主动性、诚实、友善

① ［英］H. 斯宾塞：《社会学原理》，58～59 页，芝加哥，1967。

② ［英］H. 斯宾塞：《社会学原理》，第 1 卷，596 页，纽约，1896。

③ 此表转引自［美］科塞：《社会学思想大师》，95 页，纽约，1977。

不可否认，斯宾塞通过军事社会和工业社会两种类型社会的对比，总结出它们相互对立的一些特征，不乏给人以启发。但是，应当指出，他将现代社会内部并存的两种趋势完全对立起来的做法，并不能够全面反映事物的本质。事实上，在资本主义制度下，所谓民主和自由、强制与垄断不过是同一事物的两个侧面、同一过程的不同发展阶段而已。处在上升时期的资本主义社会，为了摆脱封建主义的桎梏，主张和强调资产阶级民主和通商贸易的自由，但到19世纪末20世纪初，当资本主义进入其最后的发展阶段——帝国主义阶段时，为了争夺和重新瓜分殖民地，开辟世界市场，对内实行独裁和垄断，对外实行侵略和扩张则已成为不可避免的历史现实。它不是什么工业民主型社会与军事独裁型社会的对立，而是二者的统一和一定历史条件下的必然转换。

另外，如果说斯宾塞依据结构进化不断增长的复杂性作为社会分类的标准，使其体系具有某种客观主义的色彩，反映出他对社会发展抱有一种乐观主义的情绪，那么他关于军事社会和工业社会的二分法，则使他丧失了对人类及其未来所抱有的希望和信心。他在回顾过去的100年的历史时写道："如果我们将1815年至1850年这段时期同1850年至现在这段时期加以对比，我们不能不看到，随着军备的不断增长，冲突的日益频繁和军国主义情绪的复活，强制性的调节在蔓延……个人的自由在许多情况下实际被取消……不容置疑，这是向强制性纪律的倒退，这种强制性纪律遍布于整个社会生活，是军事社会的典型表现。"① 由此还可以看出，斯宾塞并非像人们经常描绘的那样只是社会直线进化或发展的忠实信徒。

第四节 关于国家的政治理论

斯宾塞认为，社会学的重要任务之一，就是对国家政治组织和制度进行研究，描述和解释其形成和发展。本节只对斯宾塞关于国家政治理论的一些最基本的内容作概要的讨论。

一、国家和政府的概念及其权力的基础

首先，斯宾塞对国家和社会的概念作了区分。他认为，国家和社会是紧密相连的两个概念，然而彼此又有各自不同的含义。在斯宾塞看来，国家是社会的一

① ［英］H. 斯宾塞：《社会学原理》，第1卷，587页。

种特殊形式，即政治上组织起来的社会，或者说是社会为了进行必需的合作而有意识建立的政治组织。从某种观点来看，这显然算不上是学院式的或正规化的关于国家的定义，但至少从中可以看出斯宾塞对于国家这一概念的基本理解。

斯宾塞认为，社会上存在着两种类型的合作：一种是自发的私人合作，这种类型的合作与作为社会单位的群体不直接发生关系；另一种是"有意设计的"合作，正是这种类型的合作促成了国家的诞生，并维持国家的存在。斯宾塞的这种观点，反映出他把有目的、社会性的合作看做是国家赖以建立和得以持续的思想认识。

在谈及国家和政府的社会功能时，斯宾塞从社会和动物有机体的生物类比出发，对这一问题做了回答。在斯宾塞的社会有机论观点看来，社会系统和动物有机体系统一样，要使有机体的各个部分及其整体正常地发挥功能，必须有一个强有力的调节机制，在动物有机体身上它表现为神经系统，在社会有机体中则表现为国家及其政府机构。也就是说，国家是进行社会调节的机制，政府则是具体执行调节职能的一种器官。斯宾塞把政府定义为在一定的时间和场合下的政治组织的特殊形式，是进行国家管理的职能机构。

关于国家和政府权力的基础问题，斯宾塞主要是从人的心理方面讨论这一问题。他提出了"对活人的恐惧"是政治权力基础的观点，与此相应地还提出了"对死人的恐惧"是宗教权力基础的看法。这就是说，政治权力和宗教权力都是建立在人们的心理因素上面，人们的恐惧心理成了政治权力和宗教权力存在的前提。这是指政权权力和宗教权力基础的相同点而言。就其政治权力和宗教权力之基础的不同点来说，表现为恐惧的对象不同。前者恐惧"活人"，后者恐惧"死人"。斯宾塞指出，对"活人"和"死人"的"恐惧"并不是相互排斥和彼此间毫无联系的。它们之间的联系表现在，政治统治不仅利用人们"对活人的恐惧"心理，有时也借助于人们"对死人的恐惧"的情绪加强其控制的力量。这是指当人们相信统治者具有驾驭祖先神灵之能力时出现的一种情况。

斯宾塞关于国家和政府及其权力基础的论述，明显地反映出他的思想局限性，特别是关于政治权力基础的看法，是他唯心主义历史观的具体表现。他不是从生产资料私有制和阶级斗争的观点来考察国家的起源及其社会职能，而是从简单的生物类比来阐述这一问题。无疑，这种讨论问题的方式，是不能从根本上说明问题的。至于说他把"对活人的恐惧"作为政治权力的基础的理论，更是本末倒置、不能成立的。在生产资料私有制的社会里，人们的"恐惧"或"惧怕"心理正是由于少数统治阶级对广大劳动人民实行残酷镇压的结果，应当说国家和政治权力的真正基础是他们手中的武器——军队、警察和监狱等镇压手段和设施。

二、国家活动的领域和范围

关于国家活动的领域和范围的分析是斯宾塞政治理论中的一项重要内容。然而，斯宾塞并没有在对这一问题的大量讨论中发展出前后一贯的社会政治理论。

早在斯宾塞之前，人们就普遍接受了关于社会发展是一种自动和自发过程的思想。由于牛顿的天体力学对 18 世纪社会科学的巨大影响，英国的自然论者和法国的哲学家发展了这样一种观点：他们认为支配社会和主宰宇宙的都是牛顿所指明的那样一些“自然规律”。这就是说，社会与自然界没有本质的差别，因为它们的运动和变化的规律是相同的。社会现象受“自然规律”的支配，不管当时牛顿所说的“自然规律”的概念多么狭窄，但把社会看做是有规律的现象，比起那种把社会的一切看做是神的意志和上帝的安排的观点来说，终归是前进了一大步。当然，也应当指出，看不到社会现象和自然现象的不同及其规律的区别也是一种唯心主义和形而上学的思想表现。当时法国的重农学派和古典的经济学家将这种观点引进到社会科学中来，并用这种理论为资本主义和工业革命进行哲学上的辩护。尽管这一理论在当时受到一些人的指责，但仍然是居于统治地位的一种主导理论。

自然进化理论的发展，产生出所谓新“自然主义”的理论。这种理论认为，动物生活的较高级组织形式是从较低级的组织形式中独立、自发地发展起来的。从这种新自然主义的理论观点出发，就更容易在动物有机体和社会有机体之间作直接的类比，从而推论出社会的进化也是一个不依赖于人们意志的自发过程，人们想以任何方式加速这一过程的努力都是不可能的，这样做的结果只会阻碍或转移这一过程。斯宾塞大力普及了社会自动进化的思想，并用来作为限制国家和政府活动范围的理论依据。

斯宾塞关于限制国家和政府活动范围的思想由来已久。早在 1842 年，22 岁的斯宾塞在他的《政府的作用范围》一书中，就专门讨论这个问题，提出了他对国家和政府的活动应予以限制的看法。在 8 年以后出版的《社会静力学》中，他进一步提出了关于同等自由法的主张。所谓同等自由法，是指社会中的每一个成员都享有同样的自由权利，但这种权利应以不妨碍他人合法的自由作为基本前提。实际上，斯宾塞在这里重申了卢梭关于自由的定义。不难看出，斯宾塞提出的同等自由法是为限制不断扩大的国家活动为目的的。在这部著作中，斯宾塞提出了关于国家作为个人相互保护的股份公司的著名理论。从这一理论观点出发，斯宾塞认为，国家的实际任务就是执法，所谓执法就是维护人们的同等自由，保护个人的生命安全和私有财产不受侵犯。

斯宾塞关于限制国家活动最基本的理论出发点，可以说是建立在关于政治不干涉主义的思想基础上的。他在 1873 年发表的《社会学研究》中，在开篇的第一章“我们关于社会科学的需要”和“政治的偏见”的第十一章，都一再重申了这一思想。斯宾塞认为，正是由于国家和政府的过分干预，从而限制了个人的活动自由，加重了人们的经济负担，妨碍了社会的发展。他认为，诸如贸易法、国家宗教、破坏自然选择的慈善事业、国家教育、国家移民、卫生措施、货币管理和制造、邮电服务、港口改善和灯塔设置等，国家都不应予以干涉，应任其自由发展，由个人经营。在 1850 年至 1884 年 35 年的时间里，斯宾塞发表了大量的关于反对国家进行政治干涉这一主题的论文。其中绝大部分收集在1891年出版的题为《科学、政治和思辨论文集》第3卷里。其中需要特别指出的是《专门化的管理》这篇论文。斯宾塞在这里所说的“专门化的管理”，是指政府应放弃对个人活动的正面干涉，只保留其反面的或否定的管理职能。所谓反面的管理是指只要求国家和政府对威胁个人生命安全和破坏、侵犯私人财产行为予以制裁，而不对个人其他方面的自由活动施加任何限制。

斯宾塞在《人与国家》最后一版的后记中承认，他完全意识到，关于限制国家活动的理论，远远超出了他所生活的时代，甚至在未来的几代里都不一定为人们所接受。但是，斯宾塞认为，作为关于国家的一种理论，不能只看其现实的反应，还应当看到作为理想的理论对社会未来发展的指导作用。斯宾塞正是为自己理论具有这样的作用感到欣慰。

在国家事务中，斯宾塞主张国与国之间的睦邻关系，反对诉诸武力和对其他国家的侵略。他指出，国际仲裁的原则将成为解决国际争端的普遍方式。他期望在遥远的未来将结束严格的民族界限并建立一种共同政府或联邦制度。他深信，对个人活动进行国际仲裁，将促进社会的和平发展，并有利于国际和平。正是从这种立场出发，斯宾塞严厉谴责了英国帝国主义的对外扩张政策。他在一篇题为《帝国主义和奴役制》的论文中，批判了布尔战争中的不列颠的实力政策，并称它为新帝国主义的政策。他指出，帝国主义必然导致军国主义，破坏国内和国际的和平，并将极大地加重人民的纳税负担。

斯宾塞尽管尖锐地批判了帝国主义的对外侵略与扩张，但他并不赞成社会主义。相反，他在许多文章中，如在《从自由到奴役》以及在《人与国家》著作中，尖刻地讽刺和批判了社会主义，他把社会主义制度等同于奴役制度。斯宾塞对社会主义的仇恨和偏见，充分暴露了他的资产阶级政治理论观。

*　　*　　*

历史地看，斯宾塞的社会学思想对西方社会学的形成和发展起过重要的作用。尽管斯宾塞的社会学未曾得到保守的英国官方大学的承认，未能作为一门课程或学科在大学里进行讲授，但它在社会上却颇为流行，不乏热心的读者。特别是在19世纪后期，斯宾塞的社会学在美国受到普遍的欢迎。在1860年至1903年40余年的时间里，他的著作在美国先后出版达36.9万册之多。根据美国早期著名社会学家库利的说法，斯宾塞的《作为研究对象的社会学》一书，大大激发了美国人对社会学的兴趣，社会学成为人们普遍关注的问题。1882年斯宾塞对美国的访问，进一步扩大了他在美国的影响。

斯宾塞的社会学在美国产生了巨大反响，部分的原因是由于在他的著作和美国人之间没有语言的障碍，读者不需要翻译便可以直接阅读，另一方面的原因，则不能不说是由于斯宾塞的基本思想观点迎合了当时美国社会的需要和人们的心理。

随着时间的推移，斯宾塞的思想影响时起时落。在19世纪末20世纪初，不少人对斯宾塞的社会进化论理论提出了尖锐的批评，同时对他的社会有机论思想失去了兴趣，但这并不等于说斯宾塞的名字和影响从此完全消失。在20世纪20年代后期，许多人还认为斯宾塞是欧洲最有影响的社会学家之一。然而到了30年代后期，持这种观点的人已经寥寥无几，用帕森斯的话来说："斯宾塞已死了。"① 其意是说斯宾塞对当今社会学已不再发生什么影响，他已为人们所忘记。

对斯宾塞兴趣的重新增长是第二次世界大战过后一个时期里出现的现象，它同新进化论思潮的抬头、结构功能主义理论的流行、系统论和控制论的崛起有直接的关系。因为正是斯宾塞在他的社会学著作中较早地提出了"社会系统"、"社会功能"、"社会控制"和"社会进化"这样一系列的概念。因此，有人认为斯宾塞是功能主义理论、系统论和控制论等科学的先驱。虽然目前这些科学并不是在斯宾塞思想基础上直接发展起来的，然而由于斯宾塞较早地提出了这些思想，所以人们产生对他重新进行研究的兴趣也是十分自然的。

【本章要点】

1. 斯宾塞的社会学是在他的综合哲学框架内制定出来的。社会有机论和社会进化论是斯宾塞社会学思想的基本要点。

2. 社会有机论把社会比作像生物机体一样的社会有机体。伴随社会结构的进化，其功能不断分化，社会有机体的各个部分相互依赖，构成一个紧密联系的整体。

3. 早期的斯宾塞把社会进化看做是一个持续的、没有倒退的过程；后来斯宾塞承认在人类社会进步的总趋势下，可能出现临时倒退现象。

4. 关于军事社会和工业社会，是特征不同的两种类型，是从社会的功能和结构上所作的划分。

5. 斯宾塞指出，国家和社会是两个不同的概念。国家是社会的特殊形式，是政治上组织起来的社会。他主张国家的活动应当受到限制，不应过分干预个人的活动和自由。

【基本概念】

综合哲学　社会有机体　社会进化　结构进化　功能分化　工业社会　军事社会　国家活动领域

【思考题】

1. 斯宾塞关于社会有机论和社会进化论的基本思想是什么？
2. 如何评价斯宾塞对于军事社会和工业社会特征的分析？
3. 斯宾塞认为国家和政府权力的基础是什么？为什么说它是不正确的？
4. 斯宾塞关于国家政治理论的中心思想何在？

---

① ［美］T. 帕森斯：《社会行为的结构》，3页，纽约，1964。

5. 如何看待斯宾塞社会学在社会学史上的地位？

【参考书目】

1. ［英］斯宾塞．社会学原理．西江：欧化社，1903

2. ［英］斯宾塞．群学肄言．北京：商务印书馆，1981

3. ［英］斯宾塞．社会静力学（节略修订本）．北京：商务印书馆，1996

4. ［英］斯宾塞．斯宾塞教育论著选．北京：人民教育出版社，1997

5. ［英］斯宾塞．国家权力与个人自由．北京：华夏出版社，2000

6. ［英］斯宾塞．社会学研究．北京：华夏出版社，2001

7. ［苏］安东诺维奇．资产阶级社会学理论批判（上册）．武汉：湖北人民出版社，1985

8. Spencer H. *An Autobiography*，Vol. 2. N. Y.，1904

9. Spencer H. *First Principles*. N. Y.，1896

10. Spencer H. *Social Slatics*. L.，1851

11. Spencer H. *The Evolution of Society*. Selection from Herbert Spencer's principles of sociology. Ed. and with introd. L. Robert. Chicago，1967

12. Spencer H. *The Man Versus the State*. N. Y.，1892

13. Spencer H. *The Principles of Ethics*. Vol. Ⅰ. N. Y.，1904

第三章
滕尼斯的社会学体系

费迪南德·滕尼斯（1855—1936）是德国社会学的创始人之一。在西方社会学史上，他以围绕“公社”和“社会”两个概念建立起来的社会学体系而著称。

第一节 生平与著述

滕尼斯出生在德国施勒斯维希—霍尔施泰因地区一个富裕的农民家庭。滕尼斯的祖父是来自荷兰的移民，定居在这里从事农业活动已有200多年的历史。滕尼斯的母亲出生于霍尔施泰因东部一个新教牧师的家庭，她本人是一个虔诚的路德教徒。

1864年，滕尼斯全家迁居到一个名叫胡苏姆的小城。1872年，滕尼斯从中学毕业后，接着便进入大学学习。先是在耶拿大学，之后是莱比锡、波恩、基尔和图宾根等大学，学习古典语言学、哲学、神学、教会史、考古学及艺术史。

1875年，他以关于古代文化研究的论文在图宾根大学获哲学博士学位。

大学毕业之后，滕尼斯曾潜心于哲学和国家学说的研究。他对霍布斯的学说进行了仔细钻研。1881年，他以《霍布斯哲学注释》的论文获得基尔大学哲学学院授课资格。在这本书的结尾处，他首次运用了“公社”和“社会”两个重要概念。同年，撰写了题为《公社与社会》（副标题为《文化哲学原理》）的论文，对以上两个概念作了更详尽的说明。

滕尼斯很早就对统计学发生了兴趣。1878—1879年，他是著名统计学家恩格尔在普鲁士统计局主持的讨论班的成员。他在后来对犯罪、自杀、码头工人的社会经济状况等问题的经验研究中便采用了统计相关的方法。

1891年，滕尼斯获得教授头衔，但这时的滕尼斯在社会上并没有很大的影响。直到1912年，《公社与社会》这部著作以《纯粹社会学的基本概念》的副标题再版之后，才名声大扬。很快，滕尼斯成为基尔大学的正教授。1921年，汉堡大学授予他法学名誉博士；1927年，他又被波恩大学授予国家科学名誉博士。

滕尼斯的主要著作除了以上提到的《公社与社会》以外，还有《伦理》（1909）、《公众舆论批判》（1922）、《社会学研究与批判》（3卷本，1925—1929）、《进步与社会发展》（1926）、《社会学引论》（1931）以及《近代精神》（1935）。

另外，滕尼斯的其他著作还有《托马斯·霍布斯的生平与著作》（1896）、《马克思的生平与学说》（1921）。

在理论上，滕尼斯的思想来源主要是霍布斯和斯宾诺莎的哲学和自然法学说。此外，19世纪的哲学和社会思潮，特别是当时对古代社会和社会形态的研究，给了他很大启发。

滕尼斯既是一个严谨的学者，又是一个活跃在当时德国社会政治舞台上的社会活动家和实践家。他经常对政治、社会政策、社会伦理、社会改革等问题发表见解。晚年，他成为社会民主党成员。滕尼斯同齐美尔、韦伯等社会学家一起，创立了德国社会学学会，并出任第一任主席，直至纳粹上台以前，一直担任这一职务。

第二节 滕尼斯社会学的代表作——《公社与社会》

《公社与社会》（1880—1881）[①] 是滕尼斯的代表作，也是社会学理论文献中的经典。“公社”与“社会”这对范畴，是滕尼斯社会学中的两个基本概念，是作者用来说明社会与历史发展的两个基本类型模式。在一定的意义上，他的整个社会学体系皆可视为在此基础上的发挥与系统化。

一、《公社与社会》一书产生的理论背景

滕尼斯提出“公社”与“社会”这样两种社会生活的基本类型，在理论立场

① 公社（Gemeinschaft）和社会（Gesellschaft）是社会生活的两种存在形式。德文“Gemeinschaft”一词一般可译为“共同体”，表示任何基于协作关系的有机组织形式，如劳动共同体、家庭共同体、经济共同体、政治军事共同体等。滕尼斯运用此词，主要强调其成员间唇齿相依的感情。Gemeinschaft的本质特征表现为小群体或某种往昔的社会发展阶段，在这里特指在传统的自然感情一致的基础上紧密联系起来的社会有机体。与之相对的Gesellschaft（社会），则是指建立在外在的和合理利益基础上的机械结合。

和思想方法上，与当时的浪漫主义思潮以及在浪漫主义思潮影响下产生的历史学派观点有着密切联系。

浪漫主义思潮主要指18世纪末启蒙运动和古典主义引起的一场思想和文学艺术运动。这场运动首先出现在欧洲大陆，遂席卷整个西方。它强调个性，从社会整体的有机结合出发，反对一切人为的机械性和强迫性，注意发掘历史的意义，强调民族精神和民族意识。但其中有些人的观点往往以美化前资本主义的、落后保守的经济与社会制度以及生活方式的形式出现。

盛行于19世纪的历史学派是在浪漫主义思潮影响下产生的。历史学派致力于对历史上各民族不同社会生活的状态和历史意义的研究，认为无论是在法的领域还是在经济领域，都不存在绝对通用和普遍有效的抽象原则。与启蒙运动开创的理性主义不同，历史主义反对从某种事先制定的普遍原则出发，反对采用逻辑演绎的方法，主张从历史的延续性和因袭性的角度，对历史材料进行归纳和描述。

滕尼斯既受到上述方法论争论的影响，又有自己对这种争论的独到见解。在滕尼斯看来，应该克服理性主义和历史主义各自的褊狭性。理性主义只重视概念的纯粹联结和过渡，完全排除经验对象，这是错误的。历史主义只讲经验归纳而拒绝逻辑演绎方法同样是有缺陷的。他指出："我毫不讳饰地主张，在任何科学中，一个概念的系统是必需的。"① 然而，另一方面，滕尼斯又认为，不管怎么说，"纯粹社会学"即"概念论"，需要"经验的证实与校正，它必须不断重新修正其概念，检验并核实其演绎。它会不断地想到经验，认为被批判地纯化了的经验是所有实际认识的唯一源泉"②。

另外，在概念的运用上，也表现出滕尼斯与当时思想领域争论的问题的密切关系。"有机的"和"机械的"两个概念，在对"公社"和"社会"这对基本概念作说明中起着重要的作用。一些浪漫派思想家认为，任何设施和行动要么被理解为自然给定的和有机生成的，要么被理解为有意创造的和按机械的目的性组织起来的。滕尼斯接受这种解释，并且以自然的、有机的和人为的、机械的术语表明"公社"和"社会"两种关系的重要区别。他说："这种关系本身，即这种联系，要么被理解为现实的和有机的生活——这便是公社的本质；要么被理解为观念的和机械的形成物——这便是社会的概念。"③ 这样，公社型的生活便被理解为一种亲密的、相互信赖的、排他性的共同生活。在这里，个人总是感到与整体处于亲切的联系之中，而又不感到在其中丧失了自身。"社会"却表现为一种相互陌生的生活共同体。按滕尼斯所说："人步入社会就像步入某种陌生地"④，在他看来，"公社"才是一种"持久的和真正的共同生活"，而"社会"则只是一种"暂时的和表面的共同生活"⑤。

---

① ［德］F. 滕尼斯：《社会学引论》，Ⅵ页，斯图加特，1931。
② ［德］F. 滕尼斯：《社会学研究与批判》，第2集，134页，耶拿，1926。
③④⑤ ［德］F. 滕尼斯：《公社与社会》，3、5页，莱比锡，1935。

但是，滕尼斯与前面的浪漫派和历史主义思潮又有严格区别。他试图把历史主义的思想和唯理论的立场观点结合起来。对滕尼斯来说，关于“公社”和“社会”及其性质的认识并不限于或停留在确定它们历史的对立，更重要的毋宁说是将两者概括为社会学上的认识形式和方法论工具。在滕尼斯这里，发展史的观点和系统社会学的观点联系在一起。[①]“公社”和“社会”作为对历史发展的理论总结，它对社会学的意义，更重要的是表现为这两个相关物出现在一切人类关系中。它们是所有社会生活的两种基本形式，也是进行社会学分析的基本概念。

二、人类共同生活的两种表现形式

滕尼斯以“公社”和“社会”两个概念表明人类共同生活的两种基本形式。在“公社”形式里，不管人们形式上怎样分隔，也总是相互联系的，母与子的关系便是一例。而在“社会”形式里，不管人们形式上怎样结合，也总是分离的，签订契约的双方便体现这种情况。在前者那里，人们的相互关系是建立在亲密的、不分你我的私人关系基础上；在后者那里，他们的联系则是建立在目的、利益及以此为条件的人们之间保持一定距离的基础上。前者基于生活的统一性原则；后者则基于自由与理智的思考。“公社”的主要形式有：（1）亲属；（2）邻里；（3）友谊。它们以血缘、感情和伦理团结为纽带。而体现“公社”生活的现实形式是：家庭、乡村以及凭借和睦感情、伦理和宗教而建立起来的城市。相反，“社会”的形式是诸如股份公司、大城市、民族国家以及整个市民经济社会和正在展开的工业社会，它们是基于常规（Konvention）、政策、公众舆论和特殊利益的联系。“公社”按其本质是有限的，聚结性程度高，呈密集型；“社会”按其本质是无限扩展的，聚结性程度低，呈复合型。在前者那里，整体的统一是有机的，在后者那里，整体的统一则是机械的。

三、共同生活的意志类型

在滕尼斯看来，“公社”和“社会”两种共同生活形式之所以不同，是因为把人们联系在一起的共同意志不一样。滕尼斯说：“在更狭窄及更严格意义上所谓的社会生活只能从共同愿望即从相互的肯定中推导出来。”[②]

滕尼斯将人们的共同意志分为本质意志（wesenswille）和选择意志（Kürwille）两种，本质意志主要基于情感动机，指的是人们在传统的和自然的

---

① 法国社会学家雷蒙·阿隆指出：《公社与社会》“并不限于对一种法哲学问题的回答，而是为社会学提供了一种基础及概述了一种比较文化史”（［法］雷蒙·阿隆：《当代德国社会学》，17页，斯图加特，1953）。

② ［德］F. 滕尼斯：《社会学引论》，5页。

感情纽带基础上的一致性和相互融洽。选择意志则主要基于思想动机，指的是人们那种尽量排除感情因素的纯理智思维、个人的目的性打算及人与人之间利益关系的考虑。

滕尼斯将本质意志和选择意志同人的社会行动联系起来，加以比较分析，并采用了韦伯关于社会行动的理想类型的思想。在滕尼斯看来，行动是愿望的表达，“没有愿望也就没有行动”[①]。这样，行动的概念便与意志、愿望的概念联系起来。滕尼斯指出，韦伯把所有行动分为：(1) 目的合理的行动；(2) 价值合理的行动；(3) 情感的行动；(4) 传统的行动。其中第 (2)、(3)、(4) 项可归入本质意志的概念中，而第 (1) 项则源出于选择意志。

在谈及本质意志与选择意志之区分时，滕尼斯从目的与手段的关系上考察了这一问题。在本质意志中，目的和手段完全合而为一，自然地结合在一起，彼此之间没有区分。而在选择意志中，则有目的和从属于目的之手段的区别。也就是说，在选择意志中，人们反复地权衡利弊，而采取某种行动取决于是否有助于个人利益，表现为选择意志的思维特别关注手段对实现目的的有用性。至于说手段这时是否令人满意、是否让人觉得习惯，都是无所谓的。

这两种意志形式分别与“公社”和“社会”的类型相对应，“公社”导源于本质意志，而“社会”导源于选择意志。“公社”这样的有机统一体是本质意志的表达，个人意志植根于整体（公社）意志之中。“社会”这样的机械统一体是选择意志的表达，个人意志是出发点，社会产物都是由它建立起来的。

按照滕尼斯对“公社”与“社会”这两种人类生活不同组织形式及其构成基础的论述，可以把他的基本观点列表如下（见表 3－1）。

表 3－1　“公社”与“社会”的不同特征

共同生活的类型 / 共同生活的特征	公　　社	社　　会
意志类型	本质意志—情感动机型	选择意志—目的动机型
意志取向	整体意志	个人意志
行动方式	传统的行动	合理的行动
互动表现	本地网络，呈密集型	超本地网络，呈复合型
生活范围	家庭、乡村、城镇	都市、国家、世界
维护手段	和睦感情、伦理、宗教	常规、法律、公众舆论
结合性质	有机的方式	机械的方式

从以上滕尼斯关于作为人类共同生活的“公社”和“社会”两种基本形式的讨论中，可以看出他的社会学体系具有浓厚的形式主义色彩，因而不能对所有丰富的社会现实作出全面的解释。

另外，需要指出的是，尽管滕尼斯力求做一个客观的学者，在科学研究中奉行价值中立的方法论原则，但在他的理论中暗含着对“公社”的偏爱和理想化。

① ［德］F. 滕尼斯：《社会学引论》，6 页。

这一方面反映出滕尼斯社会学的局限性，另一方面也为各种怀古的和复旧的文化浪漫主义运动在他的理论中寻求根据留下借口。

第三节
对社会生活的构成及形态的研究

按照滕尼斯在《社会学引论》中的说明，他的纯粹社会学还包括对“公社”和“社会”的展开研究，即在“公社”和“社会”两种基本类型基础上，对社会本质、社会价值、社会规范、社会相关物的研究。

一、社会本质

滕尼斯所说的社会本质，实际上是指构成社会的本质要素。构成社会的本质要素有以下三种类型：(1) 社会关系；(2) 社会集合体；(3) 社会集团。在这三个要素中，社会关系是基础，其他两个要素不过是社会关系的两种主要表现形式。当个人之间不仅形成并且意识到相互之间的一定关系，并由此而产生相互的权利与义务，这时，就可以说他们之间有了社会关系；当个人把参与者的联合视为达到某种目的所需要的手段，这时，形成的是社会集合体；当人们在相互关系之上形成一定的内部组织并有着彼此之间的职能关系，这时，形成的便是社会集团。这三种类型既可以表现为公社的形式，又可以表现为社会的形式。

社会关系。滕尼斯认为，可以把两人之间的双重关系视为社会关系的最简单形式。扩展开来看，由众多的这种你我之间的双重关系所形成的关系圈都是社会关系的表现形式。这种关系是建立在双方或更多人出于相互帮助或其他方面要求的共同意志的基础之上的。滕尼斯从社会关系的种种表现形式中概括出一种“合理的和观念的类型”，即“联盟”(Bündnis)。在滕尼斯看来，“联盟”是社会关系的纯粹类型，任何社会关系都可以用它来衡量。

滕尼斯指出，联盟是通过契约，或者说，是通过双方的意志联合而缔结成的。这种意志联合总是把相互之间的帮助包括在内。联盟自身包含着朝统一的目标发展的趋势。例如，当联盟是一种国家之间的合作时，在战争中，这个联盟就表现为协调行动、共同进攻或防卫。

现存的社会关系有时也并不完全是基于契约之上的。滕尼斯指出了社会关系在“公社”与“社会”两种形式中不同的表现及其过渡形式。在公社中，它表现为一种自然人之间的联系，即主要是指建立在人的自然特质（如生物特质）基础上的关系，如相互之间的好感、性爱、父母之爱、共同游戏和一起生活的兴致等，或是出于习惯，或是出于一种道德感情和思想，即义务感。有时，通过性别、体质和道德力量上的平等和相似，“公社”中的社会关系接近“联盟”这种理想的或合理的类型。但有时，“公社”中的社会关系正是借助于自然的不平等而存在。如果在“公社”的社会关系基础上，人们逐渐形成关于自身利益的意识，便开始了由“公社”形式的社会关系向“社会”形式的社会关系的过渡。

社会集合体。滕尼斯以“党派”这一概念作为“社会集合体”的理想类型。他认为，可以把“党派”理解为一种借选择意志而形成的集合体，这种集合体被有意识地当作为达到特定的或不定的目的所采取的手段。

滕尼斯指出，现实中各种社会集合体与作为理想类型的党派是有距离的。按照理想类型，党派是服务于选择意志利益的工具。而现实中大部分集合体又与某种更深层的感情相联系，如对自己的同类、对自己的家乡、对本族语言和风俗的热爱，为自己的祖先而骄傲、为本族类的富有与优越而自豪，以及某种尊严和财富的缺乏感，等等。人们在此之上形成一种休戚相关的感情，它凝聚为对某个领袖的共同热爱和尊敬，凝聚为一种共同的信仰与希望，就像人们对宗教的信仰那样。借此信仰，人们希望求得保护和帮助。党派或其他集合体的信仰都反映出一种期望：期望在斗争中获胜和压倒对方。人们赞成一个党派，是因为可望由此分得好处。滕尼斯以国与国的战争为例：一个开始宣称中立的国家，一旦看到某一参战国极有可能赢得胜利时，就有可能转而支持这个国家。

社会集团。社会集团的理想类型是“联合体”。滕尼斯强调指出，对于联合体来说，最本质的东西是团体的组织形式而不是团体所确定的目的。联合体的出现，是因为众多的个体都具有建立联合体的意志和愿望，以便使他们的目的和意志通过确定的形式加以表达。联合体的组织形式是按照规章秩序建立的。联合体组织集中体现其成员的意志，同时根据多数成员同意的原则，对各种事务作出决定。

随着联合体的发展，为了使这种表达共同意志的组织形式持续存在，并使其制度化，人们便在联合体中选举出执行机关和领导机构。这种机构常常是由某个人担任领导或一些人轮流担任领导，用以表达全体成员的要求。领导机构是责任与权利的结合，它既有行使权力的职能，同时又有承担责任的义务。

滕尼斯指出，如果一个集团越是表现出“公社”特性，那么，它距这种理想的类型就越远。与理想类型的集团模式相比，公社性集团是一种特殊形式。这种公社性集团不是按个人及其意志建立起来的，而是源出于在个人及其目的之前便存在的唇齿相依的感情。总之，它是基于本质意志而不是选择意志的。

滕尼斯进一步分析指出，在公社性集团中，又可分出统治性集团和合作性集团两种形式。其中统治性集团比合作性集团更远离集团的理想性类型。统治性集团内，依据的只是少数人的权力，他们几乎把所有属于这个集团的其他人都视为奴隶和仆人，而仆人自己也感到自己的确是奴仆。并且，由于深感对主人的恐惧而依附于主人，与主人形成一种奇怪的结合。滕尼斯认为这种集团形式实际上并不是社会学意义上的集团，因为它不具有该集团所有成员对它实际上的肯定。

合作性集团的原型是兄弟会这类组织。它的形成是出于这样一种感情和意识，即大家认为自己同是某个先人的（或是历史上的，或是神话传说的，或是宗教的）后裔，并由此结为一体。

然而，无论是统治性的还是合作性的集团，只要其来源和特征上是公社性的集团，它就与社会性的集团有根本区别，因为后者只是人们为达到某种目的而采取的手段。

二、社会价值

社会价值是指具有社会本质的对象。滕尼斯指出，我们把这种现实的或理想的对象理解为价值，这些对象由于为人们所肯定，从而获得价值。所谓肯定，意思指的是对现实的或理想中的对象所抱有的珍视、赞同、喜爱、钦佩、敬重等心态情感。

社会价值包括经济的、政治的及思想道德的价值，这些不同的价值内在地联系在一起并相互作用和相互影响。属于经济价值的如财产，属于政治价值的如爱国主义，属于伦理价值的如荣誉、尊严等。它们也分别表现为公社和社会两种形式。

对人们来说，有很多价值是共同的，如对自然的和艺术的对象的评价，它不受人们是否属于同一种族，是否具有同一历史渊源，是否属于同一国家或地区，以及他们相互之间处于何种关系和状态的影响。而社会价值则是以社会本质为前提的。处于同一关系中的人们（或处于同一团体中的成员），对某种对象的基本态度往往是一致的，因而他们对价值的追求也是相同或相似的。

三、社会规范

社会规范是指社会行动的规则。滕尼斯指出，规范是行动或日常行为的一般规则。它是面向作为理性生物的人，或从作为理性生物人的愿望出发，规定他在什么情况下该做什么和在什么情况下不该做什么。

滕尼斯认为，规范的本质一般被理解为一种否定或限制，即理解为对人的自由的某种限制。即使是正面的命令，也同时表现为对任何随意违反此项命令的行为的否定与禁止。命令人如此行动，就等于对按其他方式行动的限制。滕尼斯在此引证了斯宾诺莎的话："任何规定即是否定。"

但是，个别的命令或禁令哪怕有许多人遵守，也还不足以成为规范。如果禁令只是针对一时一地的事情，只有一时一地的效用，那还不是规范。滕尼斯举例说，如果只是在某种具体场合如酒宴上不准喧哗，这还不是一种规范，但如果把这种要求作为规定向大家公布出来并要求所有人都必须遵守，它就成为一种规范了。因此，规范总是具有普遍性这一本质特征。

滕尼斯进一步指出，成为规范的关键不在于制定规范的人数的多少，而在于规范所针对的人本身有无建立规范的要求，不管这种要求是直接来自他们本身，基于自决和自律的原则，还是间接地来自他们之外，即由外部向他们提出的规范，都要经过他们的同意或承认，才能成为对主体有效的行为准则。

概括起来说，滕尼斯认为，当命令包含某种一般规定时，它便叫做一种规范，当它又得到遵循它的人同意时，它便叫做社会规范。社会规范与社会本质性相联系，鲜明而集中地表达了一定社会关系以及社会集合体和社会集团的意志内容。

滕尼斯把社会规范分为三种形式，即秩序、法和道德。他又按“公社”与“社会”的不同，进一步讨论了它们各自赖以存在的基础。在“公社”的形式中，秩序基于和睦（风俗），在“社会”的形式中则基于常规（时髦）；法在前者中基于伦理（习惯），在后者中则基于法律与立法程序；道德在前者中基于宗教，在后者中则基于公共舆论。

四、社会相关物

社会相关物即与社会本质因素相关的体制和现实作用领域。滕尼斯说道：“在这里，一切与社会本质相关的体制及其他作用领域，都被理解为社会相关物。从中也可以看出或更多是公社特性或更多是社会特性，以及某种从一种类型向另一种类型的过渡。”①

滕尼斯在这里把社会生活也分为经济的、政治的和思想道德的三种表现形式。接着又在其中各自区分出乡村型和都市型两种基本情况。可以按滕尼斯的意见，将社会关系在其中的表现列成表（见表 3-2）。

从下表可以看出，按照滕尼斯的观点，在社会生活的各个领域中，社会关系在“公社”和“社会”中都具有明显不同的特征。通过对社会相关物的分析，滕尼斯将“公社”和“社会”两种基本类型的分析更加具体化了。

表 3-2　不同社会生活中的社会关系

经济或一般社会生活		政治生活		思想道德生活	
公社	社会	公社	社会	公社	社会
乡村(小城市)	城市(大都会)	民间生活	国家生活	对奇迹的信仰	对自然法则的认识
小生产	商业	贵族政治	民主政治	宗教	理性
家庭经营	市场经营	习惯法	革命立法	教会	教派
前资本主义生产与交换	资本主义生产与交换	联邦制	集权制	艺术	科学

① ［德］F. 滕尼斯：《社会学引论》，261 页。

第四节 社会学体系中的其他类别

滕尼斯在《社会学引论》中，对他所建立的社会学体系作了系统说明。他从社会学是研究人类共同生活这一理解出发，认为社会学的知识体系应包括两个基本类别，即一般社会学和专门社会学；而专门社会学又包括纯粹社会学、应用社会学和经验社会学三个部分。

前面我们主要阐述了他的纯粹社会学思想，这一节里，对他的社会学体系中其他类别作一补充讨论。

一、应用社会学

滕尼斯指出，与纯粹社会学局限于概念的阐述及放弃对历史事件的描述相反，应用社会学的任务恰恰在于利用社会学概念来理解当前的状况和历史的变迁，并最终理解人类社会的总发展。如果说纯粹社会学是静态的研究，那么，应用社会学则是动态的研究。如果说，前者是一种静态的规范论，那么，后者则是一种动态的历史变迁论。应用社会学以历史考察为其目标，但并不因此等同于历史科学或历史哲学。它与历史哲学也有密切联系，但它并不满足于抽象的思辨。社会学所理解的文化史，是严格按照科学的即经验的方式建立起来的。在滕尼斯看来，应用社会学不应仅限于笼统的历史阐述，还要对当前不断变化着的社会生活进行根本性的分析，这是单凭历史研究所不能达到的。

既然应用社会学是纯粹社会学理论在历史发展中的动态运用，那么，原来在纯粹社会学中的基本概念便获得了历史和现实的意义。具体地说，公社和社会既是纯粹社会学的基本概念，也是历史地形成和存在的两种形态。公社和社会在应用社会学中表现为历史发展的两个阶段。

滕尼斯认为，整个人类社会的基本进程，特别是自中世纪直到近代以来人类文化的发展，是一个从“公社”走向“社会”的过程。它表现为一种历史的凯旋，但同时也濒临着危险：空间上的接近破坏了时间中的融合，头脑的冷峻思考代替了内心的热情搏动，才智的过分发展弱化了原始生命力。残存的是这样一些人，他们无援地受其情绪左右：既不知怀疑，又不知懊悔；既无刚悍精神，又无宗教情绪。

不过，滕尼斯坚定地认为，尽管人类总趋势是由“公社”走向“社会”，正如人的自然生命由青年走向老年，但“公社”的要素却从未被完全清除，甚至后者还能从反面赢得强有力的新的表现形式和推动力。这便构成一种辩证的运动，从而表现出一种文明的交替现象。

二、经验社会学

从前面的分析，我们可以看出，滕尼斯对“公社”与“社会”的理论，仅限于人与人之间积极的关系和相互肯定的行为。他曾在《公社与社会》一书的开头便指出：“这种理论特别把相互肯定的关系作为它研究的对象。”[①] 而经验社会学则涉及消极的关系和所有社会病态现象。

分析一下滕尼斯区分出纯粹社会学和经验社会学、积极的社会关系和消极的社会关系的原因和根据，可以看出这直接涉及滕尼斯对社会学理论的看法。纯粹社会学可以被视为一种静态的规范学，在那里，“公社”和“社会”，包括“家庭”、“乡村”、“城市”等都是源出于“理想类型”的规范概念，现实中的存在只是或多或少地与其近似。因此，滕尼斯认为，现实中的“群体”与真正的社会联合体有着重大的区别。在联合体中，表现为价值、宗教、法律的社会意志以规范的形态约束个人意志，从而导致共同行动。而现实中的某种群集状态，如某种犯罪集团的行为虽然在一定程度上可以说是“共同的”行动，某个强盗集团也可能非常“社会性地”勾结在一起，但照滕尼斯的看法，透过其行为，它仍然可以被视为非社会的，甚至是反社会的，因为它处于与整个社会敌对的状态中。

滕尼斯把自己（纯粹）社会学的理论局限于对积极关系与社会现象的研究，但这并不意味着他对社会消极现象的不重视，相反，后者在他整个社会学体系中占有十分重要的位置，构成他经验社会学的研究对象。

我们在本章第一节里曾指出过，滕尼斯很早就对统计学感兴趣，在一生中，他的这种兴趣持久不衰。理论的探讨和经验的研究在他那里总是同时进行的。不了解这一点，就不能全面理解他在使德国社会学成为一门独立学科中的开创作用。值得指出的是，与其他方面相比，滕尼斯关于理论与经验的讨论以及他数目众多的经验统计学和社会纪实性论文没有受到人们足够的重视。

三、一般社会学

一般社会学在滕尼斯的社会学体系中，是与专门社会学并列的社会学两大类别之一。但滕尼斯对一般社会学的研究对象和专门社会学的区别却讲得并不十分清楚。

滕尼斯在《社会学引论》中曾经指出，一般社会学乃是关于“纯粹共同生活的学说”，不管它是否为人们所认识，也不管人们是否处于相互联系之中，相互之间是持肯定或否定的态度。一般社会学的对象是社会生物学和社会心理学的事实。它之所以作为社会生物学，是因为涉及作为自然现象的人类生活，如人口的再生产、种族的划分、生存斗争等。它之所以作为社会心理学，是因为涉及所有

---

① ［德］F. 滕尼斯：《公社与社会》，3页。

从内部的、心理的或主观的方面成为生理学观察的对象，它既涉及关于个别人的精神生活方面，也涉及有关一般精神（如民族精神）的生活方面，也就是说，个人与集体的精神状态都是它所关心的对象。

第五节 科学研究中的价值问题

一、社会学研究中的价值中立的思想

在滕尼斯当时所生活的德国，社会学作为一门独立的学科还没有完全形成。它正处在逐渐从自己的母体——社会哲学中摆脱出来的过程中。因而，关于社会学这门学科的性质、它与其他学科的关系、它独特的方法论原则等一系列问题便显得尤为突出。其中一个重要的方面就是社会学研究中的客观性与价值相关性问题，以及一般社会学与道德哲学、伦理学的关系问题。这在滕尼斯的学术研究中也表现出来。

滕尼斯反对在社会学的研究中掺进价值因素和道德感情。关于社会学研究中的价值中立的思想，是他所坚持的一条重要的方法论原则。他试图做一个冷静的科学观察者和研究者。为了保证对现实认识的客观性，就必须在认识过程中摆脱任何价值因素，因而，作为一个科学的社会学研究者，必须清楚社会学与伦理学的严格区别，明确两者不同的性质、兴趣和使命所在。

不过，滕尼斯强调上面两者的区别，却并不否认两者的联系。在滕尼斯看来，社会学研究首先在于认识人类共同生活的事实，而不是为研究而研究。科学研究就其本身来说，无异于对真理的认识，但对研究者来说，这种研究如有所用，那么，研究者就会为某种愿望所激起，便会受到欢迎。社会学本身只认识和描述客观存在的东西，不致力于建立价值公设和规范，但社会学的研究总是为了建立自然的、正常的、正确的法权，为合理的、完善的国家和理想的立法等而努力。因为所有这一切都是自然和理性所要求的。社会学就其自身来说，它要求严格的客观性，要求摆脱价值判断，从而与伦理学区分开来。

二、伦理学是以价值为其研究对象的科学

关于这一问题，滕尼斯有其独到的见解。滕尼斯认为，要求社会学研究本身摆脱价值，这并不意味着对价值不可以作科学的研究。伦理学正是对价值作科学研究的学科。在这里，滕尼斯首先批判了那种“哲学伦理学”的观点，这种观点

以绝对自由的人为前提，这种人既不以“公社”的形式联系在一起，又不以“社会”的形式联系在一起。这种人只从自己良心出发，完全自由、独立地作出决定。滕尼斯认为，这是一种个人主义的良心伦理学，对此，应该以社会伦理学取而代之。社会伦理学从一开始便把人视为处于和其他人的关系之中。

社会伦理学面临两方面的任务：一方面是为了指出人类社会中现实的生活道路；另一方面，它需要对种种社会体制、秩序、规范、思潮作出回答和说明。而任何答案都要求首先对变化的现实中人的生活及其生活方式有足够的知识，这必须以社会学的方式来完成，社会学尤其考虑人们之间和睦行为的条件，这种和睦行为以社会各派的一种共同愿望和肯定为前提。人是社会的生物，他是以共同生活为目标的。但同样也有着以下这种现象，即人们由于仇恨、复仇心、嫉妒及自然的反感而相纷争和敌对。因此，否定性关系的实际存在并不值得惊奇，它正像其反面——和睦的共同生活一样是“自然的”。如果把和睦的共同生活算作伦理的善，那么，敌对性则正是社会病态现象。

就这样，滕尼斯论述了他对科学研究中价值问题的看法，从而指出了社会学科学和伦理学科学的不同。

* * *

社会学作为一门独立学科在德国的兴起与形成，是离不开滕尼斯的贡献的，而滕尼斯所建立的庞大的社会学体系及其一些方法论原则，在后人的努力下，得到了新的发展。

作为两个世纪之交时期的社会学家，滕尼斯社会学思想总体上的特征表现为两个方面：一方面，他的社会学尚未完全清除以前社会哲学和历史哲学的理论痕迹，时常和法学、法哲学和国家学说纠缠在一起，庞大的、无所不包的社会学体系还是沿着基本概念——应用的历史理论——经验观察材料这样的线索构造在一起；另一方面，他是使社会学作为一门独立的学科出现的理论先驱者之一。他努力建立社会学自己的理论体系和独特的方法论原则，直至在广泛的经验观察中贯彻运用社会学的分析方法。自他以后，德国社会学才在理论上逐渐从社会哲学和历史哲学的母体中摆脱出来。

滕尼斯的社会学，尤其是他关于公社和社会的两分法给后来的社会学发展带来很大影响。他的著作在当时的德国社会学界便引起热烈的讨论。许多社会学家都对滕尼斯进行解释、评价和发挥。对美国社会学来说，滕尼斯的影响特别明显，突出表现在帕克创立的芝加哥学派及帕森斯的思想体系中。帕克以及他的学生雷德费尔德关于“神圣的与世俗的社会”、“民俗与城市”的两分法，帕森斯的社会体系“模式变量”，都表明了滕尼斯社会学的影响。

就滕尼斯理论的现实性来看，任何社会学上的文化比较、社会类型学的考察、对现代社会的诊断等，都不同程度地涉及滕尼斯和他的著作，这也是滕尼斯理论的意义所在。

【本章要点】

1. 公社和社会是人类共同生活的两种基本类型。公社所体现的是人的本质意志；社会所代表的是选择意志。二者有其不同的特征和表现形式。

2. 对社会生活的构成和形式的研究，从公社和社会两种基本类型开始，透过对社会本质、社会价值、社会规范和社会相关物进一步展开。

3. 社会本质由以下三种要素构成：社会关系、社会集合体和社会集团。其中，社会关系是基础，后两者是其主要表现形式。

4. 社会价值是指具有社会本质的对象，包括经济的、政治的及思想道德的价值，它们之间内在地联系在一起。社会规范是指社会行动的准则，规范的本质一般被理解为一种否定或限制。社会相关物是指与社会本质因素有关联的体制和现实作用领域。

5. 在滕尼斯的社会学知识体系中，包括一般社会学和专门社会学两个基本类型。而专门社会学又包括纯粹社会学、应用社会学和经验社会学。对社会生活的构成及其形态的研究是纯粹社会学的内容。

6. 滕尼斯提出价值中立的思想。要求在社会学研究中，应公正、客观，要摆脱价值因素的影响，但这并不意味着对价值本身不可以作科学的研究，伦理学就是对价值本身进行研究的学科。

【基本概念】

公社　社会　社会本质　社会关系　社会集合体　社会集团　社会价值　价值规范　价值中立　社会相关物　一般社会学　专门社会学　纯粹社会学　应用社会学　经验社会学

【思考题】

1. 滕尼斯关于“公社”与“社会”的基本思想是什么？它在滕尼斯整个社会学体系中的地位和作用？

2. 怎样看待“公社”和“社会”这对范畴在社会学史上的意义？

3. 滕尼斯是如何将“公社”和“社会”的思想应用于社会一般构成要素和形态研究的？

4. 试对滕尼斯的社会学体系作一评价。

【参考书目】

1. ［德］滕尼斯．共同体与社会．北京：商务印书馆，1999

2. ［德］滕尼斯．新时代的精神．北京：北京大学出版社，2006

3. 周晓虹．西方社会学历史与体系．第一卷．上海：上海人民出版社，2002

4. Bellebaum A. *Das soziologische System von F. Tonnies unterj besonderer Bervicksichtigung seiner soziographischen Untersuchunj gen*. Meisenheitn a. Glan，1966

5. Dahrendorf R. *Deutsches Geistesleben und Nationalsozialismt Tubingen*，1965

6. Heberle R. “Einfuhrung”．In：Tonnies F. *Einfuhrung in die Soziologie*. Stutt-

gart，1965

7. Jakoby E. G. *Die moderne Gesellschaft im sozialwissenschaftlichen Denken von F. Tonnies.* Stuttgart，1971

8. Tonnies F. *Soziologishche Studien und Kritiken.* Jena，1923. Bd. 1

9. Tonnies F. *Gemeinschaft und Gesellschaft.* 8. Aufl Leipzig，1935

10. Tonnies F. *Einfuhrung in die Soziologie. Stuttgart*，1965

11. Tonnies F. *Studien zur Philosophie und Gesellschaftslehre im Jahrhundert.* Hrsg. E. G. Jacoby. Stuttgart，1975

第四章

齐美尔的形式社会学

格奥尔格·齐美尔（1858—1918）是德国早期社会学的代表人物之一。他本人承认自己并没有创建什么社会学体系，但由于他强调社会学以社会交往形式为其研究对象，所以在社会学史上一般称他的社会学为形式社会学。

第一节 生平与著述

齐美尔出生在柏林一个富裕的犹太人家庭。还在他很小的时候，父亲去世，由他家的好友、一个音乐出版社的经理做了他的监护人。母亲的冷漠和盛气凌人的态度使他与家庭的关系比较疏远，幼年的齐美尔就开始感受到人世间的冷暖。

齐美尔从古典中学毕业后，在柏林大学攻读历史和哲学，师从当时一些有名的学者，如历史学家蒙森、哲学家哈尔姆和蔡勒、艺术史学家格林、心理学家拉察鲁斯等。1881 年，他以关于康德的论文获哲学博士学位。齐美尔在大学学习期间广泛涉猎了哲学、历史和心理学等学科，这对他以后的学术生活有很大影响。

1885 年，他在柏林大学任哲学讲师，没有薪金，只收学生听课费。直到 1901 年，他取得编外教授的称号，但仍然没有正式薪金。这时，他已是一个拥有 6 部著作和 70 多篇论文的著名学者了。

由于当时德国的反犹主义，齐美尔的学术能力和成果受到官僚机构和官方学术机构的冷遇。直到 1914 年，他才在斯特拉斯堡大学获得了正式教授的职位。他在该校曾讲授过逻辑学、哲学史、形而上学、伦理学、宗教哲学、艺术哲学、社会心理学、社会学以及康德、叔本华和达尔文的学说。

齐美尔虽然受到官方的不公正待遇，但是他在学术界却有很高声望。他的一些著作被译成英文、法文、意大利文、波兰文和俄文，他的若干观点得到了韦伯等许多著名社会学家的赞同，他被认为是德国社会学的创始人之一。

齐美尔是一位多产的作家。生前有 200 多篇论文发表在大量期刊、报纸上；在社会学、伦理学、哲学和文学理论领域，他撰写了 20 部左右的著作。他的早期主要著作有：《论社会分化》（1890）、《历史哲学问题》（1892）、《伦理学科学导论》（1892—1893）、《货币哲学》（1900）等。1908 年，出版了他的社会学主要著作《社会学：关于社会交往形式的研究》。之后，他离开社会学研究达 10 年之久。1917 年，他又回到社会学著述上来，出版了多卷本著作《社会学基本问题》。齐美尔在其晚年撰写的著作和论文，大多是关于文学批评和评论、哲学史等方面的内容。

由于齐美尔具有多方面兴趣，涉猎广泛，所以他很少把自己的理论系统化。他提出了许多观点，散见在各个领域，难以将它们组成具有严密联系的理论体系，因而有人称他为"小品文"式的作家。全面地评论齐美尔的社会学思想是比较困难的。但是，齐美尔的许多社会学思想，例如形式社会学、关于冲突以及资本主义文化矛盾的研究，则是独具特点并具有一定的系统性的。

第二节 形式社会学

一、社会学理论的对象与结构

社会学是以社会为研究对象的，然而，由于人们对社会本身的认识并不清晰，因而导致了一些人对社会学学科的否认。为了明确社会学研究的主题，齐美尔批评了对社会的两种错误认识。一种是缩小了社会的意义。它认为社会只是一个抽象，真实存在的是个人的品质与经验，虽然对围绕着我们的现象作些粗略的、初步的调查是非常有用和必不可少的，但它不是真实的客体，它并不存在于个人和个人之间的过程之外，也不是对于个人的补充。在对于个人的性质、历史特征做了研究以后，已没有供某种科学研究的主观领域的余地了。因此，它认为，社会是如此之渺小，以至于不足以构成一门科学的研究领域。与此截然相反的另一种观点则无限夸大了社会的意义。它认为个人的存在与所做的一切均出现于社会之中，个人由社会所决定，并是社会生活之一部分。因此，没有任何一种关于人的科学不属于社会科学的。于是，它认为社会科学应取代诸如历史、心理、法律等分门别类的学科。依据此种观点，社会将人类的一切利益、内容和过程均综合为一个统一体。然而，这种试图使社会学成为无所不包的学科的定义，结果却与前一种观点殊途同归——使社会学一无所获。因为反映人类生活各个方面的法学、政治科学、心理学、语言学、神学还将依然存在，而社会学只不过是个空名。

齐美尔对这两种观点均持不同意见。他认为既不能满足于承认只有个人是真实的，也不能因为人类的一切活动存在于社会之中便认定只有社会才是真实的。齐美尔进一步研究了个人与社会的关系。他指出，倘若更深入地研究个人便可发现，个人并非人类社会的原子或最终的要素。因为，在科学的意义上说，我们所认识的单个的人只是一些单一的特性，它们存在于彼此相互影响的关系之中。只有通过对它们的不断分离、简化才能找到隐藏着的、细微的最终要素，而它们却又是更高一层综合的基础。颜色的分子、字母、水的微粒确实是“存在”的，但图画、书籍、河流是一种综合物，作为一个统一体，似乎它并不存在于客观实际中，而仅存在于构造统一体的意识之中。然而，就连所谓要素也是一种综合的现象。因此，不应认为只有最终一级的要素单位才是真实的，而这些要素所构成的形式便不真实。任何形式都是一种综合，都被赋予了一种综合的主观因素。个人是由一系列单一的品质、命运、力量和历史因素构成的，这些因素与个人相比较的意义，同将个人与社会相比较的意义是一样的。

齐美尔认为，“社会”首先是社会化的个人的复合体，是社会性的人类物质，它构成了整个真实的历史。其次，“社会”也是各种关系形式的总和，正是由于这种力量而使个人转变成了第一种意义上的“社会”。他还指出，社会是一个由单个人所构成的复杂的相互作用的网络，是因相互作用而联系起来的无数个人的一种总称。这种相互作用是社会的本质和社会过程的基础。基于对社会的这种认识，齐美尔认为，社会学作为一门科学就要研究人类面临的问题和他们的行为规律。社会学要阐明的是一种社会事实，即个人由于相互作用而形成了群体，同时个人被群体所决定。

齐美尔社会学的知识体系是由三级结构构成的。第一级是“一般社会学”，研究在各门社会科学对象中所表现出来的特殊规律。他说，社会学的出发点是“应当把人解释为社会的生物，而社会则是所有历史事件的体现者。因此，它不是寻找未经任何一门社会科学研究过的对象，而是为所有社会科学去探索新的途径，即这样一种科学的方法：这种科学由于它适用于各种问题的全部总和，因而并不是一门具有自己内容的科学”①。社会学研究和把握的，实际上是过去任何一门社会科学未经研究和把握的规律。第二级是“形式社会学”。在齐美尔看来，当人们之间的交往达到足够的频率和密度，以至于人们能够相互影响并组成群体时，社会便产生和存在了。因而社会学需要研究人们交往的基本过程和形式以及社会组织类型。第三级是“哲学社会学”，研究社会的认识论和形而上学问题，即揭示社会学研究的条件、前提和基本概念，对个别研究进行形而上学的综合。②

---

① ［德］G. 齐美尔：《社会学基本问题：个人与社会》，17 页，柏林、莱比锡，1917。

② 参见上书，27～29 页。

二、形式社会学

在这三级社会学理论结构中，齐美尔阐述最为集中、也最为后人所熟悉的，是他关于形式社会学的论述。在齐美尔看来，人们在历史和现实中的种种相互作用、联系和行为，其中都存在着一种基本上类似的相互作用模式，这些相互作用模式就是所谓的“社会交往的形式”。社会学的主要任务就是识别这些基本的社会交往形式。社会学要阐明“这些社会交往的纯粹形式、这种纯粹形式的含义、它们是在什么情况下产生又如何发展的、由于其对象的特点它们发生了哪些变化、它们同时又由于社会的哪些形式特征和物质特征而产生和消失的”①。

齐美尔特别强调社会学要研究各种社会交往的形式。不难看出，齐美尔这种观点受到当时流行的新康德主义思想的影响。新康德主义企图从纯形式的立场考察历史科学的方法论和历史研究的逻辑，认为不同科学学科划分的根据不在于研究对象的内容，而在于研究对象的形式所具有的特征。齐美尔将这一思想应用于社会学，提出社会学的研究就是“从各种现象中分出社会交往的要素……如同语法把纯粹的语言形式与这些形式赖以存在的内容分开一样”②。齐美尔被认为是采用形式主义方法解释社会，并由此确立了所谓“形式社会学”的第一人。

齐美尔之所以强调研究人们相互作用的纯粹形式，是因为在他看来，人们之间社会交往和相互作用的具体内容是十分复杂的。如果我们不能从大量的社会现象中抽象出某些共同的形式特征，我们就只能具体描述这些现象，而无法深入研究复杂多样的社会现象。因此，有必要将某些共同的基本形式从社会现象中抽象出来。齐美尔说：“我们称之为形式的东西，以它所执行的职能来看是材料的统一，因为它克服了材料的各个组成部分互不联系的状态。作为这些部分的统一的完整性……同不具有形式或由别的形式构成的任何其他的材料相对立。”③ 通过共同的形式，我们可以把现实中与内容不可分的形式分离出来，将几种内容的形式彼此联系起来，使得那些在具体内容上完全不同而在形式结构上相近的社会现象能够相互比较。齐美尔从两个方面论证了这种形式。在现实中，像国家、民族、家庭、城市、贸易团体等，它们都是人们相互作用的特定方式，大量相互作用构成了人类政治的、经济的、宗教的等性质不同的行为。虽然国家组织和宗教团体、经济组织和阴谋集团、艺术学校和家庭的行为在性质上是不同的，但从形式上看，却有共同之处。例如，封建宫廷的行为和现代工业公司的办公室行为似乎没有共同之处，但如果从统治与服从这两种行为形式进行研究，则可以发现它们共同的基本模式。从历史方面看，尽管许多历史事件具有唯一性特点，一经发生便不会再重演，但历史事件都具有形式上的共同性。社会学家可以从构成历史事件的特殊性中发现

① ［德］G. 齐美尔：《社会学：关于社会交往形式的研究》，10～11 页，莱比锡，1908。
② ［德］G. 齐美尔：《社会学基本问题：个人与社会》，17 页。
③ ［德］G. 齐美尔：《康德：在柏林大学举行的 16 次讲演》，64 页，慕尼黑、莱比锡，1909。

这些事件形式上的共同性。所以说，形式是超越时间范畴的东西。

正因为形式在社会相互作用中具有如此意义，所以，齐美尔认为，各门社会科学所研究的是社会的和历史的现实存在内容，如法律、政治、经济等，而社会学所研究的则是从这些内容中抽象出来的形式，或者说，研究社会中人们相互作用的交往形式。社会学如果要研究家族关系，应当着重于家庭制度中的形式方面的内容，如家族的大小、人际关系的特点、交往的频率等，而不用去考虑家族关系中所包含的政治、经济、法律和宗教内容。因此，齐美尔视社会学如同几何学。他说："用这种方法认识社会中那些真正'社会性'的东西——正如几何学确定空间事物构成其空间性的东西一样。社会学作为关于社会的学说……对于其他社会科学，正如几何学对于研究物质的物理、化学科学。它研究形式，一般物质就是通过这种形式变成经验物体的——这种形式本身当然仅仅存在于抽象之中，社会交往形式也是如此。无论几何学，还是社会学，都把研究这些形式的内容或总体现象的任务交给其他科学，而只考察它们的纯粹的形式。"① 所以，人们将齐美尔的社会学称之为"形式社会学"。

但是，需要指出的是，齐美尔并不认为形式就是一种独立的实体，可以没有内容单独存在。齐美尔认为对有限的形式的分析有助于我们研究社会生活。形式和内容之间存在着多种联系。不同的社会现象可能具有相同的形式，也可能具有不同的形式；某一种社会现象中也都具有多种不同的形式。"纯粹"的形式在社会生活中是不存在的。

三、不同群体的互动形式

齐美尔在自己的著述中并没有列出一个关于社会形式的总的编目，实际上这也是不可能做到的。但他指出了他认为比较重要的一些社会交往形式，如统治、服从、竞争、合作、党派、分工、亲密、疏远、权力变换、上层制度和下层制度、群体的外部界限和内部结合等。我们可用齐美尔关于群体内个人之间互动形式的研究为例，具体说明齐美尔关于形式社会学的理论。

齐美尔在谈及群体的数量方面时，分析了不同群体类型中的互动形式，揭示了不同数目的个人联合所出现的不同特征。他认为，一个只由两个人组成的群体，成员之间互动的形式特征表现为：群体的生存取决于双方的直接合作，所以两人群体中不存在超个人的结构。而三个人结成的群体，就有可能出现新的互动形式。因为三人群体可以通过某两个人的结合，把意志强加给第三者，某个人可能利用中间人的地位在群体中获得某种支配地位等。互动形式的更大差异主要表现在小群体和大群体之间。在上述两人、三人小群体中，互动形式的典型特征是直接的相互作用，相互作用的面比较宽，群体成员的参与程度较高，群体的维系和约束主要依赖主观的感情需要和习惯。而一旦群体规模超过了一定的限度，例

① ［德］G. 齐美尔：《社会学：关于社会交往形式的研究》，10～11页。

如五人以上的群体中，由于人数增多和功能变化就会产生复杂的相互作用关系，导致群体成员的相似性减弱。群体为了协调与控制群体的生存和发展，必须制定出各种分工和交换的制度，将群体成员之间的互动制度化。这样的结果一方面使群体的统一性得到加强，但另一方面，使得成员之间的互动面变得片面狭窄，距离加大，成员之间的互动建立在客观的制度化结构之上。群体类型的变化导致互动形式变化的情况可用表 4－1 简略地概括。

表 4－1　不同群体的互动形式

群体类型	二人群体	三人群体	大群体
互动形式	互相依赖	权威和支配地位的出现	制度或法律

社会学家能够在不知道群体成员本身意识的情况下，事先根据互动形式指出构成群体的所有可能的关系，因为这就像熟悉象棋的步法规则一样推断人可能作出反应的规则。

齐美尔形式社会学的思想在社会学发展史上占有一定的位置。它从方法论和研究对象角度上对社会学作了有意义的界定，对社会学研究专门化和制度化起着积极的推动作用。但形式社会学的具体研究却很少被后来的社会学家继承。后来的社会学家之所以对齐美尔形式社会学兴趣不大的主要原因，是因为形式社会学对于人类相互作用关系的描述过于抽象。齐美尔对于形式的特别强调，导致他所提出的形式类型在很大程度上脱离了这些形式关系所具有的社会的、经济的和政治的特征，更多地成为精神理解和思想的产物。而后来的许多社会学家，都试图进一步深入地研究历史和现实中的种种社会关系，揭示它们具体的相互作用过程。另外需要指出的是，齐美尔的形式社会学虽然论及了形式和内容两个方面，但他在更多的情况下并不把人们的相互作用看做是社会的实在，而仅仅看成是一种社会过程，是“某种发挥作用的、使个体不断感受的东西”[①]。齐美尔反对历史唯物主义的理论，因为历史唯物主义认为经济是决定精神文化的主要原因。但在齐美尔看来，经济因素本身是派生的，它来源于更深刻的价值和潮流，是心理学或者甚至是玄学起因的结果。[②]

第三节 关于社会冲突的思想

在齐美尔关于社会交往形式的研究中，他对于“合作”与“冲突”这两种形式给予特别的注意。在他的《社会学：关于社会交往形式的研究》（1908）和其

① ［德］G. 齐美尔：《社会学的基本问题：个人与社会》，16 页。
② 参见［德］G. 齐美尔：《货币哲学》，8 页，慕尼黑、莱比锡，1902。

他著作中，对社会冲突现象作了许多研究，在社会学理论发展史上具有一定的影响。

一、社会冲突存在的必然性

齐美尔认为，合作与冲突是人们社会交往的主要形式。在社会中，完全协调一致的群体是不存在的。在复杂和分化的社会里，人们都属于一定的群体，而在群体中生活的人们都具有一种“排他性”即竞争的本能。任何一个合作过程都同时伴随着与之相对立的冲突过程，社会本身就是一个包含着合作与冲突、吸引与排斥这样一些矛盾的统一体。将人们结合起来的力量和造成人们冲突的因素是一个问题的两个方面。因此，在任何一种形式的社会合作中都同时存在冲突，完全和谐的社会合作是不存在的。人们相互之间的关系越是密切，他们之间的意见反而越容易产生分歧，不尽一致，感情越容易不融洽。在密切交往的社会关系中，爱和恨是同时存在的，这种密切关系建立在一种矛盾心理之上。例如，即使是只涉及两个人的密切关系也不能完全排除冲突。如果两个人之间的亲密关系是值得信赖的话，双方就不怕出现冲突。在经常的和密切的接触中，冲突本是不可避免的，因而真正的密切关系并不掩盖冲突，而是允许冲突表现出来，从而避免冲突的积累。这样，反而会使相互关系得以真正维持。如果双方都尽量避免冲突的出现，千方百计防止冲突表面化，这倒说明两人之间的关系还不够密切，双方还缺乏一种信任感和安全感，害怕冲突的出现会破坏原有的相互关系。因此，齐美尔认为，不存在冲突的群体即使存在，也是没有生命力的，不可能有变革和发展。

二、社会冲突的类型与功能

齐美尔对人们之间的冲突究竟是出于妒忌、贪婪还是仇恨不感兴趣，也就是说，对冲突的动机不感兴趣，他所关心的是冲突的形式和冲突的功能。

齐美尔认为，冲突可以划分为不同的类型。从冲突的现实性来看，可以将冲突分为现实的冲突和非现实的冲突。现实的冲突是为了解决问题，例如，由于某种利益而产生的冲突，目的是为了重新调整利益。非现实的冲突是为了发泄情绪，例如开始时，双方是为了争夺某物而发生冲突，但发展到后来，双方已忘记了冲突的初始目的，消灭对方成了目的。从冲突的范围上，齐美尔将冲突分为四种类型：第一，群体内部的冲突，如群体内部的不合、仇视或派别、宗派斗争；第二，群体之间的冲突，即战争；第三，诉讼，即在法律范围内的以及通过法律、法庭解决的冲突；第四，非人格的思想冲突，与人们因争夺某些物质、获取占有权而发生的冲突相比，思想、观念上的冲突更为冷酷无情。齐美尔进一步指出，群体内部冲突与群体之间冲突是有联系的：在和平状态时期，一个群体有可能允许一定程度的内部冲突存在，不压制成员之间的冲突；但如果这一群体和另外的群体发生冲突时，就会对群体内部的冲突加以限制，将群体内部的所有力量结合在一起，一致对外。对于一个国家来说，战争是解决内部矛盾的最好手段。而在群体和其他群体发生冲突时，为了加强群体的集中程度，一般容易出现独裁或战争。

齐美尔不像大多数其他社会学家那样，把社会冲突看做是纯粹消极的东西。他认为，社会是冲突与合作这两种形式相互作用的结果。不仅相互合作对社会具有积极的意义，而且彼此冲突对社会也具有积极意义，冲突使均衡破坏，但它能给社会带来更为积极有益的结果。如果试图否认或逃避社会实际存在的冲突，倒有可能带来消极的后果。齐美尔从多方面谈到社会冲突对社会过程的积极功能。

社会冲突对于群体和社会的整合具有积极功能。齐美尔认为，在不断分化、日益复杂的社会里，群体的数目不断增长，以理性为标准的群体构成取代了以感情为标准的群体构成。当一个群体与外部发生冲突时，为了一致对外的需要，能促进群体内部的结合，使原有的内部矛盾得到解决。在一个社会系统中，各群体之间的相互冲突，可以促进各群体之间保持相当的独立性和一定界限，因而有利于保持整个系统各因素之间的平衡，使社会产生一定的分化和整合。社会是由相互交往的互动的个人组成的。对于群体中的个人来说，“排他性的本能”、冲突固然增加了人的异化，但同时通过冲突，又将个人联结在社会交往的网络之中。社会各部分之间和个人之间纵横交错的冲突，使各部分、个人之间更加紧密地联系起来，构成社会生活中不可缺少的因素，甚至是社会生活的精髓。

社会冲突对于社会稳定具有积极作用。齐美尔认为，鉴于一定的矛盾和冲突在任何社会系统中都是随时存在的，因此，冲突的发生和表现有利于矛盾的解决或缓解敌对情况，如同病人只有在病症显现之后，才有可能治愈一样。在充满矛盾和敌对情绪的情况下，冲突有助于不同观点和情绪的宣泄，反面的观点和情绪如果表现出来，可以使持有这种观点和怀有敌对情绪的人在心理上得到安慰。如果将任何冲突或反对形式都取消的话，那么一般的冲突就有可能激化成尖锐的敌对行为，造成社会的大分裂和解体。由于冲突是建立在人们相互作用基础之上的，因而通过冲突的表现和解决，人们会建立一种新的相互作用关系，从而促进社会的变革和发展。齐美尔的这一思想在后来的冲突论中，被发展为所谓“安全阀”机制，即社会应该允许不满情绪有一定的渠道和以一定的方式得到发泄，不能对凡是引起冲突的因素一概否定。这种不满情绪的发泄就像一个安全阀一样，可以缓解社会矛盾。没有这种安全阀，许多社会相互关系就不可能长久维持。

齐美尔关于社会冲突的思想，被认为是西方社会学理论中的一个新的转折。[①] 齐美尔对社会冲突积极作用的肯定与研究，在一定程度上是对社会生活中辩证因素的认识，因而具有一定的合理性。社会冲突理论观点的出现，在实质上

---

① 参见［苏］H. H. 安东诺维奇：《资产阶级社会学理论批判》（上册），72页，武汉，湖北人民出版社，1987。

是20世纪初期资本主义社会阶级矛盾尖锐化现象的反映。但是在齐美尔时代，社会冲突现象在西方社会学中刚刚开始有所反映。第二次世界大战之后，随着西方社会多种矛盾在50年代末至60年代初开始逐步激化，冲突理论已成为西方社会学中的主要流派之一。现代冲突理论的主要倡导者、美国著名社会学家科塞直接吸收了齐美尔的有关思想。

第四节 资本主义的文化矛盾

19世纪末20世纪初，西方资本主义的发展开始进入帝国主义时期，它的各种社会矛盾日益明显地暴露出来。齐美尔作为一个具有较高理论素养的社会学家，不仅对于一般社会冲突给予很大的关注，而且还从更高的文化层次上，从一般文化形态角度对资本主义的矛盾作了富有启发性的分析。

一、客观性与个性的矛盾

齐美尔认为，资本主义文化的根本矛盾，是文化的客观性与人的个性自由发展之间的矛盾。人类为了自身的发展和实现人类的目的，创造了物质产品、政治和经济制度、各种意识形态及包括科学、艺术和宗教等的文化形态。但文化一经被人们创造出来，就获得一种客观性的特征，即它摒弃一切主观性和个体感受性，代之以纯粹的逻辑客观性。于是，在社会中出现了这样一种反常现象：人创造了文化，而文化按其所具有的客观特性，又与人的主观自由要求相对立。人们生活在一个需求和愿望都受到客观文化控制的社会中，文化的发展和人的异化成为现代社会不可分离的两个方面。这种文化矛盾在人类进化的各个时代都有所表现，而在资本主义社会形态中则表现得最为明显。

齐美尔以货币经济的发展具体说明了这种文化矛盾。齐美尔认为，在资本主义社会中，货币处于统治地位，它是资本主义文化发展的主要结果和资本主义社会现象的总和。货币是社会经济和劳动分工发展的结果。货币的出现，集中反映了文化的客观性。货币在任何情况下都不考虑感情，不接受主观的因素，任何人在原则上都可以使用。[①] 货币经济的发展，增强了理性主义的趋势，以至于时间都表现为一种货币价值。社会朝着越来越理性化和非个人化的方面发展，个人的选择性和价值在社会中越来越受到忽视。货币“本身和对其本身说，乃是物的价

① 参见［德］G. 齐美尔：《康德：在柏林大学举行的16次讲演》，7页。

值关系的纯粹反映，它是任何个人都同样可以享用的，所有的人在货币关系上都是等价的，但这并不是因为每个人都有价值，而是因为任何人都不具有价值，只有货币才具有价值”①。齐美尔认为，像货币这种客观等价物和万能交换者，给社会生活和社会交往带来很大变化和影响。

首先，在任何类型的社会关系中，例如在所有者和被雇人员之间，当社会关系是建立在以货币为基础的强有力的契约关系之上，而不是像过去那样以服务和自然物为报酬形式时，个人之间关系原来带有的那种个性和感情因素就不再发生作用，一切以道德为基础的因素都遭到排斥。人们之间的相互作用过程和形式发生了变化，专门性、特殊性的关系不被接纳，物与物、人与人之间的量的不同代替了质的不同，量的抽象计算进入社会交换过程。每个个人越来越依赖别人提供的服务，但这又使个人越来越不依赖于某一具体的个人，货币成为人们之间相互作用的中介物。因而人与人之间的交往实际上成了物与物之间的交往。

其次，货币的出现使得劳动者和劳动产品的分离成为可能。货币在空间上和精神上将劳动者与他的劳动产品分割开来，劳动产品变为独立于劳动者之外的某种存在物。劳动产品本是劳动者个人智慧和愿望情感的产物，但在货币经济中却丧失了内在的特性，仅仅成为劳动者谋生的手段。人们创造物质产品，需要科学、宗教和法律，原本是为了实现人自身的目的并获得自由的发展，结果人在自己的产品中不但不能发现自身，反过来受到自己创造物的压制和束缚。各种文化的客体越来越多地相互联系起来，而与人的个性和情感的联系却日益淡漠。

最后，人们之间的结合与相互交往，逐渐成为纯粹是为了有限目的的结合与交往，在此之前不必有任何联系。在社会分工不断发展的情况下，个人在社会职能方面取得了较高程度的专门化。这种高度专门化的个人就像一个自由原子，力图创造出一种有目的性的相互关系，斤斤计较和精于计算使整个社会关系都朝着非人格化的方向发展。

客观物质文化的发展，使个人永远在一个与情感相对立的理性世界中生活。客观文化以自己的固定形式和理性，始终处于和个人相对立的境地。在普遍的货币关系中，个人丧失了自己的特殊性。客观的物质文化越发展，人的个性和创造力就越衰退。这是人们社会交往关系和交往形式日趋毁灭的标志。齐美尔甚至将卖淫与货币看成是本质上一致的东西。他指出，卖淫和货币“它们在听任他人分派为任何一种新的用场时的那种冷漠态度，它们抛弃任何一个主体时的那种轻率态度（因为它们与任何一个主体都没有真正的关系），它们作为纯粹的工具所固有的那种没有任何内心活动的物性，这一切都使我们不得不指出在货币和卖淫之间存在着本质的相似之处”②。

---

① ［德］G. 齐美尔：《货币哲学》，453 页。

② 同上书，414 页。

二、社会与个人的矛盾

齐美尔认为，正是在这种由货币所集中体现的现代文化矛盾的影响下，个人与社会的关系也表现为一种双重的关系，即个人必须在社会中生活而不能与它脱离，但同时又与社会相对立。个人在社会中生活，必然要处于社会关系的网络之中，结成一定的群体，直至组成国家。群体规模的扩大所带来的结构上的更新，与小群体比较起来，加大了个人之间的距离，使个人有可能摆脱群体的全面控制和监视。现代组织和社会需要的是协调一致的目的和行动。但是这种集中和专门化是以牺牲个人的丰富性为代价的，它只需要个人的特殊发展，限制个人出自内心的自发行为和自由发展；个人之间距离的加大同时使人感到他人是一种疏远和异己的力量。个人只有在社会联系之外，才能找到真正的自由，而这又是不可能的。因此，个人在现代资本主义文化体系中地位的特征是对社会的疏远和异化。

齐美尔认为，现代资本主义的这种矛盾是无法解决的。人类理性和客观文化的进步是必然的。社会发展的要求和社会分化的扩大，势必导致专门化和理性化，由小群体到大群体，由封闭单一到开放和复杂多变的社会关系，它们都是人类文化发展的客观结果。人们虽然感到文化客观性的压抑，但又不得不接受它。在这种状态下，个人的发展只能是畸形的。

齐美尔对资本主义的货币交换关系和资本主义文化矛盾的研究，在西方社会学发展史上具有开拓性意义。它与后来的桑巴特的《现代资本主义》、韦伯的《新教伦理与资本主义精神》等著作一样，都试图从一个新的角度解释“资本主义文化精神”。虽然这一理论在本质上与历史唯物主义是格格不入的，但是也应看到它对于资本主义的严肃批判精神。如果我们不将齐美尔的《货币哲学》视为对于资本主义本质的剖析，而视为对于资本主义商品交换关系的现象进行的分析，那么，它仍不失为一部杰作。当然，齐美尔的分析有重大的缺陷，他不是直接对资本主义的工业化过程进行研究，而是通过货币等文化现象作间接的说明，其论述的中心是交换关系而不是生产关系，因此他的分析常常是含蓄的、不明确的。总之，齐美尔囿于立场和形式社会学的观点，没有能更深刻揭示这种文化矛盾的历史特征和社会本质方面的原因，最终把它归结为一种精神和心理上的矛盾，以至有时得出了一种悲观的看法，认为客观文化越是发展，人的心灵发展就会越衰退。

* * *

齐美尔去世之后，他的大部分著作逐渐被人遗忘。他的著作中的思辨性和历史哲学色彩与后来社会学向经验研究的转变已不相适应。20 世纪 30 年代的德国，只有维泽系统继承和发展了齐美尔的形式社会学思想，构造了一个庞大的、缺乏具体内容的抽象形式社会学体系。但是，齐美尔的思想后来在美国却受到了欢迎，齐美尔的若干著作被翻译出版，得到了广泛的宣传。当然，美国社会学家并不是对齐美尔的抽象议论感兴趣，他们对齐美尔的兴趣主要集中在齐美尔对城市、群体变化、社会冲突和社会生态学方面的研究。

第二次世界大战结束以后，齐美尔的思想在西方社会学界重新受到重视，出版了大量研究齐美尔的著作，齐美尔的声望日隆。这主要是因为，虽然齐美尔没有创造出完整的社会学体系，但他对现代资本主义社会的许多研究是有相当深度的。当代西方社会学许多理论观点，都可在齐美尔那里发现最早的阐述，例如符号互动理论、结构功能主义方法，特别是社会冲突理论。当代冲突论的主要人物科塞的代表作《社会冲突的功能》，其中的主要概念和命题大都是从齐美尔那里发展而来的。齐美尔的著述和一生命运，正像他在自己去世前的日记中所写的："我所留下的那份遗产就像一张已兑换的支票，钱给分掉了，于是每个人把他分得的那一部分投入符合他禀性的那个事业中去，但是他却忘了他应该为这份遗产做些什么。"不过这种情况现在已有了改变。

【本章要点】

1. 齐美尔社会学的知识体系是由三级结构构成的：一般社会学、形式社会学和哲学社会学。

2. 齐美尔认为，人们在历史和现实生活中的相互作用、联系和行为，其中存在基本上类似的相互作用模式，即"社会交往的形式"，而这些形式就是社会学研究的内容，这就是齐美尔率先提出的形式社会学。

3. 关于社会冲突的思想，社会冲突存在的必然性，社会冲突的类型和功能，也是齐美尔形式社会学中比较关注的问题，但他强调冲突对社会稳定的积极作用。

4. 齐美尔认为，在资本主义制度中，人创造的物质产品、政治和经济制度、各种意识形态，以及科学、艺术和宗教等文化形态，一经被创造出来就获得了一种客观性特征，与创造它的个体人的主观要求发生矛盾，他称其为资本主义文化矛盾。

【基本概念】

一般社会学　形式社会学　哲学社会学　社会交往的形式　社会冲突　社会冲突的类型　社会冲突的功能　资本主义文化矛盾

【思考题】

1. 什么是形式社会学?
2. 齐美尔形式社会学的基本理论是什么?
3. 齐美尔的冲突思想对后来的冲突理论的发展有何贡献?
4. 如何通过货币经济的发展理解齐美尔资本主义文化矛盾的观点?

【参考书目】

1. ［德］齐美尔．货币哲学．北京：华夏出版社，2002

2. ［德］齐美尔．社会是如何可能的．桂林：广西师范大学出版社，2002

3. ［德］齐美尔．货币哲学．北京：华夏出版社，2002

4. ［德］齐美尔．宗教社会学．上海：上海人民出版社，2003

5. ［德］齐美尔．现代人与宗教．北京：中国人民大学出版社，2003

6. ［德］齐美尔．社会学：关于社会化形式的研究．北京：华夏出版社，2004

7. 杨善华，谢立中主编．西方社会学理论．上卷．北京：北京大学出版社，2005

8. Simmel G. *Kant*; *Sechzehn Vorlesungen gehalten an der Berliner Universitat*. 2. Aufl. Miinchen; Leipzig, 1909

9. Simmel G. *Grundfragender Soziologie*: *Individuum und Gesellschaft*. B. Leipzig, 1917

10. Simmel G. *Probleme der Geschichtsphilosophie*: *Eine erkenntnistheoretische Studie*. 2. Aufl. Munchen; Leipzig, 1922

11. Simmel G. *Philosophische Kultur*: *Gesammelte Essays*. 2. Aufl. Potsdam, 1923

12. Simmel G. *Soziologie*: *Untersuchungen iiber die Formen der Vorgesellschaftung*. 3. Aufl. Munchen; Leipzig, 1923

13. Sorokin P. *Contemporary sociological theories*, N. Y. , 1928

第五章
韦伯的理解社会学

马克斯·韦伯（1864—1920）是杰出的德国社会学家，被公认为西方现代社会学的奠基人之一。由于他将社会学建立在对社会行动作“解释性的理解和因果性的说明”之上，因而人们称他的社会学为“理解社会学”。

第一节
生平与著述

韦伯出生于德国埃尔富特市一个富裕的资产阶级家庭。父亲是一位法学家、当时政界的活跃人物，母亲是一位有高度文化教养的妇女和虔诚的基督徒。

1870 年，韦伯进入中学。在中学期间，开始接触古典文学和哲学著作。青少年时代的韦伯才高气盛，颇为自负。1882 年春，韦伯中学毕业。同年，就读于海德堡大学，专攻法律。但他对经济、历史、哲学、宗教等很多方面都有兴趣。

1883 年，韦伯在斯特拉斯堡服了一年兵役；1884 年转入柏林大学学习；1889 年获博士学位，并取得开业律师的资格。同年，发表了《中世纪商社史》，在此之后便留在柏林大学执教。韦伯这一阶段的重要著述有《罗马农业史及其对国家法和私法的意义》（1891）、《德国东易北河地区农业工人动态》（1892）等。

1892 年春，韦伯成为柏林大学编外讲师；1893 年担任柏林大学商法和德国法专业副教授。在此期间，韦伯科研方向开始从法学转向国民经济学。

同年，他与刚结婚不久的妻子迁居弗来堡，韦伯担任弗来堡大学国民经济学教授。在这里，他与当时的哲学家、新康德主义弗来堡学派的代表人物李凯尔特交往甚密，深受后者影响。1896 年，韦伯担任海德堡大学国民经济学教授。这一时期他完成了重要著述《交易所Ⅰ—Ⅱ》（1894—1896）。

1898—1917年整整20年间，由于严重的神经疾病，韦伯不得不脱离教职。1900年以后，韦伯成为德国社会学杂志《社会科学与社会政策文库》的编辑。在这一杂志上，他发表了许多极为重要的著作，其中包括驰名世界的《新教伦理与资本主义精神》(1905)。

1909年1月，韦伯与滕尼斯、齐美尔及桑巴特一起，建立德国社会学学会，成为该学会的核心人物。

这一时期，韦伯的研究更趋于广泛和精深。1911年起，他开始了对中国、日本、印度、犹太教及伊斯兰教的宗教社会学研究。同时，在社会学理论和方法的研究方面，取得了很大进展。在政治社会学、法社会学、宗教社会学、音乐社会学等领域完成了大量著述。需要指出的是，韦伯的社会学研究方法在此期间有了某种转变：原来那种偏重历史发生学的考察，为届时主要是系统地运用逻辑范畴加以说明的方法和比较研究的方法所代替。这时韦伯的社会学已逐步成为一个完整的体系。

第一次世界大战爆发后，年满50的韦伯主动参军。在海德堡一个后备野战医院管委会任预备军官。1916—1918年，韦伯主要在《法兰克福报》从事新闻工作。在第一次世界大战期间及战后，韦伯发表了大量有关时局的政论文章。

1918年，韦伯重新执教，担任维也纳大学教授。除此之外，他还积极从事政治活动，参加起草联邦共和国宪法。1919年，他积极参加国民议会的竞选活动。同年，应“自由大学生联盟”之邀，他在慕尼黑发表了两篇著名演讲：《科学作为职业》和《政治作为职业》，被视为反映他这一时期思想一个重要侧面的代表性作品。

1919年5月，韦伯随德国代表团参加凡尔赛会议，并反对签订“凡尔赛和约”。同年6月，韦伯在慕尼黑大学任教，并谢绝了柏林商学院、法兰克福（美因河畔）公共福利研究所及波恩大学等单位的聘请，迁居慕尼黑，直到他去世。

由于韦伯较早地去世，使他未能完成自己庞大的研究设想。死后，整理出版了他的《经济与社会》(1921)这部很有价值的论著，从中可以看到韦伯社会学研究的主要线索和构架。这部著作基本上概括了他社会学研究的主要方面。另外，还出版了他关于社会学研究方法论、经验社会学、法社会学、政治社会学、宗教社会学、音乐社会学及社会政治问题等方面的著作和论文集，主要有《科学论文集》、《社会学及社会政策论文集》、《政治论文集》、《宗教社会学论文集》、《城市——一种社会学的研究》及《音乐之合理的、社会学的基础》等。

从以上介绍中可以看到，韦伯的一生著述颇多，研究领域很广。然而，他的所有研究都是围绕着一个中心展开的，用他的话来说，就是“西方文化特有的和独具的合理主义”① 这个主题。作为欧洲文明之子，他自觉地把这一具有世界意义的问题视为考察中心。弄清西方资本主义的性格特征、西方文明不可逆转的合

① ［德］M. 韦伯：《新教伦理与资本主义精神》，25页，成都，四川人民出版社，1986。

理化趋势，而且力图用发生学的和比较的方法，从科学、技术、文化、艺术、法律、社会组织、政府管理等各个方面阐明合理性这个问题。

第二节 理解社会学的方法论基础

从整个西方社会学发展历史来看，孔德和斯宾塞的社会学尚属于社会学的初创时期。这一时期显著的特点是从科学分类的原则出发，通过对社会学与其他学科（主要是自然科学）的比较，规定社会学的研究对象。19 世纪末 20 世纪初，社会学已进入形成时期。该时期和前一时期相比，确立社会学独自的方法论原则是其鲜明特征。正是在此基础上，社会学才最终形成一个独立的学科体系。

韦伯社会学的方法论原则，与当时德国的理论背景有着密切的关系，特别是与哲学家狄尔泰精神科学（社会科学与人文科学）的理论和新康德主义思想的联系尤为突出。

一、自然科学与社会科学

韦伯对社会学方法论的阐述直接涉及 19 世纪末社会科学研究中自然主义和反自然主义的方法论之争。这场争论的焦点是自然科学与社会科学的区别及社会科学本身的性质问题。韦伯受到了狄尔泰和新康德主义中反自然主义倾向的影响，但并不赞成他们思想中一些极端的观点。

关于自然科学和社会科学的区别问题，狄尔泰在他关于精神科学的理论中，坚决反对自然主义倾向。认为自然科学的方法论原则不能用来指导包括人的精神活动这一独特领域内的研究。在他看来，人类社会和历史是由某种非理性的神秘主体——生命的活动构成的，只有通过个人直接的生活“体验”和主体移情式的“理解”，才能领悟到作为生命体现的人类文化和历史的真谛。

韦伯在这一问题上的倾向与狄尔泰是一致的。在韦伯看来，社会生活领域的独特性就在于，人的行动由行动者赋予它一定的意义，这些意义由于行动者不断的行动而构成了一个联系的系列。“理解”行动者行动的意义便是社会学的任务。但是，韦伯不同意狄尔泰理论中浓厚的心理主义和直觉主义的认识方法。他认为，要使科学成为科学，就必须放弃那种只研究主体的内心体验和感受的方法，找出外在表现出来的、可以客观地加以说明的主观意义之间的逻辑。因为只有这种以概念的形式表达出来的东西才具有普遍意义。

关于社会科学和社会学的性质问题，当时的争论表现在“历史科学”或人文科学的本质究竟是寻找一种普遍的法则，还是只求仅适用于个别具体行为或事件的个别化的研究方法。按照新康德主义代表人物之一的李凯尔特的观点，历史科学与研究一般概念的自然科学不同，它只把具体的、个别的历史事实作为自己的对象，从而发现这些具体事实所表现出来的“文化价值”。自然科学采用一般化的方法，而历史学采用个别化的方法。在李凯尔特看来，社会学也与历史学不同，因为前者所采用的也是一般化的方法，一般概念在那里并非认识的手段，而是认识的目的。

韦伯关于社会学方法论的一系列重要的概念工具带有浓厚的新康德主义色彩。其中，他最重要的方法论概念“理想类型”便是这方面的典型例子。但他与李凯尔特等人仍有区别。韦伯力图缩小史学和社会学之间的差距，从方法论上把两者统一起来。他认为，史学所面对的虽然是一些个别的具体事实，但它的任务仍然是探寻这些个别事实之间的因果联系，从而找出某种规律性的东西。不过，韦伯所说的规律性或历史的因果联系不是决定论所主张的那种确定性、必然性，而是一种概率性。韦伯以此划清他与自然主义的界限。

严格区分科学研究的价值相关性与价值中立性两方面的区别，是韦伯社会学方法论的又一重要特点。韦伯认为，价值相关性是指在研究工作开始之前，研究者在选题和收集材料上所表现的主观兴趣，同时，又指在研究工作得出结论之后，研究者在实际应用结论中所表现出来的主观目的性。在通常情况下，研究者依据其所在社会中人们所持有的一般文化价值，选择经验中的某一部分题材作为自己的研究对象。因而特定时代的价值目标对社会科学家的研究对象的选择和探索具有决定性的影响。

以上便是韦伯所说的科学研究中的价值相关性问题。反之，所谓“价值中立性”是指研究者在选定了研究对象之后，必须放弃任何主观的价值观念，严格以客观的、中立的态度进行观察和分析，从而保证研究的客观性和科学性。此外，价值中立性还包括另一层含义，即事实领域与价值领域、事实判断与价值判断的严格区分。作出这种区别是韦伯的一大贡献。对事实判断与价值判断的区分，也就是对“实际如此”与“应该如此”的区分。因为对一个进行科学研究的人来说，其科学研究本身不在于教人应当做什么，而在于使人清楚地知道自己正在做什么以及将要做什么。也就是说，作为一个科学研究者，他只能向人描述和说明事实，而不是叫人进行价值选择，只有当他作为一个公民或一个政治家时，这样做才是允许的。不难看出，韦伯这种观点明显地表现出康德思想方法的痕迹。

二、社会学的对象与方法——“社会行动”与“理解”

韦伯在关于“社会学基本概念”的阐述中，曾明确地为社会学下过这样的定义：“社会学（就这个多义词在这里所表达的意义）是指这样一门科学，即它以解释的方式来理解社会行动。据此，通过社会行动的过程及其结果，对社会行动

概念工具。他在这里所说的理想类型极近似于自然科学研究中所使用的理想模型。

如果对这一思想加以考察，就会发现它与康德的联系，特别是从方法论的角度来看，它具有明显的康德主义色彩，是康德哲学中关于人类先天认识形式的思想在社会学中的发挥。不过，韦伯去掉了康德哲学中先验论的思想。韦伯所关心的不是认识范畴的先验来源，而是认识范畴作为概念工具的现实作用。

韦伯建立理想类型的思想动机之一，是为了避免当时流行的历史学派个别化和特殊化的研究方法的缺陷。在他看来，任何科学系统都不可能把现实中的所有个别现象都包括进去，因为科学本身在一定意义上说就是一种抽象。通常使用的概念工具常常面临两种困境，即：或是由于概念过于宽泛，使其失掉现象的某些具体特征，或是由于概念过于狭窄，无法包容相关的现象，而他所致力建设的理想类型正是要摆脱上述困境。

在韦伯看来，理想类型具有这样的特点：一方面，它作为理智上构造的概念工具，具有高度的概括性、抽象性，因而不同于经验事实；另一方面，它作为考察现实的概念工具，又是在对繁多的经验进行整理之后，突出了经验事实中具有共性的或规律性的东西，使之成为典型的形式。他解释说："在所有情况下……它（指理想类型）都具有使自己离开现实而又以此起到认识现实的作用。"①

毫无疑问，理想类型作为现实的某种变异形式，与现实本身保持有一定的距离。韦伯指出，现实中的行动只有在极少数情况下（如交易所内的活动），其过程与理想类型中的过程近似。或许正是由于这种近似的一致才使社会学的比较方法具有重要的意义。从理想类型的角度来看，现实中的各种事实和过程都可以看做是某种程度上的"偏差"。只有通过这种认识方法，才能更好地获得对现实的认识。用韦伯的话来说，"正是通过对现实的过程与理想类型的过程之差距的比较，对实际动机的认识才变得更为容易"②。所以，"只有从纯粹（'理想'）类型出发，社会学上的判例法（Kasuistik）才是可能的"。"理想类型的构造越是严格、明确，在此意义上，其越是异于世界，便越能够有效地完成其使命，无论是在术语上和分类上，还是在启发方式上都如此。"③

综上所述，韦伯关于理想类型的思想具有极为重要的方法论意义，它是韦伯用以进行历史的和社会学的比较研究的根据，也是他比较社会学的方法论基础。

四、社会行动的分类

韦伯从理想类型的思想出发，对社会行动作了区分。他将社会行动分为以下四种：（1）目的合理的行动。这种行动把对外界对象以及他人行为的期待作为达

①②③ ［德］M. 韦伯：《经济与社会》，10页。

到目的的手段，并以最为有效的途径达到目的和取得成效。（2）价值合理的行动。它表现为对纯粹自身行为本身的绝对价值所持的自觉信仰，无论这种价值是表现在伦理上、美学上、宗教上，还是表现在其他方面。这种行动并不考虑有无现实的成效。（3）情感的或情绪的行动。即由于现实的感情冲动和感情状态而引起的行动。（4）传统的行动。即通过习惯而进行的行动。

按照韦伯对社会行动的定义，上述后两种行动（传统的行动和情感的行动）严格说来，都不属于社会行动，因为在它们中间并不包含行动者明确的主观意义。所以，从合理性这个角度来看，传统的行动和情感的行动都不属于合理的行动，只有价值合理的和目的合理的行动才属于合理的行动，也才是严格意义上的社会行动。不过，从韦伯理想类型的方法论来看，传统的和情感的行动是行动者在“半意识或实际上完全无意识”的状态下表现出来的行动，它可以被看做是“理想类型”中的“合理”行动的“偏差”，只有在这个意义上它才获得其自身意义。而且，它们虽然总的说来表现为“不合理性”，但其中也往往包含着过渡到价值合理的或目的合理的行动的因素。

韦伯还具体分析说明了以上几种行动之间的相互联系及细微差别。他先谈到情感的行动和价值合理的行动之间的联系和区别。在韦伯看来，两者之间的共同点是，无论对于前者还是对于后者，行动的意义不在于达到某种具体的目标或获得某种实际的效果，而主要在于行动过程之本身。两者之间的区别则在于，情感的行动并不表现为坚定的、始终如一的为实现或接近某种最高价值而努力，而往往表现为一时的、冲动性的情绪发泄。相反，价值合理的行动则强调行动的绝对立场和最高价值，并坚定不移地、有计划地把达到这种价值公设作为行动的取向。

关于价值合理性与目的合理性之间的关系也是如此。按照韦伯的思想，纯价值合理的行动，并不考虑通过行动来实现可以预见的结果，而仅仅出于对义务、尊严、美、宗教谕令、虔诚等的信仰。反之，目的合理的行动则表现为，以对行动的目的、手段和结果的思考作为取向，不断地对各种可能的目的、与实现目的的相应手段、措施以及行动的结果进行理智的权衡。由此可以看出，价值合理的行动与目的合理的行动往往处于复杂多样的联系之中。例如，一个在行动的目的和结果上表现为价值合理的行动，它所采取的手段和所进行的步骤上则可能是目的合理的。然而，韦伯认为，尽管如此，两者的区别还是明显的，因为从目的合理性的角度来看，价值合理性总是不合理的，而且，它越是把行动的目的上升为某种永恒的绝对价值（如纯粹的思想、绝对的义务等），越是不反思行动的结果，它便越是远离目的合理性。可见，两者的区别在于，在目的合理的行动那里，目标是可变的，同时，把主要精力集中在对有效手段的选择上。而价值合理性则总是使行动向着某种绝对的、永恒不变的目标。

总之，在韦伯看来，现实中的社会行动是极为复杂的，很少只表现为某种单一的形式，而往往是两种或两种以上形式的混合。所以说，现实中的行动只是近似地与上述四种纯粹类型相符合。韦伯说：“行动，尤其是社会行动，很少是仅仅以这种或那种方式为取向的。”[1] 他同时指出，任何分类法都不能穷尽现实中的社会行动。“现实的行动只是或多或少接近这些纯粹类型，更常见的则是来自这些类型的混合。”[2]

韦伯关于社会学方法论的思想是他全部理论中颇具特色的一部分。关于“理解”的方法、关于“理想类型”的观点以及关于社会行动的分类，都代表了他为建立社会学独特的认识方法所作的努力，并包含不少有启发性的思想。然而，应该指出，韦伯在此处也有明显的理论缺陷。首先，他的“理解”方法在实际运用时碰到困难。在韦伯看来，“理解”应是建立在行动者对其行动意义或动机具有明确认识的前提下，这也是行动作为人的行动所具有的特点，然而，连韦伯自己也意识到，在现实中，人们的行动往往并不是都被明确地赋予了某种意义的，行动者对其行动常常处于“半意识的”或完全“无意识的”状态。不解决这一矛盾，理解方法就面临困境。另外，关于“理想类型”的思想，也有着同样的困难。现实情况和理想类型不像韦伯所说的那么简单，尽管理想类型充当着社会学上的“判例法”的重要职能，但在如何获得对实际情况的具体认识方面，还需借助其他具体有效的分析方法。

第三节 关于统治类型的研究

韦伯关于统治或权威类型的研究是他政治社会学的一项重要内容，并且，在他的整个社会学理论体系中占有突出的地位。因为关于统治或权威类型的分析是他关于西方合理化进程论述的一个有机组成部分。

一、基本概念的论述

韦伯首先对“权力”、“统治”、“纪律”等基本概念进行解释。他写道：“权力意味着在某种社会关系中贯彻自己的意志并排除反抗的所有机会，不管它是基于什么原因；统治是指在所属人员那里找到服从某一具体命令的机会；纪律是指在所属的多数人员中找到由于训练有素而自觉地、机械地、公式化地服从某一命令的机会。”[3]

在这里，权力、统治、纪律三个范畴组成一个概念系统，在“权力—统治—

①② ［德］M. 韦伯：《经济与社会》，13页。
③ 同上书，28页。

纪律”这一概念系统中，它们既相互联系，又相互区别。就权力和统治两者来说，它们都表现为现实互动过程中一方支配另一方的关系，但前者突出的是互动关系中的单向性和自上而下的强制性，而后者则着重表现互动双方中的一种“机会”重合，即作为统治一方的统治心理与作为服从一方的服从心理的一种会合。至于纪律，则是指群体中统治关系的固定化、制度化和无障碍地得以贯彻实施的现象。无疑，“统治”这一概念是关键性概念，而且，由于它带有更明显的“社会学”色彩，韦伯便对它进行了专门研究和发挥。他将所有统治分为三种纯粹类型。

二、统治的三种基本类型

（一）传统型统治

在这种统治形式里，统治的维持是靠从古到今沿袭下来的风俗习惯和伦理道德。韦伯勾画了传统统治形式的一般特征。他指出，这是一种宗法制统治形式。在这里，统治者或主人是由传统的世袭制度决定的，统治者具有终身的权力，并将这种权力不断地传给自己的后裔。这种统治具有很强的个人性质，统治者作为统治者，并不表示他是“上司”，而是人格意义上的“主人”。构成统治机构中管理班子的人员不是被视为“官员”，而是被看做人格上带有人身依附关系的“差役”。被统治者不是作为同一社会组织中的“成员”，而是被视为统治者的“臣民”，也就是说，统治者与被统治者的关系是一种主子与奴仆的关系。

所以，从整个传统型统治的组织情况来看，它具有以下特征：（1）缺乏固定的组织权限，管理者没有明确的职权范围；（2）没有合理的职务等级制度，往往由统治者或由他所委派的人员以个人身份，直接地对事情作出决定；（3）没有明确的规章制度，以便在此基础上，根据自愿的原则实行聘任和决定晋升；（4）选拔和提升的主要依据是统治者的主观好恶，而不是按照人员的实际水平和工作能力；（5）官吏没有固定的、以货币形式支付的薪金。

总之，传统型统治所代表的是一种保守力量，它主张永远维持先王或上帝的神圣秩序，在任何情况下都不允许有任何改变。

（二）个人魅力型统治

“Charisma”一词本意是指某人由于神的赋予而具有的某种非凡的能力和感人的光彩。韦伯借用这一词，主要是指某种“特殊的人格品质，就这方面来讲，被看做天资上具有超自然的、超人的或至少是极不寻常的、不是任何人都能获得的力量和特质”[①]。个人魅力型的统治正是建立在这种对具有出色感召力的领袖人物的拥戴和信仰基础上的。韦伯认为，这必须包含两方面因素：一方面，作为

① ［德］M. 韦伯：《经济与社会》，140页。

社会精英的领袖人物本身在人格力量或个人才能上具有非凡的、超人的特征，使他不同凡响，具有特殊的吸引力和感召力，从而能成为个人魅力型人物；另一方面，领袖人物的追随者们也有拥戴和服从这种领袖人物的需要，这种心理需要使他们表现出对领袖人物的狂热崇拜和盲目服从。

韦伯并不主张从某种政治立场或道德价值观出发，去评价个人魅力型人物所具有的那种特殊品质的善恶好坏，在他看来，关键在于这种特殊品质是否具有感召力，能不能赢得崇拜者和追随者。在韦伯眼里，任何在历史上起过重大作用并在某种程度上影响历史发展进程的“领袖”，都是这种个人魅力型人物，如狩猎头领、战争英雄、杰出的政治家、宗教创始人等。在这个意义上说，耶稣、穆罕默德、梭伦、亚历山大、恺撒、拿破仑等都属于这样的人物。韦伯这里所关心的是这种人物实际形成的感召力，至于说他们给历史带来的到底是正面的还是反面的影响，这从他的研究立场来看是无关紧要的。在这一点上恰好反映出韦伯社会学方法论中价值中立的原则。

韦伯指出，和传统型统治相比，个人魅力型统治是一种“巨大的革命力量”。因此，个人魅力型统治或权威往往伴随着社会革命运动而出现。这种权威的性质一般是打破传统、破坏现存的秩序。正是这种反对传统的、非同寻常的革命导致一种新的观念系统、行动取向直至社会结构的产生。作为个人魅力型权威的领袖人物往往具有强烈的使命感，而受到感召的群众则常常怀有对领袖的狂热效忠精神。这二者的结合，便促成了个人魅力型统治的出现。

韦伯具体分析了个人魅力型统治从出现、形成到转化、消亡的全过程。他指出，这种统治类型具有暂时性的特点。当个人魅力型领袖人物在世时，一般尚能保持这种统治形式，但随着某一具体的领袖人物去世，这一统治形式中所潜在的内部矛盾便暴露出来，并日益激化。于是，为保证统治的相对稳定性，制定必要的规章制度、建立完善的组织形式便提到议事日程上来。个人魅力型统治也随之或转化为传统型统治，或转化为法理型统治，或成为二者的某种混合物。

（三）法理型统治

在所有关于统治类型的分析中，韦伯对于法理型统治的分析最为引人注目。韦伯在这里有意识地从管理的“现代形式”出发，对资本主义的组织形式和管理方式进行了剖析。

韦伯认为，法理型统治是建立在以下基础上的，即任何一项法律都是以目的合理性或价值合理性（或两者兼而有之）为目标制定出来的，并努力加以贯彻，包括强迫使之得以实施。

韦伯认为，法理型的统治类型所具有的主要特征是：（1）具有活力和自身规律性的管理系统，其中有着明确的责任权限；（2）实行职务等级制原则，并对各级机关建立牢固的监督制度；（3）办事程序法规化、条例化，任何法律条文一经订出，所有成员都应遵守；（4）实行不顾情面、照章办事的原则；（5）统治形式只是由于法律的认可才是有效的，统治者只是根据法律规定而暂时拥有权力，服从者所服从的是法律，而不是某个具体的个人。

韦伯指出，这种法理型统治可以采取各种极不相同的形式，“科层制”（或译“官僚制”）是其中最纯粹的形式。韦伯着重分析了科层制这种在他看来是现代资本主义社会组织形式典型表现的统治类型。

三、科层制

科层制是法理型统治的一种特殊的表现形式，确切地说，是其中一种最典型、最纯粹的表现形式。对科层制的分析是韦伯整个关于统治类型研究中的精华，对后来的影响也最大。因此，我们在此专门作一简介。

首先，韦伯对科层制管理机构的构成作了以下说明，他指出，管理班子在最纯粹的类型中是由这样一些官员组成的：（1）他们人格上是自由的，并且仅仅服从、履行实际公务职责；（2）组成牢固的职务等级；（3）具有严格的职务权限；（4）根据合同，从而原则上是以自由选择为基础，并按照专业熟练程度进行职务聘任，严格说来，应当是通过考试来确定，并以文凭来鉴定其专业熟练程度；（5）具有以货币形式付给的固定薪金，多数人有退休保障金，薪金的多少按等级职位、责任大小以及“身份尊卑”的原则分档划开；（6）把自己的工作视为唯一的或主要的职业；（7）根据工龄长短、成绩大小或同时依据这两方面的条件，而不是根据上司的印象来决定一个人的晋升；（8）管理者并不因其所履行的职务而具有任何特权，他们也不应占有生产资料；（9）服从严格而统一的工作纪律和监督。

韦伯指出，纯粹科层制的、文牍式的管理，在精确性、稳固性、纪律性、严谨性和可信性上，以及在对一切对象的可计算性上，都可以达到技术上完善的程度。也就是说，科层制的管理按客观标准来看，在功能方面是严格合理的，它作为客观的服务机构和管理机构，排除了一切人格化的因素，不带有任何个性化色彩，而仅仅奉行法律程序和公务原则。在它的内部，既没有传统的人情世故，也没有个人良心问题的纷扰；既排除贪赃枉法的弊端，也不介入党派之争。总之，在韦伯看来，科层制是一种只追求技术效益、不受任何个性因素干扰的组织管理形式，简直就像一架由人组成但并无人情味的、运转良好的机器，人只是这架机器上一个个性能良好的齿轮。技术统治和专家治理是科层制走向完善的表现。很显然，现代西方所实行的一整套行政机构和文官系统，最接近韦伯眼里的科层制的理想类型，科层制在这里所指的也正是19世纪以来英、美资本主义国家的组织和管理形式。

韦伯指出，在科层制内部，奉行的完全是形式合理的原则，即技术与效益的原则，严格排除任何技术以外的目的和价值。但这不是说，这种纯粹技术统治不为其他的某种利益和目的服务，实际上，高效率的行政管理总是服务于一定利益和目的的。比如，议会及政党领袖对政府管理的影响就是这方面的例证。韦伯认识到，现实中不可忽视议会和政党的作用，他还注意到个别领袖人物的实际作用。在他看来，某种社会精英人物（领袖人物）往往能够利用自己的个人魅力，获得民众心理上的感召效应，被民众推举为首脑人物，从而影响国家政治。在这里，韦伯把现实有效的政体形式视为某种代议制。现实的统治似乎包含有科层制与个人魅力型两个方面的因素。

尽管韦伯的政治社会学内容十分复杂，但任何现代国家的管理形式都必然和不可避免地是科层制，这一点是他一再坚持和强调的。在他看来，科层制推动了资本主义的发展，同时，要想使科层制在资本主义社会中进一步发挥功能，又有赖于整个社会的全面科层化。

韦伯关于统治类型的研究，使他成为西方政治社会学的开山祖，尤其是他对科层制的论述，给后来的社会学，特别是组织社会学，带来很大的影响，因此，不少西方社会学家称他为组织社会学的创始人。然而，韦伯的政治社会学及其科层制理论本身，也存在着缺陷。他过分强调了科层制的正功能，在一定程度上容易使人忽视现实中种种科层组织的各种负效应。不过，韦伯本人也看到了这一点，比如，他尖锐批评了当时德国那种特殊的官僚组织的弊端：独断专行和妄自尊大。然而，总的说来，在韦伯的理论系统本身中，缺乏那种用以说明现实的、完全一致的逻辑结论。

第四节 关于宗教社会学的研究

宗教社会学是韦伯社会学的核心部分之一。韦伯关于宗教社会学的研究试图回答这样一系列问题：整个西方合理化进程是怎样产生的？它为什么仅仅出现于西方世界？它最初受着何种力量的推动？

一、研究主题与研究方法

韦伯关于宗教社会学的研究，首先是从《新教伦理与资本主义精神》这部著作开始的。他先是讨论了伴随着欧洲宗教改革运动而出现的新教伦理，以及后者对现代资本主义的起源和整个西方合理化进程的影响。在以后发表的《世界宗教的经济伦理》等书中，他通过对世界上各大宗教（印度教、佛教、儒教、道教、伊斯兰教、犹太教）的分析对比，说明了上述论题。

这里有一点要指出的是，韦伯在整个宗教社会学研究中，出色地运用了比较方法，这一方法在该项研究中占有重要的地位。

韦伯在具体分析历史上各大宗教思想之前，根据各大宗教的特点进行了分类。他首先按照宗教对待世界的方式，将宗教分为“入世的”与“出世的”两种形式；又按照宗教行为的特点，将宗教分为“禁欲的”与“神秘的”两种形式。在此基础上，他对所有宗教的表现形式作了进一步的划分，建立了以下几种理想类型：(1) 入世禁欲主义，它把在尘世的劳动看做是人的天职，努力而勤勉的工作被视为赎罪和获救的手段，甚至被看做是荣耀上帝的行为。新教便是这类宗教的代表。(2) 出世禁欲主义，这种宗教完全拒绝外部尘世，抗拒任何世俗的诱惑，把一切世俗生活都看做是不具有道德意义上善的性质。天主教是这种宗教的典型形式。(3) 入世神秘主义，这种宗教遵从某种圣统，即信奉千年不变的传统权威，要求顺应世俗，但带有悲观论和宿命论的色彩。儒教是这种类型宗教的明证。(4) 出世神秘主义，它突出地表现为弃世厌俗，沉于冥想。看破红尘的佛教是这种宗教的代表形式。

根据“神秘”与“禁欲”这样两种不同形式，韦伯将亚洲和欧洲的主要宗教的不同特征进行了对照，建立各种宗教的理想类型。当然，韦伯自己也指出，这样的区分法不是绝对的，现实中往往有各种成分的杂糅（如西方修道院里僧侣的修行生活便兼有神秘主义和禁欲的成分）。

二、《新教伦理与资本主义精神》

韦伯的名著《新教伦理与资本主义精神》一书的写作目的在于说明新教伦理与资本主义的关系。为此，韦伯对新教中影响较大的加尔文教与资本主义发展之间的密切关系作了详细讨论，用以说明他的观点。

韦伯首先对“资本主义精神”这样一个历史概念进行说明。这里，他并不是采用简单的“属加种差”这种方法定义这一概念，而是借助历史的描述和比较加以说明。韦伯书中引证了美国独立战争时期的著名人物本杰明・富兰克林的话，借以表达在韦伯看来具有典型资本主义精神的那些思想，即个人把努力增加自己的资本并以此为目的的活动视为一种尽责尽职的行动，把赚钱本身当作一种目的，当作一种职业责任，被看做是一种美德和能力的表现。韦伯认为，“职业责任……是资本主义文化中社会伦理的最重要特征，在一定意义上也是现代资本主义文化的根基”。职业责任的观念不单纯是立身处世的手段，也是一种独特的伦理。

韦伯进一步指出，他这里所使用的资本主义概念具有其特定的含义，即是指当时西欧和美国那种典型的现代资本主义，而不是泛指一切。他认为，尽管资本主义的某些因素在此以前早已出现，并一直存在于中国、印度、巴比伦、古希腊、古罗马和中世纪等各个地方和各个时期，但是，这样的资本主义全然缺乏上面所提到的那种现代资本主义的特殊的精神气质。

韦伯指出，资本主义不等于贪得无厌和金钱欲，后者普遍存在于任何时代、任何国家和地区、任何社会和任何阶层中，无论是古罗马还是中世纪，无论是那不勒斯还是亚细亚，也无论是赌徒、乞丐，还是车夫、娼妓。他指出，“贪得无厌绝不等于资本主义，更不等于资本主义精神。相反，资本主义倒是可以等同于节制，或至少等同于合理缓和这种不合理的冲动。"[①] 资本主义无疑是与追求利润有着一致性的，但这是建立在合理地进行计算与（形式上）和平营利机会之上的。由此看来，曾经普遍存在于战争掠夺、海盗行径等殖民企业家中的那种投机家、冒险家和推销商式的"资本主义"，那种不受任何道德规范约束的牟利求富现象，并不等同于这里所说的资本主义。真正的资本主义经营依靠的是企业中资本的合理使用和对劳动的合理组织。这样，韦伯就把他这里所指的资本主义与那种"掠夺型的资本主义"区别开来。

另外，在说明这种现代资本主义精神时，韦伯还将它和那种被称作"传统主义"的生活态度作了比较。通过实际例子的对照，韦伯指出，资本主义精神与传统主义的态度正相对立。资本主义不断发展的过程，就是传统主义不断被克服的过程，克服传统主义的关键即是使劳动本身成为目的、成为人的一种愿望、成为一种伦理责任，直至把劳动视为一种天职。

在韦伯看来新教伦理与资本主义精神的密切关系恰恰就表现在这里。在具体分析中，韦伯先指出这一事实，即在德语的"Beruf"或英语的"Calling"一词里，暗含着某种由上帝安排的任务的意思，即"天职"观念。这种含义最先来自路德对《圣经》的翻译，它所体现的不是原来《圣经》中的精神，而是宗教改革领袖路德的思想。这一思想成了整个新教的核心内容。它抛弃了原来天主教那种禁欲主义的修行而超越尘世的空洞劝诫和训令，而把个人在尘世中完成所赋予他的义务当作一种至高无上的天职。

当然，就路德本人来说，他与上面所说的资本主义精神没有任何关系。但在韦伯看来，他在客观上为证明世俗活动具有道德意义起了作用，导致和促进了资本主义精神的萌芽和发展。为了进一步考察新教伦理与资本主义的关系，韦伯还分析了新教的其他分支，特别是加尔文教的禁欲主义伦理。

整个加尔文教中最典型的特征是它的命定说，这种教义宣称，一个人甚至在他出生前就早已被上帝判决了他的来世命运。而且，作为尘世中的人，他无法获得对上帝这种判决的了解，因为采取任何世俗的手段（如修善积德、虔诚的内心体验、通过教会和圣事等）都无法窥知天意。这样，人与上帝、尘世与天国之间便存在着一道不可逾越的鸿沟。

韦伯指出，这种教义的逻辑结论便是：基督徒在尘世中的活动，包括为社会日常服务的职业劳动，都只是为了遵从上帝的戒律、完成上帝的旨意。因为上帝创造了人类并使其居住在尘世中，因而必须恪守尘世生活，满足于世俗活动，并使世俗生活具有某种意义，即通过完善世俗生活来荣耀上帝，与此同时，表明自己是上帝的选民。于是，紧张地从事世俗活动，争取获得职业上的成功，便成为建立获救信心的唯一手段。

在韦伯看来，加尔文教就是这样为人的世俗活动的意义找到了答案，它使全

---

① ［德］M. 韦伯：《经济与社会》，16 页。

部的世俗生活彻底地合理化了，这就是说，加尔文教作为宗教教派，使尘世活动（主要是职业劳动）具有了某种宗教上的合理性和崇高意义，即世俗的日常工作被视为荣耀上帝的行为。这种在宗教意义上世俗生活的合理化，使得加尔文教具有独特的禁欲主义倾向，这种禁欲主义倾向是加尔文教作为宗教所必然具有的，它一方面表现为积极参与世事，勤勉地从事职业劳动；另一方面表现为最大限度地节俭，抵制一切享乐性消费，认为积累财富的勤俭在道德上是无可指责的，骄奢纵欲是有罪的。

韦伯接着指出，加尔文教的禁欲主义倾向是独特的，表现在它与天主教的禁欲有着明显的不同。后者把禁欲生活限制在寺院里，而加尔文教徒的禁欲生活却是在尘世之中、在世俗的各种机构中度过的，因而是一种“人世禁欲主义”。在某种意义上可以说，这种入世禁欲主义使宗教世俗化了。

加尔文教一方面是使全部的世俗生活升华为高度的宗教意识，另一方面，这种宗教意识又带有强烈的入世倾向。无论如何，在韦伯看来，这客观上都给世俗生活的发展以有力的推动，加尔文教中的劳动天职观念、职业成功意识、节俭致富倾向等都是这方面的表现。而这一切又与前面所说的那种“资本主义精神”之间存在着很强的亲和力。

经过以上分析，韦伯指出，在作为新教重要教派的加尔文教的教义内容和宗教实践中，包含了促进资本主义精神发展的因素，客观上推动了资本主义及整个西方文明的发展过程，并初步建立起宗教观念与一定的经济伦理、社会结构之间的相关性。这在他后来关于世界各大宗教与经济伦理之间相互关系的考察中得到更全面、更完整、更系统化的阐述。

韦伯的《新教伦理与资本主义精神》这一论著给人以很大启发。需要指出的是，书中一个主要论题是直接针对马克思的。他在这里反对马克思主义历史唯物论，认为历史唯物主义按照社会的经济状况解释一切，把宗教的起源乃至整个资本主义的发展归结为一定社会的经济状况，是一种错误的经济唯物主义。尽管韦伯也认为，如果把资本主义精神的兴起仅仅归结为宗教改革，甚至把资本主义完全说成宗教改革的产物，也是一种“愚蠢的或教条式的论点”。但韦伯直接以马克思作为论战对象，并片面地把马克思主义历史唯物论等同于经济唯物论，也是明显的。

* * *

在社会学史上，韦伯是一个极为复杂的人物，有时甚至被视为某种神奇性人物，对他也有着种种不同的评价。毋庸置疑，赞同和批评他的人都对他在社会学史上的重要性给予承认，承认他是最重要的社会学家之一。韦伯死后，特别是在第二次世界大战以后，他在西方世界的影响与日俱增。其时，在联邦德国，围绕着对韦伯生平和著作的再发现，形成了一个研究韦伯的“韦伯热”。而在美国，结构功能理论的代表人物帕森斯在20世纪三四十年代，把韦伯的《新教伦理与资本主义精神》、《经济与社会》等代表作翻译介绍给美国读者，从而扩大了韦伯的影响。

毫无疑问，韦伯在社会学史上的地位及作用是不可忽视的，无论从他社会学独特的方法论原则，从他关于权威类型及科层制的研究，还是从他的宗教社会学等方面来看，都能说明这一点。同样应该指出，正像本章前面各部分曾简略分析过的那样，韦伯的社会学理论无论从其立场观点，还是从其思想内容本身，都未能完全避免错误和不足。所有这些，要求我们必须对韦伯进行客观的、全面的、批判性的研究。

【本章要点】

1. 社会学以解释的方式来理解人们的社会行动，社会行动的主体是个人，个人的行动是社会学进行研究的出发点。对“理解”问题的强调，使韦伯社会学获得“理解社会学”的别称。

2. 理想类型是韦伯社会学建立因果性、规律性认识的概念工具。理想类型的特点表现为：一方面，作为理智上的概念工具，它具有高度的概括性、抽象性；另一方面，作为考察现实的概念工具，它又突出了经验事实中带有共性或规律性的特点。理想类型的建立，对社会学认识具有重要的方法论意义。

3. 韦伯把社会行动分为四种类型：（1）目的合理的行动；（2）价值合理的行动；（3）情感的或情绪的行动；（4）传统的行动，即按照习惯而进行的行动。社会行动的四种类型之间有着相互联系和区别。

4. 韦伯将统治划分为三种基本类型：传统型统治、个人魅力型统治、法理型统治。它们各自赖以建立的基础不同，行使权力的机制和形式也不同。

5. 科层制是法理型统治的最典型、最纯粹的表现形式。韦伯认为，科层制作为一种组织形式和管理机构，从功能上说是严密、合理和有效的。

6. 韦伯考察了基督教新教伦理与资本主义精神的联系，阐明新教伦理对资本主义发展及整个西方合理化进程的影响。按照“禁欲”与“神秘”两种不同的方式，韦伯对欧洲和亚洲的各大宗教进行了对比分析和研究。

7.《新教伦理与资本主义精神》。“资本主义精神”概念的核心思想是“职业责任”，即把努力增加自己的资本并以此为目的的活动视为一种尽责尽职的行动。新教伦理中路德的“天职”观念客观上起了重要的作用。

8. 加尔文教教义主要学说命定说。由此，加尔文教为人的世俗活动的意义找到了答案。

【基本概念】

社会行动　理想类型　权力　统治　　纪律　传统型统治　个人魅力型统治　法理型统治　科层制　天职　资本主义精神

【思考题】

1. 韦伯整个社会学理论的中心问题是什么？他是如何围绕这一中心问题阐述其理论观点的？

2. 试对韦伯社会学方法论思想的内容和特点作一分析。
3. 谈谈你对韦伯“科层制”思想的看法。
4. 韦伯宗教社会学的主要内容是什么？应如何评价？

【参考书目】

1. ［德］韦伯．社会科学方法论．北京：中国人民大学出版社，1972
2. ［德］韦伯．新教伦理与资本主义精神．上海：三联书店，1987
3. ［德］韦伯．宗教社会学．台北：远流出版事业股份有限公司，1993
4. ［德］韦伯．经济与社会．北京：商务印书馆，1997
5. ［德］韦伯．儒教与道教．北京：商务印书馆，1997
6. ［德］韦伯．民族国家与经济政策．上海：三联书店，1997
7. ［德］韦伯．经济、诸社会领域及权力．上海：三联书店，1998
8. ［德］韦伯．学术与政治．上海：三联书店，1998
9. ［德］韦伯．社会学的基本概念．上海：上海人民出版社，2000
10. 苏国勋．理性化及其引论——韦伯思想引论．上海：上海人民出版社，1988
11. ［英］比瑟姆．马克斯·韦伯与现代政治理论．杭州：浙江人民出版社，1989
12. Lowith K. *Max Weber und Karl Marx*: *Gesammelte Abhandlungen*. Stuttgart, 1960
13. Baumgarten E. *Max Weber*: *Werk und Person*. Tubingen, 1964
14. Hrsg S. *Max Weber und die Soziologie heute*. Tubingen, 1965
15. Molmann W. *Max Weber und die rationale Soziologie*. Tubingen, 1966
16. Weiss J. *Max Weber Grundlegung der Soziologie*. Munchen, 1975
17. Monch R. *Theorie des Handelns*: *Zur Rekonstruktion der Beitrage von T. Parsons*, *E. Durkheim und M. Weber*. Frankfurt a. M., 1982

第六章

杜尔克姆的社会学思想

埃米尔·杜尔克姆（1858—1917）是法国著名社会学家。西方社会学界一般把他同卡尔·马克思、马克斯·韦伯并列，由于他对推动社会学发展所做的巨大贡献而被称为现代社会学的奠基者。

第一节 生平与著述

杜尔克姆出生于法国东部一个叫艾皮纳尔的小镇，这是一个与外界有些隔绝的犹太人居住区。他的父母都信奉犹太教，他们希望他继承父业，成为犹太教的拉比，为此送他进专门的犹太教学校学习。但他后来放弃了这一目标，立志在学术上取得成就。他的出身和早期教育使他具有很强的责任心和使命感，一心渴望成功。

1879年，21岁的杜尔克姆经过连续两年考试落榜，终于考进了“巴黎高等师范学校”。他对学校的课程设置很不满意，同时十分厌恶那种经院式的教学方法。尽管如此，他还是十分重视这个认真读书的机会，积极参加学校里举行的各种关于政治和社会问题的辩论，常常成为辩论的中心人物。他的同学，后来成为著名哲学家的柏格森当时就曾同他进行过这类的辩论。杜尔克姆竭力反对任何高度思辨的哲学，认为这类学说不属于科学，而柏格森所创导的活力论哲学恰恰属于这种思辨哲学。

在高等师范学校学习期间，对杜尔克姆发生重要影响的老师主要有布特鲁和德古兰伊。

哲学家布特鲁在方法论上给杜尔克姆以深刻启迪。布特鲁认为，实体具有不同层次，在较高层次上会显示出不能依据较低层次的实体特性进行解释的突生属性，因此整体不等于组成它的各个部分之和。后来，这一观点成为杜尔克姆进行社会学研究的方法论基础，成为他反对各种还原论的哲学依据。

德古兰伊是一位治学严谨的历史学家，他强调在历史研究中应排除先入为主的成见，保持一种不受情绪影响的独立判断力。感情和情绪只能作为科学研究的对象，而不能成为评判科学真理的准绳。这种科学研究的严谨和独立的精神，给杜尔克姆留下深刻印象。此外，德古兰伊关于社会的团结建立在统一的知识和宗教基础上的观点也直接启发了杜尔克姆，影响了他以后的研究方向。

1882—1887年，杜尔克姆从巴黎高等师范学校毕业后，在巴黎地区的公立中学担任哲学教员。在此期间，他利用假期赴德国游历，了解和熟悉了当时德国的许多新学科和新思潮，例如，参观了实验心理学家冯特的心理学实验室，接触到滕尼斯关于“公社”和“社会”的思想。此外他还涉猎了国民经济学、民族心理学和文化人类学。

在短短的几年中，由于良好的教学效果和学术上取得的引人注目的成就，他于1887年获得了波尔多大学教育学和社会科学系的教师职位，这是法国大学所开设的第一个社会学讲坛。1892年，杜尔克姆在索邦大学获得博士学位，后来又在这所学校开设了社会学课程。

1896年，杜尔克姆被提升为社会学教授，这是法国大学中第一个社会学教授职位。1899年，杜尔克姆应聘来到法国高等教育中心——巴黎大学，在他的影响下，终于在这个法国最有声望的学府中为社会学争得一席之地：1913年，该校设立了社会学教授职位。这标志着法国学术界对作为一门独立学科的社会学的正式承认。

杜尔克姆不仅在教育机构中积极为社会学争取教师席位，同时他还通过创办杂志来扩大这门新兴学科的影响。他确信，为了建立社会学，杂志比任何单本著作都更起作用。1896年，他创办并主编了闻名遐迩的杂志：《社会学年鉴》，许多国内外重要学者（如德国的齐美尔）都曾做过该杂志的撰稿人。这本刊物不仅巩固了社会学的学术地位，而且联系了一批学生和追随者，在很短的时间内，以《社会学年鉴》的编辑部为核心形成了杜尔克姆学派（又叫法兰西社会学派）。这一学派高举“科学的社会学”的旗帜，主张将理论研究和经验研究紧密结合起来，对推动法国社会学的发展起了很大作用。第二次世界大战以前，法国几乎所有著名的社会学家都属于杜尔克姆学派。

尽管《社会学年鉴》只存在了不长时间就由于第一次世界大战的爆发而被迫停刊，但杜尔克姆及其学派所确立的社会学研究方向和研究方法在法国学术界仍然发挥着巨大影响。

在社会学研究领域，杜尔克姆发表过许多重要著作。最著名的代表作有：《论社会分工》（1893）、《社会学方法的规则》（1895）、《论自杀》（1897）、《宗教生活的基本形式》（1912）等，其中《论自杀》一书影响最大。

杜尔克姆凭借自己渊博的学识和卓越的研究成果赢得了人们的敬仰，他毕生不懈的努力为现代意义上的社会学奠定了基础，使社会学在对象、方法和基础概念上同哲学、历史学和心理学划清了界限，从而推动社会学走上了独立发展的道路。

第二节 社会学的研究层次、对象和方法

在杜尔克姆生活的时代，社会学虽经孔德、斯宾塞等人倡导和努力，仍面临种种困境。对那些深受实证主义影响的人来说，一门科学能否独立存在，关键取决于它是否涉及某种独特的“客观现实”，是否拥有独立的研究对象。杜尔克姆正是通过对这一问题的探讨确定了现代社会学的研究方向，这一巨大贡献使他像韦伯一样，在西方社会学史上获得了里程碑式的地位。

一、杜尔克姆的社会观

杜尔克姆社会观的特点是社会唯实论和社会整体观。

虽然社会学终究要挣断社会哲学的脐带，但它首先必须在对社会的本质这一古老的哲学问题的认识上澄清自己的立场。杜尔克姆在这一问题上，坚定地站在与社会唯名论针锋相对的社会唯实论一边。

杜尔克姆认为，社会是独立存在的客观实体。尽管社会是由无数个人联合而形成的，但它本身是属于高于个人的相对独立的实体，具有超越个人的独特性质，这种独特性质无法在单个个人身上找到。

针对可能受到的责难，杜尔克姆预先进一步说明了他的社会唯实论并非把社会奉为某种先于个体或者可以摆脱个体而超验存在的东西，社会的实体性仅仅指社会是一种相对个人来说处于更高层次上并具有特殊性质的客观存在。

与社会唯实论有着密切联系的是社会整体观。杜尔克姆继承了孔德和斯宾塞的社会有机论思想，经常援引化学现象中的例子来说明自己关于社会的整体观念。大家知道，化学物质是组成它的各个元素的综合，但它的特征仅仅存在于元素互相结合的整体中，而无法在各个组成元素中找到。与此类似的例子是生命现象，生命是不可分割的整体，尽管有生命的物质最终是由各种分子和原子组成，但生命物质特有的特征并不单独存在于这些成分之中。只有当这些分子、原子按照某种特有方式相互结合形成更高层次的整体时，生命特征才显现出来。同样，如果社会个体之间毫无联系，缺少将他们结合起来的力量和结构，那么社会将不复存在。因此社会就其实质来说也是这样的一种整体：其个体的相互结合和相互作用的性质不能简单地由个体特征加以解释。

由于社会具有实体性和整体性，因此社会与组成社会的个体处于两个不同层次，这两个层次上发生的现象服从于不同的规律，需要用不同学科对它们分别进行研究。

杜尔克姆在其社会观基础上确定了社会学的研究方向：社会学不涉及个体层次，它只把社会层次作为自己的研究领域。

二、社会学的研究对象：社会事实

杜尔克姆把在社会层次上发生的种种现象称为社会事实或社会现象。在杜尔克姆看来，正是这些社会事实或社会现象构成了社会。因此，杜尔克姆把这些社会事实视为社会学的独特研究对象。他在《社会学方法的规则》一书中写道："社会事实是任何可以对个人施以外在制约作用的固定或不固定的行为方式，或在一个社会中普遍出现的、同时不依赖于个人而独立存在的任何行为方式。"① 这就是说，社会事实是这样的一种独立存在，尽管它们常常分布在个体身上或采取个体的形式，但绝不能把它们等同于纯粹的个体事实。对杜尔克姆来说，一种思想和一种行为，如果仅仅发生在单独的个人身上，不能算作是社会事实，只有通过某种方式或过程成为多数人的共同思想和行为时才获得社会事实的性质。

社会事实与纯粹个体事实的区别主要表现在下述方面：

第一，社会事实的外在性。社会事实存在于个体身外，因而不同于那些存在于个体身内的生理的和心理的现象。为了说明这种外在性，杜尔克姆列举了法律、风俗、道德、语言、宗教和货币制度等现象作为社会事实的例证，指出"这些行动、思想和情感方式呈现出存在于个体意识之外的值得注意的特征"②，这些事实作为某种外部现实，其存在不受个体意识的影响。杜尔克姆解释道，那些风俗或法律所规定的义务是在我们身体或行为之外的，即使我们是心甘情愿地去尽这些义务，它们仍然是我们身外的客体，因为我们并非生来就了解这些应尽的义务，只有通过教育或了解法律，我们才能履行这些义务。

第二，社会事实对个体具有强制性。社会事实不仅存在于个体身外，而且对个体施加各种形式的影响，如引导、赞赏、规劝、非难、禁止等。"某种类型的行为或思想，不仅存在于个人身外施于个人，而且它们有一种强大的力量，不问个人是否服从，而用一种强迫及压制使个人服从"③。

当然，如果个体在社会化过程中成功地将相关的社会事实内化为自己的主观意愿，那么他很可能感受不到这种强制作用。但这并不意味着强制作用的消失。一旦人们试图对某些社会事实加以抵制，表现出不服从，这种强制力量就立即以正式的或非正式的方式显示出来，证明自己的存在。

---

① ［法］E. 杜尔克姆：《社会学方法的规则》，13页，纽约，1964。

②③ 同上书，2页。

第三，社会事实的普遍性。社会事实是全社会成员共有的特征，而不是个别人的特征。一类现象是不是社会事实，在某种程度上可以通过考察这一现象在社会中的扩散程度加以确定。这里有必要对普遍性和共通性加以区别。一个社会全体成员共有的某些特征或行为方式，如果不是由于各个人彼此结合而产生的，则不具有超越个体形式的独立性，如那些基于个体生理学、种族遗传学意义上的共同特征。这类所有个体具有的共同特征可以称为共通性，它们不属于社会事实。只有那些建立在社会生活的整体基础上，由社会整体所塑造和形成的一种特殊力量，使人们不得不产生的同样的思想和行动，才可以被称为社会事实。

在杜尔克姆看来，社会事实，即社会学的独特研究对象，仅仅由有限的一组现象构成。这些现象可以大致分为两大类：

一类是属于社会形态学方面的社会事实。包括：社会群体的地理环境、人口的分布、数量及密度、人们之间的交往情况、交通状况、住房样式等。这些社会事实属于物质性社会事实，它们共同构成了社会的“解剖结构”。对这类社会事实的研究构成了社会学的一个特有门类：社会形态学。

另一类是属于社会生理学方面的社会事实。包括：宗教、道德、法律、习惯、风俗、时尚、舆论、公共情感等制度性或非制度性文化，杜尔克姆把它们统称为“集体意识”或“集体表象”，属于非物质性社会事实。它们在社会生活中各自发挥着特有的功能，维持或调整着人们之间的关系，使社会联结为一个有机整体。集体意识构成了社会的“生理结构”。对它们进行的专门研究构成了社会学的又一个门类：社会生理学。

所有上述社会事实都具有一个共同特点，它们都不可能是单独个体的属性，而只能是一种集体的属性。尽管组成社会的个体可能因生死去留而不断更替，但社会事实却不受个体变化的影响，依旧保持其稳定、独立的性质。只有发生了社会整体层次上的变化，社会事实才有可能发生变化。

将社会事实的性质做了上述详细说明和规定的同时，社会学的特定解释层次、研究领域以及它的学科性质也就随之确定了。社会学是对社会事实进行实证研究的一门社会科学。它既不同于孔德所建立的那种包罗万象的带有思辨哲学色彩的宏大理论体系，也不同于那种在个体生理学和心理学基础上对社会现象所作的推演和解释。杜尔克姆找到了社会学的独特对象，从而使社会学成为具有坚实基础的独立学科。

三、社会学方法论的基本原则

杜尔克姆继承和发扬了孔德的科学实证主义方法论思想，主张以自然科学为榜样，通过对经验材料进行观察、归纳、分析、预测和检验这样一些步骤，对社会现象作出客观的说明和解释。

在《社会学方法的规则》一书中，杜尔克姆集中论述了社会学方法论的一些基本原则。

首先，杜尔克姆强调的社会学方法论的一条基本原则是：必须把社会事实看做“事物”。这就是上面提到的，社会事实是一种独立的客观存在物，因此，社会学能够而且必须以自然科学那种客观态度对社会现象进行研究。这一原则坚决反对当时流行的研究社会现象的主观内省法，这一方法所依据的前提是把社会现象当成个体主观精神的衍生物，本质上还是一种精神现象。而在杜尔克姆看来，内省法的认识作用只局限于个体精神领域，而不能将这种方法运用到具有超精神性的社会现象上去。

为了对社会事实这一客观事物进行认识，在观察阶段，杜尔克姆提出了下述要求：研究者必须排除自己的情感因素、道德判断、先入为主的观念和世俗成见的干扰，站在价值中立的立场上，从具有稳定性的社会现象入手，根据现象的共有的外在特征给该现象下明确的操作性定义，从而使描述现象的语言具有科学性。遵循上述要求就可以摆脱主观因素的干扰，保证研究的客观性。

借助于感官的直接观察是一切科学研究的前提，也是实证主义的基本立场，但社会学却遇到了不同于自然科学的特殊困难，因为社会事实中相当重要的一部分——集体意识或集体表象——是无法直接观察到的，它们分布在个体的思想、意愿和行为表现中。孤立地看，仿佛纯粹是个人精神和个人自愿行为。杜尔克姆意识到并着手解决这一困难。他提出了把统计方法作为社会学观察的重要工具的思想，以弥补直接观察的不足。统计数字像百分比 、平均数等，可以帮助人们区分个人现象与社会现象，由于它们是综合了大量的个体事实的一般集合体，个体的特殊性质对它们不起决定作用，因此就其性质来说，只能属于社会层次，而不属于个体层次。例如，一个群体中，个体的结婚、生育、自杀等行为初看起来仿佛都是出于自愿，是与他人无关的纯粹个体事实。但任何群体中都存在强度不同、性质各异的舆论，而舆论是一种无形的社会事实，是独立于个体精神的集体心态。它完全可能对群体的结婚率、生育率和自杀率发生决定性影响，统计学将这些比率提供给研究者，“由于这些数字中每一个都无区别地包括了所有个人的情况，那么在现象的产生中都占有一份的个人情况就被中立化了，因此个人情况不对现象起决定作用，平均数于是表现了群体心理的一定状态”①。由此可见，充分利用统计数字可以保证社会学研究始终处于社会现象层次上，始终是一种客观性研究，从而避开了基于个体精神的主观内省法。

社会学方法的又一个基本原则是：社会事实能够而且只能用其他社会事实加以解释。杜尔克姆明确地写道：“某个社会事实的决定性原因应该到先行的社会事实中去寻找，而不是到诸多个人的意识状态中去寻找。”② 这一原则确定了社会学研究的解释层次。

以社会事实解释社会事实的原则是杜尔克姆的社会观在方法论领域的应用，它体现了杜尔克姆社会学的基本精神：研究社会必须禁绝任何形式的还原论。社

① ［法］E. 杜尔克姆：《社会学方法的规则》，8 页。
② 同上书，110 页。

会学解释不仅无须借助于生物学和心理学的解释，相反地，必须把任何基于个体层次的生物学或心理学的解释排除在外。

杜尔克姆揭露和批判了心理学派的错误，他们的共同出发点在于断言“社会现象是由个人现象组合而成的”，由此推断“要解释社会现象必须从解释个人意愿入手”。例如孔德和斯宾塞尽管坚持社会是有机的整体，但在解释社会进步时，还是犯了还原论的错误。孔德认为社会进步的原因在于个人具有追求进步的倾向，斯宾塞则站在功利主义立场上把社会进步的动因归结为个人具有追求最大快乐的天性。杜尔克姆认为，这类解释都是倒果为因的解释。在社会生活中，没有摆脱“社会压力”和“社会制约”的纯个人现象，个人的意愿、欲望和利益对于进步、幸福的理解都是在社会生活中由各种社会事实促成的，个人心理现象只能是社会现象的结果，而不是它的原因。

杜尔克姆社会学方法论的另一个基本原则是：不能把社会事实的起因与它所发挥的功能混为一谈。因果分析和功能分析构成了社会学的两个不同但又必要的研究方法。杜尔克姆写道：“当我们着手对一个社会现象进行解释时，我们必须分别地探求产生这种现象的充分原因和它所完成的功能。”①

杜尔克姆是第一个将因果关系与功能关系明确地加以区分的人，这与当时的社会科学研究状况有关。许多社会学家在解释社会现象时，往往只着眼于它所完成的功能，而不去解释它为何存在和怎样存在。杜尔克姆认为，这种以功能解释代替因果解释的做法是以非科学的目的论为基础的，其结果仍然会导致社会学向心理学的还原，因此他集中批判了目的论的错误。

目的论认为，自觉的目的导向是社会现象产生的充分原因。杜尔克姆指出，社会现象是一种独立的、高于个体层次的现象，它绝不仅仅是人类认识到自己的利益而采取的有目的的行动而集合成的。因为首先，并非所有目的都能实现，目的必须遇到社会提供的机会才有实现的可能；其次，目的的产生和变化也不是任意的，而是受到社会条件的制约。正因为目的本身不是稳定的、独立的事实，所以不能把它们作为社会现象产生的原因。社会现象尽管有时因与特定的目的相符合而显现出某种功能，但产生某种现象的原因和这一现象所服务的目的终究是相互独立的两回事。杜尔克姆并没有因此而否定功能解释的必要性，但要正确运用功能分析方法，首先要把同它纠缠混杂在一起的目的论剔除出去，真正的功能解释绝不等同于目的论，目的论的要害是把功能和原因混为一谈，以功能取代原因。

社会现象的功能，是指它有满足某种社会需要的作用，这并不能作为该现象存在的原因，因为某些丧失了功能的现象依然存在。所以功能分析不能取代因果分析。在谈到社会分工现象时，杜尔克姆指出，在说明分工产生的原因时，如果仅仅指明分工如何有利于社会和人类，就犯了以功能代替原因的错误，从而陷入了目的论。因为这种解释的前提是：任何社会现象的产生必然基于某种预期目

① ［法］E. 杜尔克姆：《社会学方法的规则》，95 页。

的，人们由于预先认识到分工的利益，所以采取了这种达到目的的手段。杜尔克姆断言，社会现象并不一般地因其有用的结果而存在。

杜尔克姆所倡导的功能分析，实际上是对各种社会事实的那些独立于主观动机的客观社会后果的分析。这种分析始终在社会层次上进行，只限于对既存社会现象之间的相互关系进行考察，而绝不允许对这些现象的产生做进一步推论。对社会现象产生过程的说明属于历史的因果分析的任务。

从社会现象的历史起源角度进行说明原因的解释是社会学研究的另一个重要分析方法。因果分析意味着从某一社会现象所处的历史环境（由各种社会事实构成）中找出对其发生主要影响的要素。正是在这些要素的影响下，这一社会现象而不是其他社会现象才不得不发生。

在说明因果分析时，杜尔克姆照例告诫人们要把注意力放在社会层次上，个体的或心理的现象绝不能作为社会现象的原因，它们本身还需由社会现象来解释。此外，杜尔克姆还强调指出，尽管因果关系是具有时间顺序的一种历史关系，但绝不能仅仅根据历史上的先后顺序来确定因果关系。

正因为因果关系是一切科学都必须对之进行研究的一种关系，所以，以建立科学的社会学为宗旨的杜尔克姆赋予因果分析以特殊的重要性。这表现在，他不仅对因果分析给予一般说明，而且还就如何确定因果关系的具体细节作了深入探讨。

杜尔克姆认为，由于社会现象极其复杂，因此，自然科学用以确定因果关系的诸多方法中只有共变法适用于研究社会现象。所谓共变法是说，如果两个现象，经常以某种固定方式发生同步变化，就强烈地暗示着它们之间有可能存在着因果关系。但杜尔克姆紧接着又提醒人们要谨慎行事，不能仅仅根据社会现象之间的这种共变关系（即现代统计学所说的相关关系）便轻率地确定因果关系的存在。因为可能出现这种情况：两种社会现象之所以发生共变关系，是因为存在着另一个同时决定它们变化的现象，而这一现象才是它们变化的真正原因。杜尔克姆举例说，当时在教育程度与自杀之间可以观察到某种相关，但如果据此而断言教育是导致自杀的原因就错了。真正的原因是宗教传统的衰落，它一方面使教育世俗化、普及化，另一方面降低了社会凝聚力，从而导致自杀率上升。

由此可见，因果关系必然是相关关系，但相关关系却不一定都是因果关系。有鉴于此，杜尔克姆进一步确定了证明因果关系的方法和步骤。

由于社会现象之间的因果关系隐藏在大量复杂的可变因素背后，而社会研究又不可能像自然科学一样获得能够严格控制各种因素的实验条件，因此，为了排除那些相关关系中的非因果关系，确定真正的因果关系，杜尔克姆倡导一种控制比较的方法：在不同的社会条件下，在不同的群体范围里以及根据研究对象的特殊属性所作的分类的各类别之间广泛进行比较。这种通过统计手段进行控制以排除无关变量的比较法可以产生类似于自然科学实验控制的效果，有助于确定社会现象之间的因果关系。现代统计学的多元分析方法就是在杜尔克姆这一思路的基础上发展起来的。

此外，杜尔克姆还确立了假设——推测——检验的研究步骤。他认为，两个具体现象之间的共变关系对于确定因果关系来说虽属必要但不充分，必须进一步确立两个现象的本质属性之间存在的逻辑联系，即抽象出科学的理论假设，以此出发，对新的未曾考察过的社会现象之间的关系作出推断和预测，再根据实证材料对推测进行验证，从而肯定或推翻原有的理论假设。这一研究步骤的重要意义是：在理论研究和经验研究之间搭起一座桥梁，使社会学摆脱了思辨性，成为一门真正独立的实证科学。杜尔克姆在研究方法领域的这一实质性突破淋漓尽致地体现在他的代表作《论自杀》一书中。

杜尔克姆社会学方法论的最基本的精神是反对各种形式的还原论，始终把社会学的研究取向（无论是研究对象还是解释原则）限定在社会层次上，这一特点被称为“唯社会论”，它与韦伯的理解社会学的个体主义取向形成鲜明的对照。从社会学发展史看，这一研究取向虽然经过过分强调而不免失之偏颇，但它为社会学摆脱各种还原论（这些还原论最终将导致取消社会学或将其作为其他学科的附属品）及争得独立的学科地位作出了巨大贡献。

第三节 社会团结与社会分工

在杜尔克姆看来，社会学是以社会事实为研究对象的，而社会团结是一种最基本的社会事实，它影响和决定着其他社会事实。在一定意义上可以说，杜尔克姆的基本社会学理论是以社会团结为主线而展开的，这一理论包括：社会团结的产生（宗教研究），社会团结的类型、特征和功能（机械团结和有机团结），社会团结的基础（集体意识、道德），影响社会团结的因素（社会分工），社会团结的维持（中间职业团体）及破坏（社会解组、失范状态及越轨行为）等等。

一、社会团结的含义

杜尔克姆所说的社会团结不仅是指日常生活中人们之间那种直接的、面对面的交往互动，建立友谊、婚姻等固定关系，或是在交往过程中互相关心、互相帮助的心理状态和行为模式，而是具有更深刻的内涵，可以包容更广泛的现象。

社会团结与“社会内聚力”、“社会整合”的含义大体相同。它指的是把个体结合在一起的社会纽带，是一种建立在共同情感、道德、信仰或价值观基础上的个体与个体、个体与群体、群体与群体之间的，以结合或吸引为特征的联系状态。因此，在一个社会共同体中，不仅那些直接认识、直接交往、相互关心的人们之间存在着这种联系，而且那些素不相识、互不关心的人们之间也存在着这种联系。尽管这种联系是无形的，但它却是一种非常实在的力量，所有社会成员无一例外地受到这股力量的牵引和控制。正是靠着这种联系，社会才获得完整的存在和独立的生命。

杜尔克姆强调指出，把个体联结为社会的纽带不是卢梭所说的理性契约，不是斯宾塞所说的出于个人利益的自由竞争，也不是孔德所说的国家的强制力。社会团结的基础是社会成员的共同价值观念、共同道德规范，一句话，是一种被称为“集体意识”或“集体良心”的“同一社会一般公民共同的信仰和情操的总体”①。正是这种集体意识为建立社会秩序提供了保证：使理性契约得以缔结和履行、自由竞争得以进行、法律制裁得以实施、国家权力得以执行。

既然社会团结的基础是社会成员在最基本的道德规范上的一致性，那么，对各个社会进行区别和比较，主要就是对它们各自的道德规范进行区别和比较；对一个社会结构状况的研究也必须先对它据以调节其成员的欲望和行为的那些基本道德规范进行研究；同样，为一个陷入危机或濒于解体的社会寻找解脱之路，最关键的是帮助它重整处于混乱状态的道德规范，加强道德的社会调节作用。正是在这个意义上，杜尔克姆把社会学规定为研究道德的科学。

杜尔克姆并不认为道德规范的作用范围和性质在任何社会中都是完全一致的，也不认为在同一社会的历史发展中道德规范是一成不变的。恰恰相反，道德规范与一定的社会条件相联系，并随这些社会条件的改变而变化。在各种变化着的社会条件中，对道德——因而也是对建立在道德基础上的社会团结类型——影响最大的是社会分工。因此，杜尔克姆区分了社会团结的类型，并对推动其变化的社会分工进行了深入分析。

二、社会团结的类型：机械团结和有机团结

机械团结和有机团结是杜尔克姆社会学的一对最著名的范畴。杜尔克姆的时代，工业革命在各个资本主义国家迅速推进，原有的封闭式的传统农业社会在工业化和城市化的浪潮中迅速瓦解，整个社会处于一种过渡时期的大动荡之中。为了考察这种变化的社会根源以及这种变化对社会结构所造成的影响，杜尔克姆提出了社会团结类型概念。

机械团结是这样一种社会联结纽带，它通过强烈的集体意识将同质性的个体结合在一起。人们可以在原始社会或传统农村社区（它们统称为“局部社会”）中发现这种团结的典型表现。以机械团结为纽带的社会中，由于分工不发达，人们的活动、经历和生活方式大体相同，成员之间的同质性程度很高。这种同质性不仅表现在物质活动方面，而且也表现在精神活动方面：所有成员信奉同样的宗教、具有同样的信仰、追求同样的价值目标、接受同样的行为规范、持有同样的

① ［法］E. 杜尔克姆：《论社会分工》，79页，纽约，1964。

道德评价标准以及在情绪上也具有一致的表现。这些共同的宗教信仰、价值规范以及道德情感总和起来形成一种被称为集体意识的强大力量，构成了社会秩序的基础，维持着社会成员之间的联系。他们互相视为同类，具有强烈的集体归属感。

集体意识既然产生于社会成员的同质性，那么越是缺少分工、因而成员之间相似程度越高的社会，集体意识的力量也就越大，独立性就越强，对个人的控制也就越严格。强烈而独立的集体意识表现为繁多的礼俗仪式，它们规范着成员的一举一动，对偏离规范的行为毫不宽容地严加惩处，没有给个人意识和个性留下任何发展地盘。在极端的情况下，集体意识可能完全淹没社会成员的个性，它渗透到日常生活的一切领域，给成员以全面的指导和控制，使个性完全丧失了发展的可能性。

区分社会团结的类型主要根据集体意识的强弱，而法律和惩罚制度可以作为衡量集体意识强弱的指标。在以机械团结为纽带的社会中，强烈的集体意识使得社会的法律制度具有压制性特点，这种法律把凡是违反和破坏集体意识的行为都视为犯罪，这些行为不是被视为对特定个人的冒犯，而是被看做对社会整体的威胁，因而罪犯被视为集体的敌人。对犯罪行为的惩罚不是基于理性的考虑和权衡，而是出自道德义愤。惩罚的目的不是使越轨的人遵守社会规范，而是治愈越轨行为给集体意识和集体情感带来的损害。因此，这种惩罚具有浓厚的感情色彩，是强烈的集体激情的表达。

另一类社会团结是有机团结。它是一种建立在社会成员异质性和相互依赖基础上的社会联结纽带。人们可以从现代社会中的工业化城市中找到这种团结的典型形式。有机团结是建立在社会分工基础上的社会团结类型，因此杜尔克姆从社会团结的角度考察了社会分工的原因及其后果。

杜尔克姆把社会分工理解为一种职业专门化，正是这种社会分工的不断增长对于改变社会团结的类型具有举足轻重的影响。

造成社会分工的原因主要是在同一空间内人口的增长，使得人口密度增加，人们精神和活动方面的互动频率加大，这就必然导致生存竞争的激化。社会发展到这一阶段，往往出现犯罪、以强凌弱、战争等极端的冲突形式，这些冲突形式直接破坏着维系社会团结的基本道德规范，破坏着社会团结的基础，使社会面临解体的危险。在这种情况下，职业专门化是减弱人们之间的生存竞争、冲突，同时又能防止社会解体的一种合理选择。职业专门化不仅不会破坏人们之间的联系，而且还能在从事各专门职业的人们之间建立起一种相互依赖的合作关系。由于社会分工提高了各个专业的工作效率，使得同一空间内可以容纳更多的人口，所以，凡是具有高密度人口而又从生存竞争中保存下来的社会都具有较发达的社会职业分工。

社会分工至少产生了两方面的社会后果：首先，为个人意识和个性的发展造成了空隙，削弱了集体意识；其次，造成了社会各个组成部分之间的相互依赖。正是这两方面的后果为机械团结向有机团结的转化提供了条件。

职业专门化首先影响到人们的活动方式，使得不同职业的人们在生活经历、生活方式和价值观念、道德规范方面的同质性降低，削弱了建立在成员同质性基础上的集体意识。随着集体意识对个人控制的减弱，个性得到发展，个人变得越来越独立了。这时，与集体意识相对峙的个人意识逐渐占了上风。

集体意识受到削弱，表现在它的控制范围逐渐缩小，那种高度一致的共同价值规范，在现代社会中只存在于一些初级群体（像宗教团体、家庭、亲属）和一些传统农村社区中，它对个体成员的控制力量也由强变弱。就整个社会范围来看，集体意识的内容和性质也发生了变化，由原来那种神圣的、信仰式的和尊崇集体的，变成了世俗的、理性的和崇尚个人的，由全面渗透社会生活一切领域、控制个人全部活动的共同行为规范演变成仅仅在高度抽象层次上的共同价值观念。例如，自由、平等、公正等等抽象原则可以看做现代有机团结社会的集体意识。

个性的发展、成员异质性的增长，削弱了作为社会秩序基础的集体意识，破坏了将个人联结在一起的机械式纽带，这会不会造成社会解组，使社会蜕变为众多的失去了社会联系的个人的一种原子式堆集呢？会不会出现霍布斯所说的那种“一切人反对一切人”的全面争斗和冲突局面呢？如果不考虑社会分工的第二种结果的话，上述局面不仅是可能的，甚至是必然的。

除了造成社会成员的异质性之外，社会分工的第二个重要结果是造成一种整个社会的全面的相互依赖的需要，这是分工的最重要的社会功能。杜尔克姆认为，职业专门化是一种功能分化过程，其结果是每个人都具有一定的专长，但每个人又都不能独自谋生。因此社会分工不仅造成了人们之间的差异，同时它还创造出一种相互求助、相互依赖的需要，从事不同职业的个人和各个职业群体为了自身的生存，必须依赖其他个人或群体所提供的资源、产品和服务，同时，它应该而且必须承担一部分为其他职业群体所需的工作，必须为其他群体提供服务。社会分工越是发达，相互依赖的需要就越是迫切。这种客观需要反映到人们的意识中形成了相互依赖感、联系感和团结感。分工带来的这种普遍的相互依赖取代了集体意识在维系社会整合中所起的作用，支持着现代社会人们联结的纽带和高度有机的社会结构，为社会整合提供了新的基础。

有机团结的外在特征同样可以在法律和惩罚制度中加以识别。凡是集体意识薄弱，个人意识占了上风的社会，一般都实行复原性法律，其特点是基于审慎的理性，相对来说比较宽容。它的目的主要是维持社会分工造成的复杂的相互依赖关系，将被破坏的关系恢复到原来的正常状态。犯罪行为不再被视为对整个社会的威胁，而被看做是对被侵害一方权利的冒犯。法律承认个人的意志，制裁具有一定的限制。惩罚尺度往往基于数量的、合理补偿的考虑，也就是说，为了保护被侵害一方的权利，使犯罪行为不再重复发生，罪犯所受的惩罚应略高于他通过犯罪所得到的利益。

既然社会团结的基础是一致性的道德规范，社会分工是否破坏了这种道德规范呢？分工的确破坏了以强烈的集体意识为特征的道德规范，但在正常情况下，社会分工却创造出一种新的道德即职业道德，来取代它所破坏的整体社会的集体意识。职业道德是在那些从事同一职业活动的人们所具有的同质性基础上建立和发展起来的。就其性质来说，可以将其视为职业群体内部的集体意识。这实际意味着，在有机社会中，原来局部社会的那种集体意识并没有完全被破坏，而是以一种分化的形式继续完整地存在着：在整体社会的层次上保留着最基本的具有一致性的信仰和价值观，而在中间群体层次上，原有的全社会统一的具体行为规范伴随着社会分工而演变为各个不同的职业规范，对职业群体内部成员的行为起着指导和制约作用。对所处时代社会秩序的混乱深感忧虑的杜尔克姆十分强调处于整体社会和个体之间的职业群体在社会团结中所起的作用，他认为，一个正常的社会应当在社会要求和个人要求之间建立某种平衡。在社会分工不断扩展的进程中，为了纠正人们对个人主义的过分迷恋，弥补整体社会层次上过于抽象的道德信仰对个体维系力的不足（这一危害，他在失范理论中作了详细分析），杜尔克姆把完善中间群体的职业道德作为解救社会危机的改良主义济世良方。由此可见，杜尔克姆把正常的社会分工导致的机械团结向有机团结的过渡仅仅看做是社会道德形式发生了改变，而没有像某些复旧保守派那样，把这一过渡看做是社会道德的沦丧。

三、在现代社会中社会团结所面临的危险：原因与表现

虽然在一般意义上，杜尔克姆认为正常的社会分工不仅不会破坏，反而会加强人们之间的相互联系，从而为有机团结取代机械团结提供了条件，为社会类型的过渡提供了基础。但是，既然社会学被规定为研究社会事实的实证科学，那么它就无法回避对现实的社会危机——激烈的阶级斗争和频繁的社会冲突乃至各种犯罪行为——作出说明和解释。显然，仅仅指出社会分工的一般功能还不足以说明上述问题。因此，杜尔克姆从现实生活中暴露出来的种种社会问题出发，进一步分析了那些削弱社会团结的各种社会因素和社会过程，从而深化和发展了自己的社会学理论观点。

（一）社会解组的危险

社会团结从来就不会自动实现，在社会团结类型发生转变的过渡时期，尤其充满着各种紧张和危机，随时可能出现一种叫做“社会解组”的过程。社会解组与社会团结是一对对立范畴。所谓社会解组指的是由于丧失了社会联系，社会整体蜕变为一种个体相互分裂的原子式堆集的状态。

杜尔克姆的“社会解组”概念，建立在他对个人与社会的关系这一社会学基本问题的独特看法上，这一看法以强调社会道德规范的调节作用为显著特征。

杜尔克姆认为人不同于一般生物，他的欲望不会因为满足而自动停止。某种欲望的满足只会引起新的需要，拥有的越多，则欲望也越多，因此人的欲望是永无止境的。如果人的欲望不受任何制约，那么，受欲望驱使的行为就没有任何可

以预见的规律，人与人之间就不可能结成任何稳定的合作关系，也就不可能出现任何形式的社会团结和社会秩序，就必然会出现霍布斯所说的“一切人反对一切人”的全面战争局面。现存的社会之所以没有陷入永无休止的人欲之争，是因为人的欲望受到社会道德规范的控制和调整。社会道德规范不仅是一种外在于个人、具有普遍期待性质和一定制裁手段的强制性力量，而且也是一种被个体所认可的权利和义务的规定，是存在于个体之内的带有自愿倾向的普遍的共同心理状态。对个人来说，社会道德规范的功能不仅仅表现在对个人欲望和行为的消极限制和禁止以及对越轨行为的惩罚上，更主要的毋宁说是体现在对个人的欲望实行积极的引导，帮助人们自觉地将内心的冲动和欲望转化为特定目标，并向人们提供达到目标的手段，打消各种超越现实可能的不切实际的非分之想，从而使个人生活免受不断挫折的困扰，获得一种相对的满足，感到某种人生的意义。在道德规范的作用下，人的行为才可能出现模式化倾向。

因此，社会结构的整合，即人们之间稳定结合的关系模式的维持，一时一刻也离不开道德规范的调节作用。这种调节处于正常的良好状态，意味着个人自觉地将其欲望限定为相应目标，并通过某种社会认可的合法手段来实现目标，这时，社会的宏观结构便呈现出稳定、团结和整合状态。相反，道德规范的调节作用发生了故障，意味着放松了对个人的欲望及其行为的限制，人的欲望无限制地膨胀，因而处于永不满足的状态，人与人之间的模式化关系也遭到破坏，这时，社会宏观结构处于紊乱和解组状态。

社会解组从根本上来说，是社会道德规范的调节作用发生了故障，从而使社会联结纽带出现了松弛和断裂。

（二）反常分工对社会团结的破坏作用

杜尔克姆把当时的社会危机主要地归因于社会分工的反常状态。

正常的社会分工是一种由职业专门化所体现的社会功能分化过程。各个职业群体之间存在着互相补充和互相依赖的关系，因而能在破坏机械团结的同时，积极为有机团结创造条件：它虽然削弱了传统的强烈的集体意识，但既保留了最高层次上的全社会共有的价值规范，同时又通过职业道德规范的形式在职业群体层次上将类似于机械团结的那种强烈的集体意识重新创造出来，从而维系着职业群体之间以及个人与群体之间的联系。

但是，并非任何形式的社会分工都具有加强或更新社会团结的功能。如果社会分工在破坏传统的机械团结的同时，没能创造出新的社会联结形式，就会引起社会动荡。杜尔克姆把这类分工称为“反常分工”。他列举了反常分工的几种表现形式。

一种是社会分工增长速度过快，在削弱了传统的宗教、社区和亲属的社会联系的时候，没能及时建立新的社会联系，从而出现了过渡阶段所特有的社会联系过于松弛的状态。在社会生活中具体表现为，个人脱离或弱化了同原来所属群体的联系，但又没能同新的群体建立起足够牢固的联系。既然社会联系是靠道德规范维系和调节的，那么这种过渡阶段两种形式的社会联系相互脱节的状况必然伴随着社会道德规范的某种危机：新的通过职业划分的群体没能及时提供调节个人欲望和行为的群体道德规范；同时，迅速增长的社会分工将社会整体层次上传统的集体意识破坏殆尽，却没能形成全社会共享的新的价值观和信仰体系。这样整个社会丧失了调节各群体之间关系的最高层次上的一致性意见，从而使得制定控制群体间冲突的一般规则失去了依据。杜尔克姆把这种由于分工的增长而引起社会结构剧烈改组，同时道德规范的发展又没能及时跟上，致使社会调节发生故障，无法维系人们之间的联系，不能有效地控制人们的欲望和行为的状态称为“失范状态”。应该强调的是，失范状态主要是指社会联系丧失了必要的规范调节这样一种社会结构性质，而不是指个体层次的某种心理状态。作为例子，杜尔克姆常举出当时社会中激烈的劳资冲突。他认为产生这种冲突的主要原因就是资本家和工人之间的新型分工关系缺乏必要的和有效的社会规范的调节。资本家和工人之间既缺乏一种关于双方共同利益的高层次的一致性意见，也缺少一种共同认可的关于双方权利、义务关系的具体规范。因此，双方在对各自特殊利益的追求中，往往会发生冲突，并且常常导致两败俱伤、损害他们共同利益的结局。

强制性分工也是一种反常的社会分工，它是建立在社会不平等基础之上的。这种分工引起的结构改组虽然伴随着一定的调节性规范，但这种规范并不是自然生成的，不是出于自发和自愿，而是由某些人制定出来强迫另外一些人遵守的。杜尔克姆认为，真正的道德规范必须是出于当事人的自愿，必须为人们所内化，仅仅具有外在强制性的规范并不合乎道德。它不仅不能有效维持特定的社会结构，反而会引起阶级斗争。一些人之所以能够制定规范强加在另一些人身上，是因为存在着社会不平等。在不平等关系的基础上不能建立起真正的有机团结。为了避免阶级斗争对社会团结的破坏，应该提倡公正和平等的社会理想。首先，实行外在条件的平等即机会平等，由人们的天赋和能力而不是由其他任何形式的社会特权来决定他们在物质财富上的分配和享受；其次，为了充分发掘人们的天赋和才能，还应提倡教育上的平等。

如果分工仅仅是出于某种经济上或技术上的考虑，而不考虑人的愿望或兴趣，也必然会削弱社会联系。这种非人化的分工是杜尔克姆指出的反常分工的又一种形式。

与强制性分工一样，纯经济的或纯技术的分工由于缺乏坚实的道德基础而无法有效地将个人整合到群体之中，这种分工留给个人的活动范围过于狭窄，不能有效地激发起人们的积极性，不允许人们个性的充分发展。人们所从事的这类分工活动并不是一种自愿选择的目标性行动，而是一种迫于无奈或另有所图的手段性活动，因此，人们很容易产生不满和厌倦情绪，产生一种同所属群体的疏离感。从而松弛了将他同群体联结起来的团结纽带。

各种反常的社会分工所具有的共同特点是：它们不具有能够发挥有效调节作用的牢固的道德基础，因而无法保证通过它们而发生改组的新型社会结构能够长期维持下去。

（三）有机团结所面临的威胁

归纳起来，杜尔克姆从整体和个体两个层次上分析了有可能破坏有机团结的根源。

就整体层次来看，杜尔克姆特别强调建立在社会整体层次上的道德规范的调节作用。如果在最高层次上全社会的共同价值付诸阙如，那么，即使在各个职业群体层次上发展出牢固的团结，各个群体用各自内部的道德规范对其成员的欲望和行为进行某种程度的控制和调节，但由于群体成员只同所属群体发生联系，只认同于所属群体，而与整体社会却缺乏必要的道德上的联系，所以很容易形成各个职业群体的特殊利益，使职业群体变成一种与外界缺乏有效联系的封闭式的自治性群体，从而削弱了有机团结的基础：各群体之间功能上的相互依赖。当各个群体的特殊利益发生冲突时，由于各方在基本价值方面缺乏起码的一致，由于对共同利益缺乏共同看法，由于每一方都坚持自己的利益，因此很难形成控制群体间冲突的规则，只能诉诸强力，其结果必然是削弱或损害整体社会的有机团结。前面所提到的整体社会的失范状态、阶级斗争都属于这种情况。基于上述认识，杜尔克姆（尤其是在晚期）特别强调的一个观点就是：不管一个社会内部分工增长到何种程度，内部结构多么复杂和精巧，要想避免分裂和无休止的内部冲突，维持社会的统一，都必须加强全社会的统一道德，建立共同的信仰和价值体系，都应发展有机社会的共同集体意识。

对现代社会有机团结的另一重要威胁来自极端的个人主义，来自对个性的不适当的夸大和过分强调。杜尔克姆处于一个高度颂扬个人自由、热情讴歌个性解放的时代。虽然在政治立场上，杜尔克姆是个自由主义者，主张不要对个人实行过分管束，要维护个人的权利，但在学术思想上，他却始终一贯地反对个人主义社会观，反对听任个人自行其是，强调社会对个人的决定作用，强调个人对社会的依赖。

针对当时流行的个人主义思潮，杜尔克姆指出了个性过分发展的危害。个性的过分发展不仅损害着把个人联结为社会的有机团结，而且也严重地威胁着个人自身的幸福。

人具有两重本性，由各种肉体本能、冲动、情欲构成的生物本性和通过社会化过程而获得的由信仰、价值观念、道德规范构成的社会本性。人只有在获得了社会本性之后才成为真正的人。正如前面所指出的，生物本性如不加以限制，就会导致内心的紧张、恐惧、永不满足以及不安状态，欲望和激情就会驱动个人超出现实的可能去追求永无止境的目标，而个人所达到的任何状态都不会使他感到满意，这种欲望的永不满足状态伴随着挫折感和沮丧感，最终使人感到：生活中根本没有幸福可言，人生毫无意义。人的社会本性是在社会生活中获得的，是由社会（或群体）赋予的。经过道德规范的限制和约束，欲望会顺利地转化为特定目标，通过合乎规范的手段，这些目标大体能够实现。目标的实现给人带来了心安、满足和幸福，使人感到生活的意义。

社会分工的增长削弱了集体意识，缩小了它在日常生活领域的调节作用，从而为个人的独立和发展自身的独特能力开放了活动场所，这是一种历史趋势。但杜尔克姆认为，在这一历史趋势中潜藏的一个特殊危险就是：由社会分工所推动的结构变化与道德规范的变化并不总是同步的，在旧的道德规范不再起作用，而新的道德规范还没有建立起来的新旧交替时期，可能会出现社会道德的真空状态，而个人主义思潮恰恰对这一危险前景起了推波助澜的作用。因此，个性的发展必须有一定限度，绝不能无限推崇个性解放。

为了预防和治疗对有机团结的破坏，杜尔克姆主张全面加强社会道德规范的调节功能，因为社会危机在本质上是一种道德危机。他倡导建立一种与社会分工结构相适应的多层次的社会道德体系，在其最高层次上是以国家为监督机构的全社会的共同理想和价值，但为了防止因国家权力过分集中而损害个人权利、妨碍个性正常发展的情况，必须充分发展各种群体的、非官方的道德规范，如家庭的、职业群体的道德规范。这些群体道德规范一方面能够遏制国家权力的膨胀，保护个人的权利和个性的发展；另一方面，又通过自身的调节作用而将个体同更大的社会联系起来。多层次的道德规范体系的基本功能就是保证日益复杂的社会分工体系的各个部分在相互依赖的基础上有机地结合在一起。

第四节
对自杀现象的研究

1897 年发表的《论自杀》一书是杜尔克姆最著名的代表作，长期以来，被社会学界奉为里程碑式的经典著作，被认为是对社会现象进行社会学式的系统理论研究的典范。

《论自杀》一书的研究重点是对自杀现象进行因果分析，即寻找导致自杀现象的原因。

一、关于研究对象的说明

（一）自杀的定义

在杜尔克姆的社会学方法论思想中，十分重视对研究对象下操作定义，把它作为实证研究的第一步。科学的定义必须严格遵循客观原则，不要一开始就对现象的本质进行主观揣测，而只需找出同类事物共有的、可以直接观察到的外在特征。这种操作定义可以保证研究对象在不同时间、不同场合、被不同的研究者进行考察时始终具有客观同一性。

那么，根据什么外在特征将自杀现象从一切死亡现象中区分出来呢？杜尔克姆根据其一贯立场，反对以不能为研究者直接观察到的当事人的内在动机（自愿或不自愿等）为区分依据，而主张只根据当事人的行动与结果这两个外显特征来下定义。这样，凡是当事人自己采取直接的或间接的、积极的或消极的行动，达到了预期死亡结果的情形都算作自杀。

（二）个人自杀事件与自杀率

社会事实是群体及社会层次上的特有现象，自杀能否算作一种社会现象呢？很显然，自杀是一种个人行动，是个人面临某种特定情景时，在某种特定心理状态驱使下而采取的一种选择。导致个人自杀事件的直接原因是个人的动机、性格和遭遇。对这种现象怎么能避开个体的和心理的解释而进行社会学解释呢？杜尔克姆通过将自杀率与个人自杀事件进行区分而解决了这一问题。自杀率与个人自杀事件分属于社会与个人两个不同层次。社会学对个人自杀事件并不感兴趣，它无意于探求导致个人自杀的各种具体原因，因为在杜尔克姆看来这是心理学的研究课题。社会学感兴趣的只是自杀者在某一群体或某一社会中所占的比例，即自杀率。而自杀率是一种只能以群体为其基本单位的社会事实。杜尔克姆强调：社会学和心理学分属两个不同层次，既不能用社会因素解释个人自杀事件，也不能用心理因素解释自杀率，社会学的任务是在社会现象的层次上研究自杀现象。

（三）选择自杀现象作为研究对象的原因

杜尔克姆之所以对自杀现象作了深入的探讨，主要是由于以下几方面的原因。

首先，这是由杜尔克姆一贯的理论兴趣所决定的。这一理论兴趣表现在力图说明社会团结状态的变化，探明社会危机的原因及其表现形式。自杀现象就是社会危机现象的一种表现形式。

其次，对自杀现象进行社会学分析，为杜尔克姆提供了一个向学术界证明自己方法论原则优越性的绝好机会。在杜尔克姆研究自杀的时候，许多人对自杀现象进行了研究，他们把各式各样的非社会因素当作自杀的原因，这些因素有生理的、心理的、自然地理的、种族的等。杜尔克姆相信，如果对自杀这种与社会事实似乎距离很远，而与个人特质关系十分密切的现象，能够避开其他各种非社会因素的解释而成功地运用社会学解释，就能有力地确立社会学方法的威信，说明社会学可以在其独特的方法论原则基础上成为一门独立科学。

此外，还有一个更具体的原因是，有大量的官方统计资料可以直接利用。在杜尔克姆时代，还没有为研究目的而专门进行的系统社会调查，因此研究工作往往受材料的限制。而当时在法国恰好可以找到大量的关于各国自杀情况的官方统计资料。杜尔克姆在进行这项研究时，接触和利用了欧洲 6 个主要国家的 2.6 万个自杀案例，这使得他可以在丰富的经验材料基础上进行广泛的比较和深入的研究。

二、直接影响自杀率的社会原因

杜尔克姆首先一一反驳了各种以非社会因素解释自杀现象的理论，从而通过间接证明的途径确立了以社会事实解释自杀现象的基本原则。然后他进一步分析了社会现象中哪些基本要素影响着群体的自杀率，即寻找决定群体自杀率的直接原因。

（一）对自杀现象的分类方法

杜尔克姆所面临的第一个任务就是为自杀现象划分类型。

根据杜尔克姆实证主义方法的一贯精神，科学研究应当从客观观察入手，根据对象所表现出来的可以明确识别的外在特征来划分对象类型。这种分类方法叫做形态学分类法。但在对自杀现象作类型划分时，杜尔克姆并没有采用这种分类法，而是采用了另外一种溯源学的分类方法。

溯源学分类法首先假定某一现象是由不同原因造成的，因而根据原因的不同而对该现象进行分类。

对于自杀现象，杜尔克姆先假定，各种各样的自杀行为可能根源于不同的决定性原因，进而根据这些不同的决定性原因对之进行分类。他确信，一经证明自杀原因上确实存在着差异，便能在其结果——各种类型的自杀现象——上也发现类似的差异。

杜尔克姆按照预先的构想将群体自杀率分为三大类型（以及一个附带类型），以此为逻辑线索展开其全书的内容。这些自杀类型是：利己型、利他型、失范型（以及宿命型）。这些不同自杀类型的比率分别被不同的原因所决定。

（二）利己型的自杀

杜尔克姆首先发现，不同宗教教派在自杀率上存在着明显差异。以天主教为主的国家（如法国）的自杀率低于以新教为主的国家（如德国）。对同一国家的不同省份的自杀率进行比较也可以发现，居民中天主教徒所占比例越大，自杀率越低。如何解释这一现象呢？杜尔克姆认为，这不是由于两个教派教义上的区别，因为这两个教派的教义中都有关于自杀的禁忌。而犹太教教义中没有这种禁忌，反而自杀率最低。真正的原因必须从宗教群体结构上的差异中寻找。

上述两个教派在群体结构上的差异集中表现在：新教通过倡导自由探索而发展出独立的个人主义精神，从而削弱了个人同宗教团体之间的联系；而天主教则强调团体，通过各种宗教活动强化和巩固个人同团体之间的联系。一句话，这两个教派在群体关系上所表现的整合程度不同。天主教团体的整合程度大大高于新教团体。由此杜尔克姆提出了他的理论假设：群体整合程度不足是导致利己型自杀率上升的原因。

如果这一理论命题是正确的，那么它就应该不仅适用于宗教领域，而且也适用于非宗教领域。事实上，家庭生活领域和政治生活领域的实证材料支持着杜尔克姆的上述假设。

整合性强的社会群体通过共同的规范和强有力的权威控制着成员的思想行为，使成员完全归属于群体。在个人遇到挫折时，可以得到群体的保护和支持。因此群体的整合是遏制成员自杀倾向的社会因素。相反，个人主义的兴起增强了个人的独立性，削弱了群体对个人的约束和控制，降低了成员对群体的归属感，松弛了成员之间的相互联系。在这种情况下，个人的挫折或不幸被看做与他人无关的私事，不可能指望得到群体的援助，这使得那些遭遇不幸的人很容易陷入沮丧、绝望而难以自拔，进而采取自杀以求解脱。这就是杜尔克姆对整合程度不足导致自杀率上升这一理论命题所作的逻辑说明。

（三）利他型的自杀

利他型自杀是杜尔克姆划分的又一个自杀类型，它与利己型自杀背后的原因根本不同。

杜尔克姆首先举例说明利他型自杀的两种主要表现形式。第一种是义务性自杀。在许多古老的社会中都流行过这样的风俗，在一定情况下群体要求个人牺牲自己的生命。例如，有些游牧民族要求丧失了劳动能力和战斗能力的老年人自杀。有些民族（像印度）实行寡妇自焚殉葬制度。这类自杀并非出于自愿，也不是个人享有的权利，而是群体强加给个人的义务。第二种表现是负疚性自杀。在现代社会，自杀已经不再被当作一种强制性义务，但是，如果群体对成员抱有很高期望，同时成员对群体怀有强烈的归属感，那么，在成员辜负了群体期望时，就会感到强烈的耻辱或自我价值的丧失，从而选择自杀向群体谢罪。比如打了败仗的军人，遭到海难的船长，常常宁愿以身殉职而不愿苟且偷生。义务性自杀和负疚性自杀并不意味着个人在群体中受到孤立或处于某种游离状态，而是表明个人完全献身于群体，服从群体意志，为了群体利益即使付出生命也在所不惜。它们绝不是利己主义或个人主义的反映，而是一种忘我精神或利他主义的表现形式。

如果说利己型自杀的原因是社会整合程度不足，那么利他型自杀的原因恰恰相反，是社会过度整合。一个群体或社会，如果整合程度过高，也会造成利他型自杀率上升。

杜尔克姆指出，现代西方社会中，由于个人主义的兴起，利他型自杀非常罕见，唯一可供考察的是军人的自杀。在所有欧洲国家中，军人的自杀率都高于平民，这一现象可以由过度整合来解释：军队为了提高战斗力，就要提倡集体主义和忠诚精神，就要执行严格的纪律，这使得军队的整合程度高于平民，从而导致自杀率上升。

可以在实证材料中找到支持上述理论命题的证据：考察欧洲各国军人和平民的自杀率变动趋势发现，二者之间存在着一种反向的对应关系。杜尔克姆认为，这表明两种自杀率受相反因素的影响。近代以来由于个人主义的兴起，整个社会的整合程度呈现逐渐下降的趋势，因此军人自杀率正逐步降低，表明过度整合有所缓和；而平民自杀率却不断上升，表明整合程度的不足。

因此，用社会整合程度能够解释利己型和利他型两种自杀率的变化。

(四) 失范型和宿命型的自杀

在经济危机时期，自杀率往往急剧上升。如何解释这一现象？有一种观点认为，在经济危机期间，社会生活陷于普遍的贫困，那些难以维持其基本生活的人很容易产生绝望的心理，走上自杀的道路。

杜尔克姆不同意把经济危机看做是自杀率变化原因的这种解释。他认为，人们的幸福或绝望与经济现象没有必然联系。他列举了一些实证材料来支持自己的观点。首先，贫穷国家的自杀率并不一定高于富裕国家，南欧地区比较贫穷，但这一地区的自杀率却低于北欧和西欧的富裕国家；其次，在一个国家内，穷人的自杀率也往往低于富人的自杀率。

为了解释经济危机期间自杀率上升这一现象，杜尔克姆提出了自己的理论假设：失范状态引起自杀率上升。

社会规范对人的调节作用是杜尔克姆长期思索的一个中心问题。早在论社会分工的著作中，他就已经从理论上探讨过失范状态给社会团结造成的危害以及给个人带来的不幸。在研究自杀现象时，他又把失范状态当作自杀的一个重要原因和分类根据，认为自杀率是反映社会规范调节功能是否正常的经验指标之一。

既然社会道德规范最重要的功能在于给社会成员指明生活方向，因此，一旦道德规范松弛就意味着削弱了对个人欲望的限制，就会导致欲望的膨胀，其结果是各种不切实际的欲望发展起来，致使人们处于一种永不满足的基本状态，经常遭受失望和挫折的打击，生活也丧失了目的和意义。既然生活毫无目的和意义可言，失望和挫折的打击就显得越发难以排解和不堪忍受，生命也因此而变得无足轻重和无可留恋。当人们心中充满了迷惘、混乱、幻灭、不满、厌倦和愤愤不平的情绪时，自杀就自然成为一种可以考虑的逃避或解脱手段了。

经济危机时期，普遍的经济衰退引起人们社会地位的骤然变化。那些向下流动的原来居于社会上层地位的人突然感到丧失了生活的方向和意义，因此在经济危机的时期，工商界上层人士的自杀率呈现突然上升的趋势。相反，那些原来就处于社会底层的人们受经济危机冲击的程度相对要小得多，在这一阶层中自杀率的变化没有那样明显。

用社会规范过于松弛不仅可以解释经济危机时期的自杀率变化，而且还能解释实际材料中发现的其他差异：城市自杀率高于农村，离婚率高的国家和地区的男子自杀率高于禁止离婚的国家和地区，等等。

失范状态能够导致自杀率上升并不意味着规范对人的约束越严格，人们就越满足、越幸福。人们承受规范的约束是有一定限度的，超过了限度，规范的约束反而会变成一种压抑。如果人们一举一动都受到限制，自己没有丝毫选择的自由，那么整个生活就会涂上一层宿命的色彩。这种规范过严的状况，会引起宿命型自杀比率的上升。离婚率对女子自杀率的影响为这一理论命题提供了证据。

对于宿命型自杀，杜尔克姆没有展开专门讨论，只是顺便地提到了。因此许多研究者并没有把它列为一种自杀类型。

正如利己型和利他型自杀率可以由社会整合不足或过度来解释一样，失范型和宿命型自杀率可以由规范过宽或过严来解释。

三、自杀理论小结

通过对各类自杀现象的详尽研究，杜尔克姆建立了完整的自杀理论。他通过对自杀现象的考察发展了关于个人生活必须依赖于社会群体的基本观点。个人只有得到来自社会群体的有效的和适度的支持，才能获得生活的意义或生命的价值，因此，一定的社会支持发挥着遏制自杀倾向的社会功能。而社会支持，在杜尔克姆的自杀研究中被区分为两个具体概念：一是表明社会凝聚力的社会整合；二是表明社会制约力的社会规范。它们是影响各个类型自杀率的基本变量。无论社会整合还是社会规范，其遏制自杀倾向的功能都只有在适度的范围内才能实现，超出了适度范围，无论是不足还是过度，都会引起自杀率的上升。由于整合和规范这两个概念具有高度的抽象性和概括性，是任何参与社会生活的个人都不得不受其影响的社会力量，因此，杜尔克姆的自杀理论可以解释一切经验材料中发现的群体自杀率的差异。

杜尔克姆的《论自杀》之所以在社会学史上占有里程碑式的重要地位，不仅仅是因为它在经验层次上验证、深化和发展了他的社会学基本理论，更主要的是因为这一研究体现了实证社会学的基本精神，在发展实证社会学的研究方法方面取得了实质性突破。

孔德在社会学史上第一个提出对社会现象进行实证研究的思想，但他本人未能将这一思想付诸实施。杜尔克姆的自杀研究是证明孔德上述思想的开拓性尝试。杜尔克姆把发展理论同经验分析结合起来，是社会学史上第一个通过对来自实际生活的资料进行系统整理、比较、计算、分析来建立社会学理论的社会学家，为理论研究和经验研究的结合提供了成功的范例。《论自杀》表明，在社会现象的研究领域，建立与自然科学相类似的那种既可解释实际资料，又要接受实际资料检验的实证科学理论是可能的。在方法上，杜尔克姆自觉运用了他所确立的假设——预测——检验的基本研究步骤。尽管他所使用的统计技术在今天看来有些粗糙，但他自觉将定量分析引进社会学研究，不仅为社会学定量分析开创了先例，而且也推动了现代社会统计方法的发展。

由于上述贡献，《论自杀》一书被列为实证社会学的经典著作，杜尔克姆也被公认为是继孔德之后实证社会学最重要的代表人物。

尽管自杀理论赢得了很高赞誉，但仍然有人对它提出了批评。

首先，认为自杀理论的核心概念——整合和规范——缺乏明确清晰的定义。杜尔克姆没有对这两个概念作过精确的阐述，对它们之间的区别和相互关系也缺乏必要的论述，从而有可能导致这两个概念操作上的随意性和相互混淆。

其次，是对溯源学分类法的批评。这种分类法不是以能够清楚地加以识别的外在客观标志，而是以某种先行的理论概括（对原因的确认和划分）为分类依据，这就使得实证资料在类型归属上依赖于它们与各个理论命题的一致性程度，从而降低以至取消了实证资料对理论的检验作用。

最后，认为杜尔克姆关于自杀的总体理论不具有证伪性。根据杜尔克姆的自杀理论，无论是社会整合还是社会规范都存在着一个将“不足”与“过度”加以分割的适度范围，在这一范围内，自杀率维持在一个正常的或最低的水平上。但杜尔克姆并没有在理论上提出确定这一适度范围的定性或定量标准，因此，尽管四个基本命题分别来看都具有证伪性，但由它们组合而成的总体理论却对实际资料中可能出现的任何矛盾都具有不可证伪的广泛包容性。从实证科学的立场上看，不具有证伪性的理论在科学上是毫无价值的。

杜尔克姆的自杀理论属于开拓性研究，不能苛求它在细节的处理上毫无纰漏、尽善尽美。值得指出的是，即使是对自杀理论的批评意见，也还是引导人们沿着杜尔克姆所开拓的基本思路更加深入地寻找实证社会学研究所应遵循的基本标准。因此，由自杀理论引发的批评性思索也还是积极的和富有建设性的。

*　　*　　*

杜尔克姆是西方社会学形成时期为数不多的几个承上启下的最重要的开拓者之一，他在推动社会学发展方面作出了巨大贡献。他对现代社会学的全面而持久的影响主要表现在：通过规定社会学的研究对象而使社会学从社会哲学和心理学的束缚中解脱出来，获得了独立的学科地位；规定了实证社会学的研究方法并通过对自杀现象的研究为应用这些方法树立了典范，从而推动社会学走上实证研究的道路；明确阐述了功能分析方法，并在宗教研究和社会分工研究中应用了这一方法，开现代功能分析学派之先河；提出了在社会整体层次上研究和解释社会现象的唯社会论观点，影响了现代社会学的发展方向，形成了现代社会学中一派颇具影响的传统；此外，杜尔克姆的最重要的理论概念和观点，像社会对个人的决定作用、社会团结的类型、功能性社会分工、道德规范的调节作用及其内化过程、人的双重本性观点、社会解组与失范理论等，都已成为现代社会学的基础。除了我们介绍过的社会学思想以外，他还在宗教社会学、教育社会学、知识社会学等诸多领域进行了影响深远的开拓性研究。这些研究至今仍发人深省、给人启迪，为各门分支社会学的发展继续提供着驱动力。尽管杜尔克姆的理论思想和研究方法尚有值得推敲的地方，但他在社会学发展史上的影响却是不容忽视和否定的。

【本章要点】

1. 杜尔克姆社会学的特点是：坚持社会唯实论和社会整体观。他认为，尽管社会由个人联合而成，但社会是独立存在的客观实体。

2. 杜尔克姆把社会事实作为社会学的研究对象，社会事实具有外在性、强制性、普遍性的特征。社会事实区分为社会形态学方面的和社会心理学方面的社会事实。这一区分，使社会学成为一门实证研究的独立科学。

3. 杜尔克姆社会学方法论的基本原则：（1）必须把社会事实视为“物”；（2）社会事实只能用社会事实来解释；（3）因果分析和功能分析是两个不同的但又必需的研究方法。杜尔克姆倡导一种控制比较的方法，并确立了假设——推测——检验的步骤，来研究社会现象之间的因果关系。

4. 社会团结与社会分工。社会团结有机械团结和有机团结两种类型。机械团结向有机团结的过渡是由社会分工的发展引起的。社会分工是一种职业专门化，其后果：一是削弱了集体意识，二是造成整个社会全面相互依赖的需要。

5. 在现代社会中社会团结所面临的危险：（1）社会解组的危险；（2）反常分工对社会团结的破坏作用。为此，杜尔克姆倡导建立一种与社会分工体系相适应的多层次的社会道德体系。

6.《论自杀》是杜尔克姆的一部著名的代表作。他用他所确定的社会学方法对之进行实证研究，其重点是对自杀现象进行因果分析，他将群体自杀率分为三大类型和一个附带类型，即利己型、利他型、失范型以及宿命型自杀。

【基本概念】

社会唯实论　社会整体观　社会事实　社会学方法论原则　社会团结　社会分工　机械团结　有机团结　社会解组　反常分工　利己型自杀　利他型自杀　失范型自杀　宿命型自杀

【思考题】

1. 杜尔克姆是如何在其社会观基础上确定社会学的研究对象和研究层次的？
2. 杜尔克姆社会学方法论的基本特征是什么？
3. 两种社会团结类型各自具有的特点是什么？
4.《论自杀》一书为什么被称为实证社会学研究的范例？
5. 如何评价杜尔克姆在社会学史上的地位和作用？

【参考书目】

1. [法] 杜尔克姆．社会学研究方法论．北京：华夏出版社，1988
2. [法] 杜尔克姆．自杀论．北京：商务印书馆，1996
3. [法] 杜尔克姆．社会学方法的规则．北京：华夏出版社，1998
4. [法] 杜尔克姆．社会分工论．北京：三联书店，2000
5. [法] 杜尔克姆．实用主义与社会学．上海：上海人民出版社，2000
6. [法] 杜尔克姆．道德教育．上海：上海人民出版社，2001
7. [法] 杜尔克姆．宗教生活的基本形式．上海：上海人民出版社，1999
8. [法] 杜尔克姆．社会学与哲学．上海：上海人民出版社，2002
9. [法] 杜尔克姆．职业伦理与公民道德．上海：上海人民出版社，2001

10. 陈秉璋．实证论社会学先锋——杜尔克姆．台北：允晨文化实业股份有限公司，1982

11. Durkheim E. "La Sociologie". In: *La science franchise*. P., 1915. Vol. 1

12. Durkheim E. *Education et Sociologie*. P., 1922

13. Durkheim E. *Sociologie et philosophie*. P., 1924

14. Durkheim E. *L'education morale*. P., 1925.

15. Durkheim E. "Sociology and its scientific field". In: Emile Dur kheim: *A Collection of Essays*. Ed. K. Wolff. N. Y., 1960

16. Lukes S. *Emile Durkheim: His life and work*. N. Y., 1972

17. Nisbet R. *The sociology of Emile Durkheim*. N. Y., 1974

第七章

帕累托的普通社会学思想

维尔弗雷多·帕累托是意大利的社会学家和经济学家，他在其代表作——《普通社会学》一书中，对非逻辑行为进行了逻辑分析，提出了“剩遗物”和“派生物”的概念。他关于社会系统的思想和社会精英及其循环理论也颇具特色。帕累托被认为是位于主流社会学理论之外的一位社会学家，或许正因为如此，这使得他在社会学史上占有一席之地。

第一节 生平与著述

维尔弗雷多·帕累托祖辈从 16 世纪 50 年代就生活在自由开放的热那亚地区。在这个按照商业自由、平等原则治理的准共和国里，他们始终是重要的商人。他们积极参与政治，并拥有相当的权力。18 世纪，帕累托的祖辈被册封为侯爵，进入热那亚的贵族阶层。帕累托的父亲由于拥护马志尼的共和思想，反对皮埃蒙特人的统治而被迫逃离意大利，流亡法国。1848 年维尔弗雷多·帕累托生于法国巴黎。

1850 年前后，帕累托一家又回到意大利，帕累托在完成了传统的中等教育后，进入都灵综合技术学院，毕业于 1869 年，获工程学学位。他的毕业论文是《固体平衡的基本原则》。帕累托把每个固体看做是由相互依赖的部分组成的系统，他在这篇毕业论文中，重点论述了系统的平衡。系统及其平衡的思想后来一直影响着他的哲学、经济学和社会学思想。毕业后，他当过工程师，热衷过政治，竞选过地方议员。政治上的不成功，使他此后开始转向经济学研究，并获得成功。1897 年他发表的《政治经济学讲义》，力图用普遍平衡的概念分析经济现象，强调同一系统中各种因素的相互依赖关系，试图揭示经济现象相互联系的本质。为了表彰他在经济学领域的贡献，经济学界把他的经济效益（生产效益和分配效益）理论命名为“帕累托效益论”。1893 年帕累托被任命为洛桑大学政治经济学教授。

1898 年帕累托继承了伯父的财产，在日内瓦的塞利涅购置了一座乡间别墅。此后，他开始致力于理论研究，特别是社会学理论的探讨。他认为研究社会科学比自然科学更为艰难，但这种研究更有意义。他对自己的能力充满信心，认为他能担当此重任。他把自己后半生的主要精力放在了社会学领域的研究上，希望通过社会学理论来解释其他科学（包括经济学）不能解释的社会现象。

在帕累托热衷政治活动期间，他同情自由派人士，接待并保护过流亡者、政治避难者和社会主义革命者。但在与这些人接触和交往中，他慢慢地失去了热忱，因为在他看来，所有这些所谓的革命者与那些他们企图取而代之的腐朽统治者之间没有本质差别，都是些贪婪的、自私的、蛊惑人心的政客，用满口的民主和博爱之类美好的词语掩饰他们丑恶的灵魂。他认为那些政治领袖人物，无论是当权者还是在野者，都是十足的骗子，他们像狮子和狐狸那样交替使用暴力和狡诈的手段，使人民大众很容易上当受骗，把大众引向歧途。这段经历也是他放弃政治转而专心于学术的一个重要原因。

帕累托思维敏捷，言辞犀利，清高自负。他对各种理论观点，从人道主义到法西斯主义，从民主到专制等无一例外地进行过批判。他这种毫不顾忌地斥责他人的尖刻性格，使他招致很多人对他的非难。

帕累托的社会精英理论为法西斯分子所推崇，所以当意大利法西斯上台后，他备受青睐，1922 年出任意大利政府驻国联代表，1923 年被任命为意大利王国参议员，并于当年 8 月 19 日死于塞利涅。

帕累托一生著述颇多，他先后发表的著作有：《社会主义体制》(1902)、《政治经济学手册》(1907)、《伦理主义的神话和不朽文学》(1911)、《普通社会学》(1916)、《事实与理论》(1920)、《民主制的变革》(1921)。

第二节
帕累托社会学的重要理论范畴

帕累托认为，人是一种无理性的，但又能理性思维的动物；人很少合乎逻辑地行事，但又总希望他人相信其行为是合乎逻辑的。帕累托认为经济学与社会学的不同就在于，经济学主要研究人们的逻辑行为，而社会学则主要研究人们的非逻辑行为。他通过对非逻辑行为的逻辑分析，提出了剩遗物和派生物的概念。帕累托的普通社会学重点研究的就是人的非逻辑行为。把握非逻辑行为对理解帕累托的社会学思想体系至关重要，剩遗物和派生物概念是帕累托用来分析非逻辑行为的重要理论工具。

一、逻辑行为和非逻辑行为

帕累托把人类社会活动分为“逻辑的”和“非逻辑的”两种。在帕累托看来，工程师在建筑桥梁过程中，对自己要达到的目的是很清楚的，在事先的设计中已经考虑到了手段与目的之间的关系。在工程师的头脑中手段与目的与在客观上的手段与目的存在着一致性，这种行为在帕累托看来是典型的合乎逻辑的行为。商业活动也是逻辑行为的典型，通过低价买进，高价卖出，获取利润，达到资本增值的目的。

帕累托在《普通社会学》一书中写道：“我们最终将把与目的逻辑地联系在一起的行为称作‘逻辑行为’，这不仅是对完成这些行为的主体而言，也针对那些拥有更广博知识的主体，也就是说主观上和客观上都具有上述意义的行为。其他行为将被认为是非逻辑的行为，当然这并不是说这些行为是反逻辑的。”①

由此不难看出，所谓逻辑的行为，就是指在主观上和客观上将手段与目的合理地联系在一起的行为。凡是符合这一标准的都属于逻辑行为，反之都是非逻辑行为。读者应当注意，帕累托特别指出非逻辑行为并不意味着是反逻辑的行为。在这里他对非逻辑与反逻辑的概念作了区分。

非逻辑行为是帕累托社会学理论的一个重要出发点，社会学研究就要从这个基本点出发，自觉地放弃把人类行为看做逻辑行为的思想。

正是基于这种认识，帕累托在他的《普通社会学》的第一部分用了很大的篇幅讨论非逻辑行为，表明了他对这一问题的重视。他把非逻辑行为分为四个类别：

第一类，是指在主观和实际上手段与目的都没有联系在一起的行为。帕累托认为这一类非逻辑行为，除了一些出于礼貌和习惯不得已的行为而外，这类行为是极为少见的，因为“人们有一种非常明显的倾向，总要把自己的行为涂上逻辑的光泽”②。

第二类，是指行为与引起的结果之间没有逻辑上的联系，但行为者却误以为他采用的手段能够引出他所希望的结果。如祭天求雨、拜神解难等一些宗教仪式或迷信活动就属于这一类。帕累托认为属于这一类的非逻辑行为事例很多，不胜枚举。凡是行为者个人并不知道现象之间的真正客观联系，而主观上将手段与目的虚幻地联系起来的，都表现为这种类型。这种类型的行为的手段与目的没有实在的联系，是无法最终达到目的的。

第三类非逻辑行为，是指行为的手段与其客观结果有逻辑的联系，但行为者在主观上并不曾知或想象过这种联系，一些生理反应便属此种类型。如：当一粒

---

①② 转引自［法］雷蒙·阿隆：《社会学主要思潮》，439页，上海，上海译文出版社，1988。

灰尘在刹那间落入人的眼睛里时的闭眼动作，客观上是合乎逻辑的，可是我们在完成闭眼睛动作时不曾有过关于我们运用的闭眼（手段）和要达到的目的（防止尘粒）之间有何关系的意识，这是一种不由自主的人的本能行为。本能行为的反应常常是适当的，但是没有逻辑的，即事先没有思想准备和意识到。

第四类非逻辑行为，是指行为结果与所运用的手段之间有逻辑的联系，但结果并不符合行为者的主观愿望。帕累托举了无产阶级革命的例子。他说，无产阶级革命夺取政权是为了人民自由，但无产阶级一旦运用暴力取得了革命胜利，他们又被一种不可抗拒的力量迫使着建立一种社会主义专制制度。他说，这里在行为与结果有逻辑联系，但无产阶级希望达到的民主自由的目的却无法通过他们运用的手段（无产阶级革命）来实现。他认为这就是人们常说的事与愿违。帕累托的这种观点出于对社会主义的敌视和偏见。帕累托还举了经济活动中的例子，如降低成本是为了得到更大利润，可是这一举动的结果又无意中导致价格下降的后果。这一类的非逻辑行为较多，帕累托又进一步将之分成了若干亚类。

帕累托指出，人们的非逻辑行为也并不都是由于行为者事先没有意识到，有的是明知其行为是非逻辑的，还在自觉地继续这种行为。例如，很多人相信自己的运气不好，别人的运气好。他们大多数人知道这种思想不能用理性或科学的手段进行验证，这类想法是不合乎理性和逻辑的，但他们依然按照这种思想行事或继续自己的行为。

我们上面已经提到，大多数人们的活动是不自觉的非逻辑行为。帕累托指出，非逻辑的行为并不一定意味着是反逻辑的，非逻辑的行为后果只是最终无法达到预期的目的而已。帕累托认为，人们所做的许多事情从行为者本人的角度看来是合乎逻辑的，这里所说的“逻辑”是指行动者本人的心智逻辑或主观逻辑，而不是客观实在的逻辑。因此，这种为自己行为辩护的理由（主观逻辑）是经不起推敲的，在程序上本末倒置：先有行为，后找理由为其行为的正确性进行论证。一般人很容易受这种思维程序的欺骗。比如说，要使人们接受奴隶制社会制度，就在这种制度前面冠以自由的美名；要使人们接受计划经济制度，就千方百计地让人相信，计划经济可以解决一切社会经济弊端。

帕累托认为，称某种行为是非逻辑行为并不是谴责这种行为。如果说“非逻辑”一词有一种公开的或暗含的讥讽之意的话，它只是指那些用非逻辑的方法行事，却又自鸣得意自以为按逻辑行事并努力为自己辩护的人。

实际上，帕累托是从逻辑推理的角度来考察手段与目的之间客观和主观关系的一致性。简而言之，所谓逻辑行为，就是由逻辑推理引发的行为。也就是说，行为者思考过他想做的事情和他要达到的目的的联系，这种逻辑推理成了行动者的行为动机。反之，凡或多或少地包含着感情冲动，为逻辑推理以外的精神状态所支配的行为，就是一种非逻辑行为。帕累托在他的《普通社会学》的开篇部分，试图用逻辑的手段来研究非逻辑行为。他明确指出，他研究非逻辑行为的目的不是为了获得效益，而是为了寻求真理。在这一点上他与杜尔克姆的观点不同。在杜尔克姆看来，社会学如果不能为改善社会作出贡献，社会学的研究就失去了意义，而帕累托则认为这种命题混淆了科学目标与行为目标二者之间的界限。

二、剩遗物和派生物

（一）概念的提出

了解剩遗物和派生物这对概念是怎样提出来的，对理解这对陌生的概念是有帮助的。帕累托认为非逻辑行为多不胜举，而这些非逻辑行为按照帕累托的理解又都是由感情或冲动所引起的，而不是遵循逻辑推理行事的结果。在分析和研究大量的非逻辑行为过程中，他发现变幻多端的感情或感情冲动的背后常常隐藏着某种稳定不变的东西。比如说，在各种不同的文明中，人们倾向于在数字、日期、地点与（或）环境之间赋予某种吉利或不吉利的象征含义，这几乎成了不变的情感。而在这其中可变的部分是，人们在各种情况下都为论证它们之间存在这种或那种关系提出种种理由。帕累托把这种不变的因素叫做“剩遗物”，把那些可变的部分称作“派生物”。

（二）剩遗物（Residues）

该词在化学词汇中表示“余渣”或“沉淀物”的意思。帕累托借用这个词是想要强调和表示情感中具有的稳定性和不易变化的部分。但在他的论述中又给剩遗物赋予了其他多种含义，这就使得他的这一概念更加模糊，晦涩难懂。

为了向读者说明剩遗物的含义，他在《普通社会学》中这样写道：“因素（a）也许与人，说得更准确点，与人的某些本能相符，因为（a）没有客观存在，因人而异。也许正因为它符合这些本能，所以它在这些现象中几乎都是不变因素。因素（b）符合于精神为使因素（a）合乎理性而完成的工作。因此它的变化性要大得多，因为它反映梦幻般的工作……但是，即使说（a）部分符合某些本能，它还远远没有包括一切本能。这与人们发现它一样显而易见。我们分析了推理，研究了不变的部分，因此，我们就只能找到产生推理的本能，我们在研究过程中就不会发现不被推理包括的那些本能了。因而一切简单的欲望、爱好和禀性还是存在的，在社会现象中人们称为‘利益’的这个重要的类别也是存在的。”①

理解剩遗物要把握住两个要点。首先，剩遗物不是情绪或心智状态，而是我们没有能直接认识，或许也不能间接认识的情感及与其表现（行为）之间的中介物。其次，剩遗物与人的本能有关，但不包括所有的本能，主要是指能够导致推理的那些本能。

帕累托有时认为，剩遗物和情感是混为一体的。一方面，剩遗物比情感更接近行为或表现，因为人们可以通过对行为或表现的分析来发现剩遗物。另一方

① 转引自［法］雷蒙·阿隆：《社会学主要思潮》，456～457页。

面，剩遗物又不是具体的现实，只是观察者为了解释现象而创造的分析概念。剩遗物是情感和本能的表示，就像温度计中水银柱的升高是温度升高的表示一样。帕累托把社会学家追溯的剩遗物比照语言学家追溯的词根。剩遗物是大量行为或表现的共同根源，与语言学家发现的词根有同样的抽象性质。词根不是具体的成分，但也不是虚构的东西，它有助于理解词汇的含义。正是这种比照，帕累托把剩遗物的对应概念取名为派生物。

帕累托区分了六种剩遗物：

（1）组合的本能：聪颖的创造力，狡诈的心智和想象力，组合相似或对立物的本能。

（2）组合体的持久性：顽强地、持久地维持和捍卫现状和传统的情感。

（3）行动的本能：通过外部行为表达感情的需要。

（4）社会性：与社会有关的剩遗物，即渴望有所归属和被接纳、关心社会生活和形成社会凝聚力的情感。

（5）个人的完整性：指物质利益上的个人主义感情，对地位和自我实现的渴望。

（6）性本能：满足性欲望的剩遗物。

在帕累托看来，组合的本能和维持组合体持久性的本能是影响社会总体形态和变化的最重要的情绪。前者推动社会变革，后者维持社会现状。他在《普通社会学》中虽对剩遗物进行了六种分类，而实际上主要是探讨这两种剩遗物对社会的影响。

首先，组合的本能是一种在观念和事物之间建立联系、提出原则、作出结论的或正确或错误的推理倾向。正是因为人有组合的本能，人才有行为、表现、推理、论证的能力。帕累托把组合的本能细化为六类："一般组合的本能"，"组合相似或对立事物的本能"，"某种事物和某些行为的神秘力量"，"统一剩遗物的需要"，"逻辑发展的需要"，"对组合效力的信仰"。其中，逻辑发展的需要是人类智力进步、知识和文明发展的源泉。正是"逻辑发展的需要"促使理论的推陈出新和科学的进步。

帕累托认为组合的本能有很大的社会价值，因为新的组合会刺激科学技术的发明创造，使新型企业家和领导人脱颖而出，使人际交往变得灵活，增大社会弹性和社会适应力。但如果组合的本能过于强大时也会产生消极影响，因为它会使优良传统和社会习惯受到忽视，而优良传统具有缓和破坏行为、维持社会秩序和存在的功能。

第二种剩遗物是与第一种剩遗物相对应的，"组合体的持久性"与惰性相似，是人类试图维持已经形成的组合、拒绝变化，忠实地接受一切命令的倾向。"某些组合形成各个部分严密一致的、像人体一样的组合体，因此最终获得与生物相似的人格。"这种"组合体形成后，某种本能就经常发生作用。它以一种可变的力量阻止已经联合在一起的事物再次分离。如果分离不可避免，它就尽力掩盖它，保存组合体的幻影。人们可以大致把这种本能与机械的惰性相比。它反对由其他本能引起的运动。第二种剩遗物的重要社会意义就在于此。”①

组合体的持久性情感非常重要，与第一种剩遗物构成了两个对立的范畴：前者推动变化和革新，后者趋于稳定和保守。帕累托认为组合体的持久性剩遗物也有很大的社会意义，它能减少浪费和抑制腐败。业已建立的规范如果有利于社会创新和求同存异时，人们就有必要遵从它。但如果组合体的持久性情感过于强烈，社会将不能容忍过多的越轨行为，创新的机会就有可能减少，对社会发展不利。一般来说，社会很难保持组合与组合体持久性的平衡，两者之间存在着极端化的趋势，一端的加强会引起另一端的削弱，矫枉必然过正。当一种形式的情感周期性地上升时，另一种形式的情感就会下降。

组合和组合体持久性的情感可以从多方面进行观测。人道主义哲学的兴起通常就是组合情感上升、组合体持久性情感下降的典型情况；宗教的复活则一般是组合情感的衰落、组合体持久性情感兴旺的表现。

第三种——行动的本能，是“通过外部行为表达感情的需要”。这种需要常常表现为一种礼仪行动，例如鼓掌表示一种赞同的感情。但并非在所有社会中人们都用鼓掌表示赞同，也有用动作和声音表示赞同和反对的，这因社会而异，如印度人用摇头表示赞同。在当代，体育表演和政治示威给这种需要提供了良好的机会。

帕累托把第四种——社会性称为“与社会有关的剩遗物”，分为六类。第一类是“特定社会性”，是指人的社会性，即一切人都趋向于建立团体，并融入这些自愿团体的情绪。这些团体会激起坚定和忠诚的情感，使团体得以继续存在下去，如球迷协会。第二类是“一致的需求”，是人类最广泛、最富力量的需求之一。这是说一个社会如果不能把某种思想、信仰和活动的方式强加给其他成员，任何社会都不可能存在；任何社会都设法使某种生活方式成为其成员必须接受的方式，都有驱逐异端分子的倾向。第三类是“怜悯和残酷”的特性。这里分析的是转移到他人身上的自我怜悯、对痛苦本能地和有意识地厌恶。他认为，不愿他人受苦是正常的，但若怜悯过分，比如人道主义者怜悯杀人犯，主张取消死刑，而不考虑受害人的痛苦，这实际是对社会的残酷。第四类是“为了他人的利益强迫自己受苦的倾向”。帕累托把它归入非逻辑行为，这就清楚地表明帕累托所说的非逻辑行为并非含有贬低的意思。他补充说，不应相信统治阶级自我标榜站在下层阶级穷人一边，会为他们的利益强迫自己受苦。资产阶级与革命党结盟的目的往往是为了获取政治或财政上的好处，他们是利己主义者，却上演着毫不利己的闹剧。第五类是与等级有关的情绪，是一个集体中不同等级的成员相互之间表示的感情。帕累托认为等级意识在动物身上就存在，这种意识在人类社会中更为广泛。等级制度在变化着，但始终存在于表面上声称人人平等的社会。第六类则是指“禁欲主义”。

第四种剩遗物中除去怜悯和禁欲主义外都有一种保守的社会功能，与第二种

① 转引自［法］雷蒙·阿隆：《社会学主要思潮》，461页。

剩遗物即组合体持久性的本能有一定的联系。

第五种剩遗物也叫“个人与其附属物的完整性”。由于人受本能的驱使而自发地希望得到自己喜欢的东西，因此为了达到这一目的就会按逻辑行事，为了达到最大限度的满足，就会合理地组合各种手段。同样，如果人向往权力是正常的，那么诡计多端地运用各种方法来夺取权力的政治家们的行为就是合乎逻辑的了。

最后一类，关于人的性本能也是帕累托十分强调的一类剩遗物。

综上所述，不难看出，帕累托对剩遗物进行了冗长的分类。他认为，通常所说的人的本质不变的断言，与上述六种剩遗物类型不变或变化很小这一事实相吻合。

（三）派生物（Derivations）

派生物是指意识形态、信仰和理论之类的东西。帕累托用这个词是为了强调它们的“衍生性”、第二位性，来源于人类情绪的性质。派生物是相对易变的成分，是剩遗物的证明物，是辩护性理论，如宗教、民主、社会主义等，都是一种信仰，是口头表示行为的可变因素。换言之，派生物是人们为了理性地说明其行为，为了求得大众情绪的支持而发表的意见、观点，或提出的思想、信念，信奉的哲学或杜撰的故事。

尽管普通人赋予大众信条以很大意义，不断地重复这些神话，但帕累托认为，只要仔细研究就会发现，真正激励人们的很少是他们口头上宣扬的那些东西。他指出，在研究社会时，过于相信人们所讲的东西是非常危险的，只有经过仔细的思考，找到隐藏在哲学和思想中的真正含义之后，才能作出正确判断。

帕累托把派生物分为四类：

（1）“简单肯定”，即由绝对真理、公理，或定理组成的论点。

（2）“权威论据”，靠引用权威者的话来证明其正确性的判断。

（3）“原则”，靠通行的规范和感觉组成的论据。

（4）“口头论据”，纯粹用语言表达的证言，没有任何客观依据的东西，如某些形式逻辑的诡辩。

甚至在没有派生物的情况下，引起行为的真正情绪照样存在。不过，人类的本性是让自己和他人相信，我们的行为是与正确的思想和理性行为模式相一致的。显然，这在逻辑上是站不住脚的，因为任何行为规则和思想是在社会实践以后而不是在社会实践以前产生的。人类世界并不因为有了伏尔泰和卢梭而发生变化，而恰恰是他们的思想概括了时代的特征，把握了时代的脉搏，才获得声誉。帕累托强调指出，派生物在逻辑上站不住脚丝毫不会削弱其社会意义，不会降低它对整个社会和某些行为者的价值。帕累托指出，事实清楚地表明，神学、神学学说虽然不符合现实，然而它依然具有相当大的社会影响。

早在希特勒上台以前，帕累托就说过，说服听众和读者最有效的方法之一就是无休止地重复同一件事情。他写道：“重复，尽管它没有半点逻辑—经验的价值，但比最好的逻辑—经验论证更为有效。重复尤其能影响感情，改变剩遗物，而逻辑—经验的论证只能影响理性。”① 这里是否合乎理性，是否合乎逻辑，并不重要，重要的是给人一种在作推理的印象。

在实际社会中，派生物常用来掩盖社会的真实面目。每一个政府都在赞美民主，但真正民主的政府很少。许多国家都举行选举，但人民开始就没有推荐候选人的真正权力。帕累托的派生物理论对揭露政治领域中的虚伪可以称得上是一个贡献。

第三节 帕累托关于社会精英和社会系统的思想

一、精英和精英循环理论

异质或异质性的概念在帕累托的社会学思想中具有重要的意义，它的作用犹如马克思主义理论中的阶级和阶级性的概念，用于对社会人群属性和社会地位的分析。在帕累托看来，任何社会中，都有占统治地位的少数人和被统治的广大群众之分。帕累托的异质或异质性概念所指的就是这种不同。这一概念有时也用来表示同一个群体如统治精英层中的差异。帕累托把少数统治者称为精英，把广大被统治者称为群众。在马克思主义社会学中，阶级的划分是分析和解释社会的基础；在帕累托的社会学中，群众与精英的划分是认识和说明社会的前提，具有决定性意义。

帕累托关于精英的定义有广义和狭义之分，广义的概念是指社会精英的全部，不分性质和类别；狭义的精英是指处于统治地位的少数人。

具体地说，广义的精英指那些在人类活动的各个领域里取得了突出成绩或冒尖的人，如那些能赚百万法郎的人，研究尖端科学的科学家，到处行骗又善于逃脱法律惩罚的狡猾骗子，著名的诗人、棋手和运动员，丐帮的帮主等。无论所干的事情是好是坏，只要他在本行业内出类拔萃或创了纪录，帕累托就将其划为精英行列。换言之，杀一个人而被判处死刑的人在帕累托眼里算不上是精英，而杀了上千个人成了“杀人魔王”时就可列入“精英”行列。帕累托认为这样定义是客观的，不偏不倚的。精英是在生存竞争中得到了高分的人，在社会存在的赌博中交了好运的人。

狭义的精英是指少数统治者，他们制定政府的政策，作出重大决定。这样，帕累托就把在社会中生活的人群分为两个阶层：一是低级阶层，或称下层，是普

① 转引自［法］雷蒙·阿隆：《社会学主要思潮》，472页。

通群众；二是高级阶层，或称上层，是精英群。精英阶层又可分成两个部分：统治精英和非统治精英。

精英的分布不是恒定不变的。精英也有来自下层的代表，其中最有天赋的人会通过各种渠道，暴力的或非暴力的手段“升上来”，补充或替换上层统治阶层，而上层统治阶层的成员也因退化会“降下去”，沦为普通百姓。

社会的特点是由精英，特别是统治精英的性质所决定的，而统治精英的性质又是由占主导地位的情绪即剩遗物决定的。像其他人类群体一样，统治精英层由两种人组成：一种是富于“组合情感”的人，他们聪明、狡诈，擅长吸收下层精英，用阴谋诡计和圆滑的手段进行统治；另一种是“组合体持久性的情感”丰富的人，他们惯于用赤裸裸的、毫无顾忌的暴力进行统治。帕累托分别为这两类领袖人物取了非常通俗的称谓“狐狸”和“狮子”：狐狸象征着狡猾、阴险、欺诈，但相对软弱；而狮子象征着顽强、有力、不妥协、勇敢，并相对强大。

帕累托认真研究了建立政权和维持秩序的不同方法。每一个政府在行使权力时都是刚柔相济，即暴力和亲和（Co-option）的交错或综合使用，由此可见统治精英的异质性也是非常重要的。由狮子和狐狸混合组成的精英集团善于恰到好处地利用暴力和亲和手段施展其权力。他们根据需要吸收从下层社会中“升上来”的精英，或者将他们消灭掉。这就是人们常说的“胡萝卜加大棒”的政策。统治集团的异质性和社会的异质性同等重要。同质的精英集团只会单纯地依靠一种策略进行社会控制，因而容易遭受挫折或失去权力，而由软硬兼施的异质性精英组成的政权会更长久。

帕累托认为，一个政权存在的时间越长，组合体持久性的情感在统治集团中就越趋向于减少，而这种剩遗物在下层群众中相对保留较多。组合本能丰富的统治者一方面会变得更加贪婪、腐化、堕落，为了满足其贪欲，大量搜刮民脂民膏，引起群众的普遍不满；另一方面因而会变得软弱无力，不善于运用暴力进行统治。换句话说，一方面他们使牛轭更加沉重，另一方面他们又没有足够的力量来驾驭这头愤怒的牛。这种情况会引出灾难性的后果，旧的精英被消灭了，新的精英上台，又一轮的循环开始。

帕累托认为政治变化的形式就是一种类型的精英取代另一种类型精英的循环，这就是他的著名“精英循环论”。

剩遗物失去平衡会动摇政权。在组合体持久性的本能占主导地位时，政府就会过多地依靠暴力进行统治。尽管在压制不满情绪时运用暴力可以收到暂时的效果，但这样做也会引起普通百姓的不满和刻骨仇恨。在缺乏第一种剩遗物的情况下，压迫得越深，反抗得就越强烈，以致无法控制。稳定的政府必须要有人民群众相当程度的自愿服从，仅仅依靠暴力，政权是不能长期维持和存在的。

“在实际的阶级循环中，统治精英总是处于缓慢而又不断的变革之中，就像河流一样，今天永远不再是昨天的样子。时而激荡，汹涌澎湃，河水漫过堤岸。

新的统治精英通过缓慢的变革，洪水跌落，河水又回到惯常的河床里流淌。”① 帕累托就是这样用他的精英循环理论来解释历史运动的。帕累托有一句名言：“历史是贵族的墓地。”② 在他笔下的历史，人民群众失去了主人翁的地位，不是人民群众在创造历史，不是阶级斗争推动社会的进步，而成了少数精英轮回变换的舞台。用他的话来说，“人类社会的历史在很大程度上是贵族继往开来的历史”③。由此不难看出，帕累托的社会历史观是一种唯心主义的理论和形而上学的机械论思想，他把社会的性质归因于精英的个性品质和心理状态（何种剩遗物占主导地位），看做是一种周而复始的简单循环。

也有人认为，他的社会精英和社会循环理论准确地预测了意大利法西斯政府上台，并在其统治下生活了两年，法西斯分子尊他为元老，开明人士因此诅咒他是法西斯主义的理论家，社会学界又有人认为他在一定程度上正确地解析了意大利社会，成功地预测了西方社会的发展。

二、关于社会系统思想

帕累托认为，社会是一个系统，系统是由互相依赖的因素构成的。影响系统任何部分的事情都会对系统整体产生影响。只有研究社会系统才能真正弄清其他现象，如社会经济问题。因此他放弃了经济学的研究，开始研究社会学或称为社会系统的科学，把对群体情绪的研究与政治组织和经济生产的研究结合在一起。

历史给我们最明显的启示就是社会发展波澜起伏：盛世过了是衰世，衰世过后盛世来。社会运行所经过的盛衰是各成一体的三个子系统同步循环和相互影响的结果。这三个循环的子系统是：社会情绪的循环，经济生产的循环和政治组织的循环。自由时期过了是专制时期，专制时期过了是自由时期；经济繁荣过后是经济萧条，经济萧条之后便是经济繁荣；政治集权之后是权力分散，权力分散的时期过了又是集权到来。

帕累托发现，三种循环似乎同步起伏交替运行。经济膨胀，政治权力分散和要求社会约束力放松的情绪几乎同时出现。经济紧缩，政治集权和要求社会控制加强的情绪也同步发生。情绪、生产和政治组织三个循环动力系统协同作用，波澜起伏地发展。这些循环同步运行和相互依赖的特征，说明每一种循环又与其他循环相联系。帕累托的普通社会学就是要探索这三种系统各自循环及其相互作用构成的社会综合系统循环。

（一）社会情绪的循环

在一个社会中，有时人们会普遍觉得行为准则太严厉，个人的行为不自由，

① ［美］C. 鲍维尔斯：《维尔弗雷多·帕累托》，130页，萨奇出版社（Sage Publications Inc.），1987。

② 转引自［法］雷蒙·阿隆：《社会学主要思潮》，492页。

③ 同上书，492页。

约束太严。当这种情绪控制了社会大众时，人们开始怀疑传统信仰的合理性，力图丢掉一切规则，恨不得把好的行为准则和规范也一起抛弃。在这种剩遗物控制下，人们容易接受新的观点，容易产生越轨行为，不愿受传统规范的束缚，敢于向清规戒律挑战。人们甚至能容忍一些非常过分的行为，这时社会容易产生享乐主义和自我为中心的价值观。社会因此逐渐变得松懈，人们衷心地欢迎自由并且尽情地享受。新的自由越受欢迎，人们就越忘乎所以地挑战社会规范和戒律。而问题是被挑战的很多规范和戒律对社会的正常运行又是非常有用的，它们是必不可少的。当社会准则和戒律变得不明确或者被抛弃时，人们常常会愚蠢行事，伤害他人，造成混乱。当受到伤害的人越来越多，人们就越会产生新的不满和厌烦情绪，也就是说，剩遗物又开始起了变化。慢慢地，大家又会认识到自由过头了，应该限制。这种新的社会情绪使从前严厉的行为准则又显得合乎情理，除了恢复原有的制度外，也会形成新的社会规则。当人们认识到需要建立社会秩序时，他们会由衷地支持严厉的社会控制。这就是情绪周期性波澜起伏变化的动力系统。人们希望有行为准则，也希望有打破那些妨碍行动自由的清规戒律，但往往二者不可兼得。

（二）经济生产的循环

经济力量围绕投资周期性地变化。新的投资推动经济增长，经济繁荣伴随着某些结构性变化。人们增加消费，消费品的生产变得日益重要。由于消费品生产部门的贬值率和贬值速度相对比较高，而贬值率越高的部门规模越大，就越需要增加补偿性投资。当资本生产的经济部门受到消费品生产部门拉动时，投资需求扩大。资本的需求越大，人们投资时就越会犹豫不决。因为资本需求一旦超过资本补偿能力，投资无法补偿贬值时经济就开始萎缩，市场出现萧条。而消费减少，会造成企业亏损，经济结构衰弱。在经济萧条时期，消费品生产部门受的打击最大。

经济萎缩时贬值率较低，资金需求量小，补偿性投资下降。在此之后，与消费品生产部门有关的资本生产部门又开始增长，资本储量增加，人们又开始投资，商业气候出现好转，投资进一步增加，经济增长加速，又开始了新的一轮的经济增长循环。

（三）政治组织的循环

有些政府的权力结构比较分散，各级官员都有自主权，他们能够有效地对不断变化的情况作出及时的反应。一般来说，权力结构分散的政府工作效率比较高。政治权力结构越分散，政府就越倾向于依赖亲和手段进行社会控制，慢慢地权力会被强大的利益集团瓜分。利益集团逐渐变得为所欲为，欲望膨胀，不断要求政府给予更多的资助和特权，政府的权力和效率受到削弱。在这种情况下，社会协作和社会控制遇到麻烦，从而产生要求重组和集中权力的压力，此时权力开始走向集中。

在权力集中的社会中，往往会出现少数人按个人意志进行统治并依靠暴力进行社会控制的倾向。权威的代表性下降，社会控制系统变得严厉，以至于政府不能及时地听到社会的呼声，工作效率差，社会的正常运转受到日益严重的压抑和窒息。当社会协作和社会控制出现大量问题时又会产生重组和分散权力的要求和压力。

帕累托认为，独立地分析社会情绪系统、经济系统或政治系统并不能揭示社会运行的规律，因为社会发展是这些系统相互作用的合力引起的，即情绪系统与经济系统、情绪系统与政治系统，以及经济系统与政治系统所组成的综合动力系统。因此帕累托又进一步考察了它们之间的相互作用组成的综合系统。

1. 社会情绪与经济生产

（1）生产增长的速度越快，生活中日益增加的机会和不断复杂的信息就越可能使传统信仰与现实生活的经历相冲突，社会就会产生放松准则和戒律的压力。

（2）社会准则越松散，自我满足的要求就越显得合理合法，从而就鼓励了经济基础结构中以消费品生产为主导的经济发展。

（3）消费品生产部门越发展，贬值率越高，资本储蓄越少，经济就越可能出现收缩。这时希望与成就之间的差距变大，失望和不满增加，要求维护社会稳定，社会准则就会变得严厉。

（4）社会戒律越严厉，自我满足的情绪就会显得不合理，引起消费下降，消费工业萎缩，储蓄水平开始上升。

（5）基本经济结构向资本生产部门转移，个人积蓄增加，可供投资的资本增多，经济复苏成为可能。

2. 社会情绪与政治组织

（1）政治权力越集中，反映各种利益集团要求的能力就越差，就越需要依赖暴力进行社会控制，于是反抗情绪就越发广泛，因为人民希望政府能代表他们，人民憎恨滥用暴力。

（2）当出现广泛的反抗时，政府集权受到削弱，政权开始分散以反映人民的要求，逐渐依靠亲和手段进行社会控制，因而鼓励了享乐主义态度和行为。

（3）享乐主义盛行，人们希望得到更多的资助、奖赏和经济特权，政府开支增大。

（4）政府给予的资助和经济特权越多，社会控制系统变得越无效力，政府权力受到削弱。

（5）权力分散的政府作用变小，政权就可能向集权转化，从而忽视人民的需要，采用暴力控制社会。

3. 经济生产与政治组织

（1）经济活动出现很大困难时，要求改组政府的压力增加。

（2）政治组织的权力逐渐分散，亲和成为主要社会控制手段，越来越多的特殊利益集团获得保护和经营特权，哪怕伪劣产品卖高价也受到鼓励。

（3）产品质量和消费降低，产生改组政府的压力，权力趋于集中。

（4）政治组织的权力越集中，就越不利于社会经济基础结构的发展和协作。

（5）经济基础结构产生的问题增多，经济活动出现大量障碍，交易活动变得困难。

综上所述，社会情绪、经济生产和政治组织的循环同步进行，发生连锁反应。随着这种波澜起伏发展模式进一步展开，社会总体形式发生变化，促成社会运动。

应当指出，帕累托这里所描绘的社会系统图式，还是一种与他的社会精英和精英循环理论一脉相承的社会机械论。他所说的社会运动，实质上是没有质的变化像积木般的几种简单形式的反复变换。尽管如此，他所提出的关于社会系统的思想，从系统相互联系和作用的角度思考问题的方法，以及从社会情绪、经济活动和政治组织三者之间的关系上分析现实社会的思路，帮助人们加深对资本主义制度的认识，其中社会系统总是倾向于由不平衡走向平衡的思想，对后来的社会学理论发展产生了一定的影响。

在社会发展问题上，帕累托是一个悲观主义者，他既不相信社会主义发展前景，也不对资本主义抱有希望。帕累托在《社会主义体制》中写道："一切革命者都相继宣称过去的革命最终只是欺骗了人民，只有他们主张的革命才是真正的革命。如共产主义者在 1848 年的《共产党宣言》中指出：'至今发生过的一切运动都是少数人的运动，或者都是为少数人谋利益的运动。无产阶级的运动是绝大多数人为绝大多数人谋利益的独立自主的运动。'不幸的是他们宣扬的这种不掺假的、幸福的、真正的革命只是一种令人失望的海市蜃楼，从未变成现实。它有点像几千年梦想中的黄金时代，人们翘首仰望，但它却消失在未来的迷雾之中。在它的信徒认为已经抓住了它的时候，它又飞跑了。"① 他对资本主义同样悲观没有信心，在他看来，"资产阶级已经日薄西山"。他写道："我没有任何处方能治愈资产阶级或者可以说整个社会所患的疾病。相反，我明确地宣布，这种处方即使存在（我确实不相信有这种处方），我也根本不知道。我是处于这样一位医生的地位，意识到病人患的是绝症，然而不知道怎样才能救活他。"②

*　　*　　*

帕累托在社会学史上是一个颇有争议的人物，是一位非主流派的社会学家。这与他的社会学所关注的内容，提出的理论体系和分析概念与众不同有关，也与他的个人学术生涯与经历，以及个性都有关系。帕累托的《普通社会学》出版于第一次世界大战期间，这部著作在意大利没有受到社会的关注；在法国，由于占主导地位的是杜尔克姆的社会学思想，因此也没有产生多少影响。直至 20 世纪 30 年代中期，英文版的帕累托《普通社会学》一书传入美国之后，这位意大利社会学家在美国才受到重视，甚至短期掀起了一股"帕累托热"。特别是他关于

---

① 转引自［法］雷蒙·阿隆：《社会学主要思潮》，492 页。

② 转引自［苏］И.С. 科恩主编：《十九世纪至二十世纪初资产阶级社会学史》，351 页，上海，上海译文出版社，1985。

社会系统和系统平衡的思想，对30年代后期在美国出现帕森斯结构功能主义理论产生了一定的影响，或许这正是帕森斯对帕累托深怀敬意和给予很高评价的缘由；甚至连帕累托的经济思想在美国也受到欢迎。随着第二次世界大战的爆发，帕累托的影响才渐渐平息下来，可是到了50年代末，米尔斯的《权力精英》一书问世后，美国人又开始对帕累托的思想发生了兴趣。此后，欧洲对帕累托的兴趣也在慢慢增长。然而时至今日，对帕累托的社会学思想，持批评意见者仍然不少，依然是仁者见仁、智者见智，没有统一的认识。

【本章要点】

1. 逻辑行为和非逻辑行为。逻辑的行为，是指在主观上和客观上将手段与目的合理地联系在一起的行为，反之都是非逻辑行为。非逻辑行为是帕累托社会学理论的一个重要概念。

2. 剩遗物和派生物。剩遗物，是用以强调情感中具有稳定性和不易变化的部分。派生物是指意识形态、信仰和理论等相对易变的成分，是剩遗物的证明物。派生物分为“简单肯定”、“权威论据”、“原则”和“口头论据”四种类型。

3. 精英和精英循环理论。社会的特点是由精英，特别是统治精英的性质所决定的，而统治精英的性质又是由占主导地位的情绪即剩遗物决定的。不同类型的精英循环决定了社会政治形式的循环变化。

4. 关于社会系统思想。社会系统是由互相依赖的因素构成的，影响系统任何部分的事件都会对系统整体产生影响。社会的发展是它的三个子系统同步循环和相互影响的结果。单独分析其中任何一个系统不能揭示社会运动的规律，只有将其按一定方式的组合进行分析，才能了解社会变化的趋势。

【基本概念】

逻辑行为　非逻辑行为　剩遗物　派生物　精英　精英循环理论　社会情绪的循环　经济生产的循环　政治组织的循环

【思考题】

1. 帕累托的普通社会学思想体系的主要特征是什么？
2. 如何看待帕累托对于非逻辑行为的分析？
3. 何谓剩遗物和派生物？帕累托提出这两个概念的理论用意是什么？
4. 如何评价帕累托的精英循环理论？他的社会系统与系统平衡的思想在社会学史上有何影响？

【参考书目】

1. ［意］帕累托．普通社会学纲要．上海：三联书店，2001
2. ［意］帕累托．精英的兴衰．上海：上海人民出版社，2003
3. ［苏］科恩主编．十九世纪至二十世纪初资产阶级社会学史．上海：上海

译文出版社，1985

4. ［美］科瑟．社会学思想名家．北京：中国社会科学出版社，1990

5. ［法］阿隆．社会学主要思潮．北京：华夏出版社，2000

6. 周晓虹．西方社会学历史与体系．第一卷．上海：上海人民出版社，2002

7. Pareto V. *Trattate di sociologia generale*. Vol. 1－2. Milano，1964

8. Borkenau F. *V. Pareto*. N. Y. ; L. , 1936

9. Eisermann G. *Bedeutende Soziologen*. Stuttgart，1968

10. Allais M. "Vilfredo Pareto：Contribution to economics. "In：*Inter-inational encyclopaedia of the social sciences*, N. Y. , 1968. Vol. 11

11. Powers C. H. Vilfredo Pareto. *Newbury Park*, Calif. : Sage Publications，1987

12. Эфиров С. А. *Итальянская буржуазная философия XX века*. M . , 1968

13. Владимиров А. В. *Итальянская школа политической социол огии*. Социол. исслед. 1976. № 4

14. *История социологии*（XIX-первая половина XX века）. M . , 2004

第二篇

20 世纪以来美国社会学的发展

第八章

社会学自欧洲传入美国及本土化运动

社会学始创于欧洲，却在美国获得了极大的发展。伴随着实用主义哲学的兴起和繁荣，欧洲社会学在美国经历了一个本土化的过程，到 20 世纪 30 年代，已经形成了具有美国特色的社会学，并反过来影响整个欧洲及世界社会学的发展。

第一节 早期美国社会学家及其理论贡献

19 世纪末 20 世纪初，早期的美国社会学家对把社会学由欧洲介绍到美国并使之成为美国大学里广为传授的一门学科作出了贡献。他们是开创美国社会学的第一代社会学家。这些人是：萨姆纳、沃德、斯莫尔和吉丁斯。

一、美国社会的发展及社会学的引进

(一) 美国社会学发展的社会背景

美国在南北战争之前，由于北方自由劳动制度的发展，造成了与南方奴隶制度之间“不可制止的冲突”[①]。南北方的经济发展很不平衡，南方的奴隶不断起义，废奴运动日趋高涨。在这种情况下，南北方的思想界都很活跃，各自出版了一些重要著作，阐述自己的观点。1854 年，美国南方出现了美国最早的两本社会学著作：《南方社会学》和《社会化论文：理论与实践》。[②] 他们都竭力引用孔

① 美国国务卿 W. 西沃德 1858 年演说中的一句名言。

② 参见《第二次世界大战前美国社会学》，载《美国社会学报》，1976 年第 2 卷，124 页。

德的社会学术语，片面强调孔德学说中集体主义与社会控制思想，论证类似于印度种姓制度的奴隶制的合理性。

南北战争之后的美国，资本迅速集中，资本主义以惊人的速度向前发展。工厂林立，生产增长，新技术和新工艺被广泛采用。到1900年，美国仅用了30余年的时间就在发展速度和发展规模上超过了先进的资本主义英国。19世纪60年代和70年代，是美国国内资本主义自由竞争的时期。自由竞争导致大企业对小企业的吞并，资本的集中和垄断组织的形成，以及与之伴随的大量的社会问题的出现。在这种状况下，势必要求有一种相应的社会学说，以维护和证明这种发展的长久性和合理性。

然而，年轻的美国还不具备足够的知识力量去创造一种学说，于是，当时的美国学者便把视线投向欧洲的思想宝库，以便从中选择一种最适合美国发展状况的学说。美国对欧洲社会学思想的引进，有以下几种途径：第一，派往欧洲留学，直接师承名家，特别是德国的社会学思想。在1820年至1920年的100年中就有8 000名美国学生在德国读书，仅1895年一年就有514名美国学生在德国大学注册，其中有美国第一代社会学家斯莫尔。第二，阅读母语国家的出版物。美国当时还是一个历史短暂的移民国家，第二、三代移民仍生活在母国的移民区中。例如有德语区、英语区、法语区等。固有的文化传统与语言的便利都使这些欧洲移民有意无意地保持了与欧洲思想的联系。但有趣的是多数人选择了英国哲学家斯宾塞的社会学。这一方面是由于斯宾塞的著作在美国曾大量印行，在1860年至1903年，出版了约36.9万册；另一方面，斯宾塞在1882年对美国的访问，增进了美国人对他的社会进化论学说的了解。当然，对一种理论的选择主要取决于选择者的主观认同。斯宾塞提出的“适者生存”、“自由放任”的原则，以及他的反对专制主义、主张文明的个人主义的态度，显然适应了美国人当时的要求，成为自由竞争的新美国最有力的理论基础。

（二）萨姆纳的社会学思想

萨姆纳（1840—1910）是美国第一代最著名的社会学家之一，他完全因袭了斯宾塞的学说。萨姆纳原为牧师，平生论著很多，以社会达尔文主义来解释社会，鼓吹斯宾塞的自由放任原则，认为“进化意味着正在做”，而进化通过生存竞争为自己开辟道路，生存竞争就像进化本身那样“自然”，“竞争正像引力那样，是不可消灭的”①。他的著名理论为“合作对抗论”，它将社会视为一个由个人组成的群体，在这个群体中存在的合作与对抗决定着人类文明的生存和发展。他认为，为财产和社会地位的竞争会导致有益的结果：既可以消灭不适者，又可以保持种族兴盛和文化繁荣。

1872年，萨姆纳出任耶鲁大学教授，专心研究经济和社会问题。1876年，他在美国历史上第一次开出了社会学课程，讲授斯宾塞的《社会学研究》一书。

① ［美］W. 萨姆纳：《事实的挑战及其他》，68页，纽约、伦敦，1916。

他的代表作《民族风尚》（1906）被认为是研究习惯、风俗的经典性作品。在这部著作中，他从风尚、习俗的角度论证“合作对抗论”，将风尚最终视为人的生理需要的产物。所谓风尚是指人们在追求满足自己需要的过程中所形成的一种行为方式。这种行为方式在个人层面上被称之为习惯，而在群体层面上就叫做风尚。民族风尚在萨姆纳的解释中含义很广，包括一切标准化的行为方式。他认为形成风尚的原因有两类因素。第一类因素是各种利益之争①，因此，风尚在生存竞争中表现为一种保卫和进攻的形式。第二类因素是来自人类行为的四种主要动机，即食欲、性欲、虚荣心及逃避恐惧心理。这些动机的基础是利益。② 他强调，风尚不是人的自觉意志的产物，因为“风尚像自然力一样，使人无意识地受其影响”③。

萨姆纳这里提出了两个著名的概念：“我群”（we-group 或 in-group）和“他群”（they-group 或 out-group）。“我群”中的关系是一种团结一致的合作关系，我群与他群之间则是一种敌对的关系。哪里存在同一类型的民俗，哪里存在的便是同一个种族。他的这一思想可以直接导致民族中心主义。萨姆纳把民族中心主义定义为“一种观点，根据这种观点，我群被看做是一切群体的中心，而其他群体则按照它们对待我群的态度而被分类和评价”④。

萨姆纳将风尚生物学化，如同孔德、斯宾塞等人将社会有机体化那样，忽略了人类在社会化过程中主体的经验积累，从而无法解释不同文化中风尚习俗的区别，并有可能在理论上得出民族间以强凌弱现象的合理性的结论。他的“我群”与“他群”、“民族中心说”等概念对于后来社会心理学和民族学都产生了很大的影响。

(三) 沃德的社会学思想

被称为“美国社会学的亚里士多德”的沃德（1841—1913），一方面继承了孔德、斯宾塞的实证主义传统，认为社会发展是宇宙发展的一部分，每一个后续阶段都是前一阶段成就的积聚；另一方面，他突出强调人的意识在社会发展过程中的重要作用，反对斯宾塞的自由放任理论，提出“有目的进化”（亦即从理性上控制社会过程）的口号，认为“社会力量也是在人的集体状态中发生作用的心理力量”⑤。因此，他不同意斯宾塞把生物学看做是社会学基础这样一种意见，而主张社会学的基础应是心理学。

沃德一生著作很多，但直到 1969 年《美国遗产丛书》收录出版他的作品之前，他很少为读者所知。沃德的主要著作有：《动态社会学》（1883）、《文明的心理因素》（1893）、《社会学大纲》（1898）、《纯粹社会学》（1903）、《实用社会学》（1906）等。1906 年，他出任布朗大学社会和政治系教授，并当选为美国社会学

---

①② 参见［美］W. 萨姆纳：《民族风尚》，3、18 页，伦敦，1958。

③ 同上书，4 页。

④ 同上书，13 页。

⑤ ［美］L. F. 沃德：《文明的心理因素》，123 页，波士顿，1893。

会第一任主席。

沃德在其主要著作《动态社会学》一书中，将进步分为两种类型，一种是自然的进步，依进化的一般法则发展，同维持个体生命的食欲及保证人类繁殖的性欲相关，仅能发生生物性进化，是“被动或消极的”进步；另一种是人为的进步，是在前一种进步的基础上形成的，表现为更加复杂的理智、道德和审美进步，它是有目的的、“主动和积极的”、“向善”的进步。

沃德除了论述个人欲望和目的外，还承认“集体的目的”，国家就是集体目的的体现者。他认为，社会意识目前还不能消除像私人垄断制那样的对社会有害的势力，他把这种势力的活动同强盗行径相提并论；但认为在将来，竞争和垄断应当让位给自觉的协作，并且在任何情况下都必须由政府计划，建立一个“有目的的”社会，而教育与科学是这种计划的工具。按照《美国遗产丛书》编者的观点，沃德是美国现代福利国家的先知者。

沃德对社会学的特殊贡献是使社会学在美国取得独立的学科地位，并开创了心理社会学。作为功能主义最初的倡导者，他宣称社会学的对象“不在于确定人们是什么，而在于确定人们在做什么”①。这进一步显示出他与斯宾塞思想的不同。如果孔德的社会学可以被说成是物理社会学，斯宾塞的社会学是生物社会学，那么沃德的社会学可以称作心理社会学。他指出，以往把社会现象当作物理、生物现象的延续而建立的社会学，是“社会的自然哲学”。与此相反，他注意到人类智慧与目的的要素，即文化要素对社会发展的影响，所以他把人类一般文化当作社会学的研究对象。文化是人类心理与精神的产物，是构成社会各分子的共同表现，人类史即文化史。人类学研究人类历史的自然方面，社会学则研究人类历史的文化方面和心理方面。所以，他认为社会科学的使命应当是赋予人类为寻求幸福而必备的知识。

二、学院社会学的创立

在引进欧洲社会学思想的过程中，萨姆纳与沃德做了综合性的介绍工作，但要使社会学成为一门独立的学科，首先需要使它从哲学、政治学和经济学中分离出来，使之制度化，而“社会学得以制度化的中心基地应该是大学文科系和理科系”②。芝加哥大学和哥伦比亚大学就是在这种情况下成了介绍欧洲社会学并发展美国社会学的两个最早的基地。1892 年，斯莫尔率先在芝加哥大学建立了世界上第一个社会学系；1894 年吉丁斯在哥伦比亚大学也完成了同样的工作。

（一）斯莫尔的作用和社会学思想

斯莫尔（1854—1926）是美国第一位社会学教授。他对美国学院社会学的形

---

① ［美］L. 沃德：《纯粹社会学》，15 页，纽约，1905。

② ［美］T. 帕森斯：《作为一门专业的社会学》，转引自《社会学与社会组织》，93 页，杭州，浙江人民出版社，1986。

成作出了重要的贡献。他受芝加哥大学校长哈伯聘请组建社会学系后，又于1895年创办了《美国社会学杂志》，在一段时间里，这份杂志与1896年杜尔克姆创办的《社会学年鉴》一起成为国际社会学界最有影响的刊物。

斯莫尔最初在新英格兰受神学教育，后来去德国留学，1889年在霍普金斯大学获博士学位。

斯莫尔的《社会研究导论》（1894）被认为是世界上第一部社会学教科书。他在书中主张社会学应当把对社会结构和功能的研究与分析作为自己的对象，从这里可以看出社会有机论的痕迹。他认为，社会科学中的生物学类比是社会科学史上必要的阶段之一，但后来他承认，在社会学研究的方法中，由简单的生物学类比向直接分析现实社会过渡，对社会学的进一步发展是有益的。① 在他看来，社会冲突并不是社会生活的普遍因素，只是在历史发展早期阶段占统治地位的人们相互作用的一种形式。他认为，社会学应当反对本位主义，即那种孤芳自赏、同其他学科割裂的门户之见，指出“综合”的必要性。但又认为社会学不应在任何不成熟的综合中耗尽活力，而应该把力量放在对社会经验的一切领域的全面研究上面。在《重商主义者》（1909）一书中，他提出重商主义是所有社会科学首要的和必不可少的综合，同时是科学指导政策的典范。他在《两个里程碑：从资本主义到民主政治》（1913）一书中揭示，这一综合最终将解决现代社会中各种利益的冲突，从而导向唯一能确保国家福利的一种有组织的和谐。

斯莫尔把学术研究分作四个阶段：描述阶段、分析阶段、评价阶段和建设阶段。其中最后一个阶段表明他对社会学使命的看法。他认为，科学不应当放弃价值判断，相反，这是科学的直接任务。社会学应当被作为“社会工艺”，即是“在实际改善社会中达到目的的手段”。社会学的真正目的应当是对人类实现更为正义的社会秩序作出贡献。为了实现这一目的，社会学应当系统阐述种种它认为有现实价值的伦理目标。②

在《社会学概论》一书中，斯莫尔追随拉兹霍弗，把与一定的群体相联系的“社会利益”视为社会学研究的重要内容。按照他的意见，“社会利益”这一概念在社会学中所起的作用等同于原子这一概念在物理学中所起的作用。③ 全部社会生活归根结底是“发展、适应和满足利益的过程”④。群体作为社会利益集聚的单位，应看做是有组织的利益的载体和社会进程的单位。

斯莫尔的理论缺乏完整性，在许多概念之间缺少严密的联系，因此对美国社会学理论的发展没有产生重大的影响，但他在使社会学学院化或制度化的事业中起了巨大的作用，如他在最初帮助筹建美国社会学学会时审定的学会报告，基本上可以说是提供了一部美国社会学的发展史。

---

① 参见［美］A. 斯莫尔：《社会科学的意义》，79～80页，芝加哥，1910。

② 参见［美］A. 斯莫尔：《社会学概论》，34页，芝加哥，1905。

③ 同上书，34页。

④ 同上书，433～434页。

（二）吉丁斯的社会学思想

吉丁斯（1855—1931）是使社会学从哲学的一个分支变成以统计学为基础的独立学科的先驱。吉丁斯曾当过较短时间的工程师，后来担任记者，他所发表的社会科学论文在当时就颇为引人注目。1888 年，他接替威尔逊任布赖恩·莫尔学院政治学教授。他于 1894 年创办美国哥伦比亚大学社会学教研室，从这时直到 1931 年他逝世之前一直在哥伦比亚大学讲授社会学和文明史。在他的社会学著作中，将亚当·斯密、孔德、斯宾塞、杜尔克姆、塔尔德、沃德、萨姆纳、穆勒以及经济学家们的主观价值理论糅为一体。1896 年出版的《社会学原理》完全受进化论思想的支配，认为社会“是受自然过程制约的心理现象”，因而社会学“应该把主观解释和客观的解释结合起来”①。

吉丁斯从亚当·斯密的人类情感说出发，提出了著名的“类意识”概念。他认为，由于人们以相同的方式对相同的环境刺激加以反应，所以，人们意识到大家是同类，所谓“类意识”，即“意识的这样一种状态，在这种状态下的一切生物，不管它在自然界中占有什么地位，都承认其他有意识的生物与自己属于同一类”②。“类意识”使个人由最初模糊的群体状态进入到有组织的社会固定状态。最初的无意识行动变成习惯，直至成为必须遵循的标准规范。社会遵从的压力代替了由环境造成的那种盲目的压力，同时也取代了自然选择。生存竞争带来容忍和合作，甚至可以超越敌视、冲突、战争，并在联想、典范、模仿等机制的相互作用中，使人们对共同利益的存亡产生必然的认识。吉丁斯注意到阶级分层不同，人的类意识也不同。他把社会划分为四个层面：类意识发达的，是合群的人；类意识不发达的，是不合群的人；没有类意识的，是反群的人；类意识堕落的，是伪群的人。其中，合群的人是最优秀的人。

1924 年他发表了《人类社会的科学研究》，根据塔尔德的“模仿论”修正了自己的“类意识”学说，提出对同一外界刺激可能产生多个个体反应和多元行为，而不同的人类个体又可以有相同的反应和一致的行为，只有不同的反应才产生个体性、分化、对抗和竞争。由此可以看出，沃德开始的心理社会学研究，在他这里得到了进一步发展。

吉丁斯断言：“社会学在方法上是一门统计科学。”在他的倡导下，哥伦比亚大学一开始就重视采用定量的研究方法。据此，后来的史学家认为他是美国社会学界一位新实证主义预言家。

从哲学上看，斯莫尔在理论上倾向于社会唯实论，认为社会是独立于个人之外的实体，社会学应研究群体心理而非个人心理；而吉丁斯则倾向于社会唯名论的立场，把个人的集合当作社会，把社会仅归结为个人的行为，社会现象是个人对同一外界刺激的心理反应和过程。但是，他们在理论实质上是相似的，即都把

---

①② ［美］F. H. 吉丁斯：《社会学原理》，28 页，纽约，1896。

社会秩序归结为心理过程。他们同沃德一样，为美国社会学中的社会心理学派开辟了道路。

第二节 美国社会学的本土化运动

20世纪初美国社会发展的一个重要特点是注重行为的有效性，以成功的经验作为人们行动的榜样。相形之下，来自欧洲的社会学理论显得过于空泛，不符合当时美国人的胃口。于是，在实用主义哲学支配下开始了美国社会学的本土化运动。

一、实用主义与美国社会学的发展

（一）实用主义哲学的影响

实用主义哲学对美国社会学的深远影响，一个时期里未被社会学史学家给予充分的重视，其中一个主要原因是，实用主义与实证主义具有某些相似的特点，使人们不易注意前者对后者的反叛所造成的对社会学领域的强烈影响。当美国社会学采纳了詹姆斯（1842—1910）提出的"在开放宇宙的观念中，无常、选择、假说、新奇及可能，这一切都是自然的"这一思想时，在美国曾一度占统治地位的斯宾塞主义便被彻底击垮了，代之而起的一种新思想是：人作为一个行动者，不仅仅是自然规律影响的客体，而且也是独立于这一过程之外的观察者。

实用主义基本原则是，任何一个概念的全部内容和意义在于它所能引起的效果。在美国思潮中，实用主义与斯宾塞的实证主义思想分属于两个时代。"斯宾塞的观点是期望从自发进步与自由放任中使社会得以挽救的那种时代的相应体现；实用主义则是在人们考虑操纵与控制社会时被吸收进美国文化中来的。斯宾塞主义是必然性的哲学；实用主义是可能性的哲学……实用主义对社会思潮整个背景的最重要贡献就是，鼓励人们相信思想的有效性和新奇的可能性……斯宾塞代表了决定论和环境对人的控制；实用主义则代表了自由和人对环境的控制。"①实用主义造就了库利、托马斯、米德等社会学思想大师，导致美国社会学按照本国的精神和需要向前发展。

（二）库利的社会学思想

库利（1864—1929）是密歇根大学社会学教授，在美国社会学史上占有重要

---

① ［美］R. 霍夫斯塔特：《美国思潮中的社会达尔文主义》，123～124页，波士顿，1959。

地位。他是美国第二代社会学家的突出代表。著有《人性与社会秩序》（1902）、《社会组织》（1909）和《社会进程》（1918）等书。

库利坚持社会整体论的观点，认为社会是一个有机的整体。但是，当他把社会作为一个有机体讨论时，并不是以斯宾塞的方式对社会进行生物学式的解释，而是强调整个社会过程系统的内部联系。他认为困扰早期社会学家的许多难题是人们杜撰或臆想出来的，许多提法是不妥当的。在社会生活中，任何事物都只是一个更广泛的“有机”整体的一个“方面”，所以，我们应该说什么“和”什么，而不应该说“或”。如个人和群体、人和社会、利己主义和利他主义、自由和必然、冲突和合作、斗争和互助、革新和传统、遗传和环境、模仿和创造、精神和物质、自由意志和决定论、科学和艺术。这些对立的现象无非是统一的社会机体的不同方面而已。

个人与社会的关系是库利非常关心的一个主题。他对这一论题的贡献表现为提出“镜中我”这一概念，用以强调个人与社会之间有机的和稳定的联系。他认为问题不在于承认个人或社会哪一个处于优势，而是要考虑个人如何存在于群体之中，以及群体如何存在于个人之中。与他的整体论相一致，库利假定：“一个单独的个体是未曾经验过的抽象；同样，一个社会，当被视为与个体分离的事物时也是如此。真实的是，人的生活可以从个人方面去考察，也可以从社会的，即总的方面去考察。”[①] 他的这种认识与极端原子论的个人主义相对立，而以相互作用或相互渗透作为社会学研究的特征。

库利的另一重要贡献是最早在社会学中正式使用了“初级群体”这一概念。

库利关于社会存在的整体观使他把分析的焦点集中在人类初始的群体形式上。初级群体的术语引自斯莫尔和温森特1894年所著的《社会研究导论》一书，但这一术语在当时美国出版的其他许多论述社会问题的读物中也可以看到。对初级群体的强调表明在这个正在工业化和城市化的国家里，家庭关系和邻里关系出现了危机。[②] 库利将个人每天置身其中的初级群体，如家庭、儿童游戏群伙、邻里和其他类似的社会群体称为“人性的摇篮”和个人社会化的主要场所。他写道：“我所说的初级群体，其特征是亲密地、面对面地交往与合作。它们在许多意义上都是初始的，但主要在于它们是形成个人社会性与社会理想的基础。”[③] 在库利看来，正是在初级群体中，个人第一次感觉到自己属于社会，并且了解到人们具有的共同理想，从而开始形成自己的社会理想。库利同时指出，在初级群体中不仅仅有和谐，同时也有竞争、倾轧和仇视。初级群体不依赖于大社会，但在某种程度上反映了大社会的精神。库利讨论初级群体的篇幅很短，但它在社会学中却产生了极其重大的影响。

库利在社会心理学领域也作出了重要的贡献。他在《社会组织》一书中指

---

① ［美］C. H. 库利：《人性与社会秩序》，36～37页，纽约，1902。

② 参见［美］G. B. 匡特：《小城镇到大社区》，23～78页，新不伦瑞克，1970。

③ ［美］C. H. 库利：《社会组织》，23页，纽约，1909。

出，非人格的现象在社会生活中，特别是现代生活中具有不容忽视的重要作用，他说："许多生活方式……对于那种只对个人感兴趣的人来说，是无法理解的，甚至是难以看到的。它们存在于人们心中，但是你要想认识它，就必须从非人格的观点对之加以研究。"① 类似这样一些现象：如语言、神话、传统、意识形态、舆论、制度等等，库利认为都有其不同的历史。然而，它们并不构成本体论意义上的不同现实，因为它们不过是以人际关系为主的同一整体的次要方面。社会组织将人的观念、理想、抱负客观化（或人际化），使它们在个人生活之外得到巩固，并使它们相互联系，作为一个非人格性系统，在没有其创立者参与的情况下也能够进一步发展。

库利在分析社会组织时使用了舆论、制度、阶级和交往这样一些基本概念。特别是关于社会阶级的论述，有助于了解他对社会变迁问题的观点。他认为，阶级是除原始社会（尚未出现劳动分工的社会）之外所有社会结构的基本组成部分。阶级是"除了家庭之外，存在于较大群体中的任何持续性的社会群体"②。社会划分为阶级是不可避免的，同时也是有其作用的。重要的是在于阶级的性质，是开放阶级还是特权阶级。库利进一步谈到，随着交往过程的加强，社会分层逐渐由以特权阶级为基础转变为以开放阶级为基础。这时起决定作用的已不是世袭地位，而是个人所发挥的作用及其所得到的相应报酬，由此，阶级斗争逐渐变成一种具有共同规则的竞争。

（三）托马斯的社会学思想

托马斯（1863—1947）是库利的同代人，两人决定从事社会学几乎是同时的。然而，在美国社会学发展中，托马斯却代表着另外一种研究方向。与库利不同的是，他是一位极为重视经验研究的学者。对他来说，社会心理学是"一门科研技术"，而不仅仅是"批判传统社会和心理思潮的观点"。他并不重视阐明自己的理论观点，但人们仍然能在他的著作中找到一些经常出现的主导思想，从而得知他的理论方向，而不是把他仅仅当作一位杰出的经验研究家来看待。

托马斯早期知识的积累走过了与库利大体相同的道路，也是从欧洲思想的术语出发，接着很快就创造出自己的术语，或对原有概念赋予新的含义。托马斯一开始就从"民众心理学"中引用了心理主义，并用于对原始社会的研究。很快他就得出结论：人的行为必须从历史和社会生活的角度，而不是从生物学的角度去进行解释。虽然他从来就不是一个激烈的反本能论者，但他与库利、杜威和米德相似。早在1904年，他就提出社会心理学应是在社会规定的条件下研究个人精神过程，以及在意识状态规定下研究社会过程的观点。在他看来，这一新的研究领域是以与历史学、社会人类学及社会学的紧密联系为其特征的。它并不是一门新学科，但却是对上述三门学科共同感兴趣的一些问题所作的新探讨。这种看法

① ［美］C. H. 库利：《社会进程》，4、5、28页，南伊利诺伊大学，1966。

② ［美］C. H. 库利：《社会组织》，209页。

最早见于他的《社会起源》（1907）一书。虽然此书在社会科学史上并不重要，但他在书中提出了关于人类行为的理论。这一理论包含了托马斯社会学全部主导思想的初始形式，特别是以下三个主要观点：

（1）社会变革是最重要的问题。

（2）社会变革由危机引发，危机打乱了习惯，迫使人们寻求新的适应方式。

（3）解释变革需要同时考虑到客观条件和人的有意识行为，考虑这一过程中的社会和个人两个方面，或用后来形成的术语来说，应考虑价值和态度、文化和个性这样一些内容。

然而，托马斯的社会学思想并不是通过研究原始社会，而是通过研究现代社会形成的。大约在1908年，当他获得了经济保障之后，他即开始了这一研究。他把最后25年的时间花在对现代社会的研究上，他坚信自己生活在一个新的社会里，谁也不能仅通过研究过去而了解当今的世界。在获得了新的资料和新的研究经验之后，托马斯扩展了自己的理论概念，并细致研究了可以使人对社会过程的主体方面进行洞察的资料。1912年，他首次提出建议，将私人信件、日记、法庭和教堂记录、布道辞、学校课程等用来作社会分析的资料。

由托马斯和兹纳涅斯基合著的《波兰农民在欧洲和美国》（1918—1920）一书，是社会学理论和经验研究相结合的产物，它既体现了托马斯的研究特点，也代表了美国社会学研究方向的转变。在此之前，美国一向存在着坐而论道的社会学（库利是这一方面的代表）和社会调查两种传统，理论学说和经验研究一直是彼此分离的活动。托马斯和兹纳涅斯基把二者结合起来，在他们的《方法论笔记》中强调了这一点，对旧有习惯提出了质疑。他们批评了不做经验研究却宣称提供了可靠知识的常识性社会学，批评了为尽早达到眼前实际目标而把研究局限于零星观察的做法，批判了在社会生活整体范围之外研究社会现象的做法，最后也批评了认为无论人们的经验如何不同，但人们对相同的环境刺激总会作出同样反应的观点。

他们主张，社会科学应该：

（1）以有系统的研究为基础。

（2）以整体上被详细说明的社会过程作指南。

（3）从事实与文化的相互关联中开展调查活动。

（4）考察外部条件对个人的影响以及个人对外部条件的影响。

总之，他们认为，不应满足对事物的简单描述，社会学应该成为能对社会事实作出因果解释并能发现“社会演变规律”的一门科学。[①] 只有这样的社会学才能成为控制社会过程的有效工具。

托马斯和兹纳涅斯基除了提出选择资料的新方法外，最引人注目的贡献是他们抓住了主观与客观因素、文化变迁与个性发展、社会价值与个人态度之间的相

---

① 参见［美］W. I. 托马斯、F. 兹纳涅斯基：《波兰农民在欧洲和美国》，转引自［美］R. 比尔施太特：《弗洛里安·兹纳涅斯基论人文主义社会学》，82页，芝加哥大学出版社，1969。

互作用。这种相互作用是《波兰农民在欧洲和美国》一书探讨的主题，这一主题体现在作者对波兰农业区域的传统社会组织（这种组织以初级群体为基础）的分析，以及对波兰和美国的社会解体与重建和移民社会个性形成的讨论中，为了达到研究目的，他们使用了一系列概念，这些概念成了两位作者后来从事各自独立研究的出发点。

托马斯后期受到当时新兴的行为主义理论的影响，采纳了巴甫洛夫和华生的实验方法，提出了情境分析原则，试图在行为主义的实验方法与社会心理学的缝隙之间构筑一座桥梁。从这里可以看出托马斯社会学的两大特点，同时也是美国社会学的两大特点：一是从个人与社会相互作用上研究社会的心理学倾向；另一个是从控制社会进程的人的行为的角度对社会所做的研究。后者为美国社会学研究的方法作出了重要贡献，而前者在米德那里获得了充分的发展。

（四）米德的社会学思想

米德（1863—1931）作为一位哲学家，他在社会心理学和对实用主义的发展这两个方面享有盛名。米德早年就读于奥伯林学院和哈佛大学。1891—1894 年任密歇根大学哲学和心理学讲师。从 1894 年起至去世前一直在芝加哥大学任教，主要著作有 4 卷文集（是他去世后由他的学生编辑出版的）。这 4 卷文集是：《当代哲学》（1932）、《意识、自我和社会》（1934）、《19 世纪的思想运动》（1936）和《艺术哲学》（1938）。米德在世时影响已非常大，杜威本人承认受惠于米德的哲学。

与库利和托马斯不同，米德与哲学中的实用主义倾向直接相连。虽然他在芝加哥大学 40 年讲授的是社会心理学，他却认为自己主要是一位哲学家。因为他思考的出发点是这样一些哲学问题：人在演化过程中怎样发展了人所特有的性质，例如自我知觉、抽象思维及道德感等。像杜威一样，他假定这些特点只可能是通过语言和社会作用才能发展起来的。因此欲解决哲学问题就需要在社会科学方面进行研究，而社会科学只有经过彻底改造，才能找到真正的答案。米德的研究生涯始于社会学，所以在他故去多年之后，社会学家多次引述他的话，而哲学家和史学家则很少提到他。

米德在哲学上与同时代的许多人一样，受到相对论和发生说的重大影响，他的哲学可称为客观相对主义，他认为经验、生活、意识、人格以及价值等只有在特定的条件下才具有自然的客观性质。在心理学方面米德对库利、托马斯曾使用过的社会行为主义这一术语作了更准确的解释。他关于自我与社会、姿势与有意义符号、社会行为主义等方面的思考，试图表明人类如何在社会相互作用过程中形成并体现自身的存在，特别是他发展了詹姆斯、杜威、库利以及托马斯关于个人与社会相互作用的学说，成为符号互动论的真正创立者。

米德认为社会心理学是这样一门学科，它"研究置身于社会过程之中的个人的活动或行为。个人行为只有在他作为成员的社会群体行为的意义上才能获得理解，因为个人活动涉及更大范围的社会活动，这些社会活动在个人之外，并影响着群体的其他成员"[①]。早期社会心理学从个体心理的角度探讨社会经验，米德则主张"从社会的角度，至少从社会秩序必需的交往角度讨论个人经验"[②]。他认为离开社会，就不可能有自我意识以及交往，不可能有自我；反之，社会必须被视为这样一种结构，它在社会交往活动的发展过程中，在相互适应的个人之间的来往中形成。[③] 在米德看来，社会行为发生作用的关键是姿势。他把姿势分成无意义的和有意义的两种。前者指姿势发出时，人处在一种无自我意识的或者说处于动物的状态，后者指姿势发出时，人意识到这一行为，表明与他人交往的特征。

米德把人解释为具有自我的有机体。他把自我进一步划分为"主体我"和"客体我"。"主体我"是指作为有机体的我对他人态度的反应；"客体我"是指个人所假定的他人态度的有机集合。[④] 这种关系类似于有机体与环境的相互作用，也类似于基督教神学中的良心与自由意志之间的相互牵制。

米德在谈到控制的形式时，指出下述三种类型：个体的自我控制，社会自身发展的社会控制，以及对社会自然环境的社会控制。第一种控制是个体控制其自身行为的一种情形，也是一种社会控制，它在个人成为自身的客体时发挥作用。米德思想的显著特征是社会控制与自我控制的一致性。第二种控制是人类社会区别于动物社会的重要标志。它表现为人们把握社会自身发展的一种能力，至少是一种潜在的能力。第三种控制是对自然环境的控制。这一思想在米德对适应性变化的解释中是含糊的，但他对人类进化中手的作用（亦即人类操纵事物的能力）作了特别的阐述。

米德是一位在美国社会学乃至西方社会学发展史上具有重大影响的思想家。他不仅是符号相互作用理论的创始人，而且在社会学理论的其他方面也为后人提供了具有启发性的线索。他认为，每一个思想行为都同人的行为和互动关系有联系，思想类型同社会结构相联系，思想就其本质而言受制于它产生的社会条件等观点，为后来知识社会学的发展奠定了基础。米德关于角色扮演的理论尽管与后来社会学家称之为角色表演的概念不完全相同，但当代角色理论无疑从米德那里吸取了丰富的营养。米德对以后社会学发展最为主要的影响，是推翻了这样一种观点，即在考虑行为者时根本就不考虑行为者通过何种方式而介入互动。对于米德来讲，在社会领域中，个人作为特殊的单子离开反射它的屏窗就不会存在；没有"你"，就根本不会有"我"。一个"自我"若没有一个"他我"，将是不可思议的，而且这个"自我"可以被设想为在某一社会互动领域中处于极为重要的关节点上。对于人的行为的这种观点，迄今已成为所有希望被称为社会学的思想的一个重要的特征。尽管米德在形成这个观点方面并不是唯一的一个人，但他的思想是这个观点的重要来源之一。米德认为："客观的社会生活"是普遍存在的，一个科学家应该对之进行研究。对米德来说，社会并非是一种精神现象，而属于

---

① ［美］G. H. 米德：《意识、自我和社会》，6～7页，芝加哥，1934。

② 同上书，1页。

③ 参见《国际社会科学百科全书》"米德"条，纽约，1968。

④ 参见［美］G. H. 米德：《意识、自我和社会》，228～229页。

一个客观的经验领域。

米德的许多思想观点接近当今西方世界流行的理论，他生前未建立任何学派，他虽身在芝加哥大学 40 年，却与芝加哥学派基本没有联系。

二、经验社会学传统的确立

（一）促成转向经验社会学研究的历史背景

作为美国社会学本土化运动的一个重要成果是美国经验社会学传统的确立。

两次大战之间，美国社会出现长足发展，这与第一次世界大战后美国经济繁荣有直接关系。美国工业在渡过 1920—1921 年危机之后，很快进入工业生产蓬勃发展阶段。垄断资本组织中出现了摩根、洛克菲勒和梅隆等几大金融寡头企业，城市也伴随工业化迅速发展，社会矛盾、阶级分化异常尖锐。工业发展时期同样也是失业、罢工、犯罪等社会问题最突出的时期。学术界开始对这些问题进行研究，而有远见的企业家如洛克菲勒、摩根等则向研究机构提供资金以谋求解决的对策。这样，从 19 世纪末吉丁斯开始的美国社会学的另一传统——社会调查之风便理所当然地发展起来。从第一次世界大战初期开始，社会调查渐渐成为研究都市和乡村生活的确定方法。同时，由于美国社会学的理论具有折中主义的特点，倾向于利用所有方便的研究工具，并对一切新的理论都持一种开放态度，这再次表明实用主义在美国社会各个领域、在人们思维方式上的影响。

美国社会学在两次大战期间的特点是：很多社会学家认为，与其列举社会学的种种假设，不如指出它的典型课题和步骤。这一派社会学家，主要由芝加哥大学培养出来的学者组成，他们为自己规定的任务不再是创造新的理论体系，那些问题只是在与实地调查的技术、步骤相关时才被讨论。这些被称为美国第三代的社会学家重视用自己的眼睛观察世界，避免一切先验的理论，社会学逐步被改造成一门实验性学科。

（二）社区研究的发展

社区研究是美国第三代社会学家的研究主题。“社区”的概念一向多有歧义，美国当代社会学家希勒里曾经阅读大量有关文献，以寻找出社区的意义。他指出，绝大多数研究者认为地方社区有三个属性：

（1）区域性。

（2）与社会的相互作用。

（3）成员间的持续性联系。

很少有人单独强调共同区域这一点，或单独强调人际关系。[①] 由于研究者的

---

① 参见［美］G. A. 希勒里：《社区定义：协议区域》，载《乡村社会学》杂志，1955 年第 20 卷，111～119 页。

取向不同，各自强调的重点也不一样，有人将重点置于社区客观的决定性因素上，有人则把成员有无明确的态度、信念、信仰，即共同的意识看做是社区的中心问题。

有人认为，社区研究的主要特点并非它的主题，而是它的方法。这种方法可用来研究许多不同的社会过程，如都市化、工业化、社会分层。如此看来，社区研究几乎可以作为研究所有社会事务的实验室。当然，这要假定社区是一个小天地，而且，在社区里可观察的现象或过程多少应具有普遍性。社区是“一个完整的生存空间和使其存在的制度体系”① 这一假设，对于社会学取向具有关键的意义。虽然后来这一说法随着地方独立性的不断减弱，每一社区对国家政治、社会、经济、文化体系的依赖性增大越来越受到怀疑，但是这种说法曾经起过巨大作用。甚至当前通用的理论也是这一说法的变种，并在很大程度上决定了社区研究的观点和方法。

由于美国经验社会学的实用主义倾向，第二次世界大战前在美国进行的社区研究，很少采用某一确定的社会学理论。然而，在对直接观察对象所做的说明中，我们仍可发现某些共同的理论倾向，概括起来主要有下列三种：类型学的、生物学的和结构功能主义的。②

类型学取向的特点是：把社区看做是更为广泛的关系或群体类型的体现。这一认识通常与在一定范围内所标定的社区位置结合起来，如乡村和城镇。并从初级群体和次级群体、地方性和普遍性、社区和社会的关系角度加以考察。

生态学取向的特点是：在社区研究中自然环境对社区结构和演化的影响占有突出的地位。生态学取向的研究始于盖宾（美国乡村社会学的创始人），由芝加哥学派予以特别的发展。生态学取向的研究者们假定：人类社区的演进有一定的规律性，不同地区的开放是遵循环境条件所决定的可重复模式进行的。他们还假定将人际互动区分为“生态互动”与“社会互动”（奎因），或“社区”与“社会”（帕克）两种形式。两组中的前一种是无意识的、自发的、不受人类控制的，并可以像研究自然现象那样加以研究。研究者常将人类生态与植物生态进行类比，当然，由于对象的差异，即使芝加哥学派，也不能纯粹作生态取向的思考。

结构功能主义取向的特点是：强调把社区视为内容相关的系统。一切社区研究都带有这一特点。但在某些情况下，把社区作为系统是研究的主要目的，这也是沃纳为自己规定的任务。随着结构功能主义的发展及其由社会人类学向社会学的浸透，上述观点获得普遍承认。然而，由于这种研究和一般社会学理论的联系，也由于传统社区的解体，这一特点不再引人注意，而这一取向的延伸已从根本上改变了社区研究的性质。

（三）芝加哥学派与都市研究

芝加哥学派在这个时期的主要作用在于，使实地调查成为一项完全合法的科

① ［美］D. 马丁代尔：《美国社会结构：历史前提与当代分析》，Ⅸ页，纽约，1960。
② 参见［美］J. 伯纳德：《社区社会学》，格仑维尤，1973。

研事业和社会学的真正基础，从而提高了实地调查工作的地位，使其不再是社会研究的一个准科学性的附属物，或那些由别人搜集的数据中引出结论的书斋社会学者的附属活动。芝加哥学派的社会学家试图以自己的眼睛观察世界，因此他们把记录这些观察作为自己的重要工作。

1892年在芝加哥大学建立社会学系和人类学系，但这并不是统一的流派，因为在这个系中有各种研究取向的学者，他们努力在本校和其他学院取得和谐的合作，但却始终未能形成任何一致的观点。所谓“芝加哥学派”是指聚集在著名社会学家帕克周围的研究群体。他们活跃于1915年，以帕克实用主义的论文《城市：都市环境中人的行为研究的建议》（1925）为标志。20年中，帕克与同伴创造了一个良好的研究队伍和气氛，在这里，他们制订研究计划，出版了相当数量的有价值的专著，在美国社会学领域中几乎取得垄断地位。

芝加哥学派的最突出特点是，把城市作为研究的主题。他们不仅对我们今天所理解的城市社会学的那些问题感兴趣，也对职业社会学、社会分层、政治运动、压力、家庭、民族和种族关系、宗教、越轨行为以及社会心理和社会变迁等一系列问题感兴趣。

芝加哥学派比书斋社会学家更注重实验，比社会调查家更注重理论。但事实上，在他们的学术活动中，理论与实验的关系十分复杂。一方面，有帕克的理论系统，并经由其他作者如伯吉斯等人予以补充和扩展；另一方面，帕克研讨班的成员所写的一系列实验观察性的专题论文，在不同程度上都运用了帕克的理论概念。

芝加哥学派的贡献并不在于其理论和方法的精致，而主要是它对信息来源所采取的客观和批判性态度以及他们的专著开创的经验研究的传统。

R. E. 帕克的社会学思想。帕克（1864—1944），早年在一些大城市担任过十多年的新闻记者，记者的经历使他对社会问题产生了极大兴趣。后来他在密歇根大学和哈佛大学从事研究工作，并赴德国进修，归国后在哈佛、芝加哥和菲斯克大学任教。他在推动经验研究方面发挥了巨大作用，虽然他本人并未从事这种研究。他提出的各种理论的范围与这些理论所依据的经验数据之间很不平衡，他的理论常常产生于日常观察、报界新闻与其他学者提供的材料。他与伯吉斯合著的被誉为社会学的标准教科书的《社会学导论》，其意图不是要提出社会学知识的新体系，而是总结关于社会研究的现有知识并对这种知识加以普及。帕克的工作主要是修订社会学术语，使之系统化。

帕克认为人类社会具有两个方面：一方面是为基本生存而进行的相互竞争，另一方面是在传统、纪律和道德约束下的合作。社会生活这两方面的第一个方面被帕克称为社会，第二个方面被称为社区。

帕克描述社区时，从生物学家和生理学家以及生态学家的著作中引用大量资料，同时也赞成达尔文及其进化理论。帕克认为：社区的基本特征是：（1）按区位分布的人口；（2）完全植根于它所占据的土地上；（3）人们处于相互依赖的共生关系之中。

帕克将社会理解为几乎在所有方面都与社区对立的存在，虽然基本的生态过程在社会中并未停止。在描述社会时，帕克谈到社会不是由作为生物个体的个人（Individual）组成，而是由作为社会关系中具有一定人格的个人（Persons）组成。所谓具有人格的社会人，他们不仅占有一个明确的空间位置，而且还拥有一定的道德位置以及社会给予的身份。社会过程不同于生态过程之处是，在本质上社会多少表现为人们有意识的活动。

帕克将社会过程划分为四个过程：竞争、冲突、调节和同化。

帕克为芝加哥学派提供了一套术语和富于启发性的假说，为他们展示了社会特别是大都市丰富多彩的生活。然而，由于帕克思想理论中的固有缺陷和与芝加哥学派的兴趣范围的巨大差异，导致 20 世纪 30 年代中期以后芝加哥学派的瓦解。其中一些人则将注意力集中在扩展社会生态学的理论，还有一些人（如布鲁默）集中在社会心理学方面的研究，从而接近纯粹形式的符号互动论，也有一些人仍然继续坚持帕克的概念形式主义。当然，芝加哥学派衰退的一个重要原因还在于美国社会结构本身的变化。

（四）林德夫妇的小城镇研究

20 世纪 30 年代以后，美国经验社会学转向小城镇研究，林德夫妇是卓有成就者之一。

罗伯特·林德（1892—1970）与他的合作者、他的妻子海伦·林德选择小城镇研究并非有意与芝加哥学派作对，而是由于林德本人的某些个人因素，在开始进行研究时，他对社会学了解很少，更多地依据人类学的成果，如美国人类学家威斯勒的《美国人及文化》（1923）、英国人类学家里弗斯的《社会组织》（1924）。这使得林德夫妇成为最早应用文化人类学方法研究现代西方城市的学者。

林德研究的出发点是很实际的。他是神学院的毕业生，准备成为长老会的牧师，因此他对一般美国城镇的宗教礼仪甚感兴趣。他曾任《出版周刊》主编，当过官员，在社会人类学的影响下，他决意分析北方社区的态度和风俗，从而产生了关于这类社区的最全面的专题论文。海伦本人主要在纽约的萨拉·劳伦斯学院教书（1929—1964），在她 1921 年与林德结婚之后，在丈夫的影响下对小城镇研究逐步产生了浓厚的兴趣。他们根据实地调查，合写了《中镇——现代美国文化研究》（1929）、《过渡中的中镇——对文化冲突的研究》（1937）。威斯勒在前一本书的序言中说：林德的实验开创了“当代生活的社会人类学”。

林德采用了里弗斯在《社会组织》一书中提出的关于人类行为的六分法：挣钱，建立家庭，培养子女，度过闲暇，参与宗教实践和社区活动。他研究的印第安纳州的门奇市（Moncie）是一个普通的美国城镇，所以，他为之起了一个代号叫中镇（Middletown），1924—1925 年，林德夫妇在那里从事了 18 个月的实地调查，这一活动是在芝加哥学派多数出版物发刊之前。

选择门奇市有两个原因：第一，它作为一个有代表性的城镇满足了林德夫妇的需要；第二，它虽是一个小城，但却整齐划一，可描述为一个整体。可能是在他们的调查中，林德夫妇发现了他们专题论文的基本主题：工业化对传统美国城镇生活的冲击。门奇市在发现了天然气储藏之后，该市人口由 1885 年的 6 000 人增加到 1920 年的 3.7 万（1935 年为 4.7 万人）。因此，林德夫妇认为有必要把 1924 至 1925 年的状况同该市迅速发展前的状况进行对照。虽然他们并未写出该市的历史，仅仅比较了两个时期该市的状况，但他们成功地描写了该市工业化及其各种后果。

与芝加哥学派的研究不同，林德夫妇并不想抓住被美国迅速工业化激发起来的全部财富和社会过程的各种变化，而只想更真实地阐释实验基地的普遍意义，这使得《中镇》更接近学术性。

林德夫妇的《过渡中的中镇》是 10 年后在同一城镇进行实地研究的结果。再次调查的重要性首先在于这 10 年正是大萧条时期，使得门奇市和研究者的世界观都受其影响。林德决定从另一角度即大萧条对一般美国城镇的影响程度，来观察他以前收集到的事实。从 1931 年起，林德开始在哥伦比亚大学教社会学。1939 年，他出版了《知识的目的》一书。此书讨论了社会学的使命，并记录了 30 年代末芝加哥学派社会学理论的危机。

现在，林德的中小城镇的研究已普遍地被认为是美国社会学的经典作品，其中所使用的方法也在欧洲被多次仿效，它对社会学研究的影响还在继续。

（五）沃纳对美国社会分层的研究

美国经验社会学在这一时期第三个比较著名的研究，是沃纳和他的合作者对麻省小城镇纽伯里波特的详尽研究。

沃纳（1898—1970）是美国有影响的社会学家。先在伯克利加利福尼亚大学主修人类学，1933 年获得哈佛大学哲学博士学位。后在哈佛及拉得克利夫大学任教，对新英格兰中西部及南部社区的社会生活进行研究。1939—1954 年担任芝加哥大学人类学和社会学教授，自 1959 年起，任密歇根大学社会学教授。

沃纳因其开创了社会分层研究方法的《扬基市系列》一书而著名，也因此常受到批评，该书自 1949—1959 年相继印刷出版了 6 次。沃纳不是一位理论家，他的著作中的理论成分寓于资料和数字之中。然而他的主题思想符合 40 年代美国社会学思想发展的主流，而且也是功能论未来发展的先兆之一。沃纳自己认为他在经验社会研究方面所代表的观点比芝加哥学派观点更具有细致的理论。[①]

将人类学的研究方法应用于当代社会问题的探索，这是沃纳在实地调查初期进行研究的第一根基，如 1937 年他发表了《黑人文化：一个澳大利亚部族的研究》；第二个根基是工业化文化发展造成的动乱和工业社会学早期研究实验的经验。

把社区视为一个有机整体这种倾向决定了选择何种题材和概念。沃纳有意放

---

① 参见［美］W. L. 沃纳、P. S. 朗特：《现代社区的社会生活》，12 页，纽黑文，1941。

弃了原来想从事芝加哥学派对大城市研究的愿望，选择了具有自身特点的社区研究，但他从来未提到过林德。

对社会学实验基地的选择是沃纳与林德和芝加哥学派的不同之处。后两者对美国社会中越来越起作用的破坏因素毫无兴趣。沃纳则始终是一个探讨社会统一和安定的社会学家，当大萧条造成的动乱减弱之后，人们才开始充分认识这一问题。

沃纳对当代美国文化的理解和识别的成就，表明他对有关阶级结构、符号系统及人类动机三个主题的兴趣，这也使他成为美国社会学家中论述阶级和阶级结构的主要学者之一。沃纳阶级概念的特点在于排斥关于阶级的经济观和注重从个人威信的观点出发研究社会分层。这并不是说沃纳排斥社会分层的其他方面，而是认为它们是次要的。沃纳所谓的阶级指的是“被社区成员相信并排列在社会优越或卑下地位的”① 群体。这样解释社会阶级需要假定所讨论的社区具有一套共同的价值观，因此，如果考虑到社区成员对社会地位的估价，就能建立一个完整的社会等级秩序。对阶级结构的研究不仅没有破坏社会团结的概念，反而使之加强。可以说沃纳的观点所依据的是明确的意识选择（与林德不同）。

沃纳的主要著作还有：《美国生活：梦想与现实》（1953）、《生者与死者》（1959，此书是有关美国人符号生活的研究）、《非常时期的美国社会》（1967）等。沃纳对美国社会阶级体系的研究，由于不仅力图研究社会阶层形成的复杂性，还深入探讨经济体制与人类传统等问题，这使他的影响不仅限于社会学和人类学领域，还深入到政治学、心理学及经济学诸学科领域。

上面简要陈述了两次大战期间美国经验社会学的主要成就。美国经验社会学竭力弥合具有学术和科学思想的社会学与揭露现实社会问题的治世努力两者间的缝隙，一方面要符合学术水准要求，另一方面又要注意研究当代社会问题，以便提出咨询性建议，达到有效的社会控制。

这一努力的意图是有意义的，但很难说已取得成功。在实践中，美国经验社会学或是局限于细枝末节而取消一切社会学说；或是流于表面推理，其目的仅仅是向研究者提供可以描述和整理一堆实验数据的工具。这种推理是折中主义的，并没有为作出真正的综合提出令人满意的立足点。美国经验社会学的发展的确提出了一个严肃的问题，即社会学究竟以什么样的面貌去实现它所认为的非我莫属的伟大社会任务。

* * *

本章讨论了美国社会学发展的前三个阶段。它的第四个阶段（第二次世界大战以来）可概括为美国社会工业化、多层次化的发达时期，出现了结构功能主义、社会冲突理论、社会交换理论等系统的社会学专门理论。通观美国社会学的发展，我们可以发现以下几个特点：第一，美国继欧洲之后成为社会学研究的中心，自 20 世纪初开始逐渐形成了以实用主义为指导原则的带有美国特色的社会

---

① 参见［美］W. L. 沃纳、P. S. 朗特：《现代社区的社会生活》，82 页。

学；第二，美国社会学影响并改变了欧洲传统的社会学特点，即那种综合性的带有社会哲学色彩的大理论；第三，美国社会学来自理论研究与社会调查的经验研究这两种传统的结合，因此，它的特征是与现实密切相关的中级理论，如结构功能主义、冲突论、交换论等理论。可以说，社会学中心由欧洲至美国的转移，也是一个由宏观向微观的转换过程。这一特点也体现在它的经验研究和社会心理学的发展方面。总之，美国早期社会学的发展在整个社会学发展史中占据了一个相当重要的位置。

【本章要点】

1. 南北战争之后的美国资本主义经济迅速发展，社会问题增多，年轻的美国还不具备足够的知识力量去创造自己的学说，届时斯宾塞社会学说传入美国，开始了社会学由欧洲向美国的转移。

2. 早期的美国社会学家萨姆纳，承袭斯宾塞的进化论学说，认为进化通过生存竞争为自己开辟道路，他的著名理论为“合作对抗论”，提出“我群”和“他群”的概念。

3. 美国另一位早期社会学家沃德，一方面继承了孔德和斯宾塞的实证主义传统，另一方面强调人的意识在社会发展过程中的作用，提出“有目的进化”的口号，认为社会学的基础不应是斯宾塞的生物学，而应是心理学。

4. 学院派社会学的创立。

（1）在创立学院派社会学中，斯莫尔和吉丁斯发挥了重要作用。斯莫尔将学术研究划分为四个阶段：描述、分析、评价和建议，他把社会学视作“社会工艺”学，并认为“社会利益”是社会学研究的重要范畴。

（2）吉丁斯从亚当·斯密的人类情感说出发，提出了著名的“类意识”概念，强调人们具有以同样的方式对相同环境刺激作出类似反应的能力，人们有大家是同类的意识。他把社会划为四个层面：类意识发达的，不发达的，没有类意识的，类意识堕落的。

5. 美国社会学的本土化运动。

（1）实用主义哲学的影响。实用主义对人的主体性的强调，导致社会学家由对外部进化的思想转向对人自身内部机制的研究，造就了库利、托马斯、米德等社会学思想大师，使美国社会学走向本土化的道路。

（2）库利是早期美国社会学家的代表人物之一。个人与社会之间的关系构成库利全部著作的主题，同时提出了“镜中我”、“初级群体”等概念，并称初级群体是“人性的摇篮”。

（3）托马斯一开始就用心理主义研究原始社会，认为人的行为必须从历史和社会生活的角度去解释。他与兹纳涅斯基合著的《波兰农民在欧洲和美国》一书，被看做是美国社会学理论研究与经验研究相结合的转折点。

（4）米德在萨姆纳、杜威、库利以及托马斯关于个人与社会相互作用的论述基础上，创立了符号互动理论，提出了“角色扮演”、主体我和客体我等概念，并区分了三种社会控制的形式。

6. 经验社会学传统的确立。

（1）随着工业化和城市化的快速进程，不断增多的迫切需要解决的大量社会问题，促成了美国社会学向应用性的经验研究方向的转变。

（2）社区研究的发展。社区研究是美国第三代社会学家的研究主题。社区研究的三种理论取向是：类型学的、生态学的和结构功能主义的。

（3）芝加哥学派与都市研究。帕克在鼓励经验研究方面起了巨大作用，他提出了社区的概念。20 世纪 20 年代，围绕他形成了致力于对城市和社区进行实地考察的研究群体——芝加哥学派，自此都市研究成了一项合法的科学事业，并成了该学派研究的主要内容。

（4）林德夫妇的小城镇研究。林德夫妇选择了一个普通的美国城镇用作实验基地，阐释其普遍意义。他们关于“中镇”的研究开创了“当代生活的社会人类学”。

（5）沃纳对美国社会分层的研究。沃纳的《扬基市系列》一书开创了对社会分层研究的方法。将人类学的研究方法应用于当代社会问题的探索，是沃纳在实地调查初期进行研究的主要特征之一。

【基本概念】

实用主义　合作对抗　有目的的进化　社区　社会利益　社会控制　初级群体　芝加哥学派　都市研究　小城镇研究　分层研究

【思考题】

1. 为什么社会学中心由欧洲移向美国？
2. 美国社会学本土化运动经历了哪几个阶段？
3. 何谓芝加哥学派？其研究的重点是什么？它在社会学发展史上的贡献是什么？
4. 试述 20 世纪 30 年代美国社会学的研究特点。

【参考书目】

1. ［美］派克社会学论文集．北京：燕京大学社会学会，1933
2. ［美］城市社会学——芝加哥学派城市研究文集．北京：华夏出版社，1987
3. ［美］科瑟．社会学思想名家．北京：中国社会科学出版社，1990
4. ［美］库利．人类本性与社会秩序．北京：华夏出版社，1999
5. ［美］库利．社会过程．北京：华夏出版社，1999
6. ［美］托马斯，兹纳涅斯基．身处欧美的波兰农民．南京：译林出版社，2000
7. ［美］米德．心灵、自我与社会．上海：上海译文出版社，2005

8. [英] 拉德克利夫-布朗．原始社会的结构与功能．北京：中央民族大学出版社，1999

9. 陈建远，施志伟．现代西方社会学．南昌：江西人民出版社，1988

10. 刘玉安主编．西方社会学史．济南：山东大学出版社，1993

11. Cooley C. H. *Social Organization*. New York：Schocken，1962

12. Cooley C. H. *Social Process*. Carbondale：Southern Illinois Press，1966

13. Ward L. F. *Pure Sociology*. Fairfield，N. J.：Augustus M. Kelley，(originally published 1903) 1970

14. Sumner W. G. *The Challenge of Fact and Other Essays*. New Haven：Yale University Press，1914

15. Sumner W. G. *Folkways*. Boston：Ginn，1940

16. Small A. W. *The Meaning of Social Science*. AJS Ⅵ，1910

17. Small A. W. *Outlines of Sociolog*. University of Chicago，1905

18. Smith D. *The Chicago School*：*A Liberal Critique of Capitalism*. N. Y.：St Marvin's Press，1988

19. Radcliffe-Brown A. R. *Structure and Function in Primitive Society*. L.，1952

20. Janowitz M. *The Last Half-century*：*Societal Change and Politics in America*. Chicago，1978

第九章 结构功能主义

结构功能主义是第二次世界大战以后在美国崛起的最重要的社会学流派。它一反美国早期社会学十分重视解决现实社会问题的传统方向，以一种高度抽象的宏观理论的面目出现，成为公认的社会学一般理论，从战后至20世纪60年代在美国社会学界一直居于主导地位。

第一节 结构功能主义的特征及其思想渊源

结构功能主义这一名称是由美国社会学家、哈佛大学教授塔尔科特·帕森斯于1945年首先提出来的。在他的倡导下，结构功能主义在美国得到广泛的传播，逐渐为人们所接受。这一学说由他的学生（其中许多人成为美国当代主要社会学家）作了进一步发挥，一时风靡美国社会学界，在20世纪50年代终于取得了统治地位。鉴于战后美国在西方世界的中心地位，这一流派也因此而产生了世界性影响。

一、结构功能主义的主要特征

结构功能主义代表着一种社会学研究的历史潮流。尽管这一流派的许多代表在一些重大理论问题上经常发生分歧和争论，但在作为研究出发点的一些基本假设上，在使用的概念上，以及在分析方法上，他们之间却存在着高度的一致性，这种一致性构成了这一学派的基本特征。

首先，在研究层次上，结构功能主义通过强调“系统”范畴而将社会结构和社会整体作为基本的分析单位，把研究重点放在社会上。这一特征使它同符号互动理论和交换理论形成了鲜明的对照。在社会与个人之间相互关系这一基本问题上，互动理论和交换理论强调个体的首要性，把社会视为个体互动和交换的产物。而结构功能主义继承了杜尔克姆所开创的传统，坚持社会优先于个体的立场，认为个体的社会人格是由社会赋予和塑造的，个体参与社会活动的动机也是社会价值系统的反映，并将个体动机与其行动的有社会意义的后果加以区分，以后者为研究重点。

其次，在研究方向上，结构功能主义代表着一种与历史进化论和传统因果论不同的研究取向。在解释社会现象时，结构功能主义强调和侧重的是社会系统的现存结构（而不是其产生的历史过程）及其在维持系统生存中所发挥的社会效果（而不是决定论意义上的原因）。尽管结构功能主义的思想渊源可以追溯到达尔文主义的有机进化论，但它并不注重社会系统的进化轨迹和演变历史，而仅仅把“适者生存”这一进化规律作为不言而喻的前提，把任何现存的社会都当作具备了生存资格的适者，侧重考察其所以能继续维持生存的各种机制。对于社会系统的内部组成部分，结构功能主义也不追究其产生的具体原因，而是将其视为某种既成事实，侧重考察它们在维持系统生存中所作出的贡献。

再次，在研究主题上，结构功能主义致力于回答的最基本问题就是：一个社会系统为了维持其存在，有哪些基本条件必须得到满足以及这些条件是如何得到满足的？结构功能主义对这一问题的回答正如这一学派的名称所提示的：任何现存社会都具有一些基本的制度模式（结构），而这些制度模式之间发生着相互支持的关系（功能），从而保证了社会系统的生存。这意味着，在结构功能主义立场上，社会系统的存在具有首要意义。因此，凡是有助于系统存在的因素、机制和过程都得到突出的强调和优先考虑，这也反映在结构功能主义的概念范畴体系中，经常强调的概念有：秩序、均衡、适应、稳定、整合、协调、维模等；而那些对社会系统的存在具有威胁和破坏作用的方面却遭到冷遇和忽略，相应的概念范畴如压力、冲突、失调、变革等，在结构功能主义概念体系中即使被提到也只占无足轻重的地位。因此，一般认为结构功能主义具有一种维护现存体制的保守倾向。

最后，统一结构功能主义流派的基本特征与其说是一些共有的概念范畴和理论模式，不如说是一种共有的功能分析方法。这一流派对当代社会学发展的影响不仅体现在它提供了具有丰富内涵的理论范畴和宏观的理论框架，而且，更重要的还体现在它为考察社会现象提供了新颖的观察角度，发展了一种全新的系统分析方法。功能分析方法对现代系统论的形成作出了贡献。在一定意义上可以说，结构功能主义在方法论上的意义大大超过了其理论意义。同属这一流派的许多著名代表就不拘泥于其创始人帕森斯所建立的理论模式，但却无一例外地沿用或发展了这一流派所独具的思考方式，其中最突出的当推默顿。在 20 世纪 60 年代结构功能主义特别是其理论部分遭到各方面的攻击而势头有所减弱的时候，功能分析方法作为一种主要的社会学分析方法仍然被广泛地运用于各个社会领域的研究中。

二、结构功能主义的思想渊源

结构功能主义是帕森斯对前人思想成果加以继承和发展而形成的。结构功能主义的主要思想来源于早期社会学创始人关于社会有机体的一些基本思想，以及由文化人类学发展起来的传统功能分析方法。

（一）早期社会学家的影响

在社会学创立时期，孔德和斯宾塞就提出了社会是具有生命的有机体的思想，特别是斯宾塞，在其《社会学原理》一书中详细地考察了生命有机体同社会有机体之间的共同点和差别。斯宾塞的社会有机体思想尽管明显地受生物学的影响，并使用了生物类比这一引起争议和批评的方法，但其积极意义是：在一定程度上揭示了生命有机体同社会有机体共有的系统特性，为确立社会系统观和发展更高层次的系统方法奠定了基础。斯宾塞的社会有机体学说已经包含了结构功能主义的基本假设，即社会是一个由相互依赖的部分组成的系统。同时，斯宾塞第一次提出了后来成为结构功能主义核心范畴的基本概念：结构、功能、分化、同质性和异质性、功能相互依存等。

除了上述两位社会学奠基人以外，一般公认法国的杜尔克姆是现代结构功能主义最重要的奠基人。杜尔克姆的思想同当代结构功能主义的联系主要表现在下述方面：首先，杜尔克姆虽然不再使用社会有机体的概念，但非常强调社会的整体性质，强调社会整体层次的需求必须通过其内部组成部分的相互作用来满足，而这种相互作用是通过共有的规范模式来维持的。实际上，杜尔克姆强调的整体性与斯宾塞强调社会的有机体性质一样，意在表明社会的系统性。这一观点为当代功能主义所继承。其次，杜尔克姆社会学的重点是社会团结和社会整合问题。他认为一个常态社会必须维持某种最低限度的社会团结。而社会结构中任何一个部分的重大变动都有可能影响到其他部分乃至整个社会，如社会分工的发展就导致了社会团结性质的改变，在一定时期甚至引起整个社会的震荡。杜尔克姆把这种社会各个部分之间失去平衡的状态称为“社会病态”，并认为由“病态”向“常态”的回复可以由社会系统自身来解决。杜尔克姆对社会团结和社会秩序的强调被当代结构功能主义所接受，他关于社会常态和社会病态的划分也反映在当代功能主义的“均衡”和“变迁”等范畴中。再有，杜尔克姆第一个将因果分析方法和功能分析方法严格加以区分。在对功能分析方法进行说明时，杜尔克姆强调要将导致个体行动的主观动机同这一行动的客观社会后果加以区别。默顿在发展功能分析方法时提出的显功能与潜功能的划分就充分考虑了杜尔克姆的上述观点。

（二）英国文化人类学功能学派的影响

杜尔克姆的功能主义思想通过英国文化人类学中的功能学派得到了进一步发展。这一学派的奠基人是马林诺夫斯基（1884—1942）和拉德克利夫-布朗（1881—1955）。

马林诺夫斯基一反传统人类学中以摩尔根、泰勒等人为代表的历史进化论的观点，将这些观点称为“进化的臆测”或“历史的重造”。他主张对人类学事实进行全面的功能分析，即确定所观察的事实在完整的文化体系中所占的位置，注重文化体系内各个部分之间的相互联系以及文化体系与周围环境相互联系的方式。这种功能分析的目的在于了解文化的本质。

马林诺夫斯基认为，社会文化现象最终根源于个人的那些长期存在和经常出现的生理和心理需求。社会文化中的风俗、习惯、制度、观念、信仰以及物质设施无不与某项确定的需求相对应，是人们为满足特定的需求而创造出来的。在此基础上，他提出了功能普遍性和功能不可缺少性的假设。即功能普遍地存在于任何文化现象之中；任何文化现象都发挥着不能为其他文化要素所取代的、必不可少的功能。这两条假设成为传统功能主义的基本前提。

马林诺夫斯基是在个人需求层次上考察文化现象的功能的，而拉德克利夫-布朗恰恰与他相反，把功能分析建立在社会整体层次上。

拉德克利夫-布朗师承杜尔克姆，强调社会的整体性质，认为功能分析不能脱离结构分析。同马林诺夫斯基用个人需求规定文化功能的观点不同，拉德克利夫-布朗把功能定义为文化活动在整个社会生活中所起的作用及其对维持社会结构的连续性所作的贡献。因而某种文化现象具有的特定功能主要不是表现为这一现象满足了某种个人需求，而是表现为它满足了某种整体需求。他把独立于个人之外的社会整体性质——如社会整合、结构模式等——作为其考察重点和确定功能的基本参照系。

在强调整体性的基础上，拉德克利夫-布朗提出了功能统一性的假设。这一假设认为，社会整体是一个功能统一体，组成整体的各个部分相互配合、协调一致，不会产生不可调解的冲突。

虽然马林诺夫斯基与拉德克利夫-布朗在分析层次和强调重点上存在着严重的分歧，但他们提出的三条假设却成为传统功能主义的基本公设，对后来功能主义的发展产生了重大影响。

传统功能主义首先在欧洲发展起来，特别是在英国的文化人类学中占据了统治地位，后来经由帕森斯的介绍和发展传播到美国。

第二节
帕森斯的理论学说

一、帕森斯的生平

塔尔科特·帕森斯（1902—1979）是现代结构功能主义的创始人。他于

1902年出生于美国的科罗拉多州斯普林斯的一个中产阶级家庭。1920年进入安姆赫斯特学院，主修生物学，准备将来从医。这段课程对他后来系统思想的形成有重要影响。在此期间，他对经济学思想和社会学思想发生了浓厚兴趣。在三年级时，受经济学家汉姆敦教授影响改学社会科学。1924年，帕森斯转学于英国伦敦经济学院，认识了在那里执教的马林诺夫斯基。对功能学派的研究发生了兴趣。一年以后，又转到德国海德堡大学，接触到韦伯和马克思的理论，尤其是韦伯的《新教伦理与资本主义精神》一书给他留下了深刻印象，他将韦伯的一些重要思想吸收到自己后来发展的理论之中。几年以后，他又将这部名著译成英文出版。1927年，帕森斯获得海德堡大学的哲学博士学位。他的博士论文《最近德国文献里的资本主义概念》，主要是研究韦伯、桑巴特和马克思关于资本主义的思想。

1927年，帕森斯受聘于哈佛大学，在经济系担任讲师。1931年，他转到刚刚创建的由索罗金任系主任的社会学系，1936年升任助理教授。1939年升任副教授。1942年升为正教授，随后接任哈佛大学社会学系系主任职务。1946年，帕森斯在吸收了一些相近学科的基础上组建了社会关系系。直到1956年，他一直担任该系的第一任主任。

帕森斯将近半个世纪的漫长教学生涯都是在哈佛大学度过的，1973年，他从哈佛退休。其后曾在宾夕法尼亚大学、芝加哥大学、哥伦比亚大学、剑桥大学、加州大学伯克利分校担任客座教授，讲授社会学理论。1979年5月，帕森斯病逝于原联邦德国的慕尼黑。

帕森斯曾于1942年担任过美国东部社会学会主席，1949年担任过美国社会学会主席。

帕森斯的社会学理论不仅在美国，而且在北美的加拿大，西欧和北欧国家以及日本、澳大利亚和新西兰等国家和地区都有很大影响。

二、社会行动理论

1937年，帕森斯出版了《社会行动的结构》一书，这不仅是他个人学术生涯的重大转折点，同时也是美国社会学中芝加哥学派的衰落、功能学派崛起的历史转折点。帕森斯因此而蜚声于学术界。

许多研究者将帕森斯的全部理论分为以社会行动理论为中心的早期阶段和以社会系统理论为中心的后期阶段，帕森斯的分析层次和研究重点在这两个阶段有着明显的不同。但应该看到，许多在后期理论中得到充分发挥的概念或观点都溯源于早期理论，这两个阶段的基本理论取向之间具有高度的一致性。因此考察他的社会行动理论的基本思想有助于了解他后期对社会系统所作的结构功能分析。

在帕森斯看来，全部理论社会学的核心就是回答社会秩序何以可能这一关键问题，而他所建立的社会行动理论就是回答这一问题的初步尝试。

（一）行动概念

帕森斯像韦伯一样，把对社会行动的研究作为全部理论研究的出发点。

帕森斯有意识地使用“行动”概念以表示同流行的行为主义心理学的“行为”概念之间的区别。行为主义把行为定义为对刺激的反应，忽视了主体意识在这一过程中的作用，从而抹杀了人与动物的区别。帕森斯认为，行动的最基本特征是具有意志性和目标导向，也就是说，行动是主体朝向目标的动作。由于帕森斯强调行动的目的性、意志性和主体性，他的行动理论又被称为“自觉行动理论”。

帕森斯深入考察了构成行动的各个要素。任何行动单元都可以分解为以下要素：第一个要素是行动的目标，即行动者希望达到的预期状态。第二个要素，帕森斯称之为状态，即行动者置身其中、影响其实现目标的那些环境因素。状态要素又可以进一步区分为：

（1）手段，指环境状态中行动者可以控制和利用的那些促成其实现目标的工具性要素。实现同一目标可以有多种不同的手段。

（2）条件，指状态中行动者无法控制和改变的那些阻碍其实现目标的客观要素。条件不仅仅指自然物质条件，同时也包括社会条件。行动单元的第三个要素是规范取向。所谓规范是指行动者在确立目标、选择手段、克服障碍时所遵循的社会标准。合乎规范的范围就叫做规范取向。

（二）对以往理论的批评与综合

帕森斯强调，对“行动”作上述理解就为研究提供了一个完整的概念框架和唯一正确的理论立场，研究行动，必须对上述要素同时给予关注，而以往研究行动的各派学说的共同缺陷就在于片面地强调某些要素而忽略了其他要素。

帕森斯对以往的各个理论流派进行了分类，声称自己的社会行动模型是通过对这些流派的批评而实现的某种综合。这些流派可以区分为实证主义与理想主义两大类型。

在帕森斯看来，实证主义流派仅仅把行动同一定的环境状态相联系，并假设状态对行动具有某种决定关系，因此对行动进行自然科学式的研究——即通过揭示这种决定关系来解释和预测行动的基本取向——是可能的。按照帕森斯对行动的理解，实证主义流派忽视了构成和影响行动的一个极为重要的因素：规范取向。

实证主义流派内部对行动的理解也不尽相同，帕森斯将其区分为功利主义和反理性主义两个分支。

功利主义典型地表现在古典经济学理论中。古典经济学集中讨论特定行动目标与手段之间的关系，强调对有助于达到目标的各种可能手段进行选择的合理性标准。因此功利主义的全部理论都建立在“理性的经济人”的基础上，他们的行动有一个共同的基本特征：以最小的代价获取最大利益，这类行动都是经过理性审慎的利弊权衡。帕森斯认为，功利主义的行动模型并不能概括全部行动，而仅仅是一种“经济人”的理性行动。

在对功利主义提出批评时，帕森斯指出，关于行动的最终目标的来源及其性质的问题已经超出了合理行动模型的解释范围，也就是说，功利主义在回答行动最终目标的问题时暗中引进了无法用其基本立场加以证明的某种假设，即人们的最终目标都统一于特定的经济价值，因而具有某种自然的一致性，或者即使最终目标存在着某种差异，但这种差异也是微不足道的，在研究中可以忽略不计。

帕森斯认为，合理性标准只能用来评判和权衡次级目标或手段型目标，而无法判断最终目标。如果对不同的目标可以根据理性判断排出优劣等次，那就意味着这些目标都不过是达到某一更高层次目标的可供选择的次级目标，对于高层次目标来说，它们都是手段。由此得出的结论是：一个能够解释最终目标的行动理论必须包括非理性因素。

帕森斯认为，行动的最终目标来源于社会文化的价值观念体系。价值观念是一群人共享的信仰，它构成文化传统的核心。价值观念是一种非理性因素，不仅不能用理性对之作出判断，而且它本身还构成一切理性判断的基础和背景。在行动理论中引进了价值观念，就能圆满地解释最终行动目标的一致或差异。

尽管功利主义存在上述缺陷，但它强调行动具有目标导向以及肯定行动者具有一定选择自由，这些观点却被帕森斯接受，并将其作为基本要素吸收到自己的行动理论之中。

与功利主义的理性行动模型不同，实证主义的反理性分支更接近自然主义的立场。这一分支把行动者的主观过程完全排除在研究范围之外，把行动过程视为一种类似于物理过程的现象。它强调的是行动发生于其中的情景状态，包括各种物质环境和生物遗传因素等，试图从中发现决定行动的原因，行为主义就属于这一分支。这种立场显然与帕森斯的自觉行动理论大相径庭。虽然帕森斯不同意这种环境决定论的立场，但他承认并充分关注环境因素对人们选择行动时所发生的重大影响。

如果帕森斯不满意实证主义行动模型的主要原因是它们程度不同地忽视了文化价值观念或主观因素在行动过程中的作用，没有把规范取向作为影响行动过程的独立变量，那么，理想主义传统的缺陷恰恰相反，即过于强调价值规范的作用，以致忽略了其他有关因素。

理想主义传统在德国表现得最为典型。这一传统把时代精神、共同理想和一般价值作为理解行动的出发点，强调对某一社会所出现的特定行动的理解必须以对该社会文化价值的认识为前提，换句话说，行动只有表现了该社会的文化价值才获得了可供理解的意义。与实证主义传统不同，理想主义传统否认对行动进行自然科学式的因果解释的可能，而强调对包含在行动之中的文化价值和主体意志的理解。

帕森斯将理想主义传统中关于价值规范是影响行动的独立变量的观点概括为

规范取向要素吸收到自己的行动理论之中，但他同时批评了理想主义的不足：它忽视了状态要素对表达文化价值的影响，而在这种影响下，行动在克服障碍的过程中只能曲折地表现特定的理想或价值。

帕森斯认为自己建立的一般行动理论的分析框架综合了实证主义和理想主义的正确观点。从一般行动理论的立场上看，状态背景和规范取向是影响行动的两个同等重要的独立因素：在行动过程中，人们在确定目标和达到目标的手段时有一定的选择自由，但这种自由受到两方面的制约，社会文化中的价值规范因素对这种选择进行指导和调节，状态背景则为行动提供机会或障碍。

帕森斯列举出四位古典理论家来支持自己的立场。他声称，一般行动的概念框架并非自己的独创，而是继承了四位古典理论家的旨意，这四位理论家是英国的马歇尔、意大利的帕累托、法国的杜尔克姆以及德国的韦伯。

帕森斯对上述四位理论家的观点作了总结，尽管他们各自的理论出发点不同，但他们都承认规范取向和共有价值对行动的重要影响，社会价值规范成为各派理论立场的汇聚点。帕森斯认为，这种一致性的价值规范之所以得到特别强调，是因为它构成了社会秩序的基础。

正因如此，价值规范对行动的调整成为帕森斯一般行动理论的核心论点，这一论点也成为贯穿于他后来发展的全部理论之中的一条主线。

三、社会系统中的模式变量

帕森斯于 1951 年出版的《社会系统》以及同年出版的与希尔斯合著的《行动的一般理论》，对行动理论作了进一步发展，这两部著作的主题就是阐述社会价值体系是如何通过影响行动者的主观取向而导致行动者之间相互依赖和相互结合的。

（一）行动系统与社会系统

帕森斯认为，行动理论的分析重点不是各个单位行动，而是行动系统，因为任何单位行动都是在特定的行动系统之中发生的。行动系统指行动者与其状态之间发生的某种稳定的相互关系。

帕森斯把一般行动系统区分为四个附属系统并确定了它们之间的等级层次，见表 9－1。

表 9－1　　行动系统的等级关系

行动系统	控制等级	制约等级
文化系统	信息流动 ↓	能量流动 ↑
社会系统		
人格系统		
行为有机体		

各个附属系统按其所在的等级层次同其他附属系统进行信息和能量的交换，从而发生着控制和制约的关系。

帕森斯把分析重点放在社会系统上。社会系统是整个行动系统中的一个附属系统，它受到文化系统（价值取向和规范模式）的控制和人格系统（角色）的制约，因此，它的核心是制度化的角色关系。确切地说，社会系统是由行动者同其状态中的其他行动者之间稳定的制度化的角色关系构成的。通常所说的“社会”是社会系统中的一种特定类型，是指对环境具有较高程度的自给自足性的社会系统。除了社会之外，社会系统还包括那些在其环境中自给自足程度不那么高的二人组合关系、小群体、家庭及各类组织等。

帕森斯对社会系统的分析首先从结构分析入手。他认为，社会结构的核心概念是“自我”和“他人”。这两个概念分别表示在行动过程中发生相互关系的不同角色。社会系统依赖于角色之间在权利和义务关系上的互补性。这里，权利指的是对互动对象的特定行动的某种期待，义务则指满足对方期待的行动。互补性关系意味着互动双方权利和义务达到某种程度的一致性，即“自我”的权利恰恰是“他人”所承担的义务，“自我”的义务又是“他人”的权利。正是这种权利和义务的互补性关系使得互动能够持续进行下去，从而维持着社会系统的稳定。帕森斯写道：“社会系统的既成状态，就是两个或两个以上单独行动者的互补性相互作用过程，在这一过程中，双方中每一方都对另一方的期待表现出自己的顺应性。”①

帕森斯把行动者所处的地位和承担的角色看成社会结构的最基本单位，也就是说，社会结构指的是各个地位—角色之间的稳定的制度化关系。

既然帕森斯行动概念的基本特征是受价值规范调节的主观取向，那么，社会结构——各个行动单位主观取向的某种程度的协调——必然与价值规范相联系。实际上，在帕森斯看来，维持角色之间权利义务的互补性关系的先决条件是承担角色的行动者对同一组价值规范有共同的理解。任何社会系统总以制度化的价值体系为其特征。对于社会系统的稳定来说，维持某种制度化的价值体系成为一项最基本的前提。

有两个原因可能使社会结构发生偏离，一是承担角色的本领不是与生俱来的，因此新成员的加入有可能使原有结构发生偏离；二是人们并不一定完全按照角色期待去做。这两种偏离有可能造成社会结构的解体，因此，社会系统需要两种机制对可能出现的偏离进行调整，这就是：第一，社会化机制，负责向新成员传授和灌输社会价值观念和道德规范，使他们掌握承担角色的本领；第二，社会监督机制，对越轨行为实行监督和制裁，维持正常的社会结构。这两种机制的实质都是维护一种统一的价值体系。帕森斯始终认为，一个社会，只有价值观念一致时，社会秩序才趋向于稳定。

---

① ［美］T. 帕森斯：《社会系统》，204页，纽约，1951。

（二）模式变量理论

模式变量理论是帕森斯用来区分行动者在互动过程中主观取向的类型学工具，在对社会系统的分析中，它又独特地充当了描述社会关系、区分社会结构的类型学工具。因此，通过这一理论，两个层次的现象——行动者的主观取向同社会系统的结构类型——沟通起来，这表明帕森斯的理论分析重点由社会行动转变到社会系统。

帕森斯认为，行动者在与其他行动者的互动过程中，必然要面临五个方面的抉择，即解决必然出现的五个问题，这五个方面可能的抉择被概括在五对范畴之中。这些可供抉择的五对范畴被帕森斯称为“模式变量”，它们不仅可以用来确定行动者的主观取向，而且，由于行动总是在特定的系统之中发生，因此也可以把它们作为刻画系统的结构特征——制度化的角色关系——的基本变量。

模式变量的五对范畴是：普遍性与特殊性；扩散性与专一性；情感性与中立性；先赋性与自获性；私利性与公益性。

第一，普遍性与特殊性。这一抉择涉及互动过程中特定行动标准的适用范围。区分这对范畴的决定性因素是行动者在互动过程中所遵循的规范性标准是否受团体界限的影响。在这一抉择中如果选择了普遍性，意味着行动者在同任何其他人的互动中都遵循同样的规范性标准；而选择特殊性则意味着行动者因人而异地改变自己的行动标准。医生和病人之间的关系是普遍性的例子，母子关系则反映了特殊性。

第二，扩散性与专一性。这一抉择涉及互动双方权利义务关系的宽窄和清晰程度。如果相互之间的义务是狭窄的并被明确限定，就意味着选择了专一性，其特征是提出要求的一方有证明这项要求的义务。相反，如果双方全部人格投入到互动关系之中，相互给予或取得的满足是广泛的和不受限定的，那么这类互动选择了扩散性一端，其特征是被要求一方有义务解释这一要求无法满足的理由，朋友关系和雇佣关系可以作为扩散性与专一性的例子。

第三，情感性与中立性。这一抉择要解决的是互动关系中是否包含着感情因素。如果双方在互动中投入或获得了感情，则关系处于情感性一边；相反，如果互动双方以理智相对待，避免在相互关系中掺进感情因素，则关系处于中立性一边。作为例证，情感性可以举家庭成员之间的关系为例，中立性则可以举律师和委托人之间的关系为例。

第四，先赋性与自获性（或品质与成就）。这一抉择涉及行动者之间作为相互对待基础的识别标准的性质。先赋性的识别标准着眼于对方是“谁”，即对方的先天品质及其身份背景；自获性标准则主要根据对方“做什么”，即对方的表现和成就，来识别和评价对方。家庭关系与医生病人关系可以作为这对范畴的实例。

第五，私利性与公益性。这一抉择涉及互动中优先考虑的是哪一方的利益。私利性意味着将自身利益置于优先地位，而公益性则是将对方或整个集体的利益放在优先地位。例如，商业关系主要受私利性支配，而公众福利事业则要优先考虑他人或集体利益。

任何一种制度化的社会关系都是上述五种抉择的某种组合。但这并不意味着各个行动者在特定的情景状态下，处理具体的人际关系时可以临时或随意地作出这些抉择。帕森斯认为，特定的社会关系所包含的模式变量组合是既成的和稳定的，它是由社会文化中价值规范预先规定好的。换句话说，模式变量的某种组合不是在个体行动者偶然的随意抉择基础上建立起来的，而是社会文化系统中价值规范的制度化结晶。正是这种制度化的价值规范支撑着社会关系结构。行动者在进入某种社会关系时，不仅不能随意改变这种关系结构，而且必须预先通过社会化过程将价值规范内化在自己的人格系统中，即了解各种角色关系中社会文化对五对变量所作的抉择，以便根据具体情景随时调整自己的主观取向。只有合乎规范取向的行动，才能保持互动关系的平衡，使互动过程得以持续进行，使行动者顺利地达到目标。由此可见，模式变量是规范取向在互动系统中的具体表现。

正因为模式变量可以用来区分社会结构类型，所以很容易将它同滕尼斯的社会关系类型——公社和社会——联系起来，即认为模式变量是描述公社—社会类型的具体变量，是对滕尼斯类型学的发展和深化。模式变量与公社—社会类型的对应关系如表 9－2 所示。

表 9－2　模式变量与公社—社会类型的对应关系

公　社	社　会
特殊性	普遍性
扩散性	专一性
情感性	中立性
先赋性	自获性
公益性	私利性

帕森斯认为，五种抉择的组合构成了所有可能的社会关系。这五对变量是相互独立的，因此，任意五种抉择的自由组合都可以构成某种独特的关系类型，所有的角色关系都可以用模式变量来描述和说明。这意味着，从理论上来说，可以得到 32 种不同的组合，即 32 种不同的关系类型。与“公社”和“社会”相对应的不过是其中的两个极端类型，除此以外，模式变量还可以分析处于这两个极端类型之间的所有复杂的结构类型。

尽管模式变量在帕森斯理论中的主要用途是划分和描述社会关系的一般结构类型，但帕森斯坚持它也为文化层次和人格层次上的分析和比较提供了分类学依据。在文化层次上，可以用模式变量对不同社会的价值取向作出区别，为跨文化比较提供了基础；在人格层次上，它可以用来区分不同的需求倾向，从而推动对各种人格类型的研究。

此外，在帕森斯那里，模式变量还发挥了推动其理论发展的独特作用。由模式变量构成的分类学万花筒提供了变幻无穷的组合类型，为这些类型命名并对之进行说明，往往能形成新概念或触发新思路，因而成为帕森斯在发展理论时乐于使用的方法。可以说，在某种意义上模式变量充当了帕森斯理论发展的催化剂。他的成熟理论——对社会系统所作的结构功能分析——在某种程度上就是对模式变量的某种组合加以引申的产物。

四、结构功能分析

（一）从模式变量向结构功能分析的过渡

模式变量揭示了各种制度化社会关系的特征，但有待于进一步解释的是，为什么某种互动关系以特定的变量组合为特征？或者，为什么各种特殊的关系结构采取了不同的变量组合？这些问题导致帕森斯的分析重点从社会结构转向功能，确切地说，帕森斯因此而将结构分析同功能分析结合起来，发展了以结构功能主义命名的宏观理论和分析方法。

在帕森斯看来，社会系统乃至整个行动系统都面临着一些大致相同的基本功能要求，满足这些要求是系统生存的先决条件，而这些要求是通过系统的内部结构得到满足的，因此结构分析必须同功能分析结合起来。结构功能分析的基本任务包括识别系统的基本功能要求以及分析各种基本结构是如何满足这些功能要求的。结构功能主义也正是因此而得名。

在帕森斯的概念体系中，社会结构与社会制度是等值的。“制度可以称为复杂的模式化的角色整合，这种整合在相应的社会系统中具有战略性结构的意义。”① 在这个意义上，结构不是具有实体性的具体的社会组织，而是制约着特定类型角色互动的抽象规范模式。

帕森斯区分并考察了现代社会中各种稳定的制度。在这些制度中所包含的模式变量组合各不相同，一些变量经常地同另一些特定变量结合在一起。例如在职业制度中，往往可以发现普遍性、专一性、中立性等变量的特定组合；而在亲属制度中，强调的却是特殊性、扩散性、情感性等变量。这暗示着：各个模式变量之间并非完全独立，而是存在着某种内在联系，这种内在相关性将各个特定变量组合在一起。经过分析可以发现，只有在扮演单一角色或角色接触面很狭窄的情况下（专一性），才有可能实行一种一视同仁的标准（普遍性）；相反，如果同时扮演多种角色或角色接触面很宽（扩散性），那么最可能的选择是根据同对象的特殊关系而决定自己的态度（特殊性）。根据上述考察，帕森斯修改了自己关于各对模式变量具有独立性以及各个范畴可以任意组合成某种特定结构类型的看法，深入分析了各个范畴之间的内在联系，详细地考察了基于这种联系的各种基本的组合类型。他认为，社会结构的最基本类型是同它们所必须满足的系统功能要求相联系的，这样，帕森斯的理论重点就由通过模式变量所作的结构分析转向了结构功能分析。

① ［美］T. 帕森斯：《社会系统》，81页。

（二）行动系统的普遍功能要求：AGIL

行动系统的基本制度化结构是由这一系统必须满足的功能要求决定的，帕森斯提出四个基本范畴来概括这些功能要求。这就是：适应（A）、达鹄（G）、整合（I）、维模（L）。在帕森斯高度抽象的理论框架中，这四项要求是任何行动系统（包括社会系统）都必须满足的。

适应（adaptation），指系统必然同环境发生一定关系，为了能够存在下去，系统必须拥有从外部环境中获取所需资源的手段，或者说，系统必须具有通过操纵某些手段来控制环境状态的能力。

达鹄（goal attainment），系统的目标是指某种期望状态。任何行动系统都具有目标导向，系统必须有能力确定自己的目标次序和调动系统内部的能量以集中实现系统目标。

整合（integration），任何行动系统都由各个部分组成，为了使系统作为一个整体有效地发挥功能，必须将各个部分联系在一起，使各个部分之间协调一致，不致出现游离、脱节和断裂。

维模（latency pattern maintenance），又叫潜在模式的维持。在系统运行过程暂时中断即互动中止时期，原有的运行模式必须完整地保存下来，以保证系统重新开始运行时能恢复互动关系。系统必须拥有特定机制经常维护处于潜在状态的模式。

帕森斯所提出的这四个基本概念具有高度的抽象性和概括性，为研究所有行动系统提供了功能分析框架。对行动系统进行功能分析，就是集中考察这四项功能需求是如何得到满足的。

根据 AGIL 分析框架，那些在较高层次的系统中特定地满足某项功能需求的结构部分是该系统的功能性子系统，因此，每个系统都可以相应地划分为四个子系统。

最一般的行动系统是通过图 9－1 所示的四个子系统来满足其功能需求的。

A G

行为有机体	人格系统
文化系统	社会系统

L I

图 9－1 一般行动系统中的四个子系统

行为有机体的生物特性决定着系统适应问题的性质，并为满足适应性功能需求提供基本能量。

人格系统包括个体的动机、欲望和目标，行动系统的达鹄要求的满足正是在聚合和调节个体目标的基础上实现的。

社会系统是由各个行动单位通过制度化关系联结而成的，因此满足着行动系统的整合要求。

文化系统中所包含和保存的价值规范为整个行动系统提供着基本模式，从而实现了维模功能。

一般行动系统的各个相对独立的子系统本身也可以看做一个独立系统，因而也面临着同样四项必须满足的功能要求。而且，当这一子系统达到一定规模时，其内部也会分化出相互区别和相对独立的更低层次的子系统。尽管分析的层次可以有所不同，因而对各个系统层次的具体解释也可以有巨大差异，但 AGIL 却可以作为适用于各个层次行动系统的功能分析框架。

（三）对社会所作的功能分析

在帕森斯的范畴体系中，社会是一种具有较高程度自给自足性的社会系统。在 1956 年出版的帕森斯与斯默尔塞合著的《经济与社会》一书中，集中分析了社会的主要制度模式及其相互关系。

在社会中，与某项功能需求有关的行动类型构成了社会的一个子系统。社会的四个子系统是分别满足四项功能需求的四类制度性结构。功能分析的任务首先是揭示出这四类制度性结构的特征。

社会要想存在下去，必须适应环境。在社会中，满足适应这一功能要求的是经济制度。只有通过经济活动（生产、分配），社会环境中的自然资源才能转化为满足成员各种需求的产品。

达鹄涉及目标决策和目标实施。为了实施目标必须有能力将人力和物力组织起来，集中于实现目标的行动。在社会中承担这一功能的制度结构是政体。政体不仅包括政府机构，同时还包括一切行使权力或权威的行动类型。

整合意味着社会内部各个成员或组织之间维持着某种最低限度的团结与合作，避免分裂性冲突。为此必须形成某种制度性结构以加强社会团结，并对可能出现的冲突进行调解。承担这一功能的社会制度主要是法律，此外宗教的某些部分也与整合功能有关。

维模涉及保存和传递社会基本价值规范，使之不受社会成员更替的影响。社会中执行维模功能的制度主要是家庭和教育以及宗教制度的某些部分。这些制度共同承担着保存、传递文化的任务，社会成员的社会化过程正是通过这些制度完成的。

除了指出在社会中承担四种功能的主要制度性结构以外，对社会进行结构功能分析的再一个任务是揭示各个子系统之间的关系。帕森斯将这种关系称作子系统的边界关系。

帕森斯强调，一个系统的运行状态是否稳定，不仅取决于它是否具备满足一般功能需求的子系统，而且还取决于这些子系统之间是否存在曾跨越边界的对流式交换关系。如果一个子系统的输出恰恰满足了其他子系统的需要，而且它本身的需要又能通过来自其他子系统的输入得到满足，那就意味着它与其他子系统之间存在着对流式交换的边界关系。

分析社会的各个子系统之间的关系，就必须了解各个子系统用来同其他子系统进行交换的媒介。帕森斯对各个子系统的交换媒介作了说明：承担适应功能的子系统输出的一般交换媒介是货币；承担达鹄功能的子系统输出的交换媒介是权力；整合子系统输出的交换媒介是影响或赞同；最后，维模子系统输出的交换媒介是价值承担和声望。

可以举属于适应子系统的经济制度与属于维模子系统的家庭制度之间的边界关系为例来说明这种交换过程。经济子系统通过支付工资为家庭提供了各种消费品和服务，使得家庭在社会中得以生存；同时，家庭作为社会价值的主要承担者又为经济系统提供具有参与经济活动的积极动机的合格劳动者，为经济活动的顺利进行提供了必要条件。

因此，对于一个社会来说，维持其内部各个子系统之间边界关系的最低限度的平衡是至关重要的。

（四）社会变迁思想

20 世纪 60 年代由于社会动乱不断发生，以社会系统的均衡状态为理论核心的结构功能主义遭到激烈的批评。其中最主要的批评意见是：结构功能主义过分注重社会系统的稳定和秩序，只强调均衡，看不到冲突，无法解释社会变革现象。作为对这一批评的反应，帕森斯在 1966 年出版的《社会：进化与比较的观点》和 1971 年出版的《现代社会体系》两本书中，对社会进化和变迁问题作了集中考察。他晚期的理论研究试图向人们表明，结构功能主义同样可以运用于分析社会变迁和冲突现象。

帕森斯的社会进化理论的关键性概念是结构分化和子系统之间的边界关系。由于 AGIL 框架为研究各个不同类型的社会系统提供了统一的分析工具，因此，它同时为各类研究提供了广泛比较（横向的和纵向的）的基础。在这种比较中，同一层次的社会系统内部的结构分化程度成为确定它们在现代化序列中所占位置的排序标准。

结构分化意味着承担着多种功能的单一结构类型转化为各自承担单一功能的多种结构类型。在人际互动的微观层次上，这一过程体现为角色分化；在整个社会的宏观层次上，则体现为制度性结构类型的分化。帕森斯举亲属关系为例来说明这种结构分化过程。原始社会的主要结构类型是由血缘纽带将人们联系在一起的扩大式家庭制度，它承担着经济、政治、宗教、社会化等一系列基本功能。而在现代社会中，各种分化出来的制度性结构分别承担了其中的一部分基本功能，职业机构承担了经济功能，教育机构承担了社会化功能等，使得家庭由多功能制度类型转变为专门化制度类型。

在社会的某一子系统内部也可以发现更进一步的结构分化过程，现代社会经济子系统内部往往又分化为承担适应功能的银行制度，承担达鹄功能的生产制度，承担整合功能的管理制度和市场体制，以及承担维模功能的各种激励表彰制度等。此外，像政治子系统中的三权分立等都可以作为结构分化的例子。

帕森斯认为，专门化结构能够更有效地实现它们所承担的功能，因此，结构分化的层次是社会现代化程度的重要指标，社会进化就是通过内部结构不断分化实现的。这一观点吸收了斯宾塞和杜尔克姆的某些思想。

但是，一方面，结构分化本身又会带来子系统之间边界关系的复杂化；另一方面，各个子系统内部结构分化的速度和水平往往不一致，从而经常打破原有边界关系的平衡，造成子系统之间关系的紧张和紊乱。上述情况增加了社会整合的困难。帕森斯认为，由社会结构分化带来的系统内部关系的紧张、不平衡和紊乱是社会变革的原因。

有些紊乱可以通过系统内部机制的调节而得到恢复，在这种情况下不会出现整个社会的动荡，出现的仅仅是社会内部结构保持基本不变情况下个别结构的调整，这是社会内部的变革。工业化社会中家庭结构所发生的由传统大家庭向核心家庭的转变就是一个例子。

另一种情况是，子系统之间的不平衡出现得非常突然和剧烈，超出了社会调节机制的控制范围，原有的社会结构无法继续维持下去，这时就会出现全面的社会变革。帕森斯用自己的结构功能主义变迁思想重新阐述了韦伯在《新教伦理与资本主义精神》一书中所描述的社会变迁过程。资本主义的产生这一具有历史意义的社会变革，主要是由于宗教改革改变了维模子系统中的基本价值观念，从而破坏了维模子系统同其他三个子系统之间边界关系的平衡，正是在重新恢复边界关系平衡的过程中，资本主义的经济制度、政治制度和法律制度同时发展起来了。

并非任何边界关系的不平衡都能引起社会进化。社会进化意味着社会整体适应能力的增强。在结合整个人类社会的进化历程深入分析结构分化的具体内容时，帕森斯提出了“进化共相”的概念。“进化共相”是用来概括各个社会在进化历程中必然出现的一些普遍的制度性特征的，它包括：（1）分层结构；（2）政治结构的文化合法性；（3）科层制；（4）市场体制；（5）普遍性法则；（6）民主体制。

在《现代社会体系》中，帕森斯将所有进化过程概括为四个更抽象的演化形态，这些形态分别与系统的结构功能相对应（见图 9－2）。

A　　　　　　　　　　G

适应性增长	分　化
价值概括化	容　纳

L　　　　　　　　　　I

图 9－2　进化过程的四个演化形态

第一，适应性增长过程集中反映在经济活动效率的提高上。新技术、新工艺的采用增强了整个社会的适应能力。

第二，分化过程与达鹊子系统相联系。社会结构的分化同时表现为目标的分化，整个社会的分化过程与各个制度化结构分别确立专门化目标并提高实现目标的能力相联系，各种组织的出现反映了这一过程。

第三，发展着的容纳过程，反映了社会进化中为了使结构分化不至于导致系统的分裂，系统整合要求在不断地提高。民主化制度的建立是这一过程的集中表现。

第四，价值概括化为高度分化的现代社会提供着抽象的模式和统一的基础。随着分化程度提高而来的抽象的共有价值代替各种特殊规范的趋势，是维模子系统在进化中所发生的最显著变化。

总起来看，帕森斯坚持一种社会进化趋同论，把现代化理解为西方化，把当代美国置于社会进化的顶端，这一立场遭到了许多人的批评。

值得指出的是，帕森斯在研究社会变迁时采取的研究方法和理论概念具有一定特色，它避开了传统因果决定论方法的不足，强调系统内部各个部分之间的相互作用和相互依存，强调子系统之间的边界关系，从而为社会学和历史学的研究提供了一个新颖的角度。

帕森斯毕生致力于发展一种可以包容一切社会现象和统一所有理论立场的高度抽象的宏观理论，他的这一愿望部分地得到了实现。然而在 20 世纪 60 年代以后，攻击结构功能主义的声浪不断高涨，迫使那些即使仍然坚持结构功能主义立场的社会学家也不得不对这一理论进行反思和加以限制。其中，帕森斯的学生默顿就是一个突出的代表。他独具慧眼，最早发现了结构功能主义的弱点，并通过对传统功能分析方法的反思和批评发展了功能主义。

第三节 默顿对功能主义的发展

默顿（1910—2003）是美国当代最有影响的社会学家之一。1936 年他在哈佛大学获得博士学位。自 40 年代起，一直在哥伦比亚大学工作。现在是哥伦比亚大学社会学系的荣誉退休教授。

默顿具有渊博的古典理论知识，深受韦伯、杜尔克姆和托马斯等人的影响。

与帕森斯热衷于建立抽象的宏观理论相反，默顿非常重视理论研究与经验研究的结合，注重二者之间的动态联系。他在哥伦比亚大学与拉扎斯菲尔德广泛合作，承担了这所大学应用社会学研究所的大量经验研究项目。在理论上，他提倡一种超出于工作假设之上，而又能进行有限度的理论探讨的“中级理论”。他的关于“社会结构与失范”、“科层制人格”、“参考群体理论”等都是中级理论的范例。尽管他没有提出统一的理论，但他那种与帕森斯形成鲜明对照的条理分明的研究风格却为他赢得了很高的声誉。

默顿的功能分析范式完善了功能分析方法，将结构功能主义推进到一个新阶段，同时也使他成为当代结构功能学派最主要的代表人物。

默顿最著名的著作是 1949 年出版、1957 年修订的《社会理论和社会结构》。

一、对传统功能主义的批判

同帕森斯一样，默顿把对制度化行为模式（即社会结构）进行功能分析确定为社会学研究的基本任务。但在对功能概念的理解上，两人之间却存在着很大分歧。

在帕森斯的理论体系中，功能概念由于为社会系统内一切制度化结构提供了合理存在的依据而占据着核心地位。通过功能概念，帕森斯为社会描绘了一幅以均衡、和谐为特征的理论图景。

默顿与帕森斯不同，对他来说，“功能”并不是用来构造宏观理论的基本概念，而是对社会现象进行理论分析的最重要的方法，运用这一方法的最终目的不是对现实作出抽象的、带有倾向性的说明，而是发展一种既可以解释经验材料又可以被经验材料检验的中级理论。

默顿认为，以往的功能主义理论引进了一些含混不清、未经验证的假设，使用了一些未经定义的不准确的概念、术语，造成了极大混乱。这种情况妨碍了功能分析发展为一种最有成效的研究方法。因此，要发展一种成熟的功能分析方法必须首先对功能分析取向进行批判式的反思，找到产生混乱的根源，对功能分析的基本概念及其暗含的假设做一番清理。

默顿对早期功能分析中三条“流行的假设”提出了质疑。这三条假设即英国人类学中功能学派所坚持的“功能统一性”、“功能普遍性”和“功能不可缺少性”。默顿认为，这三条假设是毫无根据的，经不起事实的检验。

功能统一性假设认为，社会系统的各个部分在运行中是协调一致和相互促进的，不会产生不可调解的持久冲突。默顿指出，事实常常与这一假设相反。在一个社会中，某种风俗或制度，可能促进了某个群体的凝聚或整合，因而对这一群体来说，它们发挥了特定功能。但对另一群体来说，它们却可能起到某种分裂作用，从而改变了其功能性质。例如，当宗教制度促进了宗教群体的内部团结时，很可能助长了各个宗教群体之间、宗教群体与社会其他部分之间的紧张和冲突。因此，功能性质决不能靠超验的推理来解决，更不能根据未经检验的假设来断定，它是一个需要在特定范围内借助经验才能加以确定的问题。如果不确定被分析群体的界限，盲目坚持功能统一性假设，势必过分夸大分析对象的功能，而忽略它在助长社会冲突方面可能起到的作用。

功能普遍性假设主张所有标准化的社会形式或文化形式都有积极的功能。默顿指出，进行功能分析的社会学家不能预先假定任何标准化行动模式都有利于系统生存，都实现了系统的功能要求。因为经验表明，有些标准化行动模式会产生减少系统的适应或协调的后果，或者，它们产生的后果同所涉及系统的生存毫不相关。因此，具体文化项目的功能性质不能从功能普遍性假设中先验地推导出来，而有待于经验调查。

功能不可缺少性假设认为，在一种文明类型中，任何风俗、观念和信仰都满足一些重要的功能，都有一定需要完成的职责，在整体运行中起着不可缺少的作用。默顿认为，这个假设本身是含糊不清的，它把两个互相联系但又有所区别的观点搅到了一起：第一，它假定有些功能是任何社会或群体为了维持生存都必须设法加以满足的，即功能需求的不可缺少性，实际上这是功能先决条件的概念。第二，它假定某些文化形式对满足社会功能要求来说是不可缺少的，即结构不可缺少性。因此必须从这两个方面对这条假设进行考察。

在第一个问题上，默顿不愿像帕森斯那样先验地假设所有系统都具有同样的一些普遍功能需求，尽管他有保留地承认就某个社会系统而言，存在着必须满足的特殊功能先决条件。在具体处理上，他比帕森斯慎重得多。他认为功能需求不能随意确定，在将某种功能需求纳入理论以前，必须用经验加以检验。在第二个问题上，默顿认为，没有什么证据支持某一文化项目对于满足特定功能需求来说是必不可少的这一观点。恰恰相反，经验表明，即使功能需求已经确定，也可以通过不止一个文化项目加以满足。换句话说，尽管有些社会系统具有大体相同的功能需求，但它们用来满足功能需求的具体项目却可能迥然有别。

默顿告诫人们：不可缺少的功能需求与满足功能需求的特定文化项目的不可缺少性是可以分开的两个问题。在研究中，要注意区分功能需求与承担功能的项目这两个概念。过去人们在进行功能分析时往往不注意区别这两个概念，因而很容易犯逻辑错误。最常见的逻辑错误便是用必不可少的功能需求来证明某项制度性结构的合理性和必要性。

默顿指出，上述三条假设根本否定了社会中存在着不平衡和冲突，因此否定了社会变革的可能性。正因为有了这三条假设，以往的功能分析（包括英国人类学和帕森斯的结构功能主义）往往只注重研究那些促进系统稳定或维持现存结构的机制。这三条假设，限制了功能分析的发展，是导致功能主义蒙受保守性罪名的重要根源。改造功能分析方法的出路就是彻底抛弃这些先验的假设，将功能分析同经验研究结合起来。

除了对上述三条假设进行清算以外，默顿还注意到引起混乱的另一个根源，这就是在以往的功能分析中，“主观动机”与“客观后果”这两个概念之间的区别没有得到应有的强调，往往只从主观动机的角度考察功能问题。默顿在这一问题上继承了杜尔克姆的观点，坚持二者之间具有显著区别的立场，主张把功能分析重点放在客观社会后果上。他认为，社会学家在进行功能分析时，首先关心的不是引起某一行动的主观动机，而是这一行动的客观社会后果。不论这种客观的社会后果是否增强了社会系统的生存能力，都与个人的主观动机和个人目标无关。

仅仅了解个体行动的主观动机，尽管有助于我们认识行动过程，但对认识整个社会系统的运行来说只具有有限的意义。个体行动的后果是一种集合现象，这种集合现象往往具有鲜为人知的或始料未及的性质，这些性质构成了今后个体行动所必须适应的环境状态。也就是说，人们虽然生活在由他们的行动所创造的世界中，但却常常感到世界具有超出自己控制之外的、不容选择的强制性。因此功能分析的重要任务之一就是发现各种行动后果的集合性质，从而揭示建立在这种集合性质基础上的各种基本制度之间的关系。而这些基本制度，在默顿看来，与大多数人的那种世俗的主观动机没有多大关系。

通过对以往功能主义理论缺陷的揭示和批评，默顿建立起他的用以指导经验研究的功能分析范式。

二、功能分析范式

默顿的功能分析范式是对功能分析方法的完善，它包括一组精确的概念和研究方案，这些概念和方案揭示了在进行功能分析时应牢记的而为以往功能主义者所忽略的最重要的方面和应解决的主要问题，并能在经验研究中发挥指导作用。范式本身不是一个完整的理论，但它为提出严谨的、可以由经验材料加以检验的理论打下了基础。

在默顿的功能分析范式中，影响最大的有下述一些概念：功能分析的项目和机制、显功能与潜功能、正功能与反功能、功能接受者、功能替代物、结构制约性等。分述如下：

功能分析的第一步是明确对之进行功能分析的项目是什么。人们可以对许多社会现象进行功能分析，例如社会文化模式、角色关系、科层组织结构等等，但在一项具体研究中必须确定自己的研究对象，确定了项目，则可以进一步确定分析它的哪些“可观察后果”。在项目和客观后果之间，研究者还要识别一种被称为“机制”的中介变项，项目正是通过机制而产生特定的客观后果的。默顿指出，早期的功能分析在这一问题上是含糊不清的，没有明确确定项目，没有认识到功能分析就是对项目的可观察后果的分析。

默顿将各种可观察后果区分为显功能和潜功能，这一区别与他所坚持的动机与后果的区别相联系。默顿指出，“显功能是有助于系统的调整和适应的客观后果，这种调整和适应是系统中参与者所预料所认识的；与潜功能相关的是没有被预料也没有被认识的客观后果。”[①] 默顿指出，过去的研究重点集中于显功能分析，这种对潜功能的忽视损害了功能分析方法。他列举了许多经验研究中发现的实例说明潜功能的存在以及对之进行分析的重要性，并开列了研究潜功能的五点方案，即回答下面五个问题：第一，潜功能是怎样发挥作用的？是否依参与者的意识而改变其作用方式？第二，对参与者来说，功能潜在性意味着什么？参与者所不了解的是机制还是后果？第三，为什么参与者不了解这一后果？第四，潜功能是对谁而言的？是部分参与者还是全体参与者？第五，我们所分析的是哪一个后果？是直接后果还是间接后果？默顿认为，可以通过对这五个问题的回答推动潜功能分析的深化。他把潜功能分析列为功能分析方法中最重要的环节之一。

此外，默顿还提出了反功能的概念。他告诫功能主义者不应假定所有制度化

---

① ［美］R. K. 默顿：《社会理论和社会结构》，增订本，105 页，纽约，1968。

行动模式都具有促进系统调适的后果，被分析的项目很可能具有减少系统调适的后果，即反功能。默顿第一个在功能分析方案中明确引进反功能的概念，从而大大拓宽了功能分析领域。过去人们只研究制度的积极方面（整合、均衡），而忽略了它的消极方面（紊乱、问题、干扰）。但实际上，社会只是在一定时期而非所有时期保持平衡状态，反功能概念明确地重申了过去所忽略的方面，把人们的注意力引向探求社会变革的原因。默顿指出，对反功能的研究应当放在历史的（时间的）框架中进行，任何项目都可能有连续性的多重后果，应当引进时间的维度对这些后果进行观察。反功能可能在短期内显露，也可能是某种长期的后果。反功能概念的提出，推翻了以往功能分析中暗含的功能普遍性假设。

显功能—潜功能以及正功能—反功能的交叉分类构成了功能分析的四个最重要的基本取向（显—正功能；潜—正功能；显—反功能；潜—反功能），对任何项目都可以按照这四个取向进行分析。特别是第四个组合：潜—反功能，应当引起高度的重视，这一分析取向可以引导功能分析考察社会问题和社会变迁现象。一项社会制度除了显现在外的正功能以外，常常会附带产生一些没有意料到的副作用，这种潜在后果可能导致系统的紧张和紊乱，它们积累到一定程度就被确定为社会问题，就有可能威胁到原有的结构，为了消除这些威胁，不得不建立新的补偿结构，从而刺激社会努力变革，导致社会结构的变迁。

再一个概念是“功能接受者”。在分析某一项目的某一特定后果时，要注意划清它在其中发生影响的系统范围和受它影响的群体界线。因为对不同群体或系统来说，同一后果可能有不同的功能性质，一个群体可能是该后果的功能受益者，而同时另外的群体却是该后果的反功能受害者。特别是在不同群体和组织存在着利益冲突，同时资源又相对缺乏的情况下，区别功能接受者尤为重要。引进了功能接受者概念，使功能分析出现了新的取向，即引导功能分析对社会中存在的利益冲突、阶级矛盾进行深入研究。这一研究取向推翻了功能统一性假设，使得原来那种在任何情况下都把整个社会作为某一功能的统一接受者的观点，或者按照项目对全社会统一功能需求所作的贡献对之进行评价的做法变得不切实际、站不住脚了。

虽然默顿并没有一般地否认系统的功能先决条件的存在，而是主张在接受以前对之进行慎重的经验检验，但他坚持认为，即使承认了某种功能需求，也不能因此而断言实现这些需求的特定项目是必需的。在这一问题上，他提出了“功能替代”或“功能选择”的概念。默顿指出，鉴于不能用满足某项功能需求来定义特定项目（这会犯定义项与被定义项外延不符的逻辑错误，如用促进整合来定义宗教），坚持特定结构是实现系统功能要求的唯一项目是毫无根据的。在多数情况下，总是存在着可供选择的功能替代物，跨文化研究可以清楚地证实这一点。由于提出了功能替代物的概念，系统的功能需求和对特殊结构的需求这两个概念被清楚地区别开来，从而推翻了以往功能分析中“功能不可缺少性”假设。

但是，一个社会中可供选择的替代项目范围有多大？为什么一个特定社会恰恰选择了某一项目而非其他项目去实现特定的功能需求？为了回答这些问题，默顿提出了“结构制约性”概念：社会结构的既成状态，即各个结构要素之间的关系，产生了一种结构制约力量，它规定着一个社会的结构变异度即功能替代的可能范围，同时决定着对各替代项目的选择。但是，默顿强调说，人们不能仅仅根据“结构制约性”进行先验的推导，这一概念只是提供了指导经验研究的总原则，对具体社会的功能选择现象的解释必须依赖于细致的经验研究。

许多社会学家都指出：结构制约性的观点已经不是用功能来解释结构，而是把结构作为解释功能选择的原因，从而使默顿离开了功能主义的基本立场。

归纳起来，默顿的范式把功能分析规定为下述步骤：第一，功能分析的重点是制度化行动模式（即结构）的客观后果；第二，要充分认识这种客观后果的多重性，特别注意那些出乎参与者意识之外的潜在后果；第三，结合时间要素，根据特定后果与相应系统之间的关系对这一后果进行功能评价，即确定其功能性质，并通过反功能考察社会问题和变迁现象；第四，必须清楚地界定某一后果所涉及的系统范围和群体范围，认识到对不同群体来说，特定后果的功能性质发生变化的可能性；第五，认清在不同类型社会中功能替代的可能性，并通过对“结构制约因素”的考察解释这种替代过程。

默顿的功能分析范式提出了许多新的概念和新的观察角度，使传统的功能分析方法从一团模糊的取向变成了可以用来指导经验研究的精确的概念范畴体系。以后的功能分析大都接受了默顿的范式，从而把功能主义推进到一个新的研究阶段。

默顿的范式在一定程度上改变了功能主义的基本性质，过去的功能理论大多以论证系统的稳定、秩序、均衡、整合为目的，往往流于抽象和空想；而新的范式则作为指导经验研究的工具，引导人们对现实社会结构的客观后果进行功能认识、作出功能评价。

*　　*　　*

结构功能主义在美国社会学界经历了崛起、鼎盛和衰落的三部曲。尽管在20世纪60年代，结构功能主义开始走下坡路，但它仍然经常成为社会学界争论的中心。如果一个学说的重要性不以赞成人数的多少，而以引起争论的范围和受到学术界关注的程度作为评定标准的话，结构功能主义仍然是最有影响的社会学理论之一。在美国，即使是反对者，也必须大量引证结构功能主义的观点和概念，甚至在一个时期，批评结构功能主义成为授予社会学高级学衔的升级仪式。可见，这一学说抓住了当代社会学的核心问题。从社会学理论发展史的角度看，现代美国社会学中许多有影响的学派，都是在对结构功能主义的弱点或缺陷所作的批判中发展起来的，像包立交换理论的乔治·霍曼斯对结构功能主义的态度就经历过由皈依到叛逆的转变；60年代崛起的冲突理论也是从对结构功能主义的批判中发展起来的。因此，结构功能主义起到了承前启后的作用，成为联系古典理论和现代理论的枢纽。

【本章要点】

1. 结构功能主义把社会结构和社会整体作为基本分析单位。重点考察社会系统中维持系统存在的各种机制，以及各个组成部分在维持系统存在中所作的贡献。它致力于解决的基本问题是：社会系统如何维持其存在状态，并发展出一套全新的系统分析方法。

2. 结构功能主义的思想渊源：（1）欧洲早期社会学家孔德、斯宾塞的社会有机体的思想，特别是斯宾塞的社会有机体学说已经包含了结构功能主义的基本命题；杜尔克姆关于社会整体性和系统性、社会团结和社会秩序、因果分析和功能分析的观点为结构功能主义所继承、接受和发展。（2）英国文化人类学功能学派的影响。马林诺夫斯基提出的功能普遍性和功能不可缺少性假设，拉德克利夫-布朗提出的功能统一性假设，成为传统功能主义的理论基础。

3. 帕森斯的社会行动理论。帕森斯将行动视为主体朝向目标的动作。行动单元包括：行动目标、情景状态和规范取向三个要素，其中情景状态和规范取向是影响行动的两个同等重要的独立因素。价值规范对行动的调整不仅是帕森斯行动的核心点，也成为贯穿他后来发展的全部理论之中的一条主线。

4. 社会系统。行动系统由下述四个附属系统组成：文化系统、社会系统、人格系统和行为有机体。社会系统仅是其中的一个子系统。社会系统是由行动者同其状态中的其他行动者之间稳定的、制度化角色关系构成的。社会系统需要通过社会化机制和社会监督机制对可能发生的偏离进行调整：

5. 模式变量理论。模式变量理论的提出，表明帕森斯将分析重点由社会行动转向社会系统。行动者之间的互动过程必然要做五个方面的抉择，这些可能的抉择被概括在称为模式变量的五对范畴中。特定社会关系中的变量组合是由社会文化中的价值规范预先规定的。模式变量不仅可以用来分析社会结构，同时也为文化层次和人格层次的比较提供了分类学工具。

6. 结构功能分析。从模式变量向结构功能分析的过渡，表明了帕森斯修改了关于模式变量具有独立性及可以任意组合某种特定结构类型的观点，提出社会结构的基本类型同社会系统必须满足的功能要求相联系的看法。

7. 行动系统的普遍功能要求：AGIL。任何行动系统都必须满足四个最基本的功能要求，即适应（A）、达鹄（G）、整合（I）、维模（L）。这四个基本范畴为研究所有行动系统提供了功能分析框架。

8. 社会变迁思想。帕森斯的社会进化理论的关键性概念是结构分化和子系统之间的边界关系。帕森斯进一步提出了进化共相和演化形态的思想，所有进化过程都可以概括为四个更抽象的演化形态，这些形态与系统的结构功能相对应。它们是：适应性增长；分化；采纳；价值概括化。

9. 默顿对传统功能主义的批判。默顿认为早期功能分析中三条流行的假设是无根据的、经不住事实检验的。他还认为，在以往的功能分析中“主观动机”和“客观后果”这两个概念之间的区别没有得到应有的强调。默顿坚持功能分析应当在经验研究的基础上进行，应以各种制度化行动的客观后果为重点。

10. 功能分析范式。功能分析范式是默顿对功能分析方法的完善，包括一组精确的概念和研究方案，其中主要有：功能分析的项目和机制、显功能与潜功能；正功能与反功能；功能接受者；功能替代物、结构制约性等。默顿的范式把功能分析规定为五个步骤。

【基本概念】

结构功能主义　社会行动　社会系统　子系统　模式变量　适应（A）、达鹄（G）、整合（I）、维模（L）　功能分析范式　正功能　反功能　功能接受者　功能替代物　结构制约性

【思考题】

1. 结构功能主义有哪些基本特征？
2. 帕森斯社会行动理论的重点是什么？
3. 模式变量理论的基本内容以及它的理论功能是什么？
4. 帕森斯是如何运用 AGIL 框架对社会进行结构功能分析的？
5. 默顿是如何发展功能分析方法的？
6. 如何评价结构功能主义在社会学史上的地位和作用？

【参考书目】

1. [美] 帕森斯．社会学与社会组织．杭州：浙江人民出版社，1986
2. [美] 帕森斯. 社会行动的结构．南京：译林出版社，2003
3. [美] 默顿．社会研究与社会政策．上海：三联书店，2001
4. [美] 默顿．社会理论和社会结构．南京：译林出版社，2006
5. [英] 拉德克利夫-布朗．原始社会的结构与功能．北京：中央民族大学出版社，1999
6. 蔡文辉．行动论的奠基者——派深思．台北：允晨文化实业有限公司，1982
7. Merton R. *Social Theory and Social Structure*. Glencoe，1957
8. Parsons T. “A Paradigm for the Analysis of Social Systems and Change.” In：*System*，*Change and Conflict*. Ed. R. Peterson. N. Y.，1967
9. Parsons T. *The Social System*. Glencoe，1951
10. Parsons T. *Societies*：*Evolutionary and Comparative Perspectives*. Prentice Hall，1966
11. Parsons T. *System of Modern Societies*. Prentice Hall，1971
12. Smith A. D. *The Concept of Social Change*：*A Critique of the Functional Theory of Social Change*. L.，1973
13. “Toward a General Theory of Action.”In：T. Parsons，*Ed. E. Shils*. N. Y.，1951
14. Radcliffe-Brown A. R. *Structure and Function in Primitive Society*. L.，1952

15. "Sociological Theory." In：L. A. Coser，Ed. B. Rosenberg. N. Y.，1964

16. Sztompka P. *Metoda Funkcjonalna w Sociologii Antropologii Spolecznej*. Wroclaw；W-wa，1971

17. "Toward a general theory of action." In：T. Parsons，Ed. E. Shils. N. Y.，1951

第十章 社会冲突理论

社会冲突理论在美国是作为对结构功能理论的反思和对立物提出来的。如果说结构功能主义强调的是社会的稳定和整合，代表社会思潮中的保守主义，那么社会冲突论则是社会思潮中激进派别的代表，它强调社会冲突对于社会巩固和发展的积极作用。该理论在 20 世纪 60 年代后一段时期里流行于美国和个别西欧国家。

第一节 社会冲突理论产生的历史背景

社会冲突理论是动荡不安的美国社会及日益尖锐化的社会矛盾的反映。

一、战后美国社会及其社会思潮的发展

第二次世界大战后的美国社会经历了相对稳定和繁荣的历史时期，这一阶段主要是指 20 世纪 40 年代中后期和 50 年代，是所谓美国的黄金时代。美国在第二次世界大战中所处的特殊位置，以及随之出现的经济繁荣和取得的科学成就，使得美国战后赢得了国际霸主地位。美国统治阶级把国内和国际关系中的这种变化归结为美国社会理想与秩序的成功和胜利。战后十几年中，美国人狂热地吹捧和信仰着美国的一切，反映在理论界和思想领域，歌功颂德的社会思潮一时占据了主导地位。美国社会始终存在的剥削、压迫、社会不平等、社会矛盾和冲突被美国的成就和显赫的国际地位暂时掩盖了。在人们的心目中一个年轻的国家取得超乎世界各国的地位与成就，只能证明这个国家社会结构的合理、价值选择的正

确。理论家们忘记了社会大量存在的矛盾和冲突，保守思潮一时泛滥于整个美国社会，解释现行制度的合理性成为战后这一历史时期理论的主流。

20 世纪 60 年代是第二次世界大战后美国社会思潮发展的第二阶段，也是全球性大动荡的年代，这对于美国社会来说更为突出。早在进入 60 年代前，正当美国人陶醉于自己的成就和地位时，东西方对峙的冷战状态、战后民族解放运动的高涨，撼动着美国的霸主地位；通货膨胀日益加剧和工人失业日益严重，酝酿着新的资本主义危机。进入 60 年代后，美国国内社会冲突加剧，社会矛盾尖锐，黑人运动、越战危机、民权运动、青年运动等各种运动此伏彼起；国际形势也朝着不利于美国的方向发展：东西方军事力量对比发生了根本性变化，第三世界兴起，欧洲和日本发展壮大。面对这一动荡的社会和国际霸主地位的丧失，不同的人对此作出了不同的反应，但就全社会所形成的一般倾向来看，是抨击现实，摒弃保守主义，激烈地倡导社会改良。社会冲突理论，就是在这样的历史背景和社会思潮下产生的。

70 年代以来，美国社会思潮进入又一发展阶段。经过十几年的社会动乱和调整，美国又开始了一个相对稳定的时期。新技术革命促进了社会生产力的发展，经济获得稳定增长。社会稳定和经济增长使社会保守思潮再度泛滥，尽管它们与战后的保守主义在表现形式上相距甚远，并且在相当程度上承认社会冲突的存在，但两者之间有一点是相同的，即维护美国文化价值观念，崇尚美国社会的模式和理想。这种新保守思潮的特点，除形式多样外，还表现为对 60 年代的深刻反思，以及利用新技术革命的成就和美国社会价值观设想将来的未来主义倾向。

第二次世界大战后美国社会经历的这样三个内容各异的发展阶段，其间各种不同的社会因素对理论的形成和发展、对理论的内容及其倾向有着决定性影响。当 40 年代中后期和 50 年代美国称雄世界时，美国人认为眼前的一切都是那样的和谐、一致、平衡和美好，他们忘记了社会上所有的矛盾和冲突。描述社会制度合理性、社会结构平衡性的结构功能论正是在这种社会条件下产生的，成为美国社会学界的主导理论。60 年代，当美国人从十几年的梦境中醒来时，信仰危机笼罩美国社会，这时社会学的主题不再是什么一致、平衡，而是冲突和压制。严酷的社会现实使理论研究和发展的方向发生了变化。激进主义思潮成了美国 60 年代社会思潮的主流。激进的理论家们关注现存制度的不合理方面，关心社会的各种冲突，倡导改良甚至所谓革命，以谋求社会的发展和进步。社会冲突理论就是当时这些激进主义思潮的一种典型的理论代表。

除了当时的社会历史条件直接推动着人们进行理论思考外，社会冲突理论的形成和发展还有自己内在的逻辑。社会冲突理论重要代表人物达伦多夫曾做过这样的分析：从马克思、孔德到齐美尔，社会冲突、特别是社会革命，一直是社会研究的中心课题之一。帕森斯借用一系列相互联系的范畴，说明社会体系的整合问题，而不注意分析社会冲突，这与他所处的特定社会历史背景有关。这是因为帕森斯面临的问题是要解释“什么把社会维持在一起”，而不是“什么驱使社会前进”[①]。因此，我们可以说，所谓理论发展内在的逻辑，至少表现为这样两个方面：首先，新的理论思考必须在前人思想基础上进行，如果没有前人的探索，就不可能或很难发展出后来的某种理论；另外，前人提出的理论，受后来的社会历史条件的影响呈现出不同的发展方向。如果说结构功能理论是在战后特定历史条件下选择了先前各种理论中的保守主义方面，那么，在新的社会形势下人们选择与之对立的激进思潮也就不难理解了。

二、社会冲突理论的思想渊源

研究者指出，社会冲突理论正式形成虽晚，但冲突思想却像社会客观存在的冲突本身一样历史悠久、源远流长，它是各种理论中最富有成果的一种传统。[②]

（一）20世纪以前的冲突论思想

16世纪意大利资产阶级政治家马基雅弗利和17世纪英国唯物主义哲学家霍布斯，19世纪德国伟大思想家马克思和像韦伯、齐美尔那样的跨世纪人物，都曾对社会冲突理论的发展作出过重要贡献，特别是马克思和韦伯被认为是这一理论的直接先驱。

马克思的思想被西方理论界认为是社会冲突理论的一个重要来源，是冲突论发展史上的一个重要阶段。当然，西方理论界也不乏这样的“左派”，他们把马克思主义视为冲突论的同义语，推崇马克思为冲突理论的始祖，特别是20世纪60年代，这种看法一度相当流行。在冲突论者看来，马克思的理论主要包括这样三个基本假设，即经济组织决定所有其他社会组织；每个经济组织里都含有阶级冲突的成分；无产阶级因受压迫而逐渐产生共同的阶级意识，以反对资产阶级的剥削。其中，马克思的阶级斗争学说和从经济学角度对社会政治关系的考察，对冲突理论影响最大、最直接。美国社会学家柯林斯从他的研究立场出发，认为马克思的冲突论思想表现为两个方面，一个是经济演化理论，一个是所谓的“分层理论”。前者使冲突理论的传统获得令人满意的政治效果；后者成为后来分层冲突理论的基础。

人们对韦伯在冲突理论上的贡献也有较高的评价。在西方社会学界甚至有人认为，冲突理论的主要根源来自马克思和韦伯。韦伯分析社会的出发点是，认为人都享有其自我利益。他并不否认社会共同利益的存在，但认为它只能建立在个人自我利益基础上。除此之外，韦伯还有这样一些鲜明区别于他人的地方。首先，他反对以经济基础作为决定社会结构和社会生活唯一条件的观点，他认为宗教、教育和政治党派与经济因素具有同样的作用。

其次，韦伯对社会阶级作了更加细致、具体的分析。他的社会阶级分析包括

① ［德］R. 达伦多夫：《关于社会冲突理论》，载《国外社会学》，1987（3）。

② 参见［美］R. 柯林斯：《冲突理论的基础》，载《现代外国哲学社会学文摘》，1984（11）。

阶级、地位团体和党派三个方面。其中，他的阶级概念与马克思的定义有相似之处，即指具有相同经济地位的人群；他讲的所谓党派，指能够保障领导者权力、维护其成员的理想与物质利益的联合体；他的所谓地位团体，指靠继承而享有特殊社会地位的人。

另外，韦伯不承认未来的人类社会可以进化到一种完美、无冲突、和谐的境地，他认为那只是一种乌托邦式的幻想。

把韦伯的思想当作冲突论思想来源的人认为，韦伯有关思想与马克思有关思想具有同样的价值。有人认为，冲突论因此也可以分为两大传统：一是受到马克思的影响，认为社会学家具有批判社会的义务，社会终将进化到不再有冲突的境界。冲突论重要代表人物、美国社会学家米尔斯，法兰克福学派及其他新马克思主义者都属于这一传统。源于韦伯的冲突论者，承认冲突存在的必然性和长期性，但他们反对带有价值判断的社会分析，竭力倡导一种超阶级、超价值判断的、客观的冲突分析。达伦多夫、科塞和柯林斯等人都可以划为这一传统。

意大利社会学家帕累托的著述当中也有许多冲突论的思想，是冲突论发展史研究中不可忽视的一个人物。帕累托的冲突论思想的主要特点，在于他相对于他前辈或后辈的多数冲突论者来说，并不具有冲突论者通常所具有的那种激进色彩。他的思想之所以被认为具有保守的性质，是由于他研究社会的角度不同。首先，帕累托面对当时的社会矛盾，在达尔文主义和实证主义传统影响下，发展出一种归纳性的、自然主义的社会冲突理论。这种理论主要目的是要识别和解释那些决定社会系统达到平衡的实际力量。社会学的研究就是要对社会基本元素加以识别、归类和分配，并找出其规律性变化。

其次，帕累托认为社会不是静止不动的，而是一个充满冲突和变迁的动态过程。这些过程的背后有两种微观成分，即心理状态和社会基本原理，它们分别规定着社会行为和社会过程。

另外，帕累托认为社会统治是统治精英与非统治精英的循环。社会基本元素通过阶级结构不均匀地分布于社会。当上层社会吸引了较为落后的元素，下层社会获得优良品质时，社会就会出现革命，就会出现两类统治精英的交替。总之，帕累托认为，社会以特定思想和规范为基础，在特定阶级或精英的控制下，基本元素的相对分布引起并决定着冲突变迁和统治精英的不断循环。所以，社会就是规范力量和精英的平衡系统，这同马克思重视宏观因素、社会经济因素形成鲜明对照，因此，他的冲突论具有明显的自然主义的保守性质。

（二）20世纪前半期的冲突论思想

19世纪末期资本主义的所谓和平发展，以及20世纪前半期发生的两次世界大战，影响和妨碍了人们对社会冲突理论的深入研究。不过，客观存在的社会矛盾也引起人们对马克思、韦伯和齐美尔冲突论思想一定的重视。其中，美国社会学家帕克、凡勃伦等人对此有过专门的论述。

帕克特别注意社会的生态学基础，尤其是个人与群体的空间分布。帕克的冲突论思想主要建立在这样的基础上，即他认为人类谋求生存的斗争必然会导致竞争、冲突和适应的过程。

帕克假设了社会变迁的特定次序，即首先有一个骚乱和不满阶段，它导致社会运动发生，最终导致制度的改变和重建，导致文化的同化。其中，最具有冲突论特点的是帕克认为在社会的生物秩序中，竞争导致了统治和继承的生态过程，这个过程是社会进化的基本力量，社会竞争、冲突等阶段的出现和存在都不过是对这种基本力量作出的反应。将社会变迁次序模式化，就形成了帕克的社会系统的生态学模式：即首先有一个作为基础的、以文明和社区为内容的生态秩序，它包括个人和群体在争夺可用空间斗争中形成的空间分布；经济秩序涉及的是商品的生产、消费和服务；政治秩序的中心是通过制定和解释法律来解决冲突；最高层次是道德秩序，它以习俗和社会规范调整和约束整个社会。

凡勃伦（1857—1927）一生大部分时间是在19世纪度过的，但他的主要学术成果大多形成于20世纪初。凡勃伦在重视实证和经验的美国社会学家中独具特点，他擅长于从历史角度探讨社会。凡勃伦的分析首先开始于他所剖析的人性三个基本特征，即父母倾向、技艺本能和闲散好奇心。他认为这些特征代表了社会制度的基础。他曾有过这样的记述，社会进化过程始于人类价值观的改变，其中，闲散好奇心会带来科学技术变革，而后者又是社会进化与变迁的主要动力。

另外，这一过程具有选择性和平衡倾向，经过若干阶段之后产生了劳动分工和所有制。凡勃伦这种进化阶段性的认识与马克思主义对社会发展史的划分很相近。他认为社会始于劳动分工不发达但高度团结的和平的蒙昧状态，由此出现所有制和劳动分工的低级野蛮阶段，以及具有高级所有制和有闲阶级的高级野蛮阶段，最后导致科层化的资本主义制度。社会充满了不同经济集团之间的对立与冲突，技术发达，拜物主义风行，高度替代性消费出现，人性被完全扭曲。总之，凡勃伦认为，人性的基本特征，特别是个人的闲散好奇心，引起了科学技术变革，从而导致竞争、冲突、剥削的经济结构和阶级结构。

凡勃伦的冲突论思想也体现在一些宏观层次上。他认为各个社会由于模仿及适应的能力不同，致使进化速度各异。其中的任何一点不协调都会在一定的范围内或多或少地引起冲突和混乱。

除帕克和凡勃伦外，社会冲突论思想还散见于20世纪前半期的西方哲学、社会学和社会心理学的各种理论流派当中，这是冲突理论发展的低潮时期。

（三）20世纪60年代以来社会冲突理论的发展

社会冲突论在20世纪前50年发展的基础上，随即出现了一个理论发展的高潮时期。在这一时期里，美国社会学界涌现出了米尔斯、科塞、里斯曼、兰斯基和柯林斯等一批著名社会冲突论者；此外，法兰克福学派和原联邦德国社会学家达伦多夫也对社会冲突理论的发展作出了重要的贡献。其中，米尔斯是50年代和60年代美国社会学研究方向转变时期的主要代表人物；他和达伦多夫一样，同属于受马克思主义影响的所谓的“左派”冲突论者；科塞的冲突论则属于与结构功能主义有着某种联系的功能主义冲突论。限于篇幅，以下只对米尔斯、科塞和达伦多夫的冲突论作重点介绍。

第二节 米尔斯对社会学的想象

一、生平与著述

查理斯·怀特·米尔斯（1916—1962）出生在美国得克萨斯州的韦科。他在家乡的得克萨斯大学获得学士学位和硕士学位，然后进入北方的威斯康星大学社会学系攻读博士学位。1941 年，米尔斯学成毕业，获得博士学位，随后曾短期到马里兰大学任教。自 1946 年起，他执教于哥伦比亚大学，一直到 1962 年 3 月 20 日在纽约州奈亚克猝死于心脏病。

米尔斯一生的贡献和学术特点，深受威斯康星大学社会学系的影响。社会学思想史的研究者们普遍认为，米尔斯早年所受的教育决定了他学术上的两个特点：首先，他通晓欧洲社会学，熟悉起源于欧洲的各种社会学经典理论。早在威斯康星大学期间，他的教师中有两位擅长社会学经典理论的教授：贝克尔和德籍社会学家葛斯，特别是后者，对米尔斯早期学术生涯影响重大，米尔斯因此潜心学习了德国社会学理论。毕业后，米尔斯还与葛斯一起编辑、翻译了韦伯的一些重要著作，并于 1946 年在纽约合作出版了《马克斯·韦伯社会学论文选》一书。

另外，米尔斯的激进倾向也与他早年就学于威斯康星大学有关。一般地说，米尔斯站在激进的批判立场上，关注社会矛盾与冲突，并以对美国资本主义社会的批判性分析开始他的学术生涯，这与他进入社会学界时特有的时代背景有关，但他也不否认威斯康星大学，特别是罗斯对他的影响。初到威斯康星大学时，罗斯尚未退休，他作为罗斯的博士生之一，深受这位前辈社会学家批判与激进立场的影响。

米尔斯从事社会学教学与研究工作只有 20 年，他的学术研究在 20 年中明显分为三个阶段：最初，他主要从事对马克思和韦伯的研究。米尔斯承认，他的宏观社会学理论，主要受马克思和韦伯的影响。1946 年与人合作出版的《马克斯·韦伯社会学论文选》、1948 年出版的《新的当权者：美国劳工领袖们》，是他最早的出版物，也是这一阶段的代表作。随后，米尔斯转向经验研究。他借工作在哥伦比亚大学应用社会科学处之便，在拉扎斯菲尔德社会研究方法影响下，大量收集材料，先后写成了《波多黎各人的历程：纽约最新的移居者》（1950，与西尼尔和戈德森合作）、《白领：美国的中产阶级》（1951）、《凡勃伦有闲阶级理论入门：制度的经济学研究》（1953）、《性格与社会结构：社会制度的心理学》

（1953，与葛斯合作）和《权力精英》（1956）。在这一阶段米尔斯的著作中，除经验研究之外，还发展了他研究的另一种倾向，即越来越明显地显示出他对宏观社会的社会变迁问题的兴趣。这种兴趣在 20 世纪 50 年代中后期居于主导地位，在此之后进入了他研究的第三阶段。这一阶段除编辑《关于人的幻想：社会学思考的典型传统》（1960）一书外，有关当代世界体系的《第三次世界大战起因》（1958）、有关美国社会科学发展的《社会学的想象》（1959）、有关古巴革命的《听着，美国鬼子：古巴的革命》（1960）和他的最后一部著作《马克思主义者们》（1962），都明确表现出他对社会结构与社会变迁问题的浓厚兴趣。

米尔斯被认为是第二次世界大战后美国社会学界少数几个最重要的代表人物之一。在美国，他被认为是学术界的"暴发户"（volcanic eminence）、"美国社会科学界最有争议的人物之一"。他在他的全部著述中先后主要涉及了美国社会阶级关系的变化、性格与社会结构的关系、权力研究和他对社会学发展的想象这样四个方面。其中，有关美国社会阶级关系变化的研究，即对美国 20 世纪后作为中产阶级的白领阶层的研究，以及权力研究即权力精英理论，是他对冲突理论的主要贡献，是以冲突论为代表的激进地批判社会的思想先声。

二、美国社会阶级关系的新变化

米尔斯对美国社会阶级关系的研究主要见于《白领：美国的中产阶级》一书。从本书的题目就可以看出，米尔斯所说的白领是指在企业家和工人中间形成的、作为缓冲带的中产阶级。这个中产阶级已经成为美国，乃至整个资本主义社会人口的一个重要组成部分。他们是由经理、领薪水的雇员、专业职员、售货员以及各种办公室的办事员构成的。当然，现代西方社会学者划分白领的标准不一，如按脑力劳动为标准，则把从事脑力劳动的教师、医生、律师、高级职员等称为白领；如按职业为标准，则把专业和技术人员、经理、办事员、销售员等称为白领；如按直接生产或间接生产为标准，则把打字员、速记员、文书、技术员等非直接生产人员称为白领。米尔斯认为白领阶层的形成和出现，是 20 世纪以来工业化进程中最重要的变化。米尔斯指出："正是在这个白领世界里，我们才能找到 20 世纪生活的主要特征"，"他们是一群新型的表演者，在供他们表演的舞台上，推出的都是 20 世纪的主要剧目"[①]。由于白领阶层属于在 20 世纪的社会中承担着重要任务的行动者，所以，米尔斯由此开始了他对美国社会阶级关系变化的研究。

《白领：美国的中产阶级》一书共分四部分，首先，分析了老式的中产阶级；其次，分析了 20 世纪之后形成的、充满现代资本主义社会的白领世界；再次，分析了白领阶层的生活方式；最后，分析了他们行使权力的方式。米尔斯在全书自始至终贯穿了他早年就开始信奉的德国两种经典社会理论，即马克思的异化理论和韦伯有关科层制的论述。他把马克思和韦伯的思想巧妙地融合在一起，构成

---

① ［美］C. W. 米尔斯：《白领：美国的中产阶级》，2 页，杭州，浙江人民出版社，1987。

了全书一种特有的分析批判的立场。其中，他以马克思的异化思想为依托，着重分析了白领阶层的形成和他们的社会生活，又以韦伯的科层制为基本线索，分析了白领世界的社会地位和他们的职业特征。

马克思的异化理论认为，劳动把人从动物界分离出来，人们通过作为一个农民、铁匠、医生或一个店员的劳动，表现出他们的人性。但资本主义所刺激起来的现代工业则使得以劳动表达人性日益困难，资本主义制度下的工业化正在创造越来越多的无意义的工作，从事这些工作的人被剥夺了以劳动表达某人性的基本方式。因此，他们正在从自身中、从他人那里、从自然之中疏离出来。米尔斯以同样的口吻说：大部分白领工人是正在失去个人权力的可怜虫，“作为一个群体，他们对任何人都没有威胁；作为个体，他们的生活方式很难说有什么独立性”，他们是以从工作和他们自身中疏离和异化出来为特征的。①

首先，米尔斯利用异化概念分析了白领阶层的形成，接着，他用异化概念分析了白领的社会生活，他把白领职业者称为殉葬式的英雄，“他们作为小人物，从事的往往是一些并非出于自己本意的活动，他们默默无闻地在某个什么人的办公室或商店里工作着，从来都不许大声说话、和人顶嘴或站着不干活”②。长此以往，自我的异化与劳动异化比肩而来，在他们的生活中明显出现了两种异化的心理反应：一种是因异化造成的心理上的忧郁与迷乱代替了工作的辛苦。可能正是由于他根本就不清楚自己将向何处去，他的行为才表现得狂乱而匆忙；然而正是由于他不知道威胁着他的东西是什么，所以他对恐惧的反应才是麻木的。第二种心理反应是由于社会结构对性格的影响，使人们把工作上的异化疯狂地投向闲暇活动。“寻求人为的刺激。他们厌恶工作，无休止地贪图玩乐。这种骇人听闻的活动交替方式耗尽了他们的精力。”③

米尔斯分析白领阶层的第二条线索，是以科层制分析白领世界的社会地位和他们的职业特征。在韦伯看来，科层制在许多社会组织中是提高行政组织工作效率最合适的一种制度。米尔斯承认：作为一个表示政府的浪费和烦琐拖拉的办事程序特征的用语，科层制一词是资本主义英雄时代的遗留物。科层制的发展使世界成为一个人工的操作系统，白领阶层置身于庞大的科层体系中，并不参与直接的生产或制造，只是在管理与被管理过程中扮演一个中间角色，为整个大系统谋取不属于他个人的利益。在这个庞大的科层体系中，白领阶层的成员们，无论他们来自什么阶级或阶层，现在都不能不服从科层给他们规定的新地位。但是就像从前那样，与其说他们现在形成了一个水平的层面，倒不如说是在社会的整个旧金字塔内部形成了一个新的金字塔。为此，米尔斯提出了判定白领社会地位的方法和途径。

另外，米尔斯沿着科层制的思路，分析了处于科层体系中白领阶层的各种职业特征，这项工作占去了《白领：美国的中产阶级》一书的大部分篇幅。

---

① 参见［美］C. W. 米尔斯：《白领：美国的中产阶级》，导言部分。

② 同上书，5页。

③ 同上书，10页。

诚然，正如我们上面提到的，米尔斯关于白领阶层的分析曾遭到过来自各方面的批评。有人认为他的分析仅仅是指责，没有同情；有人认为他没有指明改进白领阶层存在方式的可能性。但后来的冲突论者坚持说，也许米尔斯是把白领低级职员的问题夸大了，也许他在分析白领阶层时有着一种怀旧情绪，但他确实注意到了中产阶级生活中缺少权力这一重要现象。特别是他指出了白领阶层不仅缺少控制自己生活的个人权力，也缺少参加国家事务的政治权力。这也就是说，当我们不是孤立地而是把米尔斯的白领理论放到冲突论的总背景下时，就会充分理解其应有的理论意义。

三、关于权力的研究

20 世纪 50 年代，米尔斯在研究了白领问题之后不久，又开始研究其他一些令人苦恼的时代问题。与白领毫无权力的状况相反，社会上有着支配政治、经济、军事三大力量的权力精英。另外，尽管从卡斯特罗的古巴革命到可能爆发的第三次世界大战米尔斯都有所涉猎，但他尤其关心的一个问题，同时也是他对冲突论最有影响的一个贡献，就是他对权力问题的研究。在米尔斯看来，所谓权力是指在面临反对情况下能够实现自己意志的能力；所谓权力精英是指那些处于能作出重要决定位置上的人。

米尔斯的权力或权力精英研究主要见于他的《权力精英》一书。米尔斯认为，美国是一个由权力精英支配的社会。20 世纪以来，社会的政治、经济、军事三大支配力量规模不断增长，权力日益扩大和集中。作出重要决定的国家权力主要集中在企业领导人、政治家和军事领袖手里。在这三个集中而庞大领域的每个顶端上，形成了作出经济、政治和军事决定的权力精英的高级圈子。与此同时，社会中的所有其他制度，如国家、宗教、教育等却处于边缘地带，它们可能会对国家的政策制定作出某些反应，但却难以影响国家的政策制定。

当然，支配美国社会经济、政治、军事权力的三方也是互相牵制和互相联结的。在经济领域的顶端有资产雄厚的公司总裁；在政治秩序的顶端有政府部门的官员；在军事组织的最高层，军人政治家云集在参谋长联席会议和上层指挥系统。由于每一个领域与其他两个领域的利益相符，因此决策的结果是统一的。三方权力首脑，即公司巨头、政治管理者、军阀的紧密联合形成了美国的权力精英。[①] 至于它们的结合，米尔斯认为，社会中大量的事实都证明大企业与政府的互相联系，企业巨头可以支配政府，政府也日益插手经济生活的所有领域。总之，在他们之间一个人可以从三巨头政治的这一部分领导人摇身一变成为另一部分的领导人。米尔斯对此曾有过这样一种估计，即私有企业的军事资本主义存在于一个脆弱而形式化的民主体系之中，它包含了一种相当政治化的军事秩序。在早期美国历史中，即从革命时代到 19 世纪最初 25 年，在全国最高层次的决策

① 参见［美］C. W. 米尔斯：《高级圈子》，载《国外社会学》，1987（3）。

中，政治制度起着主要作用；之后，权力开始由政府转到经济制度中，一直到所谓罗斯福新政，政府权力精英与经济权力精英联合。第二次世界大战之后，由于权力精英注意的问题由国内扩展到国际，军队权力上升，军事领导人在最高决策过程中有了更大的发言权，造成美国的军事结构成为政治结构中一个重要组成部分，导致军事资本主义的形成。这就是说，权力可以建立在财产之外的因素上，但权力精英却因其共同利益结合在一起，维持一种持久的、战争性的经济。①

米尔斯在《权力精英》一书中还剖析了把持美国社会权力的权力精英们的社会来源或阶级背景。权力精英理论另一重要内容，同时也是该理论最鲜明体现其冲突论立场之处，就是揭穿了流行于西方社会的一个神话，即所谓的“平衡理论”。这种理论认为，美国政府是一种自治的机构，由利益竞争所造成的平衡来调节。这种平衡反映在美国政府最高层，就是所谓的议会监督总统，最高法院对分立的三权做最后的平衡。米尔斯并没有直接讨论政府的三部分是否平衡，而是做了两点批驳。首先，他抓住到底谁在国会中代表美国人民的问题。在米尔斯看来：“他们代表的是在事业上获得成功的人，是那些年龄较大、在本地出生、信奉基督教的有着特权的人。他们受过高等教育，在收入和社会地位上至少属于中上等级。一般来说，他们不受雇佣，也没有干过薪水很低的工作。总之，他们是本地的新老上层阶级。”② 其次，米尔斯认为，我们的监督以及由此产生的平衡理论，至多只有在特殊历史阶段才适用。“那些仍然认为权力系统反映社会平衡的人，经常把当今时代与过去的时代相混淆，把当今时代系统中最低和最高层次与中间层次相混淆。当平衡理论被概括为一种关于权力系统的主要模式的时候，它缺少了一种历史确定性。实际上，平衡理论作为一种模式，它应是确定的，只能适用于美国发展的某个特定阶段，如著名的杰克逊时期，或处于完全不同环境的（罗斯福）新政的初期和早期。”③

第三节 科塞的功能冲突论

一、生平与著述

功能冲突理论是继米尔斯之后，流行于美国社会学界的一种主要冲突理论。功能冲突论代表人物科塞（1913—2003）生于柏林，第二次世界大战后到美国，他

---

① 参见［美］C. W. 米尔斯：《权力精英》，274～276 页，牛津大学出版社，1959。

② 同上书，248 页。

③ 同上书，266 页。

最初执教于芝加哥大学；很快又到了布兰代斯大学任教。由讲师到教授，他在这里一直工作到60年代后期。1954年他获哥伦比亚大学博士学位。自1968年起，他转至纽约大学石溪分校任教，一直到不久前退休。1975年，科塞还曾出任过美国社会学协会主席。

科塞的理论既有结构功能论的背景，又有冲突论的立场。社会学史学家认为，科塞“与那些把结构功能论和冲突论作为两种互不相容观点的社会学家相反，他致力于探索把这两种理论方法结合起来的可能性。他承认有些结构的形成是结构功能论者所强调的认同和一致的结果，但他也指出社会群体得以建立和维护的另一过程是社会冲突”①。与他学术观点上的两重性相似，科塞的学术生涯有着两种背景：他一方面师从于著名结构功能论社会学家默顿，有着相当长一段时间信奉和宣扬结构功能论的经历，另一方面，他又亲身受到过德国的理论熏陶，特别是受到了德国著名社会学家齐美尔思想的影响。科塞一生的学术兴趣主要集中在两个方面，一是社会学理论的研究，二是社会学思想史的研究。早在他开始研究美国早期社会学家的时候，他就注意到他们承认冲突的存在和作用，但那时的社会学界忽视了对于冲突的分析，而且把冲突看做是有害的或有破坏性的东西。科塞决心证明冲突对于社会结构的建立和维持能够作出潜在的和积极的贡献。在这种情况下，他又投向了齐美尔对于冲突所做的一些经典论述，并且在齐美尔思想的基础上，开始了他对功能冲突论的创立工作。

正因为如此，有人曾断言科塞的理论是帕森斯的结构功能论和齐美尔的形式社会学两者的综合。当然，其中有关冲突的看法，又主要源出于齐美尔的思想。科塞受益于齐美尔的主要有两方面的认识。第一，齐美尔认为，建立一种全方位的、整体性的社会理论还为时过早，因此，没有必要像马克思、韦伯、杜尔克姆那样问津宏观的社会整体，社会学只需提炼和形成一种可以包括经验世界内容的“形式”或社会学概念就可以了。而冲突就是齐美尔讨论的一种社会学形式，它是社会互动的形式，发生的时间、地点和强度各不相同。科塞接受了齐美尔的这一看法，他也认为没有必要建立一种囊括所有社会现象的综合性理论，而只需从社会内容当中抽取出一些能说明问题的形式就可以了。第二，科塞具体地发现并接受了齐美尔关于冲突的观点。其中最使科塞感兴趣的是，在齐美尔理论传统中所包含的通过改革和创新解决冲突和阻止社会系统僵化的见解。据此，科塞提出了自己的基本假设，即冲突“增强而不是降低了特定社会关系或社会群体的适应或调整”②。

在解决了理论追求和目的之后，从20世纪50年代后半期开始，科塞即着手功能冲突论的创立和宣传工作。自那之后，在其创作高峰的20年间先后出版了《社会冲突的功能》(1956)、《再论社会冲突研究》(1967)、《持各种观念的人：一位社会学家的看法》(1970)、《社会学思想大师》(1971)、《问题入门》(1972)、

---

① [美] M. 波洛玛：《当代社会学理论》，65页，纽约，1979。

② [美] L. 科塞：《社会冲突的功能》，7～8页，纽约，1956。

《结构与冲突》（1975）、《社会结构中的本我》（1975）和《实体研究中的两种方法》（1975）等著作。

总之，科塞在结构功能理论影响下，在重新论证冲突的性质和功能方面做了大量工作，确立并形成了冲突论发展史上的功能冲突论形态。

二、社会冲突的根源

首先，科塞从结构功能论立场出发，认为社会系统内的每一种成分、部门都是彼此相关联的。当这个彼此相关联的社会系统运转时，由于各个部门对社会系统的整合与适应程度不一致，导致不同社会部门的操作、运行方式和过程的不协调。因而，社会系统运行不可避免地伴随出现紧张、失调和利益冲突现象。冲突现象在社会现实生活中的具体形态不一，但大致表现为暴行、偏离、变态等传统上被人们认为是对社会有百害而无一利的矛盾现象。科塞的贡献就在于，他非但不一般地认为社会冲突于社会是有害的，相反却认为可能是有益的。他的基本观点是，社会整体内各部门间的失调，必然导致各式各样的冲突，冲突引起社会重组，增强其适应性，可以促进或至少是有益于社会变迁。

科塞在《社会冲突的功能》一书中给冲突下定义说，冲突是价值观、信仰以及稀少的地位、权力和资源分配上的斗争，在这一斗争中，一方的目的是企图中和、伤害或消除另一方。从科塞对冲突的解释，可以看出他将冲突的原因分为物质性关系和非物质性关系。物质性冲突原因，是指权力、地位和资源分配方面的不均。非物质性冲突原因是指价值观和信仰的不一致。在他的详细叙述中，他十分重视非物质性的原因。首先，他把自己的注意力集中在人们的心理、情感方面。科塞同意齐美尔有关人类身上有着侵略性或敌对性推动力的观点，认为在密切接近的人类关系中，爱和恨同时存在；密切接近本身就意味着存在有大量滋长憎恨的机会。据此，科塞认为冲突与不和是人际关系的组成部分，而不一定是不安定和分裂的征兆。

其次，科塞认为，冲突只要不直接涉及基本价值观或共同信念，其性质就不是破坏性的，而只能对社会有好处。他举例说，天主教会内部有各种各样的冲突，但只要这些冲突不涉及天主教的基本教义，那么，这种冲突就不会危及天主教本身，而只会对教会有好处。比如信徒们对如何选择主教和教皇有异议，这些都是正常的、无害的。但如果涉及到底是谁创造了世界，就意味着动摇了所信奉教义的基本立场。由此可见，科塞不仅看到了非物质性原因这一方面，而且把它摆到了一个很重要的位置，把它当成了最基本的分界线。那些不直接涉及价值观、信仰的冲突，有利于整个社会系统和群体原有结构的完善以及新规范的制定，否则会造成整个系统的混乱、瓦解和重组。

在区分了社会冲突的物质性和非物质性起因之后，科塞还分别就社会冲突产生的这两种方式做了进一步的说明。对于冲突的非物质性原因，科塞认为它源出于“社会合法性的撤销”。社会合法性的撤销，指人们对现有的制度怀疑并缺乏信心，不再接受现有制度为合理合法。

对于冲突的物质性原因，科塞认为，“当过多的人要求得到充足的报酬机会”时，冲突便会产生。① 换句话说，冲突起因乃是由于社会报酬的分配不均以及人们对不平均分配表现出的失望。报酬的分配不均是社会结构本身的问题，引起冲突的这类原因属于物质性原因。科塞承认并指出这类原因，但并不十分重视它，他把物质性原因最后归并为非物质性原因，因为人们讲的对分配不均表现的失望，已属于心理方面的反应，等于又回到非物质性起因范围。对此，科塞解释说，冲突的严重程度取决于社会结构与心理因素两者间不同程度的相互作用。当然，科塞理论的根本落脚点是功能冲突论，他不认为冲突会给社会带来什么危害，而是认为冲突因此可能导致群体与群体间界限的扩大，也可能导致决策过程中集中与民主的结合及社会控制的增强。

一些社会学史学家分析科塞有关冲突原因的见解时，认为他在《社会冲突的功能》一书中所讲的问题和结构模式很有说服力。当然，科塞有关社会冲突起因上所作的社会结构性分析，与社会冲突作用及功能方面的社会结构性分析是交织在一起的。但有些内容在科塞最初论述时就比较明确或直截了当。例如，科塞认为，弹性比较大、比较灵活的社会结构容易出现冲突，但对社会没有破坏性作用；僵硬的社会结构不允许或难以出现冲突，这是采取压制性手段的结果，由于压制，冲突一旦积累、爆发，其程度势必会非常严重，会对社会产生破坏作用。

三、冲突的社会作用

如果说功能主义者认为冲突仅仅是社会紊乱现象的话，那么，科塞强调的正是冲突的积极方面，即对社会的整合和稳定作用。他认为，解决西方社会学最重要的社会秩序问题，保证现存社会的稳定性，不仅不应排除冲突，而且应该完全承认社会冲突能为现存社会制度服务。此外，科塞的方法论确信，探讨社会学的社会冲突概念，把它与结构功能主义的均衡整合理论、价值规范定向和协同原则相结合，就可以克服结构功能主义的缺陷，并可证明它企图取得一般社会学的社会理论地位的要求是正当的。这就是科塞在其有积极功能的冲突概念中所体现的主要意图。

在科塞功能冲突论的论述中，最引人注目的是他这样两个基本观点，一是认为冲突是一种社会过程，它对于社会结构的形成、统一和维持可以起到一种手段作用；二是冲突可以激励社会革新，导致社会变迁。但事实上当科塞撰写《社会冲突的功能》一书时，他的研究重点却放在了从冲突角度重新考虑功能主义研究的一个老题目上，即如何保持群体内聚力。科塞之所以选择这样一个主要属于功能主义者研究的题目，一方面由于他本人原有的功能主义背景，因此他对功能主

---

① 参见［美］L. 科塞：《社会冲突的功能》，27 页。

义者感兴趣的题目也持有同样的兴趣；另一方面，他发现这是一个可以从冲突论角度重新研究，并可以大有作为的题目。

科塞在分析齐美尔有关冲突的命题时，涉及的一个比较集中的问题，就是社会冲突对于群体的建立和维持的功能。由齐美尔的命题一，即冲突促进群体结合，科塞得出结论说，冲突有外部冲突和内部冲突之分；由齐美尔的命题二，即冲突的维持功能及安全阀制度的意义，科塞谈到了社会安全阀制度问题；此外，科塞还区分了现实冲突与非现实冲突两种情况。

（一）外部冲突与内部冲突

一个社会系统与其外部的矛盾和对抗，称为外部冲突，一个社会系统内群体之间的不和，称为内部冲突。

一般地说，外部冲突有助于明确群体之间的界限，加强群体内部的整合。但在科塞论述时更多注意的是这样一些作用：首先，它是确立群体认同感的基础，是形成群体的必要因素。那么，冲突为什么能在同一社会体系内使各个群体形成鲜明的界限？科塞解释说，冲突可以引起阶级的自我觉醒或自我觉悟。外在的冲突使各个群体强烈地意识到自己是独立的、分离的，并且由此在体系内部确立了群体的认同感，强化群体的共同意识。

其次，外部冲突还能使群体发展、壮大、坚强。敌对群体的出现，外部冲突的发生，一方面是确立并证实这一群体的认同感，同时由于树立了一个强大的反面参考群体，促使群体成员意识到他们之间的同一性，这样便增加群体的整合，增强成员的参与感。外部冲突的这一作用也有限定条件，即如果冲突发生前该群体内聚力很弱，那么冲突只能加速该群体的解体。如第二次世界大战前的英国和法国，前者内聚力很强，外部冲突加强了它的整合和全民的参与程度；后者内聚力很弱，结果在战争中崩溃。

科塞有关内部冲突的见解，与杜尔克姆、米德的观点十分接近，认为内部矛盾、冲突或斗争有界定群体和增强群体认同的功能，能使群体成员认同于规范所定义的正确行为，使人们推崇社会所赞许的价值。因此，科塞认为内部冲突可对群体起到这样的作用，即它增强群体生存、整合及稳定，尤其是当冲突能提供给人们更一致的认同、能重新建立平衡或重新整合失序了的社会时，更是如此。社会群体可由此获得更高的生命力、内聚力和稳定性。除此之外，科塞还详细谈及内部冲突作用的具体方面：第一，群体内部冲突可重新导致团结和平衡。早在齐美尔的思想中就有这样的看法，即人类的任何关系中都存有敌对情绪，这种敌对情绪的发泄将有利于群体的统一。但科塞也指出，如果冲突在某种关系中涉及事物的根本基础时，就很难形成新的和谐，反而导致关系破裂。第二，内部冲突可以在“压力状态下，通过排除反对者来避免群体的解体”[①]。因此，内部冲突同时是社会群体一种至关重要的安全阀机制。

① ［美］L. 科塞：《社会冲突的功能》，90页。

（二）社会安全阀制度

社会安全阀制度或体制是社会的一种机制，它通过潜在的社会冲突来维持一个群体。安全阀可以使过量的蒸汽不断排出，而不破坏整个结构，冲突也能帮助一个动乱的群体“净化空气”。科塞注意到，这样一个安全阀“可以充当发泄敌意的出口”①，及时排泄积累的敌对情绪。

齐美尔认为，社会之中有冲突不完全是坏事，科塞的高明之处，在于他发现并弥补了齐美尔观点中的两方面缺点。首先，应看到冲突和敌对情绪有多种表现。首先，当敌对双方的关系因敌意而被割裂时，可有一个替代的对象用于发泄敌对情绪，替罪羊式的安全阀机制恰好能起到这种作用。其次，敌对情绪的表现可有直接宣泄、转移宣泄和不需要对象的直接表现第三种形式。最后，应区别冲突和敌对情绪。科塞认为敌对情绪不是冲突，政治笑话、讽刺戏剧之所以存在，就在于它不是冲突，而是宣泄敌对情绪。发泄敌对情绪具有安全阀作用。

此外，科塞注意到安全阀体制与社会结构之间的关系。首先，他发现社会结构越僵化，安全阀体制就越重要。一个结构松散的社会，由于存在连续不断的、交叉施加影响的冲突，所以冲突并不是发生在同一断裂带上，加上由于人们参加各种组织，并在组织中追求各自的利益，所以不可能把全部身心投入到瓦解社会的一种冲突中去，因此这种结构的社会是稳定的。而僵化的社会不允许有冲突，如果再取消发泄敌对情绪的途径，造成敌对情绪的积累，一旦爆发必然造成对整个社会结构的威胁。其次，科塞最重要的一个观点是，他强调安全阀体制必须在社会结构当中加以制度化。当然，科塞论述这个问题时明显表现出两种矛盾倾向。作为一个理论家，他一方面客观地讲，“通过这些安全阀可以阻止敌对情绪反对它最初形成时的目标。但是，要做到这一点社会体系和个人都要付出代价”②。也就是说，他注意到安全阀有两方面的作用，好的方面是发泄累积的敌对情绪，不好的方面是发泄了情绪，问题不能解决，不能消除敌对的根源。另一方面作为一个生活在特定社会中的个人，他又希望安全阀体制在社会结构中制度化，这样使统治者可以得到社会信息、体察民情；各种群体的人可以发泄敌对情绪，避免灾难性冲突的最终出现。

（三）现实冲突与非现实冲突

为了详细论证冲突，科塞认为有必要把冲突区分为现实性冲突和非现实性冲突两种类型。齐美尔原来就已看到，有些由于利害关系发生的冲突，往往更多具有的是复仇的性质。这时的冲突往往不是为解决当时出现的问题，而只是为消灭对方。显然，科塞继承了齐美尔的这一思想，并且重新规定了这两种冲突。

现实冲突指的是个人或群体只是运用冲突这一最有效的方法，来达到自己确

---

① ［美］L. 科塞：《社会冲突的功能》，41 页。

② 同上书，48 页。

定的目的。科塞认为，绝大多数冲突都可以看做是现实性的或理性型的，尤其是以组织形态出现的社会冲突基本上都属于这一类。因为人们不过是想经过一场斗争，促进对话或谈判，引起当权者的注意，求得问题的解决。科塞举过这样两个例子来说明现实性冲突，一个是1965年8月发生在洛杉矶的一场被官方喻为“失去理智的疯狂的破坏”的暴动；另一个是发生在19世纪初的捣毁机器的英国鲁德运动，它们都属于现实冲突。科塞讲，现实冲突产生于特定要求受到挫折。

非现实的冲突源出于某种难以捕捉的外在因素，其对象不是冲突的根源，冲突的目的纯粹是为了宣泄敌对情绪。或者说，它是一种不求达到某种特殊效果即可自行结束，而只求以此消除心理紧张，或用来证实人们原有认同感的方式。这种冲突的特点在于，无论人们是否承认冲突的存在，冲突本身就是它的目的，它是用来发泄不满情绪的途径。科塞说，非现实冲突“不是由竞争性的目标引起的，而是由其中一方发泄紧张情绪的需要引起的”[①]。他举例说，在没有文化的社会中，巫术的复仇是非现实冲突的一种形式；在具有较高文化的社会，代人受过和替罪羊往往是一种非现实的冲突。

四、社会冲突的功能

首先科塞区分了冲突的正功能和反功能两种情况。决定冲突的功能是正向的还是反向的，在科塞看来，重要的是看冲突的问题和社会结构。前面我们已经提到，如果冲突问题的类型不涉及冲突双方关系的基础，冲突就具有积极的功能；反之，如果冲突涉及核心价值，冲突就会具有消极的功能。例如，一个人结婚是为了要做父母，而另一方则不想要孩子，这种由于是否要孩子而发生的冲突，就涉及他们双方关系的目标。“人们可以预见到，这种冲突将会比有关度假计划或家庭开支预算方面的冲突，更有力地冲击他们的关系。”[②] 所以，科塞在这个问题上的基本观点是，当由于表面性的问题发生冲突时，这种冲突可以成为维护结构的工具；当冲突是围绕核心价值而发生时，它就有可能威胁社会群体。

发生冲突的社会结构，也可以作为区分冲突功能和反功能的尺度。科塞通过观察那些结构松散的开放社会，发现这类社会允许非实质性冲突而防止了危害群体核心价值的破坏性冲突的发生，因此得出结论说：“我们对于冲突类型的区别和社会结构的区别的讨论，使我们得到这样的结论：如果没有或只有不充分的对冲突的容忍和冲突的制度化，冲突将会具有反功能。那种造成分裂的威胁并冲击社会系统一致性基础的冲突强度，与结构的僵化有关。就这一点而论，威胁这种结构均衡的东西，并不是冲突，而是自身结构的僵化。这种僵化使敌意积累起来，这种敌意一旦在冲突中爆发，就会沿着一条主要断裂带而形成有力的冲

---

① ［美］L. 科塞：《社会冲突的功能》，49页。

② 同上书，73页。

突。"① 科塞举例说，美国是松散结构的开放性社会的代表。在美国，从堕胎、核能到繁多的税务问题，到处都存在冲突，但这些问题并不涉及核心价值，因此冲突不会威胁到社会结构。相反，在这种冲突中，群体把不同的观点置于不同的问题之上，而不会把分歧都集中到一个断裂点或断裂带上，因而这种冲突很可能会对社会结构有好处，会促进社会结构的联结。

科塞有关社会冲突功能所做的第二方面工作，是在他的论述中具体地涉及了一些冲突功能的具体内容。概括起来说，科塞论及的社会冲突功能的内容或方面主要有三项，即冲突的社会功能、冲突的社会心理功能和分裂性功能或反功能。如果把这些内容与他区别的正向功能、反向功能结合起来考察，应做这样的归类：冲突的正功能包括它的社会功能和社会心理功能；冲突的反功能就是指它的分裂性功能。

值得注意的是，尽管科塞的功能冲突论涉及了冲突功能的三个方面的内容，但作为功能冲突论的主要特点，或最值得记取的一般特征，仍然是他对社会冲突有用性的论述。美国当代一位社会学家特纳也发表过类似的见解，他认为："科塞建立了一个关于冲突对社会系统的功能（及在有限范围内的反功能）的相当广泛的命题体系。虽然有些命题论述了冲突导致社会系统分裂及瓦解的条件，但是我认为他分析的着重点，是阐述冲突如何维持或重建系统的整合并如何适应环境的变化。"② 特别是科塞理论活动的最初出发点就是，既批评功能主义忽视冲突，也批评冲突理论忽视冲突的正功能，以此来为自己理论建设活动的正确性作辩护。

第四节 达伦多夫的辩证冲突理论

达伦多夫（1929—2009）是当代德国著名社会学家，曾就学于汉堡大学和伦敦大学。在其学术生涯中先后执教于德国、英国及美国各学院，现在担任伦敦经济学院院长。达伦多夫是同时闻名于欧美的为数不多的社会学家之一，他同美国的许多社会学家有着密切的接触和联系。他所创立的直接针对结构功能主义的辩证冲突论在美国产生了不可忽视的影响，参与了美国当代社会学理论的发展进程。

达伦多夫的社会学代表作是《工业社会中的阶级和阶级冲突》（1957）和《走出乌托邦》（1958）。

---

① ［美］L. 科塞：《社会冲突的功能》，157 页。

② ［美］J. H. 特纳：《社会学理论的结构》，197～198 页，杭州，浙江人民出版社，1987。

一、两种社会模式

达伦多夫一开始就把结构功能主义作为其理论对立面和批判对象。

达伦多夫指出，在回答有史以来最令人困惑的一个社会哲学问题“什么使人类结合为社会”时，存在着两种最基本的理论立场，其一认为，社会秩序的稳定建立在价值共享基础上；另一派认为，社会秩序建立在压制基础上。这两种立场分别形成了考察社会的两种不同的基本模式：社会均衡模式和社会压制模式，结构功能主义是社会均衡模式的典型代表。

达伦多夫将社会均衡模式的实质性要素概括为：稳定、整合、功能协调和价值共享，具体地说，这些实质性要素可以由下述假定加以表达：

第一，每个社会都是一个相对稳定不变的诸要素构造体；

第二，每个社会都是一个整合良好的诸要素构造体；

第三，社会的每一组成要素都具有维持社会系统的功能；

第四，每个社会都以其成员的共享价值为基础。

社会均衡模式的核心概念是社会系统。达伦多夫认为，社会系统作为一个分析概念，本身并没有什么错误；但把它作为分析社会的唯一的和最终的参考构架则是错误的，因为在许多方面，它与社会实际相脱节。这一概念既无法经受实证检验，也不能用来说明现实社会，它所提供的仅仅是一个从未存在过、将来也不可能存在的“乌托邦”。

达伦多夫认为，社会均衡模式使得现代社会学丧失了推动理论研究的“问题意识”，因此他呼吁社会学家用怀疑精神去发现社会中呈现出来的令人困惑的问题，走出“乌托邦”幻境。

尽管达伦多夫激烈地批判了社会均衡模式的片面性，但他并没有因此而主张抛弃均衡模式。他认为，社会现象本身充满着辩证关系，往往同时呈现出相互矛盾的二重层面：稳定与变迁、整合与冲突、功能与反功能、价值共享与利益对立等，社会现象的这种辩证性质决定了社会学分析必须采用社会压制模式以补充社会均衡模式的不足。鉴于社会均衡模式已经通过结构功能主义而得到最充分的发挥，当务之急就是努力按照社会压制模式发展相应的社会学理论。

达伦多夫将社会压制模式的基本要素概括为四个基本假定：

第一，社会变迁是普遍存在的最基本的现象；

第二，凡有社会生活的地方就存在着冲突，冲突现象可以加以疏导和控制，可以暂时被压制，但无法彻底消除；

第三，社会中的每一要素都可能促进社会变迁、破坏社会整合；

第四，每个社会都以其内部一部分成员压制其他成员为基础。

达伦多夫强调，压制模式并不比均衡模式更正确，之所以特别重视它是因为它对社会实体的那些经常遭到忽视的侧面——变迁、冲突、反功能和压制——给予极大关注。达伦多夫正是在社会压制模式的基础上建立自己的冲突理论的。

达伦多夫为自己确立的理论目标是，证明冲突的原因既不是某些心理变项（人的侵犯性冲动），又不是偶然的历史事件，冲突产生于社会地位结构；换句话说，把冲突同特定的社会结构联系起来，用社会结构来解释冲突现象。

达伦多夫进一步确定了他的理论研究层次，他的理论仅仅考察产生于社会组合的权威结构中的团体冲突，把冲突理解为团体间的斗争，而不涉及个人之间人际互动方面的分歧和争执。因此，他的冲突理论的目标被限定为对冲突团体及团体冲突进行结构分析。为了实现这一理论目标，达伦多夫为自己规定了三个更为具体的理论任务，即回答下述三个问题：第一，冲突团体如何从社会结构中产生？第二，团体冲突将采取哪些形式？第三，团体冲突如何影响社会结构的变迁？

二、辩证冲突论的基本概念

从社会压制模式出发，达伦多夫提出了他的一些重要理论概念。

（一）权威和权威结构

达伦多夫认为，研究产生团体冲突的社会结构要素，必须从权威概念入手。他引用了韦伯关于权威的定义：权威系指“具有一定内容的命令被既定个人执行的可能性”。由这个定义出发，对权威这一特定关系所具有的特征作了如下说明。第一，权威关系是一种上下级关系；第二，在权威关系中，发布命令的一方用命令或禁令的形式规定服从者一方在一定范围中的行动；第三，权威关系是一种合法关系，权威的基础不是个人人格或情境机遇，而是与社会地位相联系的一种期待；第四，权威的力量受到一定内容和特定个人的限制；第五，违反权威命令将受到惩罚，法律体系或风俗习惯体系护卫着权威的有效性。

社会结构的基本分析单位是社会地位，而在多数社会结合形式中，都有两种不同的地位：一种称为统治地位，其占有者在一定的关系网络中有发布命令的合法权力，即拥有权威；另一种则称为服从地位，其占有者必须服从命令，即丧失权威。这两种地位的结合是最普遍的结构因素，是蕴涵着社会冲突的结构性起因。达伦多夫把这种统治地位与服从地位的结合称为权威结构。

（二）强制性协调组合

前面提到，社会均衡模式把社会系统作为分析社会的一般性概念，它指的是其成员在共享价值基础上的结合方式。达伦多夫在其冲突理论中摒弃了这一概念，因为从社会压制模式出发，社会成员是靠着一种压制性力量强行结合在一起的，为了表明这一特点，达伦多夫借用了韦伯提出的一个概念——强制性协调组合——来指称一切具有权威结构的社会成员的结合形式。

达伦多夫认为，冲突起源于权威地位的缺乏，因此，权威结构是形成冲突团体的最终原因。在强制性协调组合中，权威地位的分配不可能像收入或声望的分配那样形成逐渐过渡的续谱，只能依从两分法，即各个地位或者被赋予权威，成为统治地位；或者是完全丧失权威，成为服从地位。这样，一个强制性协调组合就由两类人构成，一类是统治者，一类是服从者，社会冲突就在他们之间产生。

当然，达伦多夫并不否认各个统治地位所拥有的权威在程度上的差异，但他认为，对于分析团体冲突现象来说，最重要的是在理论上强调拥有权威和丧失权威之间的界限，这一界限直接来自权威概念的定义，即权威是统治与服从两类人的结合。

达伦多夫强调指出，对团体冲突进行分析的基本单位只能是强制性协调组合，而不是整个社会。因为权威只有在这一基本单位中才呈现出清晰的分化层次，而在全社会范围，由于社会成员往往参与多重组合，从而拥有多重角色，以致无法确定其权威地位。

（三）利益、潜在利益与外显利益

为了进一步说明冲突团体的产生，达伦多夫又引进了利益的概念。达伦多夫指出，从社会学而非心理学角度进行分析，应当把利益看做是与一定社会地位相联系的、对地位占有者行动取向的某种期待形式，或者叫角色期待。由于强制性协调组合中存在着两类最基本的权威地位，因此相应地存在着两类最基本的利益，拥有权威的正支配角色的利益是维持原有的权威结构及权威分配状态，相反，由于任何人都不甘心于永远屈居于服从地位，因此丧失权威的受支配角色的利益是要改变限制他们拥有权威的现状，两类地位的占有者各自因其地位而拥有在本质上和方向上对立的利益。这样，每个强制性协调组合都潜伏着利益冲突的可能性。通过利益概念，达伦多夫揭示了权威结构的辩证性质：一方面，权威结构是各个权威地位之间的合法性关系；与此同时，任何权威关系又潜在地具有不合法性，或者说，它的合法性受到潜在威胁。因此权威关系的合法性并不是稳定的，而是变动的。

由于达伦多夫把利益理解为独立于个人意识的角色期待形式，就有可能根据它是否成为地位占有者的有意识的目标而将其区分为潜在利益与外显利益。如果社会地位所具有的期待形式并没有被地位占有者所意识到，这种被期待的行为取向就是潜在利益；相反，外显利益是指已经被地位占有者所意识到的，并将其化作自己行动目标的那些与社会地位相联系的行为取向。在团体层次上，外显利益往往表现为经过系统阐述的纲领或意识形态。外显利益是形成结构性团体冲突的根源和先决条件。

（四）准团体和利益团体

为了说明冲突团体的形成过程，达伦多夫提出了准团体和利益团体这两个概念。

所谓准团体是指在强制性协调组合中占有相同地位，因而拥有相同的潜在利益的人群集合，在权威地位上的共同境况使他们具有某些共同特质，由此而区别于人群的随意集合。之所以被称为准团体，是因为这一集合尚不具备社会学意义上团体所必备的条件，严格定义的团体必须有成员的经常性接触、可识别的结构以及共同的特殊行为模式。由于准团体成员没有普遍意识到自己的潜在利益，因而准团体只是一个纯理论的抽象概念。

如果准团体（或其中的一部分）具备了社会学关于团体定义的各个条件，就上升为利益团体，利益团体是从准团体中产生的。利益团体成员已经清楚地意识到与其权威地位相联系的利益，并通过组织化程序结合起来，具有明确的组织结构以及自己的目标、宗旨和行动纲领。

利益团体不同于一般的社会团体（如职业团体）之处表现在它与特定的权威地位相联系。利益团体是强制性协调组合中团体冲突的真正承担者。

三、辩证冲突论的主要理论命题

达伦多夫认为，定义和运用上述基本概念便可以获得对社会结构的描述和认识，进而得到对冲突团体的产生、团体冲突形式和团体冲突结果各个方面的解释。他针对自己规定的三个具体理论任务，表述了辩证冲突论的基本命题。

（一）关于冲突团体形成的命题

强制性协调组合中对立准团体的成员，除非受到被称为组织条件的经验变相的干预，都将把自己组织为具有外显利益的团体，由此而形成团体冲突。

这一命题是对冲突团体形成的理论说明。但是，在现实社会中，并非一切准团体都能上升为利益团体，准团体概念的外延总是大于利益团体，因此要把这一理论命题运用于说明实际情况，任务的重心就转变为认定和测量那些被称为干预变项或组织条件的影响利益团体形成的实际条件。

达伦多夫把干预准团体上升为利益团体的组织条件分为三类。第一类是技术条件，主要包括形成团体所必需的物质资料、准团体中那些被称为组织者或领导者的核心成员的人数以及以反映准团体潜在利益的价值系统（或称意识形态）为中心的团体章程的制定情况；第二类是政治条件，主要指准团体所处的政治环境对自由联盟的容许程度；第三类是社会条件，指的是由各种沟通工具所决定的准团体成员相互接触的可能性以及准团体吸收新成员的正常和正式的（非偶然随机的）社会分配程序。上述组织条件越是得到满足，准团体越有可能形成利益团体。

除了组织条件以外，以角色利益的内化程序为基本内容的心理条件也对利益团体的形成发生重要影响。

（二）关于团体冲突形式的命题

利益团体之间在涉及维持还是改变现状的问题时，经常处于相互冲突之中，冲突的形式是由被称为冲突条件的经验性变数决定的。

在对这一命题进行说明时，达伦多夫照例集中分析了那些可以进行经验研究的影响冲突形式的冲突条件。

首先，他区分了衡量冲突形式及其变化的两个标准：冲突的紧张程度和激烈程度。

冲突紧张程度是用来测定团体在冲突中所消耗的能量和在各个方面的卷入程度的标准。紧张程度的变化同团体在冲突中为达到目标而付出的代价成正比，紧张程度直接由引起冲突的原因决定。

冲突激烈程度是衡量冲突表现形式的标准，用来测定团体在表达其愤怒情绪时所采取的各种手段。

达伦多夫认为，紧张程度和激烈程度的变化是各自独立的，各种冲突条件对它们将产生不同影响。

接着，达伦多夫对冲突条件及其对冲突形式的影响作了详细说明。

第一，组织条件对冲突形式的影响。前面讲到的组织条件（技术、政治及社会条件）越是得到满足，即冲突团体的组织程度越高，为冲突而消耗的能量以及卷入冲突的个人也就越少，从而降低了冲突紧张程度；同时，冲突手段的激烈程度也将降低。

第二，各个强制性协调组合的权威结构之间的多元关系对冲突形式的影响。这种多元关系是由同样一组社会成员在各个组合中权威地位的分布状况决定的。如果这些社会成员在各个组合中的权威地位归属并无关联，就叫做多元分散，相反的情况叫做多元重叠。例如，在一个组合中处于统治地位的人员在另一组合中并不一定处于统治地位，就意味着这两个组合的权威地位分布处于多元分散关系；反之同一些人在两个组合中都处于统治地位（或服从地位）则是多元重叠关系。达伦多夫建立一个多元分散—重叠量表来测定这种多元关系。多元分散—重叠度对团体冲突激烈程度的影响并不显著，但对紧张程度的影响却是相当大的。如果一个社会的各个强制性协调组合的权威结构重叠度非常高的话，就有可能使社会成员在他们的各个角色地位上全面地卷入冲突，从而有可能形成足以导致社会分裂的两大敌对集团；相反，如果各个权威结构的分散度高，则团体冲突只涉及社会成员的部分角色，从而使冲突紧张程度有可能得到有效的缓解。

第三，权威结构同其他社会地位结构之间的多元关系对冲突形式的影响。除了各个强制性协调组合权威结构之间的多元关系外，还应考察其他社会地位结构同权威结构之间的多元关系，其中最主要的有声望地位结构以及收入地位结构。对这种多元关系同样可以用多元分散—重叠量表进行测定。如果权威地位同其他社会地位之间相关性很强、重叠度很高的话，就会使服从者处于绝对剥夺的境地，即在各个方面增强了他们的剥夺感，从而导致冲突激烈程度的升级，即提高了冲突团体采取各种暴力手段的可能性，同时，绝对剥夺也会提高冲突紧张程度。相反，如果权威地位同其他社会地位关联度很低、分散性较高，则相对剥夺将代替绝对剥夺，也就是说，在权威地位同其他社会地位之间相互补偿的可能性增大了，这种情况能有效地降低冲突的紧张程度和激烈程度。

第四，社会流动对冲突形式的影响。达伦多夫指出，无阶级社会可以有两层不同的含义，其一是乌托邦式的含义，意味着一个没有权威结构、没有政府的社会；其二是现代社会学的含义，指的是这样一种社会：虽然存在着某种权威结构，但制度安排不允许个人或团体长期稳定地独占统治地位。尽管存在着权威地位上的差别，但处于不同权威地位上的人员由于经常流动而在观念和行为上没有显著差别。达伦多夫引用了熊彼特的一个比喻，即将高速流动社会中的阶级比作“旅馆”或“公共汽车”。达伦多夫进而考察了社会流动对冲突形式的影响，社会流动一般分为代际流动和代内流动，由于代际流动中各代的地位具有一定的稳定性，因此对冲突形式的影响不如代内流动。代内流动中的那些在不同权威地位之间的垂直流动对社会冲突形式的影响最大。在这种情况下，冲突团体的归属对个人来说是偶然的和临时性的，因此，在具有高速代内垂直流动的强制性协调组合中，虽然仍然存在着权威结构和准团体，但由于各个权威地位的占有者不断更换，使得准团体转化为利益团体的机制遭到破坏。达伦多夫认为，考察强制性协调组合的垂直流动量对于了解团体冲突紧张程度具有重大意义，垂直流动量是各个利益团体开放程度的指标，它同团体冲突的紧张程度之间存在着反向关系。垂直流动量越大，团体冲突就越被个人之间的竞争所取代。

第五，冲突调节机制对冲突形式的影响。任何社会中冲突的原因都不可能被彻底消除，同时，冲突也不可能被长久压制而不爆发，因此，所能做到的至多是对冲突形式——特别是冲突的激烈程度——进行控制，这正是冲突调节的含义。冲突调节机制由下列因素决定：首先，为实现有效的调节，发生冲突的团体必须具有一致的价值前提，即共同认可冲突是权威结构中不可避免的现象；其次，各个利益团体必须达到一定的组织程度，因此，前面提到的组织条件是建立冲突调节机制的前提；再次，各个冲突团体必须共同遵守一些正式的冲突规则。具备了上述要素，就有可能减少冲突的暴力形式，降低冲突的激烈程度。

（三）关于社会结构变迁的命题

利益团体之间的冲突，通过改变统治地位的占有者而导致社会结构的变迁，社会结构变迁的种类、速度和深度取决于被称为“结构变迁条件”的干预变数。

社会结构变迁的内容反映在两个层次上：一个是观念层次，这一层次上的变迁体现为规范或价值取向的变化；另一个是实际层次，这一层次上的变迁体现为制度上的变化。

社会结构变迁的形式，可以根据统治地位上的人员变动情况区分为三种形式：第一，突发式或革命式，统治地位上的人员全部或绝大部分被更换；第二，改良式，统治地位上的人员一部分被更换；第三，革新式，不更换统治地位上的人员，但在立法、政策和制度等方面发生了变化。

达伦多夫确定了考察社会变迁的内容和形式的两个标准：激进程度和突发程度，前者用以测定变迁的深度，即价值取向和制度的变化幅度；后者用来测定变迁中的人员变动情况。这两个标准也是相互独立的。

达伦多夫在冲突形式与结构变迁之间发现了一种密切的联系，具体地说，他在冲突的紧张程度——激烈程度与变迁的激进程度——突发程度之间找到了某种对应关系。他认为，结构变迁的突发性随团体冲突的激烈程度而变化；结构变迁的激进性随团体冲突的紧张程度而变化。因此，从社会结构变迁的角度来看，影响冲突形式的冲突条件同时也是影响结构变迁的变迁条件。

达伦多夫的辩证冲突论在许多方面明显地受马克思所开创的理论传统的影响，这一传统用压制、对立和冲突来解释社会现象。但与马克思阶级理论不同的是，达伦多夫用权威地位取代了马克思的所有制概念，把冲突仅仅视为一切社会结合体由于在权威地位上的分化而产生的固有现象，视为权威结构内部两股对立力量所产生的不可避免的抗衡过程。在他看来，由于任何社会都不可避免地存在着权威关系，因此任何社会变迁都不可能取消冲突。革命、改良和革新只能以新的权威结构来取代旧的权威结构，而新的结构内部又会分化为上下两个等级，产生新的对立和冲突，社会就是在这种永不枯竭的辩证力量的推动下发展的。

虽然达伦多夫的冲突论包含许多正确因素，但仍然存在着一些重大理论缺陷，达伦多夫没有证明在解释冲突现象时权威概念具有理论上或经验上的特殊重要性，就独断地用权威地位来界定阶级和解释一切冲突现象，而忽略了决定社会冲突的其他一些或许更重要的因素，如所有制关系、收入、声望、价值观、生活方式等，从而极大地限制了他的理论的解释力。此外，他的理论将各种具体的权威结构之间性质上的区别舍弃了，仅仅用抽象的利益对立概念来概括一切团体冲突的结构原因，这也导致他在解释具体的社会冲突现象时常常失之于粗疏或偏颇。

* * *

20 世纪 60 年代，由于结构功能主义在解释现实社会问题时暴露出致命缺陷，作为其对立面的、具有激进和批判色彩的社会冲突理论得以发展并风靡一时。社会冲突理论继承和吸收了韦伯、齐美尔、帕累托等社会学先驱有关冲突的思想，并借用了马克思在分析批判资本主义社会时使用的一些概念，激烈地抨击结构功能主义的社会均衡模式，发展出一种用来考察和解释现实社会发生的各种社会矛盾和社会斗争的社会冲突模式。

值得特别指出的是，尽管一些冲突论者把马克思尊为理论先驱，声称自己是马克思社会冲突思想的追随者，并大量借用马克思使用的概念、术语，但还是应当看到，西方社会冲突理论在对冲突产生的根源、社会冲突的承担者、影响冲突的社会条件、社会冲突的类型和性质、冲突的社会作用及社会后果等一系列问题的看法上，都同马克思的思想有着本质区别。撇开深受齐美尔影响和带有明显的功能主义烙印的科塞的功能冲突论不谈，仅就受马克思社会学传统影响较深的米尔斯和达伦多夫的冲突论来说，它们同马克思的阶级斗争思想的区别也是显而易见的。虽然他们的理论中充满了异化、利益、阶级、阶级压迫、阶级斗争等概念术语，同时在对社会现象进行分析时也表现出同马克思的分析之间具有一种形式上的相似性，但由于在社会冲突产生的根源这一基本问题上，他们同马克思的看法有着本质分歧（米尔斯回避了经济因素对社会权力结构具有决定性影响这一事实，达伦多夫则用权威地位取代了马克思的所有制概念），从而导致在其他一系列环节上同马克思的理论观点分道扬镳。因此，那种把社会冲突理论等同于马克思阶级斗争学说，甚至看做是对马克思学说的发展的观点显然是一种理论误解或理论错觉。

在西方社会学史上，社会冲突理论的特殊重要性在于，它率先打破了结构功能主义一统天下的局面，从而推动理论社会学形成多流派、多传统相互竞争和彼此共存的百家争鸣格局，这对于繁荣和发展社会学理论无疑是有益的。对我们来说，由于社会冲突理论是西方社会日益加深的社会矛盾在理论上的反映和概括，因此，通过它可以帮助人们认识当代西方社会的特点。此外，冲突理论所发展的一些理论观点，如安全阀体制、冲突调节机制、冲突干预变项等，在剔除其维护资本主义制度这一具体的阶级内容之后，对于维护社会主义国家的秩序也有一定的借鉴意义。

【本章要点】

1. 社会冲突理论产生的历史背景。社会冲突理论产生于美国 20 世纪 60 年代，是该时期动荡不安的美国社会及其日益尖锐的社会矛盾的具体反映。所谓冲突理论，是指社会学家对由于各种矛盾产生的社会冲突所做的一系列理论探讨。

2. 社会冲突理论的思想渊源。从 16 世纪意大利资产阶级政治家马基雅弗利和 17 世纪英国唯物主义哲学家霍布斯，到 19 世纪德国伟大思想家马克思、韦伯、齐美尔等人，都曾对社会冲突理论在 20 世纪之前的发展作出过重要贡献。特别是马克思、齐美尔和韦伯，被认为是 20 世纪冲突理论的直接先驱。

3. 社会冲突理论在 20 世纪 60 年代经历这一个理论发展的繁荣时期。这一时期，美国社会学界涌现了米尔斯、科塞、里斯曼、兰斯基和柯林斯等一批著名社会冲突论者；此外，法兰克福学派和原西德社会学家达伦多夫也对社会冲突理论的发展作出了重要贡献。

4. 米尔斯关于权力的研究。他对冲突论最有影响的一个贡献，就是他对权力研究的关注。在米尔斯看来，所谓权力就是在面临反对情况下也能实现自己意志的能力；所谓权力精英就是那些处于能作出重要决定位置上的人。

5. 科塞的功能冲突论。科塞认为社会系统内的每种成分、每个部分都是彼此关联的。当这个彼此相关的社会系统运行时，不可避免地伴随着紧张、失调和利益冲突现象。科塞的贡献在于，他不是一般地认为社会冲突都是有害的，只要冲突不直接涉及基本的价值观念，它对社会是有益的。

6. 社会安全阀制度。社会安全阀制度或体制是社会的一种机制，它通过潜在的社会冲突来维持一个群体。安全阀可以充当发泄不满的出口，及时排泄积累的敌对情绪，从而保持群体或社会的稳定。

7. 达伦多夫的辩证冲突理论。他从社会压制模式出发建立了辩证冲突论，试图用社会结构来解释团体冲突现象。社会学理论中存在着两种相互对立的社会模式：社会均衡模式和社会压制模式。辩证冲突论建立在后一模式基础上，其理论目标是找出团体冲突的结构性原因并全面解释团体冲突的产生、形式及其后果。

【基本概念】

社会冲突论　外部冲突　内部冲突　安全阀制度　现实冲突　非现实冲突　社会冲突的功能　辩证冲突论　社会均衡模式　社会压制模式　权力　权威　权威结构　利益　潜在利益　外显利益

【思考题】

1. 社会冲突理论是在怎样的历史背景下产生和发展起来的？它的思想来源都是哪些？
2. 试分析米尔斯关于权力研究的基本内容和贡献。
3. 科塞冲突理论的主要内容是什么？如何评价科塞关于安全阀体制的思想？
4. 辩证冲突论的特点是什么？
5. 如何认识社会冲突理论与马克思主义阶级斗争学说的本质区别？

【参考书目】

1. 詹火生编译. 新冲突的开拓者——达伦道夫. 台北：允晨文化实业股份有限公司，1982
2. ［美］柯林斯. 冲突理论的基础. 现代外国哲学社会学文摘，1984（11）
3. ［美］米尔斯. 白领——美国的中产阶级. 杭州：浙江人民出版社，1987
4. ［美］米尔斯. 高级圈子. 国外社会学，1987（3）
5. ［美］特纳. 社会学理论的结构. 杭州：浙江人民出版社，1987
6. ［美］科塞. 社会冲突的功能. 北京：华夏出版社，1989
7. ［美］波洛玛. 当代社会学理论. 北京：华夏出版社，1989
8. ［美］米尔斯. 权力精英. 南京：南京大学出版社，2000
9. ［德］达伦多夫. 现代社会冲突. 北京：中国社会科学出版社，2000
10. ［德］曼海姆. 意识形态与乌托邦. 北京：商务印书馆，2000

第十一章

社会交换理论

社会交换理论是美国当代社会学理论的主要流派之一。与结构功能主义理论不同，它的重点是研究人际关系中的交换现象。这一流派的主要代表人物有乔治·霍曼斯和彼得·布劳，此外，艾默森和怀特海等人也对该理论的发展作出了一定贡献。本章主要讨论霍曼斯和布劳的理论观点。

第一节 社会交换理论产生的社会背景和思想渊源

一、社会交换理论产生的社会背景

第二次世界大战以前，美国社会学界的研究工作主要包括两个方面，一是积极引进和介绍欧洲的社会学理论，二是进行大量的社会调查研究，其中，芝加哥学派对城市问题的研究闻名于世。

第二次世界大战以后，美国一跃成为资本主义世界的盟主，社会学研究面临着新出现的大量社会问题，越来越感到仅对个别的具体问题进行经验研究已不能适应社会发展的需要，客观上迫切要求美国社会学走向一个新的研究领域，解释美国社会现实状况，要求社会学研究社会整合的基础是什么，社会秩序的功能如何保持，以及个体的行动如何对更大的社会后果有所贡献等理论问题。由此，功能主义理论应运而生。

在此之后，功能主义理论一直在美国社会学界处于主导地位，把一大批的专家、学者都吸引到这一研究行列。功能主义理论的研究重点是强调社会各部门的相互依赖性，认为，个人不过是社会里某种角色的扮演者。社会学研究的对象应该是社会角色，而不是个人。由角色关系构成的社会制度之所以存在，是因为它们发挥着促进整个社会体系的整合与均衡的功能。

但是，到了20世纪50年代中后期，由于美国国内社会矛盾的普遍激化，暴露了美国社会发展不平衡的一面。许多社会学家发现结构功能主义理论并不能解释日益激化的美国社会矛盾，认识到功能主义理论的局限性。在社会生活中，人们开始普遍强调个性发展，崇尚个人力量，反对那种只把人作为团体的组成部分，而不把人作为社会个体行动者的理论观点。因此，在理论研究与实际生活的召唤下，由霍曼斯及后来布劳等人倡导的强调个体行为的社会交换理论于50年代后期登上美国社会学舞台。社会交换理论所强调研究的个人动机在功能主义者看来是微不足道的，在理论研究方面没有更多的创新。正如斯基莫尔指出的，交换理论是针对着功能学派而来的，它具有早期个人主义的基本精神。因此，交换理论的发展可以说是社会学对人的社会地位这个古老问题的新争论。

二、社会交换理论产生的思想根源

社会交换理论思想主要来源于古典政治经济学、人类学和行为心理学三个方面。早期社会学家重视交换研究的只有齐美尔，齐美尔认为个人加入团体的动机是为了追求个人目标的实现，个人之间存在着一种互惠的交换模式。这就是后来布劳所谓的“互惠规范”的概念。

（一）古典政治经济学中的交换思想

社会学和经济学一样都研究通过相互行为而实现欲望满足的问题。最初研究这个问题的是英国古典经验论学者洛克和亚当·斯密。他们两人在研究过程中都举过用鹿换河狸这个有名的例子。他们都认为，人的欲望的满足主要是通过交换过程实现的。交换会使双方都有利可图，人们进行交换的目的是为了追求最大利益的满足。这就是亚当·斯密等人所倡导的功利主义思想。这种思想不仅在经济学而且在社会学上都具有重大意义。亚当·斯密认为，互通有无、相互交换的倾向是人们的“自发倾向”，是由人的永恒不变的本性驱使的。古典经济学把交换看成是一种永恒的合理的社会现象，是人满足自我欲求的主要手段，是人为获取所缺资源本能地采取的行动。现代社会交换理论借用了古典经济学理论中的许多假设和概念，试图用个人心理倾向解释市场行为（霍曼斯），当然，市场行为在这里不仅仅是指经济行为，同时还包括更大范围的社会行为。

交换理论在研究过程中，所利用和修正的古典经济学的主要假设有：

（1）每个人都是最大利益的追求者；

（2）个人所拥有的某类资源越多，那么，个人对这种资源的需要便越小；

（3）物质市场上的价格受供求关系的影响；

（4）垄断、独占下的物质价格，必然高于自由竞争下的价格。

实际上，社会交换理论就是以经济学的方式解释非经济领域中的社会现象，把经济学中的利润看做是社会学中的报酬，把亏本看做是惩罚。

（二）人类学中的交换思想

人类学家对初民社会经济行为的研究也为当代交换理论提供了主题与范畴。人们发现，在初民社会中，不存在现代的市场竞争，商业贸易主要以一种实物交换方式进行。这种互惠的交换方式是初民社会整合的基础。持这种观点的代表人物主要有：弗雷泽、摩斯、马林诺夫斯基和列维-斯特劳斯。但是，具体来说，这些人类学家对交换理论的影响是各不相同的。

（1）弗雷泽的交换思想。詹姆斯·弗雷泽（1854—1941）是英国著名的人类学家和民俗学家。1919年，弗雷泽在《〈旧约全书〉中的民俗》一书中，开始第一次用交换思想研究社会制度问题，分析了初民社会中的亲属模式和婚姻关系。他用初民社会中个人的物质或经济动机解释各种不同的社会行为模式。弗雷泽认为，交换过程是人们追求自己最基本的经济需求的表现。弗雷泽的观点对现代交换理论具有一定的影响。

（2）马林诺夫斯基的交换心理学说。马林诺夫斯基（与拉德克利夫-布朗）是功能学派的奠基人，他受弗雷泽的影响对人类学及文化史发生了兴趣。早在《西太平洋的淘金者》一书中，马林诺夫斯基就指出了部落间的交换关系：宗教仪式上的交换“库拉圈”（Kula Ring）。这本著作提供了有关太平洋美拉尼西亚岛上托比安岛人的居民生活、习俗、信仰各方面最详尽的资料。这一切在某种程度上都与原来部落间的交换体系联系在一起。在研究中，他发现被称为“库拉”的这种交换是各部落之间的一种特殊的赠礼仪式。每隔一段时间，各岛的人会彼此探望，互赠手镯、项链等饰物。虽然这种赠礼并没有实际用途，但却代表了高度的荣誉和赞美。北美印第安人也有这种交换礼物的冬天“赠礼节”（Potlatch），这种交换维系了友谊，建立了相互的义务。在解释这种交换系统时，马林诺夫斯基还区分了物质的或经济的交换，及非物质的或象征交换形式，提出建立和维持交换关系的力量并非仅仅是经济需求，还有最基本的心理需求的思想。尽管马林诺夫斯基在研究过程中有许多理论难题没有解决，但是，他对人类早期行为中的交换现象的研究，促使交换思想摆脱功利主义的束缚，对现代交换理论的形成产生了巨大的影响。

（3）摩斯（1872—1950）交换理论中的结构主义。法国人类学家马歇尔·摩斯（霍曼斯称他为第一个提出交换理论的人）在1925年写过一本《馈赠分析》的著作，用物品交换来解释人类行为。摩斯在这部作品中，试图解释与早期交换形式有关的馈赠习惯的特点。他认为，促使人们进行交换的力量不是来自个体，而是来自群体；交换往往采取“馈赠”的形式；交换对象不单纯是物质性的东西，还包括非物质性的东西（仪式、节日）。在他看来，马林诺夫斯基的库拉交换，实际上是一种集体性交换。这种交换不仅具有经济学的意义，而且还包括社会的、宗教的、巫术的、功利的、情感的、法和道德的意义在内，因此，摩斯称这种现象为“全面给予”。

摩斯的工作虽然只有一小部分引起了社会学的注意，但他第一个断定交换行为引起并强化社会规范结构，从而首先发展了现代交换理论中的结构主义观点（这就是后来布劳理论的出发点）。尽管如此，摩斯理论对交换理论的影响还是间接的，因为摩斯所坚持的法国集体主义传统只有通过列维-斯特劳斯的结构主义，才正式对现代社会学、心理学中结构主义交换理论发生影响。

（4）列维-斯特劳斯和结构主义。列维-斯特劳斯是法国社会人类学家，受杜尔克姆的影响很大。他的理论来源于结构语言学之父费迪南德·索绪尔的思想，力图把语言学中的形式主义方法移植到人类学中，形成了结构学派。列维-斯特劳斯认为人的头脑中具有某种深层结构；这种结构确定了人类所创造的文明形式，并用它可以解释氏族中的图腾崇拜现象。他认为氏族中图腾崇拜的功能在于防止乱伦。同时，列维-斯特劳斯还提出了交换的“对等性原则”。他认为，在原始社会中，一方向另一方提供的礼品、义务、责任等都具有对等或互惠的性质，只有对等，双方才能继续发展这种交换关系。

此外，列维-斯特劳斯还把交换分为限制性交换和普遍性交换两种，前者涉及两人的关系，后者是在三人或更大团体间进行的交换。限制性交换根据对等性原则，只是社会结构的一部分。普遍性交换是针对一个网络系统，或是一个结构系统，它需要成员间的相互信任。这一点在原始人的婚姻中表现得最为明显。如亲族婚姻是一种联盟系统，在这种交换中最珍贵的礼物就是妻子。所以，妻子是最有效的交换礼物，以便保证社会及联盟的整合。

（三）行为心理学和交换理论

行为主义心理学是研究动物和人类行为的自然科学，它以刺激—反应作为解释行为的原则。把人脑视为一个“黑箱”。这种观点认为，人的意识是无法直接观察到的，它不能作为心理学的研究对象，这种强调个人的行为是由外部决定的，并随环境变化而变化，相信通过对动物行为的观察可以推断和解释人类行为的思想，对社会交换理论产生了最深刻的影响。

行为心理学有许多代表人物，其中斯金纳对交换理论的影响最大（霍曼斯承认自己“是一个拥护斯金纳的人”[①]）。斯金纳的研究具有强烈的实证主义色彩，它所关心的是描述人的行为，而不是解释行为；他只研究能观察到的行为，并试图建立一种刺激—反应的函数关系。

研究心理学的人都知道斯金纳箱，这种观点强调与应答行为相对的操作行为，斯金纳认为行为科学最有效的研究途径就是研究操作行为的条件作用与消退。

斯金纳的经典实验演示是通过斯金纳箱的按压门闩动作完成的。这种箱子去

① ［美］乔治·霍曼斯：《社会行为：它的基本形式》，296页，纽约，1971。

掉所有无关的刺激因素。其实验过程是：把一只饿了的老鼠放入箱内，并允许它自由探索，在一般的探索过程中，老鼠或快或慢地、偶然地按压了一下能掀动食物球的杠杆，于是一个食物小球就掉进盘内。在强化几次之后，条件作用就形成了，实验中唯一的变量就是反应速度。斯金纳箱上有一个累加记录器，可以记录下每个时刻按压门闩的速度。

从这一实验中，斯金纳得出了他的习得律。根据这个定律，斯金纳指出："当一个操作为一个强化着的刺激的表象所伴随时，这一操作力量就会提高。虽然实地练习对于提高按压门闩的速度是重要的，但关键的变量还是强化。"① 在这之后，斯金纳及其信徒研究的问题包括：惩罚在习得反应中的作用；不同强化程度的影响；操作反应的消退；继续强化等。

对于强化研究，他分为定时强化和定比强化两种，用它来比较动物的反应速度。结果证明无论在动物界还是人类社会，定比强化，都具有较高的反应速度。如一个工人的工资依赖于他生产了多少件产品，或者一个售货员的薪金取决于他售货多少都属于定比强化。当然，这种定额比例必须是通过努力才能够实现的，否则定比强化方法就失去了效用。

另外，斯金纳在研究语言行为时，发现人的语言是可以通过他人的行为加以强化的。如果某人用某个词会使他人微笑起来，那么，这个人就有重复这句话的可能。同样，如果听话人的反应是皱眉头或不满，那么，说话人就有可能回避这个词再次出现。斯金纳的研究确定了语言也是一种行为，因为它服从强化的概率，而且是可以进行控制的。

尽管斯金纳的论述都是行为主义的基本概念，但是他的研究几乎成了社会交换理论的必要前提。交换理论在以下几个方面吸收和借鉴了行为主义的研究成果：

（1）在任何一种情况下，有机体的行为总是趋向最大的报酬和最小的惩罚；

（2）有机体所重复的那种行为方式，通常在过去是保证报酬的有效方式；

（3）有机体在与过去相似的情境下，会重复以往有效的行为方式；

（4）当前情境下的刺激，如果在过去是与报酬相联系，则它将唤起过去在相应的情境下所采取过的行为；

（5）重复某种行为方式是因为能够继续获得报酬；

（6）如果某种行为以前在相似情境下得到报酬，现在突然没有报酬了，有机体就会产生一种情绪波动；

（7）有机体从特定的行为方式中获得的报酬越多，产生这种行为的有效性就越小（由于满足），并且，有机体就有可能转向寻求其他报酬的行为方式。

综上所述：社会交换理论是在古典政治经济学、人类学和行为心理学的基础上，将人与人之间的互动行为看成是一种计算得失的理性行为，认为人类的一切行为互动都是为了追求最大利益的满足。

---

① ［美］杜·舒尔茨：《现代心理学史》，272页，北京，人民教育出版社，1981。

第二节 霍曼斯的行为主义交换理论

乔治·霍曼斯是社会交换理论的创始人。1910 年他出生在美国东部的波士顿。早年在哈佛大学读书，学习英国文学，业余时间曾搞过诗歌创作。1932 年毕业于哈佛，获文学学士学位，并留在哈佛任教。1939—1941 年任大学讲师。第二次世界大战时期，在美国海军中服兵役。1946 年又回到哈佛大学，正式调入社会学系，1953 年升为教授。随后到英国剑桥大学文学院当研究生，1955 年获该系硕士学位。战前，霍曼斯在哈佛大学期间曾参加了有关“帕累托学说”小组讨论会，并于 1934 年与人合著《帕累托理论介绍》一书，引起社会学界的注意和好评，从此步入了社会学界，并曾出任过哈佛大学社会学系主任和美国社会学协会 1963—1964 年度主席。霍曼斯的学术生涯一直都在哈佛大学。当时的海德森、帕森斯、默顿、斯金纳等人对他思想的形成影响很大。

霍曼斯的学术研究领域很广，他对历史学、人类学、心理学及科学哲学都有浓厚的兴趣。此外，由于早年主修文学，文章写得流畅、飘逸。霍曼斯早期科学研究受帕森斯的结构功能主义影响很大，这时期代表作是《人类群体》。该书的出版，在美国社会学界引起了强烈的反响。著名社会学家默顿称它为自齐美尔以来，对小群体理论研究最有贡献的一本书。在书中，他强调了小群体研究的重要意义，分析了其中的行为变量，如活动、相互交往、情感三者的关系。但他并没有停留在功能主义立场上，而是通过对功能主义的批评，创立了交换理论。

霍曼斯理论观点认为，社会学主要研究单位是人，对社会现象的合理解释必须以人性的内在心理结构为基础。这正是功能主义所忽视的问题。霍曼斯认为社会学家所研究的制度、组织，以及社会都可以被分解成人的行动，因此，它们的特质就必须由有关人的行动命题来解释，而人与人之间的互动根本上是一种交换过程。总之，霍曼斯运用了严密的逻辑演绎法，建立了一整套理论命题，并以小群体的研究成果验证这些理论命题，再把它推广去解释社会制度，即功能主义所说的“社会结构”。

一、霍曼斯交换理论的基本概念

霍曼斯的交换理论借用了行为心理学的许多概念。他在早期《人类群体》一书中使用的概念，如活动、情感和相互交往，可以作为描述性的术语在交换论中出现。除此之外，霍曼斯在创立交换论时又引入了一系列新的概念，拓宽了“活动”等概念的范围，并用它们构造交换理论。

霍曼斯的主要概念包括：

活动，指群体成员具有的行为表现，其特点是逃避惩罚，追求报酬。

报酬（或奖赏），指能满足有机体某种需求的强化物。报酬既有物质性的，如金钱，也有非物质性的，如感激。

价值，指刺激提供报酬的程度。

情感，在群体中，个人之间所具有的内部兴致，如好感、反感、赞同、反对等。在交换中，情感也可以作为一种社会资源。

互动，指人与人之间相互交往和影响，通过它人们可以把自己的活动变成以追求报酬或逃避惩罚为目的的行动。

规范，指群体中公认的行为准则，人们以它为标准调整自己的行为，明确哪些行为方式是应该的，哪些是不应该的。

代价（费用），指人在进行活动时失去的报酬或受到的惩罚。

资源，指个人的全部特性和经验，包括技能、性别、种族、出身等，在社会交换中，资源被用作投资。

利润，指人的行动结果中，报酬部分减去代价（费用）部分后剩下的纯报酬，包括物质和精神两个方面。

公正性期待，指由个人在过去行动中所付费用和所得报酬之间的比例关系构成的主观期待。个人在当前或今后的行动中仍然期待着这一比例关系在同样情况下的再现。若他实际获得少于这一期待时，就会感到不公正，产生相对剥夺感。公正性期待普遍存在于社会交换过程中。

二、霍曼斯交换理论的基本命题

上面我们主要介绍了霍曼斯演绎理论体系中经常使用的某些概念，它们大都是从行为心理学和经济学中借用来的。因此，用它们来解释社会交换现象，就形成一组关于社会个体行为的解释性命题，霍曼斯认为，如果能把以下这些命题运用得当，就可以解释一切社会行为现象。

（一）成功命题

个人的某种行动越是经常地得到相应的报酬，那么，他就越可能重复这一行动。这个命题主要涉及行为和奖赏的次数关系，即人最可能从事那些经常获得酬赏的活动。霍曼斯指出：这个命题所讲的是，不论一个人是因何种原因或理由而活动，如果他的活动被证明是成功的（即获得报酬），那么，这个人就会重复该活动。命题的基本步骤是：（1）先有个人的行动；（2）行动导致成功的结果：报酬；（3）因有报酬而重复该活动。对于这一问题的解释也有两个方面：一是该活动所获得的报酬越多，那么重复这一活动的次数也会越多；二是该活动如果付给的报酬越快，则重复这一活动的积极性也会越高。

（二）刺激命题

相同的刺激可能会带来相同或相似的行为。刺激命题的基本意义是用过去所发生的情况，来预测目前或将来可能发生的事情。如果某人在过去某种情况下的活动得到了报酬，那么，出现相同的情况时，就会使他重复出现那种活动，刺激实际上是指周围环境的影响作用，这个命题也就是在预测周围环境（可能是人，也可能是物质）对人的行为活动的影响。如小偷第一次在人多拥挤时行窃成功，那么，再遇到人多的地方他就可能再次作案。以往成功的经验会变成某个人日后行动的准则。

（三）价值命题

如果某种行为的后果对一个人越有价值，那么他就越有可能采取该行动。

这一命题主要涉及行动与价值之间的关系问题。越有价值的行动，人们越会去做，否则，人们就会避免从事该活动。当然，社会资源的价值在每个人心中的评价是不同的。霍曼斯认为，如果人们能够自由选择自己的活动，那么，他肯定会从事对自己价值较大的活动。这里，避免惩罚也是一种价值，如犯人努力劳动是为了免受皮肉之苦。同样，惩罚既可能是受损失的（实际性的），比如罚钱，也可能是没有得到预期报酬，如追女朋友而没有成功。

霍曼斯认为这一命题主要揭示了人们选择行动时要考虑到价值大小。如果一个学生参加组织活动会给他带来更高的声誉和地位，那么他就会放弃刻苦学习这一差事，而专门从事组织活动。反之，他要是感到参加组织活动并未给自己带来好处，而且又影响了学习成绩，那么，他就会放弃参加组织活动的念头。

（四）剥夺与满足命题

指某人在近期内重复获得相同报酬的次数越多，那么，这一报酬的追加部分对他的价值就越小。

这一命题也涉及行动次数和行动价值的关系，它揭示了价值受到时间限制的特点。我们可以用经济学上边际效益递减率来说明这一现象。边际效益递减率是指人对某种物品的欲望会随其不断被满足而递减；如果该物品供给无限，该欲望可以递减到零，即达到欲望饱和状态。同样，在社会上，当人们第一次听到赞扬时，会觉得很欣慰。但是，如果每天都听到同样的赞语时，就觉得没意思或感到厌烦。正如霍曼斯所说的那样，一个人在最初获得报酬时会有满足的感觉，但重复出现这种报酬，其价值对他来说就会降低，他也就因此停止这种容易得到报酬的活动。相反，他可能去从事那种很难得到报酬的活动。对他来说，越难得到的报酬价值就越高；就像男孩子追求女朋友一样，越是追不到，越感到宝贵，越是要追，是同样的道理。

（五）攻击与赞同命题

这个命题包括两个方面：（1）当个人的行动没有得到期待的报酬或者受到了

没有预料到的惩罚时，就可能产生愤怒的情绪；也因此会出现攻击性行为。这种行为的结果可能对他更有价值。如小孩子要吃糖，妈妈不买，他就哭闹，结果妈妈就有可能满足他的要求。对小孩来说，这种意想不到的价值会在以后遇到同样的情况下再次出现。因此，当某种需要得不到满足时，当事人往往会发泄一种愤怒的情绪；而一旦愤怒带来意外收获时，他就会在以后同样情境中再现这种攻击性行为。(2) 当个人的行动得到预期的报酬，甚至超过期望值时，或者没有得到预期的惩罚时，他就会感到高兴，心理上也会赞同这种行为，而且行为结果的价值也会增大。

总之，这一命题指出报酬期待必须与实际报酬相一致，否则就可能产生情绪上的波动。

(六) 理性命题

人类的社会行为不是单纯的刺激—反应，而是一种理性行为。人们在选择行动时，不仅考虑行动后果的价值大小，而且考虑获得该后果的可能性，通过理性全面权衡，选择对自己最有利的行动。

这一命题的中心内容是“价值选择”。但价值并不是行为的最佳解释，有时人们可能在没有确定价值的情况下冒险行动。因此，霍曼斯认为理性只是根据以往实现的或然率来决定潜在的期望价值。这样，理性原则就只是一种可能性的估计，只有在某种规律的情况下才适用。

从上述六个命题中，我们可以看出，社会交换行为是一种选择、计算得失的过程。人与人之间交往的根本目的是为了获取最高的报酬。

霍曼斯把这六个命题看成是一组“命题系统”，强调它们之间相互联系的重要性。他认为，每一单个命题只是对人类行为的局部解释，而理论的目的是要能够解释整个社会行为，因此，只有将六个命题综合起来考虑，才能够成为解释人的社会行为的最高层次体系或最基本的命题。说它基本，是因为它可以延伸推广到对社会制度的解释，这也是霍曼斯理论的最终目标。

三、霍曼斯交换理论的实际意义

霍曼斯的交换理论是以经济交易论和行为心理学为基础，探讨人类社会行为的一种社会学理论。他认为，利己主义、趋利避害是人类行为的基本原则。由于每个人都想在交换过程中获取最大利润，其结果使得投资的大小与利润的多少基本上是相对应的。

霍曼斯理论的社会学意义体现在对下列问题的解释上。

对整合的解释。霍曼斯认为，在同一地理环境中生活的人，培养出共同的信仰、传统及友谊，使得人们彼此行为之间产生了一定程度的相互接受即赞同，导致社会肯定。所有生活于这个社会中的人，其行为都趋向于社会肯定方面，随着互动次数的增多就会形成共同遵守的行为规范，维持着社会的整合。

对权力的解释。霍曼斯用交换关系中“最小利益原则”解释权力的产生。他认为，社会交换必须遵守对等性原则，但由于人们所拥有的社会资源分布不平均，报偿能力各不相同，就有可能导致不对等交换关系的出现：一方具有较大的酬赏能力，但得不到相应的回报；另一方酬赏能力较小，处于无力回报的地位。在不对等的交换关系中，双方对交换关系的依赖程度及从中获得的利益是不同的，那些在交换关系中获得利益较小的一方于是获得了权力，而获益较大但又无力回报的一方只能以服从对方、改变自己原有的行动作为补充性回报手段。总之，权力取决于提供报酬的能力。但是霍曼斯对权力的说明只适用于初级群体，而不适用于正式的社会组织。下一节介绍的布劳的观点与霍曼斯不同，他认为在正式组织中权力来源于社会结构，而非提供报酬的能力。

对地位的解释。霍曼斯认为，社会交换的实质是平等、公正的。要是一个人在社会互动中给予别人的多，他就要设法从别人那里多取一些报酬。所以，人们总是试图保持自己“账目”的收支平衡。地位的高低则取决于他们付出的多少；地位较高的人意味着他能提供比别人更充裕的报酬；年龄大的人之所以有较高的地位，是因为他积累了丰富的经验知识，并对其他人具有一定的实用价值。显然，即使地位的不平等也是在平等交换的基础上形成的。我们看到，霍曼斯由于坚持对等交换的思想，无力解释现实生活中存在的大量不平等现象。这一缺陷在布劳的理论中部分地得到了弥补。

总之，霍曼斯的交换理论最终没有跳出“生物体”、“经济人”的圈子，他的理论主要适用于小群体的研究。尽管如此，霍曼斯微观社会学在西方社会学史上占有一席之地，他打破了功能主义一统天下的局面。在理论观点上也有许多积极的方面，如“公正性期待”等概念就把公平交换和互惠的概念带进了日常生活中，这对于解释人们之间的互动行为无疑具有一定意义。

四、霍曼斯的理论缺陷

（一）心理还原主义

霍曼斯把一切社会行为都归结为简单的心理行为。从行为心理学角度出发，他认为人的行为只是为了获得某种心理上的满足，而且可以利用这些行为命题解释更为复杂的社会现象。因此，人们经常批判他这种还原主义思想，因为如果承认了他这种观点，就等于取消了各门学科研究的独立性。

（二）关于人的行为是一种理性行为的批评

霍曼斯把经济学中“经济人”概念引入社会学理论，认为个人在人际交往时，总是为了获得最大限度的利润，他把这种行为称作精于计算的理性行为。但是，在实际生活中，许多人的行动并不是理性的，而是由非理性的偏好和习惯而定的。

(三) 理论命题中同义反复的错误

由于霍曼斯的一些基本概念是相互定义的，因此导致他的有些理论命题犯了同义反复的逻辑错误。例如，在定义价值和行为次数这两个概念时，一方面，行为次数被用来确定价值大小，另一方面，行为次数本身又由价值来解释，因此，由这两个概念之间关系构成的价值命题就出现了同义反复的错误，这类命题是无法用经验材料进行检验的。

第三节 布劳的结构主义交换理论

彼得·布劳是美国当代著名社会学家。1918 年 2 月生于奥地利维也纳，后移居美国。早年毕业于伊利诺伊州的艾姆赫斯特学院，获学士学位。1952 年在哥伦比亚大学获哲学博士学位，曾先后在康乃尔、芝加哥、哥伦比亚等大学任教。曾是 1973—1974 年度美国社会学学会会长。现任美国科学院院士和哥伦比亚大学社会学系主任。

布劳一生从事社会学的经验研究和理论建设工作。主要研究正式社会结构或社会组织问题。他的著作大部分是关于科层组织的各种情况的分析。布劳从社会结构的角度对社会组织、制度及人际关系诸问题进行了卓有成效的研究工作。

布劳的理论起初与交换理论并无关系，只是霍曼斯在 20 世纪 60 年代写《社会行为：它的基本形式》一书时，引用了布劳的某些实地调查资料，并认为布劳的观点同自己的相近。因此，可以说是霍曼斯把布劳拉进社会交换理论的阵营。布劳关于交换理论的思想主要出自《社会生活中的交换与权力》一书。

一、布劳的理论目标

布劳的交换理论与霍曼斯的理论之间在研究重点上存在着很大差异。在布劳看来，霍曼斯关于所有社会现象的解释都植根于心理学原理的看法未免过于极端，他批评霍曼斯的理论忽略了社会结构所具有的突生性质，因此它只适用于直接人际互动关系的小群体，只能解释非制度化的社会行为。布劳认为，无论是微观领域还是宏观领域，都发生着一些同样的交换过程。所不同的是在宏观领域这些交换过程变得更为复杂。表现在：交换主体由个人扩展到群体和社会组织，交换性质也由直接扩展到间接，交换从先于和创造社会制度和社会结构的过程变为受制度和结构制约的过程。基于这一认识，布劳为自己确立的理论目标是：克服霍曼斯理论在解释宏观领域现象时暴露出的不足，为分析非制度化的人际互动和制度化的结构关系提供一般性交换理论框架，填补理论社会学中微观研究与宏观研究之间的鸿沟。

为了实现这一目标，构造理论就要遵循下述步骤：首先，从微观领域的交换过程中概括出最一般的概念和原理，用以解释社会结构的出现，换句话说，从基本的交换现象中获得对社会结构形成过程的深入了解；其次，不断扩大研究领域，并随时补充新的概念和原理，用以认识宏观社会交换网络，在此基础上，考察受社会结构制约的宏观交换过程。

由于布劳的交换理论重点不是个人之间的交换关系，而是社会结构的交换基础；不是探讨影响个人之间交换过程的心理因素，而是考察基本交换过程对形成和发展社会结构的影响以及业已形成的社会结构对交换过程的制约。因此，他的交换理论又称为结构交换论。

二、关于社会交换的基本概念

与霍曼斯把一切社会活动都看成是交换行为不同，布劳把交换理解为特定类型的交往。他在不止一个地方对交换概念做过定义性说明，在他看来，社会交换具有下述特征：

首先，社会交换指的是这样一种交往类型：参与交往的各方都期待着他人的回报，一旦他人停止了所期待的回报，这一交往关系便会中止。根据这一特征，交换关系仅仅指行动者与那些他们期待能给自己的行动以适当回报的他人之间的关系。进一步说，只有当交往中的受惠一方承担了回报的义务并实际履行了这一义务时，交换关系才能维持存在。而那些不期待他人回报的交往则不属于交换关系。这一限定使得布劳的交换概念比霍曼斯要狭窄得多。

其次，社会交换是一种建立在相互信任基础上的自愿性活动。布劳认为，社会交换虽然期待回报，但不能确定回报的内容，因此需要某种程度的相互信任。只有在相互信任的基础上，才能维持某种稳定的交换模式。此外，布劳还认为，交换只能以自愿为前提，在暴力胁迫下的行为不是出于当事人的自愿，因此不能算作交换行为。这也同霍曼斯将一切行为都归结为交换的观点相区别。

在对交换概念做进一步说明时，布劳深化了自己的观点。由于交换是一种以期待回报和换取回报为目的的行动，因此参与交换过程的行动者与精于计算的“理性经济人”模型有很大类似之处，布劳本人对此并不讳言。在他看来，就社会交换参与者的行动受报酬期待的影响而言，“经济人”那种理性选择的特点无疑会出现在社会交换领域。此外，布劳认为经济交易中的“边际效益递减”原理同样适用于社会交换领域，即人们得到特定的报酬越多，这一报酬的追加部分具有的价值就越低。

尽管社会交换同经济交换有许多共同点，布劳还是指出了它们之间的区别。

与经济交换中金钱充当衡量一切价值的一般媒介物不同，在社会交换中，没有统一的衡量标准，报酬的价值具有相对性、模糊性，同一报酬的价值在各个交换场合中因时、因地、因人而异。布劳认为，社会交换中价值的模糊性绝不仅仅意味着缺乏对之进行测量的方法，而是真实存在着的事实，即同样的交换物对不同的交换者而言确实具有不同的价值。再者，即使布劳基本上采用了理性经济人的模型，但在社会交换领域，他还是对这一模型进行了某些限制。他认为，社会交换过程中人的目标往往是多重的，他们的兴趣、偏好也常常自相矛盾，他们从未获得过可供理性选择的完全信息，他们的选择也绝非纯粹基于利害得失的理性权衡，而是要受社会规范的制约。

影响社会交换的最基本的社会规范是互惠规范和公平规范。所谓互惠规范是指一旦发生社会交换，受惠一方就必须承担和履行回报义务。在整个交换过程中，互惠规范始终制约着人们的行为和互动。一旦破坏和违反了互惠规范，交换过程也就自行中止，甚至会导致冲突，公平规范是对既定的交换关系中报酬与代价的比例所做的社会规定，它直接制约着人们报酬期待的程度。对这一规范的破坏和违反，也同样会中止交换关系或导致冲突。只有同时遵守互惠规范与公平规范，交换关系才能维持平衡。

布劳还看到，在社会交换中完全遵守互惠和公平规范几乎是不可能的，这是因为在社会交换网络中，每一方都同时与许多对象形成交换关系，而维持其中一些交换关系的平衡往往要以牺牲另一些交换关系的平衡为代价。因此在分析交换关系时，不仅要考虑平衡和稳定的一面，同时也要考虑紧张和冲突的一面。

三、基本交换过程

与霍曼斯集中分析抽象的交换原理的做法不同，布劳在确立了交换概念之后，马上把注意力集中于分析基本的交换过程，即社会交换的发生、发展及其基本形态上。

（一）吸引与竞争

社会交换始于“社会吸引”。当行动者互相发现对方拥有自己所需的社会资源，而又确信对方愿意提供这种资源时，他们之间就产生了相互吸引。相互吸引是刺激人们进行交换的前提条件。

有了社会吸引，同时各个行动者又都遵守互惠规范，愿意为自己的所得提供回报，这时人们就组成了互动群体，社会交换过程也真正开始了。

社会交换是通过竞争得以实现的。在交换关系中各方都尽力显示自己的报酬能力，以吸引其他人同自己交换。每个交换者都试图在竞争中占取有利的交换地位，顺利地实现交换过程。但由于人们拥有的资源在种类上、稀有程度上、质量上及数量上的不均衡，竞争的结局必然是：占有资源优势的人能够顺利地实现交换过程，成为优胜者，而那些缺乏有效资源的人则未能按照自己的期望得到公平的回报，成为失败者。

（二）分化

竞争的每一步结果都推动着群体内部结构的分化：那些拥有相对丰富的社会资源，或者拥有为其他成员所需的稀有资源的人在群体中获得了较高的交换地位，他们能满足多数人的需要，因此能从多数人那里获得回报。他们作为为数不多的资源提供者而拥有众多的回报来源，可以自由选择自己的交换对象。而与他们形成对照的其他成员只得屈居于较低的交换地位，对自己的交换对象没有选择余地。

在说明了竞争引起的结构分化的一般趋势之后，布劳又提出了一般性报酬的概念类型，对结构分化趋势进一步作深入考察。

在布劳看来，表现为群体成员交换地位分化的群体内部结构的分化可以根据一般性报酬的不同而进行类型划分。

布劳把资源的提供者可能得到的报酬概括为四类一般性报酬的形式，这四类报酬根据它们所具有的价值由小到大排列为：金钱、社会赞同、尊敬和依从。布劳对它们作了价值比较，并把它们作为结构分化的分类依据。

布劳认为，大部分社会关系中，金钱都不适宜作为报酬，它的价值也最小；社会赞同可以作为一种适宜的报酬，但它并不具有很高的价值，是社会地位差别不大的成员之间采取的一种报酬形式；最能体现结构分化的报酬形式是尊敬和依从，它们是具有最高价值的报酬。

根据报酬的类型，布劳阐述了结构分化的几种模式。

由于依从是一种具有最高价值的报酬形式，因此人们一般不会轻易地用依从同对方交换。只有在交换地位的分化达到比较悬殊的程度时，才会出现以依从作为回报形式的分化模式。也就是说，一个人以何种报酬形式进行交换，并不完全取决于他的主观动机，而是往往受到结构条件的制约。

人们在接受特定资源时，如果具备了下述条件，一般不会以依从作为回报：

（1）人们可以用某种形式的服务作为回报手段；

（2）人们可以选择其他报酬形式；

（3）人们可以使用某种强制性手段迫使对方提供资源；

（4）人们可以找到其他资源提供者或替代资源，而不依赖于特定的提供者或特定资源。

在上述情况下，人们的回报形式往往是赞同或尊敬，从而使交换关系出现赞同网络的分化模式或声望等级的分化模式。

相反，如果不具备上述条件，人们就只能以依从作为回报，资源提供者因此而获得权力，交换关系中随之出现权力等级的分化模式。

因此，资源地位或交换地位的分化在一定条件下表现为权力的分化，形成群体的权力结构。在权力结构中，群体成员的交换地位表现为权力地位。

尽管布劳区分了几种分化模式，但他特别感兴趣的还是权力分化问题。在他看来，权力结构是正式组织赖以形成的基础，而正式组织则是研究现代社会结构的基本分析单位，因此对交换关系中权力分化过程的深入分析有助于理解现代社会结构的整合倾向和冲突倾向。

（三）整合与冲突

权力分化最终根源于交换各方所拥有的资源不平衡，各个交换者经过反复的交往、互动将这种不平衡以权力等级结构的形式固定下来。权力结构一经确立，就会对进一步的交往产生影响，布劳将这种影响概括为整合与冲突两种倾向。

（1）整合。布劳通过阐述权力向权威的转化过程来说明权力结构在群体中所起的整合作用。

在布劳的交换理论中，权力被定义为个人或群体不顾他人反抗而将自己的意志强加于他人的能力，显然，权力以强制性为其显著特征。而权威则是指群体中的一种合法性的，即合乎群体规范的权力，它的实施无须借助强制。

资源地位的不平衡达到一定程度，就会出现下述情形：资源地位较低的人发现用依从换来的好处大于拒绝交换所带来的损失，而资源地位较高的人也认为自己提供的资源与换取的依从至少是价值相当的，因此遵循互惠和公平规范，群体中形成了对权力结构的集体赞同，从而确立了权力结构的合法性。在这种情况下，只要领导者遵守群体规范，他就无须使用强制手段，其下属之间便会形成相互制约的社会控制。因此，对权力情景的共同定义和集体规范是形成合法权威的基础。

布劳认为，在已经形成权力结构的正式组织中，个人的权力已经不再直接与其拥有的资源相联系，而是直接取决于他在组织结构中所处的地位。尽管如此，组织的权力结构的产生最终还要由交换过程来说明。

合法权威的确立，改变了群体成员之间的互动模式。群体成员不用再为每次具体的交往讨价还价，从而减少了分歧和争执，提高了效率；同时，每个成员已经被安置在固定地位上，只需按照自己地位的角色要求行事，就能得到相应的回报，而无须通过自我显示来争取更为有利的交换地位，从而减少了竞争和摩擦。群体内部互动关系中内耗的减少以及强制性手段的废弃都使组织达到某种程度的稳定、平衡，促进了群体整合。

（2）冲突。在说明权威结构产生的方式和过程时，布劳并没有忽略相反的冲突倾向，他阐述了社会结构为什么会成为冲突和变迁的根源。

在正式组织中，尽管可以发展出对权力的集体赞同，形成合法权威，但也存在着对立和冲突的可能。常见的情况是：或者群体内部的报酬结构发生了变化，不再符合群体成员的报酬期待；或者群体成员报酬期待结构发生了变化，原有的报酬结构已经不再能满足他们的需求。不论出现哪种情况，都会使得某些参与交换的成员感到对方没有履行互惠义务，自己在交往中付出的代价多于获得的报酬，由此而产生了被剥夺意识。其结果是瓦解了合法权威赖以存在的集体赞同和统一规范，削弱了群体成员之间的相互控制，使权威蜕变为强制性权力，从而导致上下级之间的对立。如果下级成员接触机会较多，就有可能形成某种共同意识，使个人不满或对立发展为集体性敌对运动，在这种情况下，下级对上级命令的反应或者是消极抵制，或者是采取报复性行动。群体内部互动关系性质也由基本平衡转变为暗中的或公开的冲突。解决冲突的办法一是在原有结构内部进行调整，替换那些没有提供报酬或提供了不公平报酬的领导者，如果这样做还不解决问题，就只能推翻现存的权力结构，代之以新的权力结构。当然，新的权力结构还会继续重复向合法性权威的转化过程。

总之，布劳把合法性权威的形成过程与群体内部对抗力量的出现当作推动群体运动的两个重要因素，这两个因素此消彼长、相互影响，促使群体运动过程中出现整合与冲突交互替代的辩证特点。

布劳从微观领域概括出基本的交换过程：吸引、竞争、分化、整合与冲突，以此为核心，形成了他用以考察包括宏观现象在内的所有社会过程的基本分析框架。

四、宏观交换观点

虽然布劳认为在微观和宏观领域中，起作用的是同样一些交换过程，但他承认宏观过程中会出现一些无法还原于微观过程的突生性质。与霍曼斯独断地认定可以用几条心理学原理解释一切社会现象不同，布劳主张在分析宏观过程时，除了他的基本交换理论外，还应增添一些新的概念。其中最重要的概念有共享价值观和制度化。

（一）共享价值观

宏观交换网络不仅包括人际互动，还包括群体和组织间的交往，不仅包括直接的、面对面的互动，还包括间接的、时空间隔较大的交往过程。因此，对于复杂的宏观交换网络来说，共享价值观的调节作用明显加大了。在微观人际互动层次上那种基于对具体互动对象回报概率的认知而产生的“社会吸引”已远远不足以维持那种复杂的交换关系，而社会成员在社会化过程中所内化的共享价值观是建立超越人际互动的交换网络的先决条件。

共享价值观包括一套为参与交换各方共同接受的统一的社会标准，它使得各方能够以同样的情景定义进入交换关系。根据这套情景定义，人们可以预先掌握各种交换关系中社会公认的报酬期待、互惠标准、回报价值以及公平准则。由于共享价值观提供了一致性的文化背景，减少了宏观交往过程中的隔阂、误会等不确定因素，从而促进和调节着宏观层次（群体、组织、社区等）上的交换过程。

（二）制度化

布劳通过制度化概念阐明了宏观交换关系的结构化过程。他认为，尽管共享价值观为宏观交换关系的形成提供了可能性，但要真正使这一关系结构化，即维持一种稳定的宏观交换关系模式，还需要制度化过程。

制度化的核心部分是在共享价值观基础上提出的一套涉及各个具体交换关系的稳定和普遍的规范。在布劳宏观交换论中，制度化过程是由最基本的交换关系来说明的。也就是说，制度必须在满足了追求报酬的各个行动单位获得相应酬赏的条件下才能得以建立，制度化的交换结构必须给大多数参与者带来利益。

在制度化过程中，为了抵制可能出现的压力和干扰，在宏观结构中，必然会出现以建立和维持制度为使命的权力单位，它们依靠强制力将个人及各类集体纳入制度轨道。这些权力单位同其他交换单位一样，必须服从共享价值观。作为回报，其他交换单位向它们提供一定的报酬。

通过补充了共享价值观和制度化概念，布劳将微观领域同宏观领域沟通起来，将霍曼斯具有还原论色彩的微观交换论同帕森斯的宏观结构功能主义之间的分歧调和起来，从而部分地实现了用交换关系说明宏观结构的理论夙愿。

尽管价值观和制度化这两个概念的主要理论意义在于说明宏观社会结构的形成和维持，但布劳在理论分析上并没有就此止步，他通过揭示这两个概念的内在矛盾，指出了宏观层次上社会过程的辩证性质。布劳认为，宏观交换结构所赖以存在的价值观和制度化之间永远存在着矛盾，表现为价值观的内涵永远不可能全部通过明确的制度化形式加以表达，总有一些基本的价值或理想未能实现。因此，基本价值观中总是包含着反对现行制度的成分，反过来说，现行制度总会在某些方面不能满足价值观所确定的报酬期待，或者违背了其中的互惠和公平准则。这样，在制度确立的过程中就已经包含着制度毁灭的因素，价值观与现行制度的矛盾将导致社会冲突，由此推动着制度的变革。

布劳的交换理论从微观到宏观系统地追溯了社会交换的形成、发展过程及其形态和影响，试图说明社会交换是如何“从个人间日常相互作用及人际关系中到处存在的较为简单的过程演变为支配着社区与社会复杂结构的过程”①，从而补充、丰富和发展了霍曼斯的交换理论，把原来只适用于小群体范围的理论推广和应用于复杂的社会结构领域中，这对于完善社会交换理论无疑具有重要意义。②

* * *

社会交换理论于20世纪50年代末期在美国兴起，经过霍曼斯、布劳等人的努力，一时成为颇具影响的理论学派，吸引了一批社会学家在各个经验研究领域中引用、验证它的结论。但进入70年代以后，社会交换理论开始走下坡路，霍曼斯的学术活动几近终止，布劳也脱离了交换理论阵营，使得交换理论学派群龙无首，呈现衰落局面。

70年代后期，美国年轻一代的社会学家艾默森接连发表了几篇关于社会交换理论的文章，主张用网络分析的方法研究交换关系，试图重振交换理论的昔日

---

① [美] 布劳：《社会生活中的交换与权力》，2页，纽约，1964。

② 尽管如此，布劳本人对自己这一阶段的理论工作并不满意，尤其是对社会结构概念被解释为“制度的集合”或“组织化群体”感到不满。20世纪70年代，在重新定义社会结构概念时，布劳改变了自己的研究方向，发展了“宏观结构理论”。参见本书第十三章。

雄风。艾默森继承了齐美尔的形式社会学传统，与以前的交换理论不同，他不注重交换关系中的行动者参与交换的动因，不研究交换单位的性质（个人还是群体、组织），而是把既成的交换关系本身作为分析单位，用网络分析的方法研究交换关系的各种形式，从而弥合了微观层次与宏观层次之间的断层。同时，他创造了一套经过精确定义的概念体系，在此基础上建立了严密的理论演绎系统。虽然艾默森逝世于学术巅峰时期，但他的合作者继续进行着他未竟的工作。交换理论同网络分析方法的结合，给传统交换理论注入了活力，使它在困境中出现了新的转机。

社会交换理论在社会学史上的影响是不可低估的。自从交换这一事实被经济学发现并通过人类学被用于研究社会关系以后，经过霍曼斯、布劳等人的发展，成为社会学理论的一个流派。交换理论最初是反对结构功能主义那种抹杀人的个性，只把人当作社会制度或社会结构制约下的角色的观点，而坚持要把人当作人来看待，从人的行为本身去理解人，从人际互动中最基本的形式——交换中发现形成社会结构的最初动因，这种观点打破了结构功能主义一统天下的格局，推动了社会学理论研究出现多元化的局面。

社会交换理论通过交换概念发现了社会资源分布的不平等和由此产生的权力地位的分化，并从各个权力层次之间的对立和冲突中寻找社会系统发展、变迁的动力。这一基本取向不仅有助于理解微观层次和宏观层次上发生的各种社会过程，而且有助于理论研究走出结构功能主义设立的理论迷宫，走出以平衡、和谐为特征的“乌托邦”，更贴近地研究社会现实，这便是社会交换理论为社会学研究所作出的贡献。

【本章要点】

1. 美国在20世纪50年代后期，开始普遍强调人的个性发展，反对把个人只作为群体组成部分，提出了社会个体行动者的概念。由此，便产生了用交换的观点研究人与人关系的理论。

2. 交换理论产生的思想根源。(1) 古典政治经济学中的交换思想，社会交换论借用了许多经济学上的概念。(2) 人类学中的交换思想。人类学家对初民社会的研究表明，没有商品意识的互惠的交换方式，是初民社会整合的基础。(3) 行为心理学和交换理论。行为心理学代表人物斯金纳对交换理论影响最大，他关于行为主义的许多论述几乎成为社会交换理论的必要前提。

3. 霍曼斯的行为主义交换理论。霍曼斯被认为是社会交换理论的创始人。其主要观点是，社会学的主要研究单位是人，而不是社会角色或社会结构。对社会现象的合理解释也必须以人性的内在心理结构为基础，人与人之间的互动根本上是一种交换过程。

4. 霍曼斯的理论缺陷：(1) 心理还原主义；(2) 关于人的行为是一种理性行为的批评；(3) 理论命题中同义反复的错误。

5. 布劳的结构主义交换理论。布劳从社会结构的原则出发考察人与人之间的社会交换过程。其理论目标是既想克服功能主义忽视研究人的缺陷，又想弥补霍曼斯理论只局限于小群体范围的不足。布劳理论试图从人际关系的最小单位推演到较大的研究单位——社会结构，探讨权力、规范等社会生活中的复杂结构问题。

6. 布劳的宏观交换理论中的新概念。布劳在分析宏观过程中，除了他的基本交换理论外，还增添了诸如共享价值观、制度化这样的新概念。共享价值观，是指参与交换各方共同接受的统一的社会标准或规范，它为宏观交换关系的形成提供了可能性，但要使交换成为稳定的模式，必须有一个制度化的过程。

【基本概念】

活动 报酬（奖赏） 价值 情感 互助 规范 代价（费用）投资 利润 公正性期待 成功命题 刺激命题 价值命题 剥夺与满足命题 攻击与赞同命题 理性命题 吸引与竞争 分化 整合与冲突 共享价值观 制度化

【思考题】

1. 试分析霍曼斯交换理论的基本命题和意义。
2. 霍曼斯与布劳交换理论的区别是什么？
3. 如何评价交换理论在整个社会学理论中的地位和作用？
4. 交换理论的局限性表现在哪些方面？

【参考书目】

1. [美] 布劳．社会生活中的交换与权力．北京：华夏出版社，1988
2. [美] 沃特斯．现代社会学理论．北京：华夏出版社，2000
3. [美] 特纳．社会学理论的结构（上）．北京：华夏出版社，2001
4. [美] 舒尔兹．现代心理学史．北京：人民教育出版社，1982
5. 宋林飞．西方社会学理论．南京：南京大学出版社，1997
6. 谢立中主编．西方社会学名著提要．江西：江西人民出版社，1998
7. [英] 曼．社会权力的来源．上海：上海人民出版社，2007
8. Homans G. C. *1974 Social Behavior: Its Elementary Forms*. Revised Edition. New York: Harcourt Brace Jovanovich

第十二章
符号互动论

符号互动论是一种侧重于从心理学角度研究社会的理论流派。这一理论认为，社会是由互动着的个人构成的，对于诸种社会现象的解释只能从这种互动中寻找。第二次世界大战后，特别是 20 世纪 60 年代至 70 年代以来，它在美国及西方社会学界颇为流行。

虽然“符号互动论”这一概念是由赫伯特·布鲁默在 1937 年才正式提出来的[①]，但是，这个理论的一些基本观点的出现却要早得多。一般说来，符号互动论的产生直接得益于两个领域的学者：一是美国的实用主义哲学家，二是美国芝加哥学派的学者。当然，就其理论来源而言，还可以追溯到 18 世纪英国一些哲学家的思想。

第一节 符号互动论的理论背景

一、苏格兰伦理学家的影响

不少学者以为符号互动论纯系土生土长的美国社会学理论，事实并不尽然。因为，美国的各种思想流派几乎无不是根源于欧洲的一些理论派别。近年来对于符号互动论的研究也证实了这个理论的产生，最早是受到了欧洲的一些经验主义哲学家、特别是苏格兰的一些所谓“伦理学家”的影响。这里所说的伦理学家，

① 这个概念最早出现于 E. P. 施米特编辑的《人与社会》由布鲁默撰写的一章中，该书由纽约“普林泰斯—赫尔”公司于 1937 年出版。

不是今天意义上的那些专门研究伦理道德的哲学家。这些苏格兰伦理学家主张研究现实生活，主张考察日常生活经验并从中归纳出理论，认为只有通过经验才能找到有用的知识。他们更为关心的不是纯粹的知识而是人类的活动。他们认为人不是生而为人类的，而是通过社会生活才成为人类的。他们注重对人的心理考察，企图通过内省、反省来发现人类心灵中最根本的东西。

这些学者中的一位重要代表就是亚当·斯密，他不仅在经济学上卓有建树，而且较早地阐述了符号互动的一些萌芽思想。他在探讨人们相互联系的影响时说："将一个人带到社会中，他立即便有了一面他所渴望得到的镜子，这面镜子就在与他一起生活的人的表情与行为之中。这是唯一的一面我们可以在某种程度上从别人眼中看到的镜子。通过它可以检查我们的行为举止是否得体。"① 这与后来符号互动论的"镜中我"思想何其相似乃尔。斯密还认为，同情是一种普遍的人类特质，它使人们能设身处地地站在他人的立场上，从他人的角度看世界。它可以打开人们之间交往的大门。正是通过这种交往我们才开始对自己有所认识，并且为赢得别人的赞许而不断改变着自己。社会是一个庞大的人际交往的网络，其中每个人都被它的褒贬、毁誉、是非评价所控制。

另一位苏格兰伦理学家、著名哲学家大卫·休谟也表述了相近的思想。他说："不管是什么人，一旦他对我作出评价，他就将其所有观点都散布给我了，这些观点多多少少地会引起我的判断的变化……人们的思想观点是他们相互之间的一面镜子。"② 休谟也强调人类同情心的重要，认为同情是通过与他人交往获得的一种理解他人感情的倾向。

与斯密、休谟为伍的还有亚当·弗格森，他研究了人的习惯与本能，研究了人与人之间的有机联系，这对于后来詹姆斯等人关于本能的思想有较大影响。弗格森说："人的意愿的更为普通的特征不是一种作为手段的无目的的倾向，而是一种有目的的、本能的模仿。为了达到这一目的，他通过自己的观察与体验去发现和选择那些业经证明是有效的方法。"③ 这样，一个人一方面具有一些本能，另一方面又不完全受这些本能的制约。他认为人类是具有革新能力的，除了一些天生的本能外，他们的行为来源于习惯，而习惯是人们在联系、交往中从他人那里获得的，是别人在告诉我们可做什么、不可做什么。弗格森认为，如果习惯与本能可以分开的话，那么事实将证明习惯在人类行为中发挥的作用大于本能。

苏格兰伦理学家的上述思想与美国的实用主义哲学具有密切联系。实用主义哲学家詹姆斯、杜威等人所阐述的很多思想，特别是后来成为符号互动理论来源的那些思想，在斯密、休谟关于同情心的论著中，在弗格森、休谟关于习惯的论著中，都已有所表述，总之，这些苏格兰哲学家强调思想与行为之间的关系，重

---

① 转引自［美］S. 斯特赖克：《符号互动论》，18页，伦敦，1980。

② 转引自［美］G. 布赖森：《人与社会》，156页，普林斯顿，1945。

③ 同上书，139～140页。

视自然、社会与个人的联系，重视人类心灵的有机的、内在的运动变化的特点，将心灵、精神的活动当作自然界的客体，将思想当作适应与调整的一种工具，所有这些都成为后来的符号互动论的有机组成部分。当然，这种发展是通过实用主义，特别是詹姆斯、杜威等人的实用主义而实现的。

二、詹姆斯对习惯、自我与社会我的研究

威廉·詹姆斯（1842—1910）是美国哲学家和心理学家。在哲学上他以唯心史观和实用主义而著称，他主张存在即是被感觉，世界是由“纯粹经验”构成的，概念只不过是人们为了在行动中取得成功而采用的“操作假设”。在心理学上，他主张心理学应研究意识的机能与功用。他专门研究了自我，提出了“社会我”的思想。正是他在这方面的研究为符号互动论奠定了最初的理论基础。

在詹姆斯生活的年代里，几乎各门科学都受到达尔文主义的影响。在心理学上，表现为人们普遍使用“本能”的概念，强调人与其他动物的一致性。这种思想与后来的符号互动论是根本对立的，因为符号互动论重视的是人与动物的重大区别，它认为人能使用非本能的符号而动物则不能。

尽管詹姆斯并没有公开反对本能理论，甚至还在某些方面运用了这个理论，但是，他的关于习惯在人类行为中具有重大作用的论述实际上是对当时颇为流行的本能论的一个重大打击。詹姆斯研究了本能是怎样被习惯所取代的。所谓习惯指通过经验学习到的和被经验修正了的行为。他认为习惯的基础是记忆，通过记忆人类可以将过去发生过的行为从心中唤起。在记忆的基础上重复这一行为，这就意味着此种行为已不再是无目的的了，这时，本能便消失了。因此，本能既可以改变又可以发展，也有很多会“逐渐消失”[①]。詹姆斯认为，在人类的行为由以生物因素为基础转向以社会因素为基础的过程中，习惯起了重要作用。

在对于“意识”的探讨中，詹姆斯进一步研究了由意识中产生出的“自我”。他认为，自我就是“一个人可以用来称呼他自己的一切之总合”[②]。“自我”这个概念意味着承认人类可以而且也正在发展着对待他们自己的态度和关于他们自己的感觉，意味着承认他们自己也是可以观察的对象，就好比人类观察一个外部的客体。正如人们可以向他人和周围的世界发出信号，可以对这些客体有感觉和反应一样，他们也可以对他们自己作出反应。詹姆斯还探讨了自我的类型。他将自我分为四类：(1)“物质我”(The Material Self)，它包括身体、衣着、房屋、家庭和财产；(2)“精神我”(The Spiritual Self)，即心理的能力与爱好；(3)“社会我”(The Social Self)，即个人在其所处环境中得到的公认，由于一个人不可能总处在同样的环境里，因此，当他处在与他相关联的不同群体中时，他就会拥

① ［美］威廉·詹姆斯：《心理学原理》，第2卷，390～398页，纽约，1980。
② 同上书，291页。

有不同的社会我；(4)“纯粹的我”或“抽象我”(The Pure Ego)。其中，社会我的意义最为重要。

詹姆斯的“社会我”理论主要阐述了以下三重思想。第一，它承认“自我”至少在某些方面是来源于经验的；在社会我中，自我来自他人的经验，是他人给予的。詹姆斯说：“正确地说，一个人具有多种社会我。有多少个认识他并对他持有一定看法的人，这个人就有多少个社会我。”[①] 这一思想与当前符号互动论对自我的看法和角色理论均有密切联系。第二，詹姆斯将社会我看成是人们之间社会关系的派生物，这样就可以通过多方面的社会关系来认识自我的多重特征，也可以将这多方面的自我看成是异质性社会的产物。第三，詹姆斯认为人类本能地追求得到社会上他人的承认，他们总是据此来衡量自我的价值。当然，这种衡量并不是简单地、客观地、分毫不差地反映他人的观点。一个人的自尊、自重是其主张得以实现的重要条件。自尊既有客观基础又有主观基础，客观基础是指一个人得到他人的承认，主观基础在于一个人奋发向上的努力。

三、鲍德温的自我发展三阶段论

在符号互动论先行者的队伍中，一位为人们不甚熟悉的人是鲍德温。他的作用在于对杜威和库利有较为重要的影响。

詹姆斯·马克·鲍德温（1861—1934）是现代遗传心理学的创始人之一，他的著作主要有：《儿童和种族的精神发展》(1895)、《精神发展的社会观与伦理观》(1897) 等。

鲍德温以詹姆斯关于自我的观点为起点，但对之作了修正，他认为整个自我均起源于社会。他将人格视为这个无差别的“社会我”的一种发展，它本身是自我与他人关系的产物。他专门考察了社会与人格、社会与心灵之间的关系。他认为儿童的自我的发展有三个阶段。首先是投射阶段。在此阶段，婴儿感觉到了他人，在他们与物体之间划了明显的界限，还学会了对其他一些差别的区分，如将母亲与其他亲属分开。第二是主观阶段，即通过模仿别人的行为，体会到有一种与此行为相联系的感觉状态，从而出现了自我意识。第三是射出阶段，即儿童们将上述感觉状态与人的概念联系起来，因而得知其他人也有感觉状态。[②] 一些学者认为，后来的符号互动论者库利的同情反省方法，以及米德的角色扮演理论，都是建立在这种射出阶段的理论之上的。

四、杜威的社会互动思想

约翰·杜威（1859—1952）是美国唯心主义哲学家、社会学家、教育家，也

① ［美］威廉·詹姆斯：《心理学原理》，第 2 卷，294 页。

② 参见［美］J. M. 鲍德温：《儿童和种族的精神发展》，17 页，纽约，1906。

是实用主义哲学的主要代表之一。

杜威实用主义哲学的一个十分重要的特点是，它强调人类调整自己以适应环境的过程。人类独一无二的特性就在于他们具有思想的能力。他认为精神是一种思想的过程，而思想产生于人类调整自己适应环境的过程之中。精神具有工具的性质，它是一个人在头脑中定义客观事物的过程。在这个过程中，一个人勾勒出可能采取的行为方式，设想某种行为方式的后果，区分出那些不能与环境相协调的行为并计划消除此类行为，以及寻找出能实现协调目标的行为方式。他说："思索就是对于各种互相竞争的行动路线（在设想中）进行一种戏剧式的排练……就是对于各种挑选出来的因素进行组合的一种实验……目的是看一下，如果有这些因素参与的话，活动结果将会是什么样子。"[①]

杜威用这种将思维当作工具的观点来说明"互动"在解释人类行为时的重要性。一般认为，他的这些思想与当代心理学中流行的行为理论有相当密切的联系。他在题为《心理学中的反射弧思想》的论文中提出了"刺激因素是如何构成的"的问题。他认为刺激因素并不存在于个人追求的活动之外，而是在行动的内容之中。它既不是先于这一行动而存在，也不是引起行动的原因。按照这种观点，只有当一个人寻找这根针时，大海中的一根针才构成了刺激因素，否则它便构不成行为的刺激因素。因此，刺激人们的感觉的世界就是一个最终要依赖于人们所从事的活动特性的世界，当这些活动改变时，世界也就发生变化。这正是符号互动论关于互动观点的精髓。

在杜威的思想中，与符号互动论相关联的，还有两个方面值得一提。第一，杜威不同意将社会视为单一的整体结构、铁板一块的观点。他认为，社会是由众多的协作团体构成的，而不是仅仅只有一个单一组织的结构。在人们为追求那些由于为人们所共享而变得十分重要的利益的联合行动中，人们结合在一起形成了协作团体。因此，人们相互交往和参与的利益有多少，就存在着多少个协作团体，它们的数量是无限的。[②] 第二，杜威主张，社会科学以及哲学应将日常生活状况和问题作为研究的主题。他认为要想证实一种社会科学的正确与否，就需要将它应用于解决实际问题的活动中，要看它解决实际问题的功效。这种注重实际生活、重视日常人际互动的倾向，一直是符号互动论的重要特点。

当然，从总体上看，为符号互动论奠定最初思想基础的上述理论一般都具有明显的唯心主义倾向，这是我们必须加以否定的。但是，不应否认，上述思想家的论述也具有一些合理成分，像詹姆斯对于本能与习惯关系的论述、对于自我的研究，杜威强调对现实生活的研究、强调社会科学理论要能解决实际问题等，无疑都包含着合理因素，值得我们借鉴。

---

① ［美］J. 杜威：《人性与行为》，190 页，纽约，1922。

② 参见［美］J. 杜威：《哲学的重建》，205 页，纽约，1920。

第二节 符号互动论的早期代表人物及思想

詹姆斯、鲍德温、杜威等人从哲学、心理学角度为符号互动论的产生打下了基础，但是，他们的理论还不等于符号互动论。作为一种社会学理论，符号互动论基本原理的提出，以及符号互动论的创立，应归功于美国早期社会学者库利、托马斯，尤其是米德的努力。

一、库利的"镜中我"思想

查尔斯·霍顿·库利是美国早期具有社会心理学倾向的社会学家。他对于前述的苏格兰伦理学家的著作，以及对于詹姆斯、鲍德温、杜威等人的著作都非常熟悉。因此可以说，这些人的思想正是通过库利而进入到社会学中来的。

库利的突出特点之一是他非常强调主观世界的重要。因此，人们一般把他看成是与客观主义的杜尔克姆相对立的、更重主观主义的代表。库利认为，社会学家应特别关心的主题是"精神"与"主观"，因为这些才是人类社会的特点。

库利对于符号互动论的突出贡献之一是提出了"镜中我"概念。他认为，一个人的自我观念是在与其他人的交往中形成的，一个人对自己的认识是其他人关于自己看法的反映，人们总是在想象别人对自己的评价之中形成了自我的观念。这样，每个人都是对方的一面镜子，反映出对方的情况。库利给"镜中我"下定义说："一个人对于自我有了某种明确的想象——即他有了某种想法——涌现在自己心中，一个人所具有的这种自我感觉是由取决于别人思想的、别人对于自己的态度所决定的，这种类型的社会我可以称作'反射的自我'或曰'镜中我'。"①

库利的"镜中我"概念是由三重含义或三个阶段构成的。第一，我们所想象的我们在别人面前的形象，就是感觉阶段，是我们设想的他人的感觉。例如，一位穿上了新衣服的女士想象他人会注意到这套新装。第二，我们所想象的别人对我们这种形象的评价，这是解释或定义的阶段，即我们想象的他人的判断。例如，想象他人对自己服装的评价是"非常漂亮"。当然，这只是主观想象，也可能别人根本没有注意到自己的衣服。第三，由上述想象中产生的某种自我感觉，如自豪、屈辱等，这是自我反应的阶段。例如，由于认为别人很羡慕自己穿的新衣服而得意非凡，或由于认为别人没注意自己穿的新衣服而十分沮丧。库利说："我们总是在想象，而在想象中我们得到了其他人心目中对我们的评价、判断。"②

---

① ［美］C. H. 库利：《人性与社会秩序》，151～152页，纽约，1902。

② 同上书，152～153页。

库利的“镜中我”思想与他的初级群体思想密切相关。他认为，初级群体是人们的自我观念发展的摇篮。初级群体的特点是人们亲密无间，有面对面的直接交往与合作，这种群体为个人的社会性与个人的理想奠定了基础。库利说：“个人的最早的、最完全的社会生活经验是源于这里的。”① 初级群体使得个人学会设身处地从他人立场看问题的本领。库利认为，对他人的态度、评价作出迅速的反应，乃是一个人走向成熟的标志。而这种对他人态度的敏感性只能在初级群体中得到培养。他还认为，人性是在初级群体中逐渐形成的，人不是生下来就具有人性的，如果没有亲密的人际交往，人性就无法形成，在孤立中人性将会消失。

二、托马斯的情境定义和情境分析的思想

威廉·艾萨克·托马斯与库利几乎一样，他们都受到了实用主义思想的极大影响，并且都为符号互动论提出了最初的基本原理。但是，两者的理论角度有明显的区别：库利的兴趣主要集中于探讨儿童时期自我观念的形成，而对于托马斯来说，由于他主要研究的是社会变迁与社会解组，因此他的兴趣集中于探讨通过何种过程去重新建立成年人的自我观念。此外，在风格上，库利主要是纯理论研究，而托马斯擅长于经验研究。

从符号互动论以及社会学理论的角度看，托马斯的最大贡献则在于他提出了情境定义、情境分析的思想。

托马斯认为，社会学的任务就在于分析人们的行为，分析在人与人、群体与群体相互调适的过程中出现的那些行为。而人们相互调适的过程是由情境造成的，是个人或群体对于所处的客观环境的反应。情境定义恰恰居于客观环境（情境）与行为反应之间，它是人们的主观经验因素。托马斯断言主观因素在人类生活中具有重大作用，他说：“如果人们认定某种情境是真实的，那么这一情境就具有真实的效果。”② 这就是说，如果一个人真的相信有某种现象存在，根据这一判断，他就会真的采取某种行动，就会造成某种客观效果，虽然在事实上这一现象不一定存在。

托马斯强调主观因素的作用对后来的符号互动论有较大影响。但是，后来的符号互动论者以及目前的一些著作对托马斯的思想了解得不够全面，他们片面夸大了托马斯所说的主观方面。其实，托马斯不仅强调了主观方面，也强调了客观方面。他认为必须将情境本身和情境定义结合起来说明人们的行为，失去了任何一方都是不全面的。他说：“在整个情境中总是多少包括一些主观因素，只有将这全部内容结合起来才能研究行为反应。换言之，要将可以证实的、客观的情境与人们心中感觉到的、似乎存在的情境结合起来。”③ 当然，托马斯再三强调，

① ［美］C. H. 库利：《社会组织》，23～27页，纽约，1909。

② ［美］W. I. 托马斯：《在美国儿童》，567页，纽约，1928。

③ 同上书，572页。

在任何一种较为严格的解释中都必须引入情境定义。他认为，客观情况并不是与人们行为完全一致的。他指出："人们调整行为的任何一种活动都是以按照某种既定的路线而作出的'做或不做'的决定为先导的。而这种决定本身是以'随境定义'为前提的，这就是说，一种解释或观点，最终成为一种政策或行为模式。"[①]

由此，托马斯强调了情境定义的重要性，说它是所有"自我决定的"行为之先导，认为所有这类行为都依赖于它，个人的人格和"人生观"都产生于它。例如，人们总是从小就在群体中成长，而社会群体对于它所遇到的各种情境通常已经有了定义，并有了一些以这些定义为基础的行为规范，道德标准就产生于这些代代相传的情境定义之中。儿童们不可能单独创造出关于社会的定义，他们的思想行为必定受到社会的影响。当然，个人本能的情境定义与社会的定义常存在某种程度的冲突，因为个人的定义强调的是享乐，即先要满足个人的乐趣，而社会的定义强调的是社会功利，即为达到某种社会目标发挥作用。这样，所谓社会化就成了一个人接受社会定义的过程。同样，引起个人以及社会解组的原因就在于，社会上各种不同的情境定义并存，而哪一种也不能全面发挥制约作用。

然而，需要注意，在托马斯的著作中，所谓"情境"的含义并不是始终如一的。在他的名著《波兰农民在欧洲和美国》一书中，他将情境视为态度与价值观。他说："情境是个人或群体在活动中必然会遇到的一组价值观与态度，人们的活动就是依据它进行的，人们对活动结果的评价也是以它为依据的。每一项具体的活动都是由情境决定的。所谓情境包括三个方面：(1) 个人或社会进行活动的客观条件，即各种价值观、经济、社会、宗教、知识等的整体，它在特定的时间里直接或间接地影响着个人或群体的意识状况；(2) 个人或群体的先存态度，它在特定时间里对人的行为发挥实际影响；(3) 情境定义，即对于条件、状况和态度意识的比较清楚的概念。"[②] 后来，他又用情境表示"社会关系的状况"，包括"所有的制度、习俗"以及价值观、态度。在不甚严格的意义上，他还用这个词表示引起行为反应的那些条件、因素的结构状况。[③]

三、米德的符号互动思想

尽管库利和托马斯是早期符号互动理论流派中的重要人物，但是，在当时这个理论最重要的代表则是美国哲学家、社会心理学家乔治·赫伯特·米德。可以讲，符号互动的思想到了米德这里才开始形成了比较完整、系统的理论体系。因此，米德也常被视为符号互动论的创立者。米德既强调外在的客观世界、客观行

① ［美］W.I. 托马斯：《原始的行为》，8页，纽约，1937。

② ［美］W.I. 托马斯、F. 兹纳涅斯基：《波兰农民在欧洲和美国》，第1卷，68页，波士顿，1918—1920。

③ 参见［美］W.I. 托马斯：《行为模式与情境》，载《美国社会学界》，1927 (22)。

为对社会学理论的重要性，也强调内在的个人对于客观世界的解释、主观的行为对社会学理论的重要性。因此，米德的立场居于库利的注重主观与杜尔克姆的强调客观的观点之间。

米德认为，人们的活动并不是对存在于这种活动之外的外部“刺激因素”的简单反应。人们的活动起始于一种没有终极目标的力量，人们根据环境中的客体来调整自己的行为，环境中的这些客体通过在人们行为中发挥功能而成为刺激因素，在此过程中它们被定义为与上述行为过程相关联的东西。例如，当一个人感到十分饥饿而在环境中寻找客体时，植物的叶、根、果实等这些先前并无意义的东西便被定义为食物。因此，正是在活动过程中，刺激因素获得了意义。

米德认为，这种个人行为与客观环境之间的关系也适用于社会性行为。社会行为的完成要有他人的参与，即在满足人的动力要求的过程中，社会行为是由两人或两人以上的相互关联的行动构成的。正是从这些社会行动中，人格以及有组织的社会行为才发展起来，而这一发展得以实现的机制是以语言等为媒介的交往。

在社会行为发展的早期，某些手势、姿势开始被当作特定行动的标志，例如，举起拳头标志着要打人。一些手势、姿势渐渐地具有了符号的意义，它对于发出者和接收者都是同一个意思，于是人们之间的交往就可以通过这些手势、姿势而进行了。这样，随着社会行为的发展符号也发展起来了，并在完成这些行为的过程中发挥功能。符号使人们能预先知道他们自己与他人的行为，能够期待未来将发生的互动过程。通过这种期待，符号也使人们能在互动发生之前调整各自的行为或选择某种行为。符号还使人们能够评估自己的行为对他人的结果以及人们之间行为的结果，就此而言，符号大大促进了合作性的活动。

对于“自我”的研究，在米德思想中占有重要地位。米德认为，自我是对社会客观现实的内化和主观解释，自我的观念是在社会互动中产生的。自我作为它自己的一个客体，它实质上是一种社会结构，它产生于人的社会经历。米德将自我视为一个过程或在一个过程中逐渐形成的。他认为人们自己在同自己交往，他称作“自我反省、反思的过程”。因此，可以说，自我是存在于自我观察、反省的活动之中。而这种活动之所以可能，是由于有了最重要的符号系统——语言。正是语言符号才使得一个人有可能站在他人的立场上，从他人的观点出发将自己视为一个客体。

由此，米德区分了“主体我”与“客体我”。“主体我”（I）也称作“自然我”，米德常把它说成是人的一种本能的冲动，未经过社会化的、自然形成的我。他把这也看做是人类经验的重要组成部分。“客体我”（me）亦称“社会我”，“客体我”是经过社会化的我，是社会化的结果。

米德还研究了儿童们自我的形成发展过程。他将这个过程分为两大阶段：“嬉戏阶段”和“群体游戏阶段”。在嬉戏阶段，儿童开始想象和扮演某个角色，如穿上大人的鞋、装作大人的样子，学着大人的口吻训斥别人等。又如，在和洋娃娃玩时扮演医生、护士、伙伴；玩汽车时扮演司机等。这时，儿童们以其他人的形象出现，他们开始学会从其他人的立场而不是他们自己的立场看待世界。这个阶段对于人格的发展具有重要的影响力，是儿童们的自我开始形成的阶段。在此基础上，儿童们的活动发展到“群体游戏阶段”。在这一阶段，儿童们参加到了有组织的、复杂的活动中来，他们正式担负了某种角色，实现着别人的期望。这时，他们不仅要了解自己所扮演的角色，还要了解他人的角色，以使自己成为群体活动中的一分子。儿童们要想成功地从事群体活动就必须不断地对他人的行为作出反应。例如，在垒球游戏中，每一个球手都不仅要了解自己的角色，而且也要了解和注意其他球手的期待与实际行动，还需要知道指导、规定着垒球比赛的规则——符号系统。米德认为，在儿童自我发展的这两个阶段中，符号都发挥着重要的作用。正是由于人类有符号互动的能力，人们才可能扮演角色，并从中发展出自我。

总之，米德认为人类个体总是不断地进行着自我反省、反思、自我控制。这种活动之所以能存在正是由于人们参加到了互动中来，并且掌握了互动中产生的语言等交往工具。由于掌握了语言符号，一个人才能思想。人们从他人立场看自己才有了自我意识，人们运用他们学得的符号来选择某种行为从而控制自己的活动。

在上述三位早期符号互动论代表人物的思想中，符号互动论的优点与根本缺陷均已有了较为明显的显露。一方面，这个理论重视对主观世界的研究，对于自我意识的形成、人们的日常生活角色扮演、符号的形成与发展、人们行为的主观条件等均做了深入、细致的探讨，有不少精彩的思想。但是，另一方面，这个理论因忽视客观社会结构的作用，而带有主观主义的倾向。当然，这一倾向在库利那里表现得最为突出，在托马斯和米德那里则有所克服。

第三节 第二次世界大战后的符号互动论

虽然符号互动论的基本原理在库利、托马斯、米德的时代就已经提出来了，但在当时，它的影响力有限。不但了解它的人不多，而且这个理论的名称也没有确立。符号互动论真正成为一个强大的理论流派，成为可以与功能主义、冲突论相抗衡的重要社会学派别，是第二次世界大战以后的事情。

下面我们着重介绍一下代表第二次世界大战后符号互动论主流的布鲁默、戈夫曼、勒默特、贝克尔等人的思想。

一、布鲁默全面总结与发展了符号互动论

赫伯特·布鲁默（1900—1987）是自米德以后符号互动论最重要的代表人物。

25岁时来到芝加哥大学，一面教书一面读学位。1927年获社会学博士学位，此后长期在芝加哥大学执教。在芝大时期，他受业于托马斯、库利、米德等人门下，受到他们思想的熏陶。他将芝加哥学派符号互动论、社会心理学的思想加以整理，全面、系统地论证了这一理论，并且明确提出了“符号互动论”这个名称。因此，人们也常把完成符号互动论理论体系的功劳归之于布鲁默。布鲁默对符号互动论并不只是简单的整理，而且作出了许多有创见的论证。布鲁默本人也说：“在我看来，没有任何一位学者曾以‘符号互动’的观点来对人类群体生活之性质做过一种系统的研究。在那些学者中，米德给这种研究奠定了最初的基础，但是，他并没有发展出一套可供社会学使用的方法论……我在此所表述的，应被视为我自己的观点。我的目标是要提供一套研究人类群体生活的基本理论和研究方法。”①

（一）从符号互动论的角度看社会

1962年，布鲁默发表了题为《作为符号互动的社会》的重要论文，全面探讨了社会中的符号互动现象。他认为，社会是人际间符号互动的结果，人类社会的最典型特征就是符号互动。人类社会的互动并不是相互之间行为的简单反应，并不是纯粹地按照“刺激—反应”的方式进行的。人类相互之间总是对对方的行为作出自己的解释和定义，并以此为依据而进行互动。例如，一个人咳嗽了一声，从简单的、直接的意义上说，它是为了清喉咙，但当它作为一种符号时就具有更深的意义了，如给他人一种暗示，对讲话者的观点表示反对等。布鲁默指出，人们之间的“反应”并不是相互行为的直接产物，而是根据他们附加在对方行为上的意义所作出的。因此，人际互动是以运用符号来解释或确定相互间行动的意义为媒介的。换言之，我们每个人都有自己特定的文化、知识、经历，我们对社会和他人的解释总是受到我们本身的这些特殊因素的影响和制约。布鲁默强调的正是人们的这些主观方面。

布鲁默进一步研究了社会中主体与客体之间的关系。他认为，客体并没有固定的意义，所谓意义是符号互动的产物。他把客体分为三种类型：物质客体，如桌子、汽车、植物；社会客体，如父母、教师、朋友、官员；抽象客体，如价值、权利和法律等。他认为，不管哪一类，所谓客体就是能够对之进行处理的事物，正是通过符号互动，客体才被创造、被肯定或被否定。因此，他认为我们所说的客体不过是我们经验的产物，我们所体验的客观世界，并不是客观世界本身，而是我们所想象的世界。当然，对同一社会的成员来说，他们所遇到的大多数情境是有着相同的定义的，正是通过这种共同的理解与定义人们的互动才得以进行。然而，即使在这种情况下，解释的过程也并没有中断，参与者的行为仍是解释的结果。当人们接受了共同的定义时，社会出现协调的、有组织的行动。然

① ［美］H. 布鲁默：《作为符号互动的社会》，载阿伦·韦尔斯编：《当代社会学理论》，91页，加利福尼亚，1978。

而，当参与者持有不同的定义时，他们的行动就会不相适应，有组织的、集体的行动就受到阻碍。

由此，布鲁默研究了人们在社会中的行动。他认为，社会是由行动着的人们构成的，社会生活是由人们的行动组成的。而这些行动是发生在一定的情境之中或与一定的情境有关，它们是因为对情境的解释而产生的，是由确定那些必须加以说明的事情的含义，以及由此得出的结论所决定的。因此，人类的行动就是人们所建造出的“解释性行动”。他进一步指出：这种解释性行动是由人们对事物的解释和在这种解释基础上产生的行为两方面构成的。它包括人们的希望、愿望、目标，以及为实现目标而使用的手段、人们的行动、对他人行动的参与和特定的行动结果等。他认为这种解释性行动构成了个人的活动，也构成了行动一致的集体性活动。

（二）符号互动论与功能主义理论的区别

布鲁默还说明了他的理论与他称之为“传统的”社会学或功能主义理论的主要区别。传统的社会学家将社会视为一种结构或组织，认为人的行为就是这种结构或组织的产物。因此，宏观的社会结构与组织在决定人们的活动上发挥着重大作用。布鲁默认为，他的符号互动论与此相反，它注意的是人们行动的联合，它认为社会结构或组织不过是一个框架。他说：“社会组织不过形成了一种人们得以在其中活动的情境，它不过为人们解释他们所处的情境提供了一套固定的符号，只是在此意义上它才参与并影响了人们的行动，成为人们行动的一部分。”[①]这就是说，社会组织、制度、结构之所以能影响人的行为，是因为它们影响了个人对情境的定义。他指出，功能主义将人的行为视为社会组织结构的必然产物，这样，人的行为就与行动者无关了，在这里人是一种被动者；而符号互动论则认为，社会组织的活动与变迁是人们活动的产物，每个人的行为都受行动者自己的控制，个人为自己设计对象、赋予其意义并作出决定，因此，人是有主观选择能力的，在这里，人是一种能动的人。

（三）关于符号互动论基本思想的归纳

1969年，布鲁默的《符号互动论：观点与方法》一书正式出版，书中收集了他关于符号互动论的一些重要文章，比较全面地归纳了符号互动理论。布鲁默的理论有三个基本论断。第一，他认为人类对于某一客体所采取的行动，主要是根据他们对客体所赋予的意义。同一事物对于不同的人意义也各不相同。例如，蛇这种客体对于人的意义并不是固定的或固有的。在一些人看来蛇是令人厌恶的，因而他们会打死一条并无恶意的蛇。然而对于一个自然爱好者来说，蛇是自然界中的生物，出于保持生态平衡的观念，他会保护蛇。为什么人们会持有如此

---

① ［美］H. 布鲁默：《作为符号互动的社会》，载布鲁默：《符号互动论：观点与方法》，88页，新泽西州，1969。

不同的观点呢？布鲁默提出了第二个论断：人们赋予事物的这种意义产生于人们的互动之中，即人们的态度、观念总是受到他人的影响，一个人对于某事物的定义总能从他人的定义中找到根源。仍以对蛇的看法为例，在父母是自然爱好者的家庭里，孩子们接触无毒的蛇不仅不被谴责反而受到鼓励，这样的孩子日后就不会对蛇有普遍的厌恶之感。反之，当父母用《创世记》中关于蛇的描写教育孩子，孩子就会对蛇抱有恶感。第三，布鲁默指出，事物的这些意义不是一成不变的，而是在解释的过程中随时加以修正的。行动者总是根据他的特定"处境"来选择、审查、修正事物的意义。因此，所谓意义、解释不是事先就存在的，而是有一个形成过程。人们总是在不断体验的基础上构造他们的对象，根据以往的经验评价事物、赋予事物以意义，规定着自己行动的目标，作出决定，并进而通过对方的反应了解自己的行为是否得体，随时加以修正。人与人之间的所有这些行动结合在一起就形成了"共同行动"。

(四)"共同行动"的概念

"共同行动"(Joint-action）是布鲁默提出的概念，指两个以上的人共同采取的行动。在共同行动中，处于不同地位上的人通过各自的解释、定义而相互作用，结合在一起，形成一个持续不断的过程。当人们对某些事物的定义有共同认识时就会出现固定模式的行动。当然，所谓固定模式的行动并不是一成不变的，它要随条件的变化而变化。例如，家庭是一个共同行动的集体，丈夫、妻子、孩子的行动总是处于不断变化之中的。孩子两个月时夫妻的关系与孩子六岁时的关系会有很大差别。当丈夫增加了工资时，他在家庭中的地位就会提高，这就会影响到家庭的全部关系。因此，对于家庭中的角色并不存在简单的、固定的规定。布鲁默认为，人们的共同行动是一些参加者的独立行动相互作用的结果。因此，不应忽视这样的事实，即那些建立得比较完善的、重复发生的行为模式也存在一个要通过解释、设计而继续建设的问题。他认为，那种使用诸如文化、社会秩序、规范、价值观、规则等概念进行分析的做法忽视了一个基本事实，即"正是群体生活中的社会过程创造着规则，而不是规则创造与支持着群体生活"[①]。因此，社会结构是社会互动的产物而不是相反。他认为，共同行动是从参加者的过去的行动中产生的，它与过去的行动相联系，因而也必须从历史的内容上来理解共同行动。按照这种观点，社会环境、社会生活、社会活动都是十分易变的，它们都在不断地经历着建设与再建设的过程，它们也都是以定义和解释的过程为前提的。

(五) 符号互动论的方法论原则

他在《符号互动的方法论立场》一文中，全面说明了他的方法论原则。这个

① 转引自［美］S. 斯特赖克：《符号互动论》，93页，伦敦，1980。

原则的核心是“尊重经验世界的本来面目，为表明这种尊重的态度而建立一套方法”①。布鲁默批评了社会科学中过于依赖预先建立的理论模式和过于讲究调查技术的倾向。他主张回到经验世界中去。他认为，经验世界虽不是固定不变的，但却是“冷酷无情的”。因此，要认识经验世界就不能靠玩弄方法，不能靠建立和阐述骗人的理论，不能靠设计精巧的模式，不能靠运用物理学等自然科学的方法、程序，不能靠数学、统计学方案，也不能靠那些定量技术或创造什么新概念，需要的是走向经验世界本身。这就是说，在研究中所选择的问题、收集的数据、为获得数据所运用的方法、对于发现的解释、所使用的概念等，都必须根据所研究的经验世界的本来面目来建造。它们都必须经过经验世界的检验，以证明其正确性。为此，就要直接地、细致地考察经验世界。然而，布鲁默并不认为社会科学家们所做的社会调查、问卷、测验，以及使用量表等测量工具、运用普查数据等就是对经验世界的直接考察。

他认为，就人类社会而言，经验世界就是人们日常所经历的和所做的一切。它包括个人的活动、众多个人之间交错的活动，它是我们在自己的与他人的生活中所见到的一切。发展中的群体生活就是社会学和心理学的经验世界，因此，要认识它就要参加到群体中去，以第一手的直接考察为基础。如果没有第一手的考察，我们头脑中原有的那些想法就会先入为主地操纵着整个调查，我们就会把一些设想作为调查的结果。布鲁默认为，符号互动论的方法论就是对社会现象进行直接的、密切的考察。他认为这种考察决不仅是观看，它是一项艰巨的工作，从事这种工作要经过专门的训练，要学会随机应变，要有灵活性，要准备随时修正自己的观点。

布鲁默所说的这种直接考察包括两种方式：探索和检查。所谓探索就是一种没有被限制在任何专门技术内的灵活的程序。按此程序，调查者在一开始注意的面较广，随着观察，逐步缩小范围。与此同时，调查者对于问题是怎样形成的、对于可应用哪些资料、对于应使用何种概念都有了较清楚的认识。探索的具体方式包括：观察、访问、倾听谈话、了解历史、运用信件和日记材料、安排集体讨论、查阅官方记录等。关键是要找出对所研究问题最熟悉的人。布鲁默认为，找一些熟悉情况的人讨论要比抽样调查有用得多。所谓检查是指对事物的诸因素进行认真的分析，用一定的理论来分析问题，发掘出一般的关系，形成理论观点。布鲁默认为，通过检查可以更近地观察问题，从各个侧面观察它，给问题定性，并用各种方式加以实验和检验。他认为，检查也是灵活的、有想象力的、有创造性的，它可以自由地选择某个新方向，不落陈规俗套。总之，布鲁默强调经验主义的方法，他极力反对西方流行的、用专门技术的和严格定量的社会学研究方法。

这一思想在他的《社会学的分析与变量》一文中表述得十分清楚。布鲁默对社会学中应用严格的、他称之为“变量分析”的方法十分不满。他认为，个人的

① 转引自［美］S. 斯特赖克：《符号互动论》，93页，伦敦，1980。

行为是一个连续的、不断修正的过程。如果将社会生活缩小为一些变量，就会将连续的社会现象分割成一些小碎片，使它失去了真实性。研究人员常因受到变量范围的限制而与现实脱节。甚至对于同一个变量的运用和解释也常出现差别，因为，对于这些变量的选择、运用并没有什么严格规定。他认为，个人行动绝不是用几个变量就可以分析、解释得了的。总之，布鲁默认为，符号互动论的方法就是尽力把经验世界作为注意的中心，尽力从经验中、从被研究者的立场上来了解社会现象。

综上所述可以看出，布鲁默不愧为符号互动论的集大成者。符号互动论发展到他这里时，已经形成了比较全面的理论体系，从基本概念到基本命题以至研究方法都已比较齐备了。

二、戈夫曼对人际互动的研究

欧文·戈夫曼（1922—1982）是布鲁默的学生，加拿大人。1944 年毕业于多伦多大学，后到美国芝加哥大学读书。1949 年获硕士学位，1953 年获博士学位。1953—1957 年在美国精神卫生研究中心做客座研究员。1958 年到加州大学伯克利分校社会学系任教，1962 年升为正教授。戈夫曼于 1959 年出版了《日常生活中的自我表演》一书，一举成名。此后又接连写出：《公开场合中的行为》(1963)、《相遇》(1966)、《策略性互动》(1969) 和《公众中的关系》等一系列著作。

戈夫曼的兴趣主要在于研究社会互动，然而，与以往的学者不同，他不注重从互动中总结出一些类型、区分互动性质等，而是注重于分析互动时的状况。他专门研究了人们在日常生活中面对面的互动、互动时的角色扮演、互动中隐含的意义等问题。他的研究涉及了人际互动中的许多细节，如问候、寒暄、致贺、道歉等，这与传统社会学著作的主题有很大区别。这既形成了戈夫曼理论的特点，也标志着符号互动论已经走上了对社会上更为微观的具体细节进行研究的道路。戈夫曼之所以热衷于研究这些互动细节是因为，他认为正是人们日常生活中的这些不公开的、隐藏着的社会互动的规律，才使整个社会生活井然有序。

戈夫曼根据人际互动发生的场合，将互动分为两种情况：一种是在“社会机构”内，即在一定的界限（如围墙）内发生的、经常性、持续性的互动；另一种是没有界限的、临时性的互动，如人们在街头的邂逅相逢。下面分别介绍他关于这两类互动形式的研究。

（一）对于社会机构内互动的研究

在《日常生活中的自我表演》一书中，戈夫曼集中研究了在社会机构内发生的互动。他将社会机构比作一个舞台，认为人们都在这里登台表演，他引用莎士比亚的话说：“世界是个大舞台，每个人都扮演一个重要的角色。”这种演出是由社会互动所有参加者的活动构成的，它既包括自我的表演、感情的表达、信息的发出，也包括周围人对这些动作、符号的理解。表演是按一定的常规程序进行的。在表演中，预先设计的模式逐渐展现出来，每个人都根据剧本扮演角色，当然，在剧本说得不清楚的地方人们可以自己设计动作或修改剧本。由于戈夫曼把人们的活动比作剧院里的演出，从戏剧的角度研究社会互动，因而，他的理论便称作"戏剧论"(Dramaturgy)。

戈夫曼认为，在这种表演中，我们都非常关心和试图控制自己留给他人的印象，我们通过言语、姿态、手势等表现来使他人形成我们所希望的印象。因此，这是我们在为别人制造着"情境定义"。戈夫曼将这个过程称作"印象管理"。他认为，在互动中，个人的行为由满足自己的需要转变为满足他人的要求。例如穿衣，作为个人行为它是为了个人取暖，但在互动中，给他人看却成了主要目的。他认为，印象管理有专门的技术，他的著作就是研究这些专门技术的。因而，戈夫曼的理论也称"印象管理理论"。

戈夫曼认为，为了实现印象管理，人们就要运用一些手段、工具来装点门面。例如，墙上贴张画、使用烟斗、使用价格昂贵的公文包、在不同场合穿不同的衣服等，这些都有助于控制留给他人的印象。戈夫曼还对此做了区分。首先要有外部设施：布景和道具，如经理、律师办公室的房屋、家具、摆设等。其次要有个人的装扮，如衣着、姿态、表情等。戈夫曼将个人的装扮分为两部分，一是仪表，这是人们身份的外部标志；二是举止，这是人们扮演角色时表现出来的行为。

戈夫曼认为，人们表演的区域有前台和后台之分。前台是人们正在进行表演的地方，后台则是为前台表演作准备的、不想让观众看到的地方。人们在前台的行为举止与后台是不一样的。例如饭店的侍者，在前台时，他为顾客服务，工作紧张、举止得体，而当他回到后台——厨房去的时候，便立刻变得松松垮垮了。一般说来，应防止观众进入到后台来，而且，在前台也必须防止那些与演出无关者进入到表演中来。

由此，戈夫曼指出，成功的印象管理需要整个剧组进行合作。例如，政治家们在竞选时，即使并没有什么把握，但整个竞选班子在对外宣传时却一致地表现出信心十足的样子。又如，为了使孩子留下好的印象，父母之间在发生矛盾时也要注意合作——不要当着孩子的面争吵。戈夫曼说，在演出时，剧组人员是相互依赖的，任何一个人的过失都可能造成整个演出的失败。

戈夫曼还根据表演者目的之不同，将表演区分为"误导的表演"和"神秘的表演"。误导表演的目的是通过表演给人一种错觉，如一个人很有钱但他却装得很穷。误导的表演有可能是身份高的人装得身份很低，也有可能是身份低的人装得很高。所谓神秘的表演是故意与别人保持一定距离，给人一种神秘的印象，使别人产生崇敬的心理。例如，在西方国家的军队里，军官与士兵各有各的食堂，保持一定距离，以防止官兵太熟悉，到打仗时士兵不听从军官的命令。

戈夫曼的研究是以符号互动论关于："主体我"、"客体我"、"镜中我"和"情境定义"等思想为理论前提的，他从戏剧表演的角度进一步发挥了这些思想。

他认为，一场表演，一方面要有演员和协助演出的人，由他们组成剧组；另一方面还要有观众。因此，要想让表演顺利进行下去，就必须实现剧组与观众之间的合作。所以，表演者的“自我”并不是一个完全独立的、不依赖于他人的自我。演出必须包括情境定义的设计，其中自我概念是重要组成部分。在表演中，演员总是追求这种设计中的自我。然而，与此同时还有一个“表现出来的自我”（Self-as-performed），这是观众根据演员的表演而得出的印象，戈夫曼称之为“强加给他的自我”（Imputed Self），即观众强加给演员的“自我”。这种强加给的自我是舞台、表演等情境的产物，是所有参加表演人员的共同活动的产物，不管这个自我是否真实，它都是互动的关键。因此，在戈夫曼看来，人们日常生活中的表演与互动就是一场游戏。在游戏中，人们对不同的“定义”进行争夺，人们的表演与互动就是某个“定义”取得胜利或成功地被人们接受的过程。

戈夫曼还说，在演出中，如果这个表现出来的自我不能令观众信服或引起观众怀疑，那么，互动过程就可能被破坏，社会机构中直接的、间接的系统就会出问题。同样，对于表演者本人来说，自我被别人怀疑，也会导致他个人的解组。观众通常总是认真地注视、评价演员的表演。他们不仅注视着演员有意识作出的动作，而且也留心看着演员无意地、非主动地作出的动作。例如，表演者可能会口吃、脸红、发抖、焦虑不安、过于做作等。这时，观众就会对他的表演持怀疑态度，演出就可能失败。

对于演员表演上的失误，虽然观众是可以直接给予批评或有所反应的，但是，在日常生活中人们却很少直接对表演者提出挑战。这是因为，在社会互动中，互动双方对于维持相互之间的身份共同承担着责任，一方的失败意味着另一方的活动也无法顺利进行。因此，当互动中出现一些特殊情况时，如看到对方有身体上的、容貌上的缺陷，明知对方所讲的只是一种借口等，人们依然用一种彬彬有礼的举止，维持着相互之间的互动。

（二）对于社会机构以外互动的研究

在《公共场合中的行为》、《相遇》等著作中，戈夫曼还研究了与上述“社会机构”中的互动不同的另一类互动。这类互动是没有明确界限的、临时性的互动。如在街头、公园、戏院、会场、娱乐场所、餐厅、电梯等公共场所里发生的面对面的互动。戈夫曼认为，不管人们从事的是什么活动，只要是在面对面的场合、在特定的时间里人们之间发生了有意识的、明确的关注，互动便发生了。[①]他把这种互动称作“相遇”，认为相遇式互动的最突出特点就是人们之间持续性的相互注意。这种相遇互动与群体活动既有联系，又有区别。相遇可以是群体生活的一个方面，但是人们之间的有些相遇——如本来并不认识的人在一起玩扑克——他们的关系与群体关系大不相同。对于群体来说，当其成员不再从事某项活动时，群体还依然存在，而相遇却仅存在于互动发生之时。他指出，虽然

① 参见［加］E. 戈夫曼：《相遇》，7页，印第安纳，1961。

人们在这些公共场合的行为与人们在社会机构里的表演有所不同，但是印象管理的原则在这里也是适用的，即人们总是在控制自己的行为以期给他人留下有利的印象。

在对这类互动的研究中，戈夫曼提出了"角色距离"的概念。戈夫曼在观察游乐场上的电动旋转木马游戏时发现，这种木马只适合三四岁的儿童玩耍。因为只有这个年龄的孩子才玩得异常认真，才可能"进入角色"。所谓进入角色就是自我完全融合于角色之中。然而，除了这个年龄段以外的其他孩子以至成年人都无法在骑木马时进入角色。将两岁的孩子放上木马时，人们立即会发现，对他的期望过高了。五六岁的孩子骑木马时，则由于过于轻而易举而不能全神贯注。七八岁的孩子骑木马时则开始故意触犯游戏规则、做各种滑稽动作。对于十一二岁的孩子来说，要想表现出他们这个年龄段与骑木马角色之间的差距反而不太容易了，他们常将骑木马的全部活动当作一种"恶作剧"。成年人有时也骑木马，但他们另有所图，比如为了照张相片或与朋友或恋人在一起寻开心。负责旋转木马机器的工作人员，他们表现出的与骑木马角色的差距则是另一番情景，他们熟练地沿着旋转的台子上上下下，照看着所有骑木马者，以防发生意外。戈夫曼总结道："不管这种不恰当的行为是有意的还是无意的、是真诚的还是虚假的，也不管这类行为是否为他人所正确理解，它们都表明，在个人与其角色之间，在一个人所做的与其本性之间存在一道裂痕。这种实际上的表现说明，个人与其假定的角色之间存在着差距，对此，我称之为'角色距离'。"[①]角色距离的研究说明，个人在某种角色上是否能积极地发挥作用取决于他与该角色相适应的程度。更进一步说，只有当某种角色不仅适合一个人承担，而且对他具有某种"挑战"意味时，这个人才可能充分施展其才能，达到"进入角色"的程度。

总之，戈夫曼的理论专门研究人们日常生活中的一些互动现象与技巧，他企图通过这些表演手段来协调社会中的人际关系、维护社会生活的秩序。在资本主义社会阶级对立的情况下，要想实现协调的人际关系，从本质上说是不可能的。戈夫曼所研究的技巧，最多只能起到修修补补的作用。然而，戈夫曼的上述理论也确实揭示了社会生活中的一些基本事实，揭示了人际互动的一些基本规律，人们可以批判地从中吸收某些有用的东西。

三、标签理论

标签理论亦称标志理论或标定理论。它是一种从符号互动论角度探讨社会问题与越轨行为的理论。这种理论自 20 世纪 50 年代至 60 年代开始流行起来，到 70 年代它甚至成了美国社会学界研究越轨行为的占统治地位的理论。

虽然标签理论的基本倾向在库利和米德的著作中已有所表现，但是，它真正成为一种比较完整的、有一定影响力的理论，应归之于勒默特、贝克尔等人的努

---

① ［加］E. 戈夫曼：《相遇》，108 页。

力。1951年，埃德温·勒默特写出了《社会病态》一书，1967年他又发表了题为《人类的越轨、社会问题和社会控制》的著作；霍华德·贝克尔则于1963年写了《局外人：越轨社会学之研究》一书。此外，还有凯·埃里克森也发表了几篇论述越轨行为的文章。在这些著作中，他们都阐发和应用了标签理论。

这一理论认为，所谓社会问题或越轨行为是一种主观的东西，即某种社会现象之所以成为问题就是因为社会给它贴上了这样的标签。贝克尔说："越轨行为是应用规章、法律等对于一个'冒犯者'标定的结果。所谓有越轨行为者，就是被成功地贴上了这种标签的人。"[①] 由此，标签理论认为，在研究社会问题与越轨行为时，这些问题或行为本身并不太重要，重要的是社会如何评价和对待它们。因为应着重研究某种社会状况或行为，是在什么情况下，以及为什么被定为社会问题。它指出，同样的行为或事件在一些社会中被视为正当的，而在另一些社会中则被视为问题；就是在同一社会中，对于同样的现象，人们也会贴上不同的标签。为什么会有这种区别呢？标签理论在解释这种现象时引入了一些冲突论的思想，它指出，原因在于贴上不同的标签会分别有益于不同社会中的社会势力，或有益于同一社会中的不同社会势力。它认为，那些凭借权力占据了统治地位的集团可以通过贴标签、宣布被统治者为"有越轨行为者"，来歧视、控制和镇压被统治者。因此，这种贴标签经常是不公正的。例如，在美国，当黑人与白人犯了同样的罪行时，对黑人判的刑罚通常要比白人重。它还指出，一些人被贴上"有越轨行为"的标签后，他们往往会真的按照标签所定的越轨行为的模式去做，结果发展出了更多的越轨行为。例如，当一个人被公众斥为吸毒者后，他就可能更多地按照吸毒者的行为模式去做：不去找工作、不接受治疗、一步步走向犯罪等。这就涉及了初次越轨行为和再次越轨行为的理论。

埃德温·勒默特最先提出了初次和再次越轨行为的理论。他认为，几乎每一个人都可能偶尔发生越轨行为。绝大多数的这类行为都是暂时的、试探性的、轻微的和容易隐瞒的。这类第一次发生的，虽然违背了普遍的行为规范，但行为者本人与别人却并没有这样认定的越轨行为是初次越轨行为。例如，一个青年人出于好奇而吸了一次毒、偶然发生的漏税行为等，这些行为并没有引起很多人的注意，行为者本人也不承认自己是越轨行为者。但是，如果这样的行为被公布于众，而且行为者的朋友、父母、雇主或者警察、法庭等也视这个人为越轨行为者，他就有可能发展成为再次越轨行为。当再次越轨行为出现时，不但别人这样看——如认为某人是吸毒者、小偷、骗子、无赖或"怪人"等——而且行为者本人也有意无意地接受了这些"标签"。一旦某人被贴上了越轨行为的标签，他周围的人就会对他另眼相看。这就会迫使他与其他越轨行为者为伍，以越轨行为者自居，按照这种行为模式去做，并将此类行为变为自己的习惯，甚至终生沿着这条路走下去。因此，勒默特认为，将某种行为贴上再次越轨行为的标签反而会助长这种行为。

---

① ［美］H. S. 贝克尔：《局外人：越轨社会学之研究》，9页，纽约，1963。

由此，标签理论认为，可以利用贴标签的办法来解决社会问题和越轨行为，但只有将某种社会状况与行为贴上了“正当的”、“正常的”、“符合规范”的标签，才会自动消除它们的对立性。

如何看待这一理论呢？我们认为，这种理论强调了过去为人们所忽视的对社会问题、越轨行为的主观评价的重要性，这是有一定启发意义的。它告诉我们，当我们评价、处理某种社会问题、越轨行为时，划分社会问题的界限要适当，打击面不能过大。但是，标签理论片面强调人们心理上的反应，而忽视社会问题本身的性质，不去研究问题发生的根本原因，而是把全部注意力都放在对问题的主观评价上，因而，它无助于从根本上解决和正确处理越轨行为。至于说标签理论所指出的在资本主义社会里某些统治集团为维护其自身利益而将莫须有的“越轨”罪名强加于被统治者身上，则完全是另外一种情况。

* * *

综上所述，符号互动理论历经半个多世纪，终于发展为美国社会学界具有强大声势的一个理论流派。这个理论的意义在于：首先，它重视人的主观因素，强调人与动物不同，人具有主观能动性而不是简单的被动体，这是理解人类社会时不可忽视的重要方面；其次，它注重微观的研究，重视人际互动的过程，强调每个个人区别于他人的特殊条件，运用这一理论可以寻找产生问题的个人或个别原因，它比结构功能主义对社会的考察更加细致；最后，它重视对社会现实生活的考察，主张从生活经验中得出理论，这有助于人们研究现实的、实际的问题。毋庸讳言，符号互动论具有十分明显的缺陷：首先，它过于强调人的主观因素、主观心理意识，忽视了客观实际；它过于强调表现出来的、为人们所认识到的东西，对于未表现出来的、事物内在的规定性则认识不足。其实，某一事物的内在的客观事实虽然在有些情况下未被人们认识，但由于它是真实的，最终总会被人们所认识。其次，它过于强调每个个别人的因素，没有看到作为整体的社会结构、制度等的作用。实际上，社会并不是个人的简单集合，它有一种超于个人之上的结构力量，这一点为符号互动论所忽视。再次，它的研究过于微观，只能研究个人或小群体，无法研究大规模的、总体的社会现象。最后，符号互动论的方法论片面强调感觉、直觉的重要，只承认感性认识，否认理性认识的真实性，这是肤浅的经验主义和现象主义的表现。

【本章要点】

1. 符号互动论侧重于从心理学角度研究社会，认为社会是由互动着的个人构成的，对于社会的解释只能从这种互动中寻找。“符号互动论”这一概念，1937 年由布鲁默提出之后，20 世纪 60 年代至 70 年代在美国开始流行。

2. 符号互动论是在下列理论的基础上发展起来的：苏格兰伦理学家的影响；詹姆斯对习惯、自我与社会我的研究；鲍德温的自我发展三阶段论；杜威的社会互动思想。

3. 符号互动论的早期代表人物库利、托马斯、米德及其思想。库利提出了

"镜中我"思想，认为个人的自我观念是在与其他人的交往中形成的。托马斯的情境定义及情境分析的思想，强调主观因素的作用，对后来的符号互动论有较大影响。米德对符号互动思想作了较为全面的阐述，明确区分了"主体我"和"客体我"，并且进一步研究了儿童自我形成的发展过程。

4. 布鲁默全面总结与发展了符号互动论。他认为，人类相互之间总是对对方的行为作出自己的解释和定义，并以此为根据而发生互动。社会客体并没有固定的意义，所谓意义是符号互动产物。他对符号互动论与功能主义理论作了区分：功能主义将人的行为视为社会组织结构的必然产物，而符号互动论认为人的行为是受行动者自己控制的。

5. 戈夫曼对人际互动的研究。戈夫曼从更为微观的、新的角度研究人际互动，他着重考察了两种场合的互动：社会机构内的互动和社会机构以外的互动。在社会机构内的互动中，为了给人留下好印象，人们对自我表演进行着"印象管理"。社会机构以外的互动，与前者不同，它是没有明确界限的、临时性的互动，这种互动亦称"相遇"。在这种互动中戈夫曼提出了"角色距离"的概念。

6. 标签理论。标签理论是用符号互动观点解释越轨行为的理论。它认为，所谓越轨行为是一种主观的东西，即某种行为之所以成为越轨行为就是因为社会给它贴上了这样的标签。

【基本概念】

符号互动论　共同行动　印象管理　角色距离　社会机构内互动　社会机构外互动　人际互动　相遇互动　标签理论　越轨行为

【思考题】

1. 什么是符号互动论？
2. 符号互动论是在何种理论背景下产生的？
3. 简析符号互动论早期代表人物的思想。
4. 试述第二次世界大战以来符号互动论的主要代表人物及其思想。
5. 试析符号互动论的意义和局限性。

【参考书目】

1. [美] 詹姆斯．心理学原理．北京：商务印书馆，1965
2. [美] 杜威．人性与行为．北京：商务印书馆，1966
3. [苏] 苏联科学院社会科学研究所．现代资产阶级理论社会学批判．北京：中国人民大学出版社，1981
4. [美] 戈夫曼．日常生活中的自我呈现．杭州：浙江人民出版社，1989
5. [美] 库利．人类本性与社会秩序．北京：华夏出版社，1999
6. [美] 托马斯，兹纳涅斯基．身处欧美的波兰农民．北京：译林出版社，2000

7. ［美］特纳．社会学理论的结构（下）．北京：华夏出版社，2001

8. ［美］杜威．哲学的改造．西安：陕西人民出版社，2004

9. Goffman E. *Encounters：Two Studies in the Sociology of Interaction*，Indianaplis：Bobbs-Merri，1961

10. Cooley C. H. *Social Organization*. New York：Schocken，1962

11. Blumer H. *Symbolic Interactionism：Perspective and Method Berkeley*. CA：University of California Press，1969

12. Becker H. S. *Outsiders：Studies in the Sociology of Deviance*. Glencoe，Ill.：Free Press，1963

13. Baldwin J. M. *Social and Ethical Interpretations in Mental Development：A Study in Social Psychology* (4th ed.). London：Macmillan，1906

14. Thomas W. I. *The Child in America：Behavior Problems and Programs*. With Dorothy Swaine Thomas. New York：Alfred A. Knopf，1928

15. Thomas W. I. *Primitive Behavior：An Introduction to the Social Sciences*. New York：McGraw-Hill，1937

16. Thomas W. I. "The Behavior Pattern and the Situation." In *Personality and the Social Group*，edited by Ernest W. Burgess，pp. 1-15. Chicago：University of Chicago Press，1929

第十三章

布劳的宏观社会结构理论

在西方特别是美国的社会学理论发展过程中，新的理论不断出现，在一定程度上反映了社会学理论和研究实践的不断深入。20 世纪 70 年代以来，在美国众多的社会学理论中，社会网络分析和布劳的宏观社会结构理论是比较引人注目的。由于资料和篇幅的限制，我们这里只对彼得·布劳的宏观社会结构理论作一概要的评介。

第一节 宏观结构理论的思想渊源

在社会学发展史上，尽管有形形色色的理论不断被提出，但对社会结构的研究始终是社会学理论兴趣的一个重点。社会学中的结构理论学派或结构社会学的基本特征是：从社会关系自身中寻找对社会结构的解释，并推而广之解释各种社会现象。

布劳的宏观社会结构理论，既有别于帕森斯的结构功能主义，更不同于列维-斯特劳斯的结构主义。布劳坚持认为，社会学家应当从个人或社会群体的客观社会地位和社会关系出发去研究社会行为和社会变化规律。

布劳自己承认，他的学术生涯和理论倾向深受德国理论传统和自由主义思想的影响，尤其马克思、齐美尔和杜尔克姆这三位欧洲经典社会学家的理论使他获益匪浅。

一、马克思的唯物史观和阶级斗争学说

马克思主义的历史唯物主义前提和阶级斗争学说对布劳的理论发生了重要作

用。首先，布劳接受了马克思的历史唯物主义的基本前提。马克思将黑格尔的历史唯心主义辩证法颠倒过来，认为社会历史的辩证发展过程不是取决于精神力量而是由社会基础结构的物质条件所决定。这种物质基础同时也决定着社会的文化价值观念和整个上层建筑。而布劳的理论前提也指出，客观的社会结构条件而不是文化和心理因素对人类社会生活起着主导作用。布劳自己承认，他的这个理论前提完全得自于马克思对黑格尔假设的彻底纠正。其次，马克思关于阶级和阶级斗争的理论深刻地影响了布劳理论研究的重点。马克思认为生产力和生产关系的辩证运动是社会发展的基本动力，而二者相互适应又相互矛盾的关系集中体现在一个社会的阶级结构与阶级斗争之中。他并不仅仅在道义立场上谴责资本主义社会的不平等和阶级压迫的非正义性，而是着眼于资本主义生产关系对生产力发展的阻碍作用。从而得出了最终消灭阶级的革命结论。布劳的理论研究与马克思的阶级斗争学说并无直接继承关系。但是，社会不平等性和社会交换过程始终是布劳的理论研究兴趣所在。关于这一点无论在他 20 世纪 50 年代对组织和交换的研究，60 年代对社会分层与流动的研究，还是近年来他对宏观社会结构中的不平等性的研究都清楚地表现出来。当大批当代社会学家迷醉于韦伯的理解社会学，一窝蜂地去寻找宗教、亚文化系统和其他非结构因素对社会发展和人类行为的影响时，布劳却坚持用客观存在的社会差别和不平等性去解释社会与变迁。

二、齐美尔的形式社会学及关于相互关联的社会属性的观点

齐美尔对布劳理论的影响突出反映在他的形式社会学观点和对相互关联的社会属性（Crosscutting Social Circles）的讨论上。齐美尔认为，一切科学都必须从经验现实中抽象出某些分析性要素，而社会学的任务就是要从形形色色的具体社会活动中抽象出人类社会交往的基本形式。社会学家应当从社会生活的内容中抽象出不同的社会交往形式，分析这些形式的结构关系和演变过程。布劳深受德国思辨哲学，特别是齐美尔形式社会学观点的影响，几十年孜孜不倦于社会交换过程的一般形式和宏观社会结构一般形式的研究。

齐美尔的另一个重要理论概念是相互关联的社会属性。这个概念对布劳的影响甚大，以至于他以此作为他最新著作的标题。齐美尔认为，现代社会的社会结构是由许多相互联系的社会集团所组成的。这些相互联系的社会集团将人们置于一个十分复杂的集团归属网络之中，人们同时具备的不同的社会地位把整个社会划分成了无数个集团、阶层和阶级，这些集团、阶层和阶级又是你中有我、我中有你，形成相互交错的关系。这样，人们的社会属性也就不可能是单纯划一而是纷繁复杂的了。每个人都处于许多社会属性的接合部上，承受着与他人不同的社会压力。相互关联的社会属性这个概念是齐美尔从社会生活中抽象出来的纯粹的社会结构形式。它并不是用来描述一个社会的人口怎样为某些特定的社会属性所区分，而是用来把握不同社会属性的关联程度。例如，齐美尔的兴趣不在于一个社会的人口是怎样被划分为不同的宗教或民族集团，而在于人们的宗教信仰与民

族这两种社会属性是怎样关联的。社会属性间的相互独立性越强，人们在各方面属于同一类社会集团的可能性越小。如果宗教信仰与民族这两种社会属性相互独立，那么各民族成员可能均匀分布在不同的宗教信仰集团之中。如果二者的关联程度很高，那么就会出现某个民族专门信奉某种宗教，而另外一个民族信奉另一个宗教的情况。齐美尔用不同社会属性的相互关联性的思想对社会交往过程进行了分析，指出在现代社会中，正是由于人们的各种社会属性间存在一定程度的相互独立性，所以个人就不会完全居于某个社会集团的压力之下。根据某一社会属性而同属一个社会集团的人们同时又可能在其他社会属性上分属不同的社会集团，这意味着人们具备了不同的社会属性组合。这样，社会中的个人差别和个体性就日益发展。换言之，各种社会属性的相互独立性成为人们获得自由与独创性的客观基础。布劳完全继承了齐美尔关于相互关联的社会属性的思想，并加以发展。在布劳看来，异质性和不平等性是一切社会结构的基本特征。他的兴趣不在于论证社会异质性存在的合理性或是不平等性存在的不合理性，而在于社会异质性之间、不平等性之间以及异质性与不平等性之间的相互关联程度。不同社会之间的根本区别不仅仅取决于其异质性或不平等性的大小，更重要的是这些社会属性间的相互关联程度。如果一个社会的各种不平等性高度相关，这个社会就必然具有鲜明的阶级差别。如果一个社会的各种不平等性相互独立，整个社会就可能有机地融为一体。

三、杜尔克姆关于社会事实的思想和他的研究方法

杜尔克姆在两个方面影响了布劳的理论研究，一个是他关于“社会事实”这个基本概念的讨论，另一个是他的数量化研究方法。杜尔克姆认为社会学是研究社会事实的学问，而一个社会事实又必须为其他的社会事实所解释。所谓社会事实，在杜尔克姆那里指的是一个社会中对个人具有外在束缚力的客观条件。按照这样的定义，对社会事实的研究就不可能仅仅通过对个人层次上抽样分析来完成，而需要不同社会或不同社会群体间的比较研究，因为社会事实只能通过全社会总人口或是整个群体的特征来加以描述。个人的社会属性不是社会事实。但是，布劳指出，过去几十年中大多数社会学家并没有去研究社会事实间的关系，而是过分注重研究个人特征之间的关系，诸如个人的种族归属与其教育水平的关系，个人性别与其收入的关系，个人的家庭背景与其投票行为的关系，等等。这种关于个人特征对他们的心理动机和行为的影响的研究属于心理学或是社会心理学。这种研究并不关心外部的社会条件对个人的约束作用，因而不可能揭示出个人的选择只能在社会结构所提供的机会中进行这一基本事实。布劳认为社会学的真正任务就是研究社会结构的影响，这既包括研究社会结构对各类社会事实的影响，也包括社会结构对个人行为的影响。

在社会学史上，杜尔克姆是在数量化研究基础上发展理论的先驱人物。当然，他不是第一个进行数量化社会研究的人，也不是在理论发展中运用经验材料

的唯一一位社会学家。但是，杜尔克姆的确是19世纪经典社会学家中在对数据资料进行统计分析基础上发展出自己理论的第一人。当代社会学家都已普遍承认，任何总体性理论和中层理论的发展都必须与系统化的经验分析相结合。布劳发扬了杜尔克姆的学术传统，在其理论研究中始终把抽象的理论命题与具体的经验性研究紧密地结合在一起。他不像一些社会思想家那样，热衷于发展海阔天空、无所不包的理论，这些理论既无法被证实又无法被否定。他也不像许多经验社会学工作者那样，对经验材料的细枝末节津津乐道，结果除了描述社会现象外，毫无理论建树可言。在当代美国社会学中，布劳属于为数不多的社会学家之一：既是重要的理论学派的掌门人，又是经验性研究的活跃者。这也是为什么布劳能成为美国科学院近2 000名院士中仅有的4名社会学院士之一的原因。[①]

总之，在马克思、齐美尔和杜尔克姆的理论思想影响下，布劳逐步发展出了自己的宏观社会结构理论。在他的理论中，布劳坚持用客观的社会结构条件去解释社会现象，反对把心理和文化的因素作为首要的解释工具；坚持以社会群体、社区作为研究对象，反对仅仅用个人因素去说明社会变化的个体主义观点；坚持把抽象的理论讨论与具体的实证研究相结合，反对缺乏严密性和确定性的单纯概念讨论和缺少理论解释力的单纯经验描述性研究。

第二节
布劳构造理论的方法论原则

布劳于1977年发表了他关于宏观社会结构理论的代表作《不平等性与异质性》，第一次系统地阐述了他的理论体系。1984年他又发表了另一部著作《相互关联的社会属性》，进一步完善了他的理论并运用实证研究从各方面检验了这个理论。在过去的10年中，布劳和他的合作者一道，先后发表了十余篇论文，使他的宏观社会结构理论成为美国社会学界一个重要的流派。

要弄懂布劳的宏观社会结构理论，首先要了解他关于构造理论的方法论原则，因为他的理论正是遵循这些原则发展出来的。

一、社会学科学化的任务

布劳认为，社会学发展至今，仍然像牛顿以前的物理学一样，处于前理论阶

---

① 另外三名院士是布劳的博士学位导师、哥伦比亚大学教授默顿，布劳的大学同学、芝加哥大学教授科尔曼和布劳长期的学术研究合作者、社会统计学家邓肯。

段。社会学家还没有建立起一个科学的、揭示社会运动基本规律的理论体系。一方面，社会哲学家们进行了大量关于社会的哲学性讨论，这些讨论提出了许多概念、概念间的关系及难以验证的推断。另一方面，实证社会学家又年复一年地发表着多得难以计数的经验性研究成果。诚然，这些研究通过日益精密化的方法使人们对许多具体社会问题的认识不断深入。但是，在哲学式讨论与经验性研究之间，社会学家还未能找到一条途径把二者有机地结合起来。那些抽象、空洞、缺乏确定性的概念讨论使社会学成了形而上学或宗教信条，人们除了信仰或不信仰它们之外别无选择，因为人们无法在经验上去验证它们。而那些具体的、局部的实证性研究，由于缺乏更高层次的理论抽象，又将社会学变成了常识的归纳总结，成了社会问题学或社会政策学。布劳并不反对一部分、甚至绝大部分社会学家分头进行社会哲学或实际社会研究的工作，他相信这些工作最终会对社会学的发展有益。但问题在于，如果没有这二者的有机结合，社会学还是不能成为一门真正的科学。布劳并不认为他个人能对社会学的科学化作出决定性的贡献，但他希望通过他的努力，使更多的社会学家投身于社会学科学化的工作中去。布劳认为，社会学的科学化表现在它同其他科学一样，遵循同一的方法论原则。在社会科学与自然科学之间，只存在研究对象、研究方法和研究发展阶段的区别，但衡量理论科学性的标准却应当是一致的。社会科学的困难之处在于研究者本身或多或少地也是研究对象的一部分，因而研究者的背景、价值观和利益往往限制了研究的客观性与全面性。但是，这种社会科学研究的特殊性并不足以成为反对科学方法一元论的理由，而只能是鼓励社会科学家加倍努力的动力。

二、科学理论的特征：演绎性和证伪性

布劳相信，一切科学的理论，就其形式而言，必须是演绎性的；就其内容而言，必须是具有证伪性的。

布劳赞同英国科学哲学家布瑞斯威特的定义，一个好的理论应是具有由命题组成的演绎体系形式的科学解释。在这个演绎体系中，那些处于较低层次的、具体的命题应由较高层次的、抽象的命题逻辑地推导而来，前者的意义通过后者去解释。布劳也基本上同意波普关于一个科学的理论必须是可以证伪的观点。按照波普的意见，一个科学的理论永远不可能被完全证实，因为理论是普遍性的，而经验证明只能是部分性的。但一个理论可以被证伪，如果一个理论屡屡与经验事实相违，它就是一个错误的理论，或者它被证伪了。波普强调，一个理论是否具有科学性，并不取决于它是否被证伪，而是取决于它是否具有证伪性或证伪能力。一个被证伪了的理论不是科学，但仍然是科学的，因为它具有证伪性；而一个只靠信仰和权威来维持的理论则是不科学的，因为它不具有证伪性。波普认为，要使一个理论具有证伪性，关键在于这个理论的底层结构必须与感性世界相联系。换言之，一个科学的理论必须包括经验层次的命题。

三、科学的社会学理论应当具备的要素

布劳从演绎性与证伪性这两个方法论原则出发，进一步讨论了构造科学的社会学理论的一系列要素。

布劳认为，一个系统的理论体系必须清楚明确地界定它的被解释物和解释物。被解释物指的是一个理论所要解释的对象，解释物指的是理论家准备用什么样的方式去解释被解释物。在理论发展的最初阶段，理论家应该表明自己的理论倾向，介绍理论研究的对象。接着，理论家就要明确说明解释物与被解释物之间的关系。例如，在马克思主义中，阶级斗争是其理论重点，马克思用生产力与生产关系的辩证运动去解释阶级斗争。

布劳强调构造理论需要通晓有关的经验知识。要求经验性知识并不意味着舍弃演绎性理论体系而去搞自下而上的归纳性理论。但是，一个在公理系统上演绎而成的科学理论不是凭空产生的，这个理论中包含的全部公理和命题必须不和现有的经验知识相矛盾。这样，理论家在形成自己的理论之前需要尽可能地掌握经验材料。例如，杜尔克姆正是在对社会统计资料进行了开创性的数量化分析后，演绎出关于自杀率问题的系统理论。

构造一个系统理论的第三个也是最重要的要素是提出一个崭新的理论观点。一个理论若是提不出新见解，即使具有完整的演绎体系、丰富的经验材料和精深的研究方法也没有多少科学价值。一个崭新的理论观点应当体现在这个理论的核心概念中。布劳把这个核心概念称为理论结构的“建造师”，因为它可以将理论层次与经验层次的各个要素联结在一起。一个理论的核心概念一方面应当把理论体系中的各个命题有机地结为一体，另一方面又要反映出经验材料各部分的动态联系。具备了这样一个核心概念，理论层次与经验层次就不会变成毫不相干的两部分。例如，杜尔克姆理论中的核心概念“社会整合”，一方面作为抽象的概念贯穿理论始终；另一方面它又被定义为一种基本的社会事实，用来解释经验材料。

布劳把概念的精确化称为构造理论的第四个要素。概念的精确化不同于概念的精致化。所谓精致化，就是仅仅在一个概念范畴内做文章，把它从不同角度左分一类、右分一组，甲乙丙丁、ABCD。这样做很容易把认真的理论研究变成无谓的分类练习。而概念的精确化是为了建立一个由命题系统组成的演绎性理论。这不仅要求概念自身清楚明了，更重要的是概念之间关系的精确化。我们不仅要把处于同一个抽象层次的概念之间的关系明确界定，还要把处于不同抽象层次的概念之间的关系搞清楚。布劳指出，所有的理论术语必须一方面是抽象的，这样它们才能对具体事物有解释力；另一方面又是精确的，以便人们找到这些概念的操作性变量，使实证研究成为可能。一个常用的办法是把一个理论的核心概念与对它进行实证研究时必然会出现的问题结合起来，然后逐个回答这些问题，使概念渐渐地精确化。

构造理论的第五个要素是形成一个由命题组成的演绎体系。布劳将建立一个演绎体系分为四个步骤。第一步，一个演绎理论必须由一系列命题所组成。命题

有两类，一类是分析性命题，也就是概念的定义。这种分析性命题无法用经验性研究去检验。另一类是合成性命题，它规定两个或两个以上概念之间的关系。例如，“社会整合降低自杀率”就是一个合成性命题。这种命题中包括的概念是各自独立被定义的，因而可以被经验性研究所检验。一个演绎理论的前提通常既包括分析性命题，如基本概念的定义，又包括合成性命题，如阐述这些基本概念之间关系的公理或假设。然而，由这些前提所推导出来的定理、推论和预测都必须是合成性命题。第二步，一个理论所包含的全部命题必须形成一个由上而下的逻辑体系。在这个体系中，所有低层次的命题都由高层次命题演绎而来。第三步，一个理论中最高抽象层次的命题必须包括一些无法由实证研究去度量的纯理论性概念。布劳认为，如果在一个理论中找不到任何超出经验性研究范围的理论命题，这个理论就仅仅是实证研究的某种归纳，它不能提供任何新见解去解释实证研究的发现。第四步，在一个理论中，最低层次的命题中的全部概念都必须能够被转化为实证研究所需要的操作性变量。否则，这个理论就无法作出可以检验的预测，或者说，这个理论没有证伪性。与某些社会科学家的传统看法不同，布劳认为，一个理论必须包括可以检验的预测，一个好的理论应当能够让人们从它的抽象命题中推导出可以被实证检验的预测。当然，要做到这一点，一个理论的抽象概念就要被定义得足够精确。

构造一个科学的系统化理论的最后一个要素是把这个理论同实证研究结果相对照。布劳在这里指的是即使在理论形成过程中，理论家也要不断地把自己的理论命题与经验材料相比较。当一个命题初步形成后，理论家应当注意寻找所有与此命题相抵触的实证材料，经过分析后对命题进行修正。布劳强调，根据经验材料对理论进行修正属于建立理论过程的一部分，不能把它作为对理论的检验。只有那些从最后完成的理论中推演出来的新的实证性预测才能用于理论检验。

简言之，按照布劳的方法论原则，一个科学的系统的社会学理论要经过相互连接的六个步骤才能形成。一个社会学理论工作者首先要对自己研究的对象和所遵循的理论原则或哲学思想作出清晰的说明，同时也要具备有关的实证研究经验。接着，他必须发展出一个全新的概念作为其理论的核心，并且将它精确化。最后，这个理论应当以命题演绎系统的形式出现。它必须同实证研究的成果相吻合，并最终接受实证检验。布劳理论的方法论原则给我们了解他的宏观社会结构理论提供了一条明确的线索。

第三节 宏观结构理论的前提

布劳的宏观社会结构理论正是按照他的方法论原则构造的。这一理论分为前提和定理两大部分，本节先介绍前提部分。

宏观结构理论的前提包括：研究对象的界定、核心概念的定义、公理以及基本假设。

一、研究对象的界定

布劳把一个社会或社区中的社会关系模式作为他的宏观社会结构理论的研究对象，或者叫被解释物。他试图解释一个社区内的社会关系模式是怎样受整个社会环境影响的。但是，布劳并不像某些社会心理学家那样，用人们的动机和态度等心理因素去解释社会关系模式，而是把这些因素作为已知条件去研究其他因素对社会关系模式的影响。

二、核心概念的定义

（一）社会结构

“社会结构”是布劳理论的核心概念，或曰解释物。社会结构被定义为一个社会的人口在多维空间中的社会地位上的分布。这个定义涉及了三个更基本的概念：社会地位、分布和多维空间。社会地位是人们在社会生活中用来识别他人、并作为选择社会交往时的标准的属性或特征。换言之，人们的某个属性或特征能否作为一个社会地位，不取决于研究者的主观臆断，而取决于人们是否把这个属性或特征作为社会交往的标准。分布指的是一个社会的人口在众多社会地位上的规模分配，其结果表现为社会的分化。例如，一个社会在宗教信仰上的人口数量分布，或是在收入方面的人口数量分布都是社会结构的一部分。多维空间是用于描述这样一种社会事实，即社会中的每个人都同时处于许多而不是一个孤立的社会地位上。例如，一个人同时会在教育、收入、职业等社会地位方面各自处于一定的位置。因此，无论是个人还是社会的生存空间都是多维的而不是一维的。每一种社会地位都代表着社会空间的一条轴线或一维，如性别、教育和财富等。社会空间的每一个点都是由多维轴线确定的。例如，“一个大学毕业、每月收入一千元的男子。”就是从三条轴线上确定一个人在社会中的地位。

布劳强调指出了社会结构这一概念的两个特点：第一，他所定义的社会结构概念既抽象又精确。一方面，除了使用数学公式外，人们无法找到对这个概念的经验量度。任何一个具体的经验性描述都只能表现社会结构这个概念的一部分，因而它是抽象的。另一方面，由于这个概念的每一点都被缜密地讨论过，人们可以从不同方面找出它的操作性变量去做经验性预测，因而它又是精确的。第二，他的理论只在宏观社会层次上研究一个社区的结构特征对该社区成员的社会关系模式的影响，而不涉及微观社会学的问题，如某人的社会地位对其社会关系的作用如何，等等。所以，布劳把他的理论称为宏观社会结构理论。

（二）三类参数

社会人口在社会空间任何一维上的分布都成为社会结构的特性之一。一个社会的结构可以通过说明这些特性的各种参数而被描述。布劳把描述社会结构的参数分为三大类：异质性、不平等性及相交性。前两类参数是单维参数，它们描述一个社会的人口在某一方面的分布状况。第三类是多维参数，描述一个社会人口在几个方面的共同分布关系。

异质性被定义为在一个社会地位轴线上，社会人口在各个不具有等级差别的社会集团之间的分布。例如，人口的劳动分工和民族分布都是异质性参数。异质性的大小可以用随机抽选的两个人属于不同社会集团的预期机会来衡量。在一个社会中，根据某一社会标准所划分的各个社会集团的数目越多，并且各社会集团的人口数量分配越平均，这种预期机会就越大，或者说，社会在这一维上的异质性越大。例如，美国的劳动分工异质性大于中国，因为中国不仅在职业种类方面少于美国，而且农业人口占了全国人口的大多数。

不平等性被定义为在一个社会地位轴线上，社会人口在具有等级差别的社会集团之间的分布。例如，权力或财富的集中化就是不平等性的表现。任何一种资源的分布越不平均，这方面的不平等性就越大。不平等性的大小可以用在某种社会地位上，任意两个人之间的平均差别与全体社会成员的平均水平之比来衡量。例如，美国的收入不平等性大于中国，因为美国人之间收入的平均差别与全体美国人的平均收入之比远远大于中国人的相同比值。这里，不平等性的含义完全可以用基尼系数①的公式来体现。

相交性参数用来描述社会结构中几条轴线上人口分布的共变状况，在实际操作上，这种共变状况可以用统计学的相关系数加以测定。布劳把不同社会轴线上人口分布的完全相关称为重合，而不完全的相关称为相交。完全相交是指在不同社会轴线上的人口分布毫不相干，这是一种十字交叉或相互垂直的轴线关系。布劳指出，在任何社会结构中，两条或两条以上社会地位轴线的完全相交或重合都是不可能的。但是社会学家完全可能弄清人口在某一维上的分布在多大程度上与他们在其他维上的分布相联系。布劳认为，不同社会地位的人口分布之间的相交性对于社会集团之间的关系和一个社会的整合程度影响很大，因而研究社会结构

---

① 基尼系数是由意大利统计学家于1912年提出的，用于衡量社会财富在人口分布的不平等性，基尼系数的一般数学公式为：$G=1-\int_0^1 2f(x)dx$，即洛伦茨曲线的数学模型 $f(x)$ 在区间[0,1]上的定积分。如果利用以户为调查单位的资料研究收入不平等性，其基尼系数的经验公式为：

$$G=2\left[\sum\left(\frac{i}{n}\cdot\frac{x_i}{\sum x_i}\right)\right]-\frac{n+1}{n}$$

式中 n 为户数，x 为该户的收入，$i=1,2,3\cdots\cdots n$ $\frac{i}{n}$ 为逐户的比率，是一等比数列（如$\frac{1}{10}$，$\frac{2}{10}$，$\frac{3}{10}$……），$\frac{x_i}{\sum x_i}$ 意为一户的收入比上 n 户的总收入。

中各条轴线的相交性应当成为宏观社会学家的重要理论课题。

布劳区分了微观社会学与宏观社会学、结构社会学与非结构社会学在社会整合问题上的不同观点。从微观社会学的角度看，社会整合产生于强烈的社会集团内聚力，即个人对其所属的社会集团有很强的认同感，这种内聚力本质上是一种心理倾向。但从宏观社会学的角度看，恰恰是这种集团向心力对整个社会的整合起着破坏作用，因为它使得社会的各个组成部分都变成排外性集团。所以，社会各部分的整合并不是来自各部分自身的凝聚力，而是来自各部分之间关系的加强。另外，在宏观结构理论看来，用个人价值观念或是社会各部分之间的功能相互依赖性，也无法很好地解释全社会的整合。尽管个人价值观念或功能相互依赖性可能通过增加社会集团间关系来间接地加强社会整合，但是社会整合更直接地取决于各个社会集团和阶层间的实际接触，取决于这些集团和阶层成员间的直接往来。布劳的宏观结构理论正是用这种处于结构状态影响之下的各集团和阶层成员间的交往来定义社会整合的。

通过从全新的角度对社会结构这个已经被许多人滥用了的概念进行定义，布劳确立了他的宏观结构理论的核心概念。在对概念的精确化过程中，他又将社会结构参数分为异质性、不平等性和相交性三类，并以社会整合问题为例，阐述了社会结构概念的理论意义。这样，布劳就为他的整个理论体系奠定了基础。

三、公理和假设

（一）公理

理论的公理是一种用来确定充当“解释物”的核心概念与“被解释物”之间关系的初始命题。与定义形式的分析命题不同，公理是一种合成命题；与定理形式的合成命题不同，公理是最高层次的命题，是整个演绎体系的逻辑出发点。公理的最重要的职能是为整个理论体系提供方向和解释力。

布劳并不否认，人们的文化价值观和心理偏好对他们与何种人建立社会关系（如婚姻关系）起着重要作用。但他强调这种文化或心理上的选择受到社会环境和机会的限制。就像人们的生理、技术和经济条件限制了人们的选择范围一样，人们周围各方面的人口组成结构也影响着他们的选择。即使一个人从一个地方搬到另一个地方，他也仅仅改变了周围的人口的结构组成，而无法改变他的选择受人口结构所影响的事实。在这里，侈谈绝对自由或浪漫主义是没有意义的。也许每个美国人都说他愿意同中国人交朋友，但如果没有任何中国人生活在他周围，他的主观愿望就只是一句空话。布劳由此阐发出他的结构决定性公理：在一个社会或社区中，由人口的成分组成和分布状况所产生的结构性限制和结构性机会，对人们的社会关系起着决定性作用。这种结构决定性部分地阻碍、甚至全部抵消了人们的文化价值观和心理偏好在社会关系选择中的作用。

（二）假设

假设是关于概念间关系的合成性命题。与公理不同，假设并不直接涉及“解释物”与“被解释物”之间的关系。一个理论的假设不可能从该理论的其他命题中演绎出来。理论的公理赋予理论以解释力，而假设则为理论提供了定理推导的必要条件。在社会学理论中，定理可能不很直观，离人们常识较远，因为它们往往是通过若干逻辑推理最后导出的。但是，社会学理论的前提却应当是显而易见的社会常识，可以得到人们日常经验的充分支持。只有这样，一个社会学理论才不会显得苍白无力，或者牵强附会。

在构造宏观结构理论时，布劳引进了四个假设，这就是：接近性假设、机会性假设、促进性假设和独立性假设。

1. 接近性假设

布劳把他的第一个假设称为接近性假设，即社会地位接近的人们之间的社会交往多于地位相距较大的人们之间的交往。这个假设分别应用在无等级差别和有等级差别的社会地位上，会产生不同的表现形式。在无等级差别的社会地位轴线上，接近性假设表现为人们的集团内交往多于集团外交往。在有等级差别的地位轴线上，它表现为人们的社会交往随着他们的地位差别增大而减少。这个假设包含的思想很简单，即人们更倾向于同自己地位差不多的人来往。但是，心理学家与社会学家对这个现象的兴趣却不同。心理学家的问题是人们为什么会这样做？他们的动机是什么？什么样的个性特点影响人们的这种交往倾向？而社会学家却会问，既然人们有这种交往倾向，他们为什么还经常进行集团外交往或与自己地位有差距的人打交道呢？布劳认为，问题的关键就在于社会的结构性条件抵消了人们的心理偏好。

2. 机会性假设

布劳的第二个假设是机会性假设，即人们之间社会交往程度取决于他们发生接触的机会。这个假设也十分浅显易懂：人们永远不能和无法与之发生联系的人交朋友。人们相互接触的机会越多，他们之间产生社会交往的可能性就越大。

3. 促进性假设

布劳把第三个假设称为促进性假设，即人们同其他社会集团或阶层的交往会促进他们向这些集团或阶层的流动。我们可以找到许多例子来支持这个假设。例如，人们若想在某个单位找到工作，如果他们认识其中某些人，他们的成功机会就会增大。又例如，人们参加某种政治活动，往往是受了一些已经参加该活动的朋友的启发。

4. 独立性假设

布劳的第四个假设是独立性假设，即在一个社会中，社会结构中任何一种社会地位对人们社会交往的影响都或多或少地独立于其他社会地位的影响。这个假设并不否认几个社会地位参数会对人们的社会关系有共同的或是相互作用的影响。它只是强调人们之间只要不是任何社会地位都完全相同，那么不同的社会地位（即使只有一种）就会对他们的社会生活产生影响。

这四个假设的前两个是最重要的，在布劳理论的诸多定理中，大部分都是从前两个假设中导出的，只有少数几个定理来自促进性假设和独立性假设。

可以将布劳宏观结构理论的前提部分整理如下：

1. 被解释物与解释物

(1) 被解释物：社会或社区内部的社会关系模式。重点是集团间关系和社会流动。

(2) 解释物：社会结构。

2. 概念定义

(1) 社会结构。社会人口在多维空间中的社会地位上的分布。1) 社会地位：人们在社会生活中用来识别他人并作为选择交往标准的属性或特征。2) 分布：社会人口在众多社会地位上的规模分配。3) 多维空间：以各种社会地位为轴线、由多条轴线构成的社会活动空间。

(2) 结构参数。1) 单维参数。异质性：在一条社会地位轴线上，社会人口在各个不具有等级差别的社会集团之间的分布。不平等性：在一条社会地位轴线上，社会人口在各个具有等级差别的社会集团之间的分布。2) 多维参数。相交性：社会结构中几条轴线上人口分布的共变状态。可以分为重合、部分相交、完全相交几种情况。

3. 公理和假设

(1) 公理：在社会或社区中，由人口的成分组成和分布状态所产生的结构性限制和结构性机会对人们的社会关系起着决定性作用。

(2) 假设。1) 接近性假设：社会地位接近的人们之间的交往多于地位相距较大的人们之间的交往。2) 机会性假设：人们之间的交往程度取决于他们的接触机会。3) 促进性假设：人们同其他社会集团或阶层的交往促进他们向这些集团或阶层流动。4) 独立性假设：社会结构中任何一种社会地位对社会交往的影响都或多或少地独立于其他社会地位的影响。

由上述理论前提出发，布劳演绎出宏观结构理论的 27 条定理。

第四节 宏观结构理论的基本定理

布劳理论的定理可以分为两个层次。第一层次的定理直接由理论前提演绎而来，它们大都涉及社会集团间的关系问题；第二层次定理是间接地通过第一层次定理演绎而来的，主要涉及社会流动问题。虽然宏观结构理论也有个别命题关系到社会变革与社会冲突问题，但其重心仍是集团间关系和社会流动这两个基本问题。

一、第一层次的定理（16 条）

（一）关于集团或阶层之间关系的定理

在布劳的定理体系中，关于集团或阶层间关系的定理共有 11 条。根据这些定理的演绎前提的不同，又可以将这 11 条定理分为三部分，分述如下：

1. 从接近性和机会性两条假设推出的八条定理

布劳指出，社会结构条件常常会在社会生活中给人们造成与其主观愿望相违背的结果。按照接近性假设，人们愿意同与自己地位相近的人交往；而根据机会性假设，人们的社会交往又取决于接触机会。把这两条假设放在一起考虑，布劳推导出八条关于社会结构参数与社会集团间关系的定理。这八条定理由于分别解释不同的情况而可以细分为三个小类。

（1）一般社会结构。在一个存在异质性或不平等性的社会里，人们有更多的机会遇到其他社会集团或不同社会地位的人，而不是自己所属的社会集团或阶层的人。例如，在一个多民族社区里，如果人口平均分布在三个民族中，一个人接触本民族成员的机会只占总接触机会的三分之一。这样，尽管人们主观上倾向于与本民族成员来往，但实际上人口分布这个结构条件却使他们更可能与其他民族成员接触。布劳由此导出了两条定理：一个社会的异质性增加该社会各社会集团间的关系（定理 2）；一个社会的不平等性越大，该社会中处于不同社会地位等级上的人们之间发生社会关系的可能性越大（定理 3）。①

（2）社会子结构。如果进一步分析，整体社会结构是由各个子结构组成的，社会结构参数也是由社会人口在子结构内部及子结构之间的分布关系共同确定的。所谓子结构指的是社会中某一地区的人口在多维空间的地位分布。因此结构分析可以深入到子结构内部和各个子结构之间的结构参数的性质、变化及其对社会集团之间关系的影响。例如：一个城市的种族异质性可以被分解为各街区内的种族异质性和各街区间的种族异质性。一个社会的收入不平等性可以被分解为各社区内的收入不平等性和各社区间的收入不平等性。一个社会各个轴线相交性关系也可以分为各子结构内与各子结构间相交性关系两部分。显然，在子结构内部，社会成员之间的接触机会大于子结构之间的接触机会，因此，我们可以推出三条新定理：如果一个社会的异质性更多地来自这个社会子结构内部的异质性而不是子结构之间的异质性，社会异质性就会更大地促进社会集团间的关系（定理 15）；如果一个社会的不平等性更多地来自这个社会子结构内部的不平等性而不是子结构间的不平等性，社会不平等性就会更大地促进处于不同社会地位的人们

① 这里介绍的定理并没有按照布劳最初的推导顺序，因此定理序号有所不同。

的关系（定理16）；如果人们社会地位各轴线的重合性更多地来自这个社会子结构内部人们的地位共变性，而不是来自子结构之间的地位共变性，这种地位重合性对社会集团间的关系阻碍就越小（定理17）。这三条定理表明，社会差别对社会交往的阻碍作用会随着社会子结构内部人们接触机会的增加而削弱。但是，如果各子结构内部人们的社会地位差别不大，而子结构之间社会差别很大，社会差别对社会交往的阻碍作用就会增强。例如，有两类不同的城市，在一类城市中，民族异质性主要体现在各民族分别聚居于不同的社区里；而在另一类城市中，民族异质性主要表现为各民族混居在一起。那么，在后一类城市中，民族异质性对民族间关系的促进作用会远大于前一类城市。同样的，不同社会地位的人居住在同一个社区远比分住在不同社区更有助于不同社会地位间人们的交往。

（3）多层次的社会结构。上述道理同样适用于多层次的结构分析。如果我们考察的不是一个层次的子结构，而是多层次的社会结构，就可以得到三条新定理：一个社会的异质性渗透到其内部子结构的层次越深，越促进社会集团间的关系（定理21）；一个社会的不平等性渗透到其内部子结构的层次越深，越促进处于不同社会地位等级的人们间的关系（定理22）；一个社会的地位共变性渗透到其内部子结构的层次越深，越促进社会集团间的关系和不同社会地位等级间的关系（定理23）。简言之，一个国家存在着各种各样的社会差别，如果这些社会差别存在于各个层次的子结构之中——省、地、县、区、村等，在全国各个地方都出现社会集团间关系的可能性就会提高。

2. 从机会性假设推导出的两条定理

不仅子结构这一空间因素影响着交往机会，而且人口规模也影响着交往机会。一个社会集团的人口规模决定着这个集团成员在集团内交往的机会，人口规模越大，人们在集团内交往的机会越多，同时，该集团与其他集团之间的交往就会减少。如果用两个社会集团间的通婚率作为集团间交往率的指标，人口较多的集团的通婚率一定小于人口较少的集团。因为对两个集团来说，通婚人数是一样的，但人口总数不同，人数越多，通婚率越低。因此，布劳从机会性假设推导出两条定理。其一是：随着一个社会集团人口规模的增加，这个集团成员与其他社会集团成员产生社会关系的可能性降低（定理1）。从另一方面考虑，一个社区人口的增加，不仅促进积极性的人际交往，也提高了消极性的人际交往的可能性。于是我们可以得到一个新定理：一个社区的人口规模越大，这个社区中发生公开冲突的次数越多（定理27）。

3. 从接近性和独立性假设推出的一条定理

如果社会地位接近的人们之间容易产生社会交往，又如果社会差别的每一维都对人们的社会关系有某种独立的作用，那么，由于各个社会轴线是相互关联的，所以，人们在某一维上的集团内交往常常会变成在其他维上的集团间交往。结果就是：社会结构各轴线的多重相交性增加社会集团间的关系（定理11），这是一条非常重要的定理。社会结构各轴线的相交性越大，一个人就越难找到一个在各方面都与自己相同的交往对象。反之，如果社会结构各轴线的重合性越大，人们的社会交往就越可能被限制在同一个社会集团内部。从这条定理可以看出，社会结构条件决定着人们的社会集团间关系的多少。在这里，人们对集团间关系的主观好恶是不起什么作用的。定理 11 体现了布劳理论的中心思想：社会结构而不是人们的心理状态决定着人们的社会关系。

以上介绍的是关于社会集团之间关系的 11 条定理，在第一层次的定理中，还有五条定理涉及社会流动问题。

（二）关于社会流动的定理

1. 从接近性和促进性假设推出的两条定理

如果地位接近的人易产生交往，如果人们同其他社会集团成员的交往有助于自己向那个集团的流动，那么，最有可能向某一社会集团流动的是那些与流向集团成员具有某些相同点的人，这些相同点使他们在流向集团中已经获得若干交往对象。例如，受过高等教育的贫寒子弟就比其他人更容易向上流动到较好的职业地位，人们想换工作时，总会首先想到那些自己有熟人的单位。这就是布劳理论的定理 6：人们的社会集团间关系增加人们社会流动的可能性。这是关于社会流动的一条十分重要的定理。反过来，考虑社会流动对社会结构的影响，我们又可顺理成章地得到另一条定理：社会流动增加社会结构某些轴线的重合性（定理 14）。例如，受过高等教育的贫寒子弟流动到较好的职业地位增加了教育与职业地位的正向相关性，即受教育越多，职业地位越高。

2. 从接近性假设直接推出的一条定理

我们知道，社会流动影响着一个社区的社会交往和人口分布。处于流动中的人可以视为具有两种社会地位，即过去的地位和现在的地位。这样，如果地位相近的人更容易产生社会交往，那么，处于流动中的人就既可能同与他过去地位相近的人们来往，又可能同与他现在地位相近的人们来往。因此，一个社会的社会流动增加该社会的社会集团间关系（定理 4）。如果把定理 4 同定理 6 放在一起考虑，不难看出社会流动与社会集团间关系具有相互作用性。集团间关系促进社会流动，而流动又反过来促进集团间关系。

3. 从异质性和不平等性概念定义推出的两条定理

社会流动有可能改变一个社会的人口分布。如果两个社会集团以同等比例的成员进行相互流动，人口规模较大的集团会有较多的成员流动到人口规模较小的集团，而后者只会有较少的成员流动到前者去。这种流动的结果会使前一个集团人口规模减小，而后一个集团人口规模增加，从而使两个集团在人口规模上更加接近。根据异质性定义，社会各集团的人口规模越接近，这个社会的异质性就越大。流动对异质性的作用只有在不改变现有各个社会集团人口规模，即不存在集团间净流动的情况下才不会发生。这就形成了定理 9：一个社会中，从人口规模较大的社会集团向人口规模较小的社会集团的净流动增加该社会的异质性。把这一思想应用于社会不平等性上，我们又可得到另一条定理：对任何一个存在等级差别的社会地位而言，任何向这个地位的中点的上向流动或下向流动都减少该社会地位上的不平等性（定理 10）。所谓地位中点，在经验研究中人们可以用基尼系数公式求出。

第一层次的定理与前提间的推导关系归纳在表 13－1 中。

表 13－1　　第一层次定理与前提的关系

前　提	第一层次定理	
	集团或阶层间关系	社会流动
（一）集团间关系		
1. 接近性和机会性假设		
（1）整体结构	定理 2	
	定理 3	
（2）社会子结构	定理 15	
	定理 16	
	定理 17	
（3）多层次结构	定理 21	
	定理 22	
	定理 23	
2. 机会性假设	定理 1	
	定理 27	
3. 接近性和独立性假设	定理 11	
（二）社会流动		
1. 接近性和促进性假设		定理 6、定理 14
2. 接近性假设		定理 4
3. 异质性和不平等性概念定义		定理 9、定理 10

二、第二层次的定理（11 条）

第二层次的定理是从第一层次的定理进一步推导而来的，它们大都与社会流动有关。布劳强调，由于所有的社会学命题都是概率性的，社会学家决不能把自己的理论命题无限地演绎下去。在布劳理论中，几乎所有命题都限制在两步推理范围内。

（一）社会流动对集团间关系的影响

按照定理 4 和定理 1，一个社会的社会集团间关系随社会流动增加和社会集团人口规模减小而得到加强。但是，社会集团人口规模的变化又受到社会流动方向的影响。一个社会集团的人口规模会随净外向流动而减小，随净内向流动而增加。由此我们可以得到定理 5：一个社会集团的净外向流动比它的净内向流动更增加它与其他社会集团间的关系。

（二）结构性质与社会流动之间的关系

定理 6 是关于社会流动的一条最重要的定理。根据定理 6，一个社会的社会集团间关系增加该社会的社会流动可能性。这样，任何有助于社会集团间关系的结构条件都会间接地提高社会流动的机会。布劳把定理 6 同九条有关集团间关系的定理结合在一起，又推出了九条关于社会流动的新定理。我们将其分为四个小类来介绍。

1. 社会结构的一般性质对流动的影响

从定理 2 和定理 3 中可以知道，异质性和不平等性都会提高社会集团间关系的可能性，而定理 6 又说集团间关系增加社会流动。我们由此可得两条新定理：一个社会的异质性有助于该社会各集团间的社会流动（定理 7）；一个社会的不平等性提高该社会不同地位间的流动（定理 8）。

2. 子结构的性质对社会流动的影响

从定理 15、16 和 17 中我们知道，如果一个社会结构的异质性、不平等性或是重合性更多地存在于这个结构的子结构中，它们就会更大地促进社会集团间关系。因为社会集团间关系促进社会流动，所以三条新定理可以由此而生：如果一个社会的异质性更多地来自各个子结构内部的异质性，这个社会发生社会流动的机会就越大（定理 18）；如果一个社会的不平等性更多地来自各个子结构内部的不平等性，这个社会发生社会流动的机会就越大（定理 19）；如果一个社会的社会地位重合性更多地来自这个社会各个子结构内部的地位共变性而不是子结构之间的地位共变性，这个社会产生社会流动的机会就越大（定理 20）。

3. 各类结构参数多层次的渗透性对社会流动的影响

同样地，从定理 21、22、23 中我们知道，当一个社会的异质性、不平等性或是地位共变性渗透到它的子结构的层次越深，这些异质性、不平等性和地位共变性越促进社会集团间关系。另外三条新定理又可以推出：一个社会的异质性越渗透到其子结构深处，这种异质性越促进社会流动（定理 24）；一个社会的不平等性越渗透到其子结构深处，这种不平等性越促进社会流动（定理 25）；一个社会的地位共变性越渗透到其子结构深处，这种共变性越促进社会流动（定理 26）。

4. 参数相交性对社会流动的影响

定理 11 告诉我们社会结构各维的多重相交增加社会集团间的关系，结合定理 6，我们得到的一条新定理是：社会结构各维的多重相交增加社会流动（定理 12）。

（三）相交参数与社会结构变化之间的关系

最后，如果从定理 12 再推一步，考虑到社会流动一般会改变各个社会集团的人口规模，即引起社会结构的变化，我们又可得出一条新定理：社会结构各维的多重相交推动社会结构的变化（定理 13）。

第二层次定理与第一层次定理之间的推导关系可见表 13－2。

从以上的简要介绍中可以看出布劳宏观结构理论形成的基本线索。布劳首先确定了发展理论的方法论原则；然后对其理论的核心概念进行了深入的探讨；接着又把一系列有关假设和定理有机地组织在一起，构成了完整的理论体系；最后，再把这些理论命题放到实证研究中去检验。

表 13－2　　第二层次定理与第一层次定理的关系

第一层次		第二层次
（一）定理 4 和 定理 1		定理 5
（二）定理 6 和	定理 2 定理 3	定理 7 定理 8
	定理 15 定理 16 定理 17	定理 18 定理 19 定理 20
	定理 21 定理 22 定理 23	定理 24 定理 25 定理 26
	定理 11	定理 12　（三）定理 13

*　　*　　*

布劳的宏观结构理论在美国社会学界是一个新形成的学派。布劳本人和其他社会学家对这个理论的批判、修正和发展都才刚刚开始。在此，只就这一理论的贡献和缺陷做初步的简评。

布劳宏观结构理论的贡献：

第一，坚持并发展了社会学领域中结构理论学派的传统。尽管马克思、齐美尔和杜尔克姆三位经典社会学家的理论之间存在着鲜明的差别，但是，他们在坚持用独立于个人之外的社会条件去说明个人行为和社会变化方面却是一致的。近几十年来，心理学和社会心理学在研究人们的心理状态与社会行为之间关系方面取得了长足的进步，一时间用心理文化因素解释社会现象成为热门。在这种形势下，布劳宏观结构理论的出现使结构理论学派获得了新的活力，并为其发展开辟了一个新的方向。它对西方社会学界理论研究方向的转变起到了一定的作用。

第二，宏观结构理论是在社会学科学化方面作出的一次重要尝试。它的出现显示了在社会学领域内发展演绎性科学理论的可能性，为各门科学学科在科学方法论上的统一提供了有力支持。由于这一理论既有高度抽象的一面，又有高度逻辑推理的一面，它也为社会学理论的公理化和数学化开辟了新的途径。

布劳宏观结构理论的缺陷：

第一，布劳对社会结构的定义过于狭窄，从而限制了其理论的解释范围。由于布劳只将结构定义为一定状态的人口分布，舍弃了对社会人口之间的联系性质的研究，因此这一理论无法回答许多涉及社会基本过程的问题，如社会化、宏观交换过程、冲突和革命等。

第二，在社会结构因素与非结构因素的关系方面，布劳理论缺少应有的分析。布劳只是泛泛谈到了结构因素对心理文化因素的制约作用，却没有发展出关于二者关系的定理和概念体系。布劳近年来已经意识到这一点，开始着手进行这方面的研究。

第三，布劳理论对不同层次社会结构之间的关系及结构与个人的关系分析不够。当人们研究一个国家时，省、县、区、乡可能成为不同层次的子结构，而个人是最小的分析单位。这种多层次的关系一方面涉及结构演变的动态过程，另一方面又涉及个人与结构的辩证关系。子结构受总结构制约，但子结构又是总结构的组成部分；个人受结构制约，但个人又组成结构。个人和子结构不仅被动地受制于上层结构，它们还能动地反作用于上层结构。布劳理论在这方面也缺乏有关的假设和定理。

总起来看，布劳的宏观结构理论可以被视为当代社会学理论形态的雏形，在一定程度上预示着现代社会学理论的发展方向。

【本章要点】

1. 布劳构造理论的方法论原则。布劳认为，社会学科学化同其他科学一样，表现在遵循同一的方法论原则：演绎性和证伪性。一切科学理论，就其形式而言，必须是演绎性的；就其内容而言，必须是具有证伪性的。一个科学的理论永远不可能被完全证实，因为理论是普遍性的，而经验证明只能是部分性的，但是一个科学理论可以被证伪，如果一个理论屡屡与经验事实相违，它就是一个错误的理论。

2. 科学的社会学理论的必备要素：明确地界定解释物和被解释物；通晓有关的经验知识；提出崭新的理论观点和核心概念；概念的精确化；形成由命题组成的演绎体系；将理论同实证研究结果相对照。

3. 布劳宏观结构理论的核心概念及其定义：(1) 社会结构。指社会人口在多维空间中的社会地位上分布。(2) 三类参数。第一类异质性，指在一个社会地位轴线上的人口在各个不具有等级差别的社会集团间的分布；第二类不平等性，指在一条地位轴线上的人口在具有等级差别的社会集团间的分布；第三类相交性，指在社会结构中几条地位轴线上人口分布的共变状态，分为重合、部分相交、完全相交几种情况。

4. 公理和假设。(1) 理论的公理是一种用来确定充当“解释物”的核心概念与“被解释物”之间关系的初始命题。与定义形式的分析命题不同，公理是一种合成命题；与定理形式的合成命题不同，公理是最高层次的命题，是整个演绎体系的逻辑出发点。公理最重要的职能是为整个理论体系提供方向和解释力。(2) 假设。假设是关于概念间关系的合成性命题。与公理不同，假设并不直接涉及“解释物”与“被解释物”之间的关系。一个理论的假设不可能从该理论的其他命题中演绎出来。理论的公理赋予理论以解释力，而假设则为理论提供了定理推导的必要条件。

5. 布劳宏观结构理论的基本定理。分为两大层次。第一层次定理直接由理论前提演绎而来，主要涉及集团间关系问题；第二层次定理是间接地通过第一层次定理演绎而来，主要涉及社会流动问题。第一层次的定理（16 条）；第二层次的定理（11 条）。布劳通过第一层次定理进一步考察了社会流动对集团间关系的影响以及社会结构性质对社会流动的影响。

6. 布劳宏观结构理论的贡献与缺陷。贡献：（1）坚持和发展了结构理论学派的传统，推动着西方社会学界研究方向的转变；（2）在社会学科学化方面作出了重要尝试。为社会学理论的公理化和数学化开辟了途径。缺陷：（1）社会结构的定义过于狭窄，限制了理论的解释范围；（2）在结构因素与非结构因素的关系上缺少应有的分析；（3）对不同层次的社会结构之间的关系及结构与个人的关系分析不够。

【基本概念】

宏观结构理论　社会结构　三类参数　异质性　不平等性　相交性　公理假设　接近性假设　机会性假设　促进性假设　独立性假设　解释物　被解释物证伪　多维空间　结构参数　单维参数　多数参数　定理　一般社会结构　社会子结构　多层次的社会结构

【思考题】

1. 宏观结构理论与早期社会学思想的联系表现在哪些方面？
2. 布劳对社会学理论的基本看法以及构成理论的方法论原则是什么？
3. 宏观结构理论的前提包括哪些内容？
4. 宏观结构理论的定理涉及哪些社会现象？试举例说明。
5. 如何评价宏观社会理论？

【参考书目】

1. ［美］布劳．社会生活中的交换与权力．北京：华夏出版社，1987
2. ［美］布劳．不平等性与异质性．北京：中国社会科学出版社，1991
3. ［美］伦斯基．权力与特权：社会分层的理论．杭州：浙江人民出版社，1988
4. ［美］珀杜．西方社会学——人物·学派·思想．石家庄：河北人民出版社，1992
5. 何景熙．欧美现代社会学说．成都：四川大学出版社，1992
6. 何景熙，王建敏主编．西方社会学说史纲．成都：四川大学出版社，1995
7. ［美］特纳．社会学理论的结构（下）．北京：华夏出版社，2001

第十四章 社会学的现代化理论

现代化理论是 20 世纪 50 年代兴起的社会科学中一门新的边缘学科。由于这一理论具有综合性和现实性的特点，一经兴起就得到了迅速的发展和传播，取得了引人注目的成果，同时也引起了激烈的争论。这里，我们仅对社会学中的现代化理论作一概要的介绍。

第一节 社会学现代化理论的由来和早期的发展

“现代化”（modernization）是一个外来词。在英语里，所谓“现代”（modern）的基本含义，是泛指欧洲中世纪结束以来延续至今的时间过程和新时代的特征。所谓“现代化”，主要是指西方社会 18 世纪前后开始的经济、政治、技术和社会的急剧变革过程。[①] 因此，现代化理论所讲的“现代”，与我们通常所讲的“近代”、“现代”有一定的区别。

一、现代化理论的兴起和发展

“现代化”作为一种理论或思潮，成为世界性的口号，是第二次世界大战结束后世界形势变化的产物。战后，在世界范围内产生了两个全球性的问题：一是广大新兴独立民族国家的发展问题，二是西方工业化国家经济持续增长问题，以

---

① 有关“现代化”一词的详细辨析，参见罗荣渠：《现代化与历史研究》一文，载《历史研究》，1986（3）。

及随后出现的社会结构、社会关系的新变化问题。特别是第一个问题，由于涉及广阔的范围和多种联系，尤其成为世界性的新问题。西方的许多社会科学家，在对广大发展中国家的发展进行综合研究的过程中，逐步形成了我们今天称之为“现代化理论”的这一新兴学科。

对于“现代化”的内涵，对于现代化这一历史变革过程的主要内容，长期以来存在不同的看法，至今没有定论。但是，综合各种不同的观点，我们可以看出对现代化的阐述基本上分为狭义和广义两种。狭义的现代化，是指一个社会从传统农业社会向现代工业社会转变的历史过程，以及社会政治体系、政治结构的功能分离或分化，即人们常讲的工业化和民主化。广义的现代化，是指人类社会在科学技术发展的带动下，以经济发展为基础的全面的社会变革过程。这种社会变革过程涉及社会生活的各个方面，其中主要包括经济增长、政治发展、社会动员、社会心理、社会文化和国际关系的变革。所有这些变革都是互为条件，互相联系在一起的。

现代化理论虽是20世纪60年代兴起的，但它的理论来源可以追溯到19世纪的社会进化论。社会进化论认为，社会按照一定的方向发展是必然的，社会发展表现为由简单到复杂、由低级到高级的进步过程。现代化理论在这种观点指导下，着重研究现代工业社会的产生和工业社会以来的社会发展，并且相信所有的社会都将走上这条发展道路。18世纪以来，人们曾用许多概念来描述首先发生在西欧的社会变革，从20世纪60年代研究发展中国家发展起，人们越来越倾向于用“现代化”这一概念来概括这一特定的社会变迁过程。

现代化是一个全面的社会发展过程，可以从不同的角度来进行研究，因而从60年代以来，曾产生和发展出不同学科的现代化理论。

第二次世界大战以后，最早从“现代化”意义上研究发展中国家发展问题的是发展经济学，这也是因为现代化的中心要素是工业化。发展经济学研究现代经济发展，讨论的中心是现代经济的生成和增长问题，以及现代经济生成和持续增长的社会条件。这一学科的突出代表是美国著名经济史学家、美国麻省理工学院教授罗斯托。他在1960年出版的著作《经济成长的阶段——非共产党宣言》中，从经济史角度探讨了由传统社会向现代化社会的成长过程。在这部著作中，罗斯托根据英、美、德、日的经济发展过程，认为不论是发达国家，还是发展中国家，都要经历如下的经济成长阶段：(1) 传统社会阶段；(2) 为经济起飞创造前提的阶段；(3) 起飞阶段；(4) 向成熟推进阶段；(5) 高额群众消费阶段；(6) 追求生活质量阶段。最后一阶段是1971年新版时增加的，作者认为一国经济起飞后，就将进入持续增长的阶段。目前，西方发达国家已分别进入了高额消费阶段和追求生活质量阶段，而发展中国家大都还处于起飞或起飞前阶段。[1] 罗斯托的经济成长阶段论，不仅从他的著作的副标题看具有强烈的意识形态色彩，而且，他的六阶段发展模式论也被认为在历史上根本没有足够证据证明其特征和

① 参见［美］W. W. 罗斯托：《经济成长的阶段——非共产党宣言》，北京，商务印书馆，1962。

界线。今天，罗斯托的经济成长理论差不多已为各种各样的多元经济发展模式所取代。

从政治学方面研究现代化，侧重点是现代化过程中的“政治发展”。政治学家们认为，发展中国家消除落后和不发达，不只是单纯的经济问题，而必须辅之以政治方面的现代化。政治学家通过对西方国家现代化过程中“政治发展”的历史回顾，对发展中国家“政治发展”问题进行了大量研究。1960 年，美国政治学家、斯坦福大学政治学教授阿尔蒙德主编出版了《发展中地区的政治学》一书，分别论述了东南亚、南亚、撒哈拉以南非洲、近东和拉丁美洲地区的政治行为，从功能主义角度研究了发展中国家原有政治结构在现代化过程中的作用和变化，从而推动了政治现代化的研究。在有关政治发展的研究中，阿尔蒙德等人认为，所谓政治发展，就是政治民主化，一个不民主的社会不能称为一个高度发展的社会。因此，发展中国家政治现代化的目标应是民主化。而另一美国政治学家亨廷顿在其代表作《变化中国家的政治秩序》（1968）中则认为，发达国家与不发达国家政治上的最大区别在于政府控制的有效性。发展中国家政府的控制能力较弱，社会不稳定，整个社会的现代化因而受到很大影响。发展中国家政治发展的目标应是建立良好秩序，政治发展的过程实质上就是建立有效的政治秩序的过程。在众多的关于发展中国家政治现代化的研究中，不论它们在观点上有多么不同，绝大部分都是以西方政治发展和政治制度的概念来研究发展中国家的，虽然他们很多人也看到了发展中国家政治体制上的特点，但仍然有意无意地用西方的观念和标准来评判发展中国家的政治发展。

历史学中的现代化理论“着重研究从传统社会到现代社会变迁的具体过程……特别是第三世界发展中国家赶上资本主义发达国家的方式和方法等问题”①。历史学的现代化理论研究，大多采取比较史学的方法，在对不同国家现代化道路进行比较研究之中，寻求现代化发展的普遍性和特殊性。历史学的现代化研究尽管起步比经济学等晚了一些，但 20 世纪 70 年代以来也取得了瞩目的成果，其中比较著名的是美国普林斯顿大学欧洲史教授、国际问题研究中心主任布莱克等人的研究小组。他们的著作《日本和俄国的现代化——一份进行比较研究的报告》（1975）被翻译介绍到我国之后，受到了有关学科的高度重视。

社会学研究现代化问题，主要是从文化发展、社会结构与社会关系变革、社会心理等方面进行的，其中包括对现代化原因、动力和条件的探讨。我们下面将在兼顾其他学科的情况下，分几个不同的时期，着重介绍和分析社会学关于现代化的理论研究的发展。

二、社会学现代化理论的早期发展

尽管“现代化”作为一种世界性潮流和口号出现于第二次世界大战之后，但

① 罗荣渠：《西方现代化史学思潮的来龙去脉》，载《历史研究》，1987（1）。

是，这一特定的社会变革过程在西欧和北美从 18 世纪前后就已开始了。18 世纪，在世界历史发展过程中，出现了三个重大的历史事件，即：英国工业革命、美国独立战争和法国大革命，这三大革命标志着人类历史发展的巨大变革。特别是英国工业革命的产生，至 19 世纪席卷整个西欧和北美，使得人类社会在经历了长期缓慢进化甚至停滞的农业社会之后，跨进了一个崭新的阶段——工业文明的阶段。社会发展的这一光明前景，引起了社会学家们的思考及提出新的理论来解释和认识这一变革过程。19 世纪后半期至 20 世纪初，社会学的早期思想家和创立者们对这一巨大的社会变迁给予了极大的关注。尽管当时他们没有使用“现代化”这一名词，但他们从多方面对于工业社会的产生、性质、特点和发展进行了富有启发性的描述和研究。

社会学的奠基者之一孔德，在圣西门思想的影响下，提出了实证主义工业社会的理论。他在论述人类社会发展阶段时，将社会发展分为神学阶段、形而上学阶段和实证主义阶段，而社会发展的实证主义阶段即当时的资本主义工业社会，这一阶段是人类社会发展的最高阶段。实证主义阶段的本质是工业文明，工业文明的特征是社会高度分化和对科学的信仰。另一位社会学的奠基人斯宾塞，从社会有机论出发研究工业社会的某些特征。他认为，社会发展表现为社会各个组成部分和功能的分化，因此，整个社会管理和协调机制变得越来越重要。发达社会同原始社会的不同之处就在于，发达社会是异质的，但又是相互协调的稳定社会，原始社会则是同质的，但又是相互隔离的，因而是不稳定的社会。孔德和斯宾塞在西方社会学思想史上第一次对新的工业社会作了分析和研究，但他们的研究还没有摆脱旧的社会哲学的影响，带有强烈的思辨色彩，对于社会的经济事实没有给予注意，所以，最终是非科学的和唯心主义的。

真正开始对现代化这一历史变革进行实证研究的，是社会学形成时期的一些思想家，其中比较著名的是滕尼斯、杜尔克姆和韦伯等人。

滕尼斯建立了从公社到社会的社会发展图式。他认为，整个人类社会的发展就是从“公社的形式和内容走向社会的形式和内容”①，或者说，是由于以共同生活为基础的公社向以占有物的合理交易和交换为基础的社会发展。② 这一发展过程表现为理性不断增长的过程，“理性的形成就是社会的形成”③。滕尼斯所谓的“公社”和“社会”，在某种意义上就是中世纪和现代工业社会的理论抽象。

杜尔克姆建立了由机械团结的社会到有机团结的社会的发展图式。他认为，不发达社会或古代社会，其特征是组成社会的个人的相似性，这种相似性是以集体湮灭个人为代价的；而高度发达社会或现代社会是以分工为其特征的，整个社会由分工所造成的社会关系把社会联系在一起。分工是现代社会得以存在和发展

---

①② ［德］F. 滕尼斯：《社会学研究与批判》，第 1 卷，465 页，耶拿，1923。

③ 参见［德］F. 滕尼斯：《我的公社与社会观点的形成》，载《社会学杂志》（科隆），1955 年第 7 期第 3 号，464 页。

的真正基础。杜尔克姆所讲的分工，主要是指职业的分化，他认为这是社会由机械的团结发展到有机的团结的最大动力。

韦伯是以其著名的《新教伦理与资本主义精神》等一批著作为代表，运用比较的方法研究了现代资本主义社会。韦伯认为，现代资本主义之所以首先在西欧出现而没有在其他地区出现，这同新教伦理精神及其在欧洲的传播有直接的关系。新教伦理所提倡的努力工作、敬业精神、节俭、追求财富积累和事业成功的入世禁欲主义，与现代资本主义的理性原则正相吻合。韦伯在其他著作中，还专门论述了传统社会和现代工业社会不同的社会活动类型和社会组织形式。他关于资本主义精神和现代科层制的研究直接影响了20世纪60年代的现代化理论。

在社会学的现代化理论发展中，需要特别提及的是著名社会学家帕森斯的思想。帕森斯一方面是社会学创立和形成时期的思想和20世纪60年代现代化理论之间的中介，另一方面，他的有关思想也是60年代许多现代化理论的直接基础，至今保持着相当的影响力。帕森斯思想中涉及现代化的部分非常多，但影响较大的是他的现代社会"模式变量"的思想。"模式变量"侧重于对社会结构的静态分析，与上面提及的韦伯等人有所不同。帕森斯认为，传统社会与现代社会的区别在于社会价值体系的不同。不同的社会价值体系主要表现在五组模式变量上，即：特殊性与普遍性，扩散性与专一性，先赋性与自获性，情感性与中立性，公益性与私利性。[①] 这五组变量的不同组合，决定了社会体系的不同类型。所谓现代社会，是由每项变量中的后一个变量合并而成的变量组合体，他把美国看做是现代社会的"典范"。60年代美国社会学中的现代化理论，基本承袭了帕森斯的倾向。但帕森斯思想中的"西方中心论"观点以及着重价值观念和静态分析的倾向，也遭到了猛烈的攻击。

以上是对现代化理论的产生和社会学中现代化理论早期发展的简略回顾。

第二节 第二次世界大战后社会学现代化理论的状况

20世纪50年代至60年代是现代化理论发展的第一阶段，也是现代化理论兴起和形成时期。这一时期，由于广大发展中国家在摆脱了殖民主义统治之后迫切要求迅速改变本国的贫穷落后面貌，使自己的国家尽快发展起来，因此，这一时期社会学现代化理论研究的重点是发展中国家现代化道路和社会发展模式问题。

① 参见［美］T. 帕森斯：《社会体系》，76～88页，纽约，1964。

一大批社会学家，如列维、英克尔斯、艾森施塔德、斯默尔塞、本迪克斯等，从不同角度撰写了大量现代化的理论著作和论文。对这一时期的社会学现代化理论，我们将着重分析英克尔斯的“人格现代化”理论和列维的“现代社会结构”理论。

一、“人格现代化”理论

发展中国家社会现代化的实质是什么？发展中国家社会现代化的关键因素是什么？美国著名的社会学家英克尔斯从 20 世纪 60 年代开始，对于这些问题从“人格现代化”的角度进行了持续的探讨，把现代化看做是一种心理态度和价值观的改造过程。

阿历克赛·英克尔斯是美国斯坦福大学社会学教授，美国科学院院士，胡佛研究所高级研究员，曾于1983年和1986年两次来我国讲学。1962—1964年，英克尔斯和他的研究小组组织了一次大规模的有关个人现代化的调查。他们在孟加拉国、尼日利亚、以色列、印度、智利和阿根廷六个发展中国家，选择了6 000人进行个人现代性的测定。经过一系列调查研究，英克尔斯从 1966 年起，陆续发表和出版了《人的现代化》、《迈向现代化》等著作和论文，阐述了关于社会现代化的观点。

英克尔斯认为，以往的现代化研究，往往只注意了经济的发展，以为只要解决了经济现代化，就可以一劳永逸地解决国家的现代化问题。他认为这是一种不正确的观点。他指出在现代化的进程中，“人是一个基本的因素。一个国家，只有当它的人民是现代人，它的国民从心理到行为都能转变为现代化的人格，它的现代政治、经济和文化管理机构中的工作人员都获得了某种与现代化发展相适应的现代性，这样的国家才可真正称之为现代化国家”①。如果人民没有实现从心理、思想、态度和行为方式上向现代性的转变，再完善的技术、管理方式和制度，也会在传统人手里变成一堆废物。人的这种转变不仅是“获得更大发展的先决条件和方式，同时也是发展过程自身的伟大目标之一”②。当现代性深入到大多数国民性格中去时，会成为现代化发展的巨大动力。

英克尔斯对人的现代性的研究，主要包括什么是现代人、促成个人现代化的因素与环境、个人现代化的过程及未来等几方面的内容。

英克尔斯认为，个人的现代性是一个多种性质的综合体。英克尔斯从态度、价值观念和行为方式等方面给出了现代人格的特征：(1) 现代人准备和乐于接受他未经历过的新的生活经验、新的思想观念、新的行为方式。(2) 准备接受社会的改革和变化。(3) 思路广阔，头脑开放，尊重并愿意考虑各方面的不同意见、看法。(4) 注重现在与未来，守时惜时。(5) 强烈的个人效能感，对社会和人的

---

① [美] A. 英克尔斯：《人的现代化》，8 页，成都，四川人民出版社，1985。

② 同上书，7 页。

能力充满信心，办事讲求效率。(6) 计划，即在个人和公众生活中趋向于制订长期计划。(7) 知识，即注重对事实的考察，尽可能多地去获取知识。(8) 可依赖性和信任感，即现代人信赖他生活的世界，相信周围的人和社会组织能够实现他们的任务。(9) 重视专门技术，有愿意根据技术水平高低领取不同报酬的心理基础。(10) 乐于让自己和后代去选择离开传统所尊敬的职业，对教育的内容和传统智慧敢于挑战。(11) 相互了解，自尊和尊重他人。(12) 了解生产及过程，期望能在认识本职工作的过程中，发挥自己的才能与创造力。另外还有两个与现代人相关的特征，一是现代人对自己和社会及未来，一般持乐观态度；二是现代人具有一种“普遍主义”的意识，如“法律面前，人人平等”。

现代化是否意味着传统文化的毁灭和终结？现代化是否与传统势不两立？这是现代化研究中的“热点”问题。英克尔斯认为，“传统”与“现代化”并不是绝对对立的。无疑，现代化过程要加速或导致某些传统社会关系崩溃瓦解，确实要抛弃某些传统的习俗和观念。但是，在相当广泛的社会领域里，一些传统的文化形式能够与现代性和谐共存。“从历史发展上看，现代化倾向本身就是人类传统文明的健康的继续和延伸，它一方面全力吸收了以往人类历史所创造的一切物质和精神财富，一方面又以传统所从来未曾有过的创造力和改造能力，把人类文明推向一个新的高峰。”①

人格的现代特征又是如何形成的呢？英克尔斯确认，人的社会环境形成了人的思维方式。他从两个角度上探讨了形成现代人格的环境因素。

首先，他对促成个人现代化的环境因素，作了横向分析。

(1) 学校教育。学校教育同人的现代性的关系十分密切。在学校中，孩子学会阅读、书写、参与各种公共活动，学会克制和约束自己。通过教师的言行激发起学生接受新思想的兴趣。更重要的是，学校教育向学生提供了现代化的价值观、态度和行为方式。“在发展中国家，学校在培植和加强人的现代性的态度、价值观和行为方面，是最强有力的方式之一。”② 当然，英克尔斯认为，学校教育不是唯一的方式，还取决于教育的内容是否适宜产生和培养人的现代性。

(2) 工厂环境。工厂是培养和促成个人获得现代性的最重要的社会环境。英克尔斯认为，现代工厂里蕴藏着改变人、迫使人适应现代社会的力量和条件。工厂中各个生产部门有严格的分工，考核有客观的和精确的标准，整个生产过程都有事先的计划和时间安排。正是在生产的过程和环境中，工厂充当了一个教育人们走向现代化的无声的教师。因此，从农村到工厂工作的人，比那些仍留在农村耕田的农民要现代得多，产业工人比非产业工人要现代得多，在工厂里工作时间长的比时间短的要现代得多。

(3) 大众传播媒介。大众传播媒介也是促成个人成为现代人的一个主要条

---

① ［美］A. 英克尔斯：《人的现代化》，58 页。

② 同上书，101～102 页。

件。一个现代人经常与大众传播媒介接触，并且对于新的现代大众传播工具比较相信。“正如戴手表常是一个人倾向于现代世界的第一个戏剧性象征，使用一架收音机很可能是他真正参与这个世界的开始。”①

其次，他对促成个人现代化的环境因素，作了纵向分析。

英克尔斯认为，仅有横断面的研究，还不足以对人格现代化作出有说服力的解释。因此，在五年之后，他又对上述六个国家进行了重访，试图从纵向的时间过程上对横断面的研究予以深化和补充。英克尔斯认为，重访的结果再一次证明了第一次调查的结论，同时，也对促成个人现代化的因素有了更进一步的认识。英克尔斯指出了这样几个值得重视的因素。

（1）城市生活的经验。生活在现代城市中的人们工作性质决定了经常要与公众和各种不同的人进行接触、交往，这种交往提供了更多的取得新知识的学习机会，听到不同的观点，提高了表达意见和作出判断的能力。所有这些都有助于发展一个人的现代性。但是，英克尔斯指出，城市生活并不是促成人格现代化的独自发挥作用的因素，它的作用通过个人在工厂的经历、大众传播媒介和学校教育间接体现出来。

（2）家庭。父亲的受教育水平和家庭环境的熏陶对一个人现代性形成并无直接影响。那些来自家庭教育条件较差的人，通过以后的学习和教育可以取得同那些家庭教育条件优越的人在个人现代性方面的同等地位。

（3）农业合作社。英克尔斯通过对孟加拉国和以色列的农业合作社的调查，认为合作社是促成农民现代化的有利环境。合作社给人们带来新的知识和新的观念，有助于培养个人的效率感。

以上，英克尔斯之所以详细地从各种角度分析促成个人现代性的因素，其根本目的是要证明，“在决定一个人的现代性方面，后期的社会生活经验比早年的影响更为重要”②。很多人相信，一个人早期的社会经历可能是他的现代性中最重要的决定因素。而英克尔斯以自己的调查表明，除了教育一项外，其他方面人们能够通过成年之后所经历的社会化过程加以弥补。在适当的环境下，任何人在成年之后都可以转变成现代人。

围绕英克尔斯等人对个人现代化的探索和研究，产生了激烈的争论。其中最主要的批评意见认为，英克尔斯所谓现代人的概念，不过是西方价值观念的产物。英克尔斯针对这种批评指出，他并不否认每种文化的独特性，每一种特殊的文化都可能给个人的人格带来特殊的内容。不管个人现代性的种子是否来自国外，它必须是本国的产物，生长在自己的国土上。但是，在六个发展中国家的调查结果使人确信，来自不同文化的人，一旦置身于现代化的工业和其他现代环境中，就会基本上顺应这种环境，经历人格上的改变，产生出具有某些“共同性”的精神状态和行为方式，成为现代的个人。构成个人现代性的那些特征并不是任

① ［美］A. 英克尔斯：《人的现代化》，140页。
② 同上书，237页。

何一种传统独有的财富，这些特征是在“特定社会形态类型下，代表特定的历史时期显著地表现人性的一种潜在形式的普遍模式”[①]，因而，它是“超越国家的”。

英克尔斯从社会学的整体研究方法出发，把个人现代性作为一个国家社会现代化过程的基本因素来研究，是开创性的。他在大量调查研究基础上，运用自己设计的个人现代性测量表，提供了衡量一个国家人民“性质”的方法和理论，从而把个人纳入了对整个国家发展所做的解释和理论中，推动了对于社会现代化的研究。

但是，英克尔斯在研究中所表现出来的泛文化观点是值得商榷的。任何一种社会现象，都是一定的社会历史环境的产物。因此，包括个人现代性在内，都会体现出自身的特色，不可能是绝对泛文化和超国界的。另外，英克尔斯虽然详细研究了促成个人现代化的因素，但是并没有揭示这些环境因素是如何形成的。在现代化过程中，人和社会环境是相互作用的，人不仅受环境的影响，而且也会对环境发生反作用。因而从根本上说，英克尔斯对个人现代性的研究是静态的。动态地考察个人现代性的形成，也许不是英克尔斯在这里研究的重点，但它毕竟是英克尔斯理论中的一个缺陷。

二、“现代社会结构”理论

几乎与英克尔斯同时，另一位美国社会学家列维从社会结构角度对现代化进行了研究。

马里奥·列维是普林斯顿大学社会学教授、普林斯顿大学东亚研究所主任、帕森斯的学生。他一直致力于社会结构和社会发展的比较研究，特别是对中、日、美三国现代化的比较研究。他撰写了许多著作，如《社会结构》（1952）、《现代化：后来者和幸存者》（1972）等。他于1966年出版的《现代化与社会结构》一书，在理论上集中代表了他的比较现代化研究成果。在这部著作中，列维从经济、政治和社会相互关系入手，分析了相对现代化社会与相对非现代化社会的区别和联系。这里我们主要对这部著作中的一些思想进行分析。

列维在这部著作中，将他的研究目标确立为主要是在抽象层次和国际事态关系背景上，区别显示不同社会类型的共有因素和不同因素，揭示不同社会类型中主要变量起作用的基本路线。为了达到这一目标，他着重进行了不同社会结构关系的横向比较，对所有社会的共同点以及社会的变异性进行了分析。

列维首先指出：“我给现代化所下的定义，重点在于动力的来源及一个社会成员所使用的工具性质。”[②] 即：相对现代化社会和相对非现代化社会的根本区别在于，相对现代化社会主要使用非生物性能源和非人体性工具，而相对非现代化社会则相反。但这种区别不是两个截然分开的变量，因为现代化与非现代化是

---

① ［美］A. 英克尔斯：《人的现代化》，246页。

② ［美］M. 列维：《现代化与社会结构》，10页，普林斯顿，1966。

由两个极组成的一个连续体，不同的社会只不过更靠近某一个极，但它们共享一定的现代化因素，这些共同的现代化因素在不同的社会里发生不同的变化。正是在这一点上，列维表现出他同帕森斯在方法论上的区别。列维不是将不同的社会结构变量看做是非此即彼的绝对变量，而是认为在两极之间具有许多可能的点或变体。因此，现代化与传统并不是绝对分离的，也不存在纯粹的现代化社会和非现代化社会，在具体定性某一社会类型时，应加上"以某某为主"的限定语。列维总是在不同社会类型前加上"相对"二字。

列维对社会结构关系的分析，受到滕尼斯"公社与社会"学说的间接启发，并受到帕森斯现代化"模式变量"的直接影响。列维制定了一系列分析社会结构关系诸方面的模式变量。他表示，他制定这些模式变量关系的用意在于指出："相对现代化社会与相对非现代化社会的主要区别之一，就是把不同的强调点置于不同领域之中，即这些社会的成员们把强调点放在诸关系方面的 X 形式或 Y 形式上。贯穿本书的大量假设，都是关于相对非现代化社会在向相对现代化社会的转变中，对诸关系方面不同组合的强调点的改变，该转变的作用所具有的头等重要性。联系这些改变，能够理解现代化转变过程中的许多问题：为什么这些关系恰恰组合在一起？在什么样的条件下出现这种组合或那种组合？为什么社会科学对这些问题的探讨最近才开始？"① 不了解一个社会诸方面的社会关系结构和组合形式，就无法理解现代化的转变过程，也无法探讨相对现代化社会产生的机制和条件。

列维为分析和鉴定社会发展所制定的结构关系变量，包括六个方面：（1）认识方面，理性的——传统的；（2）成员关系标准方面，普遍主义的——特殊主义的；（3）实质界限方面，功能特定的——功能弥散的；（4）感情方面，回避的——亲近的；（5）目标定向方面，个人主义的——对他人负责任的；（6）社会分层方面，等级的——非等级的。

所谓认识方面，是指社会关系中所内含的认识、思考的过程及知识。理性的知识建立在科学观察基础之上，与科学的规则相一致；而传统的知识是建立在大家都接受或老一辈一直这样做的基础上。

所谓成员关系标准方面，是指社会成员参与一定社会关系的依据。如果某一种标准是符合特定社会活动本身要求的，并以社会成员自身的能力和成就为其依据，那它就是普遍主义的。反之，如果不符合这种社会活动本身特定的要求，或者主要以与社会成员本人的能力和成就毫不相干的原则为标准，那它就是特殊主义的。例如，以种族、肤色、家庭出身、门第等等为标准。列维认为，纯粹的普遍主义是不存在的，即使是在美国这样的现代化社会里，家庭背景、亲属关系也会或多或少地影响社会关系。

所谓实质界限方面，是指在一定的社会关系中，是否存在明确的权利义务界限。社会成员的各种活动都具有与之相应的权利义务规定，职责明确就是功能特

① ［美］M. 列维：《现代化与社会结构》，170 页，普林斯顿，1966。

定的。如果缺乏明确的权利义务规定，各种关系都掺和在一起，就是功能弥散的。现代工业社会里的分工是功能特定的，而像亲属关系，则很可能是功能弥散的。在功能弥散的社会关系中，理性和普遍主义的标准很难确立，社会成员会以其他标准来代替理性和普遍主义的标准。

所谓感情方面，是指在社会关系中对待感情因素的态度。在一定的社会关系中避免涉及感情因素，就是感情回避；如果从感情出发，则是亲近的。如果在政府工作、经济关系中趋向于感情亲近，使感情因素毫无克制地表达出来，就有可能造成高度破坏性的后果。

所谓目标定向方面，是指处于一定社会关系之中的个人行动动机。如果他在某种社会关系中的活动，是为了保证他本人获得最大利益，不考虑其他成员追求的目的，就是个人主义的；如果行动有可能损害本人的目的，但出于保护其他成员的目的依然这样做，就是对他人负责任的。列维这里所讲的个人主义和负责任的概念，不同于伦理学意义上的利己主义和利他主义概念，而是指在一定的社会关系中，如商业关系中，某个人不管个人品质如何，即使是再高尚的人，也必须努力追求以尽可能小的成本获取尽可能大的收益，这就是以利己主义为主的含义。这是指一种特定的社会关系，而不是个人的品质，这里表现出社会关系决定社会成员行动动机的事实。

所谓社会分层，是指社会地位的上下之分。有的社会关系中社会成员之间是相对无等级的，有些则等级分明。

列维认为，运用这六个模式变量，就可以作如下的比较分析：一个社会里不同类型的关系，不同社会里的类似关系，不同社会里不同类型的关系。为了便于叙述，可以用X、Y来分别表示六组变量中的前一项和后一项。列维列举了大量各类社会关系的诸方面，如美国医生与病人的关系，传统中国社会商人与顾客的关系，美国社会中商人与顾客的关系，传统中国父子关系，美国父子关系，从前和现在的日本天皇与王储的关系，美国雇主与雇员的关系，等等。他具体分析了其中若干关系的异同。

列维对于相对现代化社会和相对非现代化社会的分析与解剖，以及关于现代化与非现代化是一个连续体的观点和不同模式变量组合的具体提法，表明了他在一定意义上超出前人，特别是他的老师帕森斯。在那些人眼里，现代化社会与非现代化社会是截然对立的，列维提供了一种新的现代化分析范例。列维研究的意义在于，他以自己的系统模式变量，将人们对社会关系领域的认识尽量结合经验加以模式化，使人们长期以来对这一领域的认识从过于含糊变得比较清晰。但列维的比较现代化分析也存在许多问题。首先，他将一个社会使用的能量来源性质作为区分现代化的根本标志，这是过于简单和偏颇了；其次，六组模式变量能否概括所有不同社会的关系领域，也是令人怀疑的；再次，列维同英克尔斯等人的理论，都存在一个共同而又明显的缺陷，就是他们虽然提供了现代化的标准、规范，却很少涉及现代化的实现过程和机制；最后，列维虽然想尽量在经验层次上展开分析，但他的议论还是过于抽象并行文艰涩，许多论点抽象得让人难以把握。

上面提到的社会学现代化理论，尽管主要是探讨发展中国家现代化的发展，但隐含的前提均是发达国家的模式。它们的根本缺陷在于，忽视了发展中国家特殊的历史条件和社会环境。今天，人们将20世纪60年代的这种现代化理论称之为“传统”的现代化理论，以示与后来的现代化理论的区别。

第三节 社会学现代化理论研究的新方向

20世纪60年代末到70年代，是现代化理论发展的第二个时期。这一时期，现代化理论的发展出现了一些引人注意的变化。首先，由于大部分发展中国家仿照西方模式谋求现代化的失败，对60年代的现代化理论从各个方面进行了批判。其次，西方工业发达国家从50年代开始出现的社会变化，在这一时期引起了人们的重视，许多社会学家将注意力投入到研究发达国家的继续发展问题上。其中具有代表性的是美国社会学家贝尔的“后工业社会”理论。最后，经过对60年代传统的现代化理论批判和自我反省，改变了过去将现代化视为“西方化”的观点，转而开始比较深入地探讨考虑到不同社会历史特点的现代化理论。

一、“依附理论”

20世纪60年代末到70年代初，席卷整个世界、特别是发展中国家的发展热潮开始冷却下来。西方工业化国家第二次世界大战后持续的经济增长出现了衰退，发展中国家照搬西方发达国家和其他国家的现代化模式，不仅没有缩小反而加大了同发达国家的差距。它们尽管在一定程度上获得了发展，但同时也出现了更多的问题。这一切促使人们重新思考，探索新的发展道路。这一时期激烈地批判传统现代化理论、对发展中国家现代化进行理论上重新思考的突出代表是“依附理论”。

早在40年代，阿根廷著名经济学家、联合国拉丁美洲经济委员会第一任秘书长普雷维什，根据阿根廷和其他拉美国家在30年代国际经济危机期间所受到的损害，在1950年发表的拉美经委会报告《拉丁美洲的经济发展和它的主要问题》中，就已提出，在当今的世界中，存在着一种“中心—边陲”的结构。那些发达国家组成了世界的“中心”，而其余国家构成了围绕这些中心的“边陲”地带。由于中心国家对边陲国家不平等的经济贸易关系和经济剥削，使得这些边陲国家经济停滞，转变为原料出口国，依附于中心国家的发展。50 年代后半期，在西方新马克思主义激进派、俄裔美国马克思主义经济学家保罗·巴兰的推动下，依附理论在拉丁美洲和其他地区迅速发展起来。

依附理论同传统现代化理论针锋相对，在“中心—边陲”概念基础上，重新探讨了发展中国家、特别是拉丁美洲经济发展落后的原因。认为发展中国家的不发达归根到底是由于它们在资本主义世界体系中的依附地位造成的，处于这样地位的发展只能是一种“低度发展”。不同的依附理论家研究的重点并不一致，有的侧重当代国际经济结构，有的侧重依附地位的形成历史，有的侧重经济增长与社会不平等。因此，他们的结论也不完全一样，有的主张与中心国家“脱钩”，有的主张在依附中求得低度发展，等等。总之，依附理论同现代化理论相似，并没有形成一种完整的理论形态。同时需要指出，依附理论虽然是由经济学家提出来的，但它并非是一种单纯的经济理论，而是涉及发展中国家自主经济发展、社会平等、社会分化等问题，是对社会经济、政治、社会结构的全面研究，从这个意义上讲也可以看做是非社会学家提出的社会学理论。

依附理论认为，过去的现代化理论或发展理论，由于缺乏对发展中国家的了解，许多人都把低度发展的国家假设为将经历与发达国家相同或类似的历史发展过程。这种理论无法解释，为什么资本主义在某些地区迅速发展，而另一些地区则沦为低度发展的状态。依附理论的代表，荷兰阿姆斯特丹大学发展中地区社会经济研究所所长弗兰克指出：“一般人认为经济发展是沿着资本主义的发展阶段而展开，今日的低度发展国家是处于历史上先期的阶段，目前的已发展国家在很久以前也曾经历过这个阶段。但是，只要稍微熟悉历史的人都知道，低度发展并不是原始的或传统的现象；低度发展国家的过去和现在根本不同于已发展国家的任何一个阶段……历史研究发现，低度发展国家和已发展国家之间过去和目前持续不断的经济和其他方面的关系，才是导致目前低度发展国家发展停滞不前的最主要原因。”① 因此，发达与不发达，不是社会发展的两个不同阶段，而是资本主义世界性的经济和政治扩张的结果。

另一位持依附理论观点的经济学家多斯·桑托斯说，所谓依附意指这样一种情境：“在这种情境中，某些国家的经济为其他国家经济的发展与扩张所制约，而且前者受制于后者。在两个或多个经济之间的相互依赖中，以及这些经济与世界贸易的相互依赖关系中，如果某些国家（优势国）能够扩张而且自足，而其他国家（依附国）的扩张与自立仅为优势国扩张的反应，则这种关系一旦建立，就呈现了‘依附’的形式，它对依附国随即的发展，可能有正面的影响，也可能有反面的影响。”② 这种依附于发达国的国家，是一些缺乏自主成长能力的国家，它们的经济也会成长，但却是一种被动的、被诱发的成长；同时，受到中心国家利益的限制。发展中国家一个时期以来发展的结果表明，虽然发展中国家有可能

---

① 萧新煌编：《低度发展与发展——发展社会学选读》，158 页，台北，巨流图书公司，1985。

② 同上书，171 页。

改变依附的内容，但依附的本质不会改变。

桑托斯指出，发展中国家的依附地位，曾经历了三种历史类型。第一种类型是殖民式依附。其基本形式是先发展起来的国家的商业和金融资本与殖民主义政府联合，通过贸易直至对殖民地国家土地、矿产和人力的直接占有。第二种类型是金融与工业的依附。这一形式形成于19世纪末期，工业化国家凭借其霸权地位和巨额资本取得优势，使边陲国家发展出一种专门为中心国家生产农产品和原料的特殊生产结构。第三种类型是以跨国公司为基础的类型。形成于第二次世界大战之后，这一形式的依附基本上是科学技术与工业的依附。不同的依附形式，制约着这些国家的对外关系、经济结构、社会结构和政治结构。那些纯粹衍生于西欧北美国家的历史经验，完全不适用于这些处于依附地位的“低度发展”国家。

处于依附关系中的发展中国家应该如何求得现代化与发展呢？比较激进的弗兰克的观点有一定的代表性。弗兰克认为，发展中国家唯有摆脱对发达国家的过分依赖，才有经济起飞的可能。但发展中国家绝无可能在资本主义世界体系中摆脱过分依赖或依附。因此，发展中国家必须和资本主义世界体系切断联系，奉行自主发展的道路。弗兰克从四个方面论证了自己的观点。

第一，在“中心—边陲”结构里，边陲只能低度发展。就像没有自控能力的卫星一样，它们的发展“会相当受限于本身的卫星地位”①。

第二，这些“卫星”一旦减弱它们与中心的联系，“它们的经济发展，特别是传统资本主义的发展反而能够快速起飞”②。拉丁美洲的历史证明，在17世纪西班牙经济不景气时，在拿破仑战争、第一次世界大战、1930年经济大危机和第二次世界大战时期，危机和战争使得拉丁美洲许多国家同工业化国家之间的联系减弱，有的甚至暂时隔绝，这反而推动了许多拉丁美洲国家“自主”工业化的起步和发展。另外，经济或地理上的孤立，也可以推动工业化的发展，日本就是一个典型的例子。恰恰是第二次世界大战之后，由于发达国家恢复了其扩张行动，使得发展中国家的现代化逐渐成为一种神话和梦想。

第三，“今天最为低度发展、最为封建的国家，昔日它们与中心的关系却最为密切”③。例如西印度群岛、巴西东北部，都曾经是“中心”国家最大的资金来源地，或者是初级产品最主要的输出区。一旦它们被“中心”所抛弃，它们已经形成的内部经济、政治和社会结构都无法产生自主性的经济发展，只能走上今天这种极端低度发展的道路。

第四，拉丁美洲的大地主庄园过去都曾经是典型的商业企业形式，它们今天的衰落，是因为它们同出口农产品和矿产品相联系，一旦这类出口受到“中心”国家打击，它们本身就谈不上再有所发展了，只能勉强维持。

在弗兰克看来，改变依附状况绝不能依靠那些中心国家，也不能仅仅就经济

---

①② 萧新煌编：《低度发展与发展——发展社会学选读》，163页。

③ 同上书，166页。

问题来谈论发展。改变依附状况是一种政治解放，只有发展中国家自己的人，才能负起改变这种悲惨事实的任务。西方发达国家提出的理论不能真实反映发展中国家的情况，如果发展中国家一味移植这套理论，它们将永远达不到改变现状的目标。

依附理论的出现，反映了广大发展中国家对本国现代化或发展认识的深入。这是一种付出很大代价才得到的认识。但是，依附理论把发展中国家的不发达主要看做是外部环境作用的结果，并且在现代整个世界联系日益紧密的情况下，主张发展中国家与发达国家“脱钩”，这也是一种片面的看法和违背历史发展的设想。由此可见，依附理论依然没有找到发展中国家现代化的真正道路。

二、“后工业社会”理论

从20世纪50年代中期开始，当人们围绕发展中国家现代化过程进行探讨和展开争论时，在工业发达国家也开始发生了一些深刻的变化。第二次世界大战之后，新技术革命深入而广泛地展开，导致西方工业化国家新的产业部门和劳动部门逐渐代替旧的产业部门和劳动部门，智力和知识的地位与作用变得越来越重要，人们的社会生活方式和思想观念也开始发生了重大变化。有人认为这简直是一个新的社会发展阶段的开始。

早在20世纪20年代，许多学者就已经认识到，20世纪的资本主义社会与19世纪的发展水平有着很大的不同。到60年代，工业化国家经济结构和社会结构的变化已经如此明显，以至任何研究现代化和发展问题的人都不能再忽视它了。美国经济学家熊彼特、法国社会学家阿隆、德国社会学家拉尔夫·达伦多夫和美国未来学者卡恩与兹比格纽·布热津斯基等人，先后提出了各种理论模式来描述、解释并预测这一发展过程。其中比较著名的是贝尔的“后工业社会”理论。

丹尼尔·贝尔，现任美国哈佛大学社会学教授，担任过许多学术和政府委员会的职务。1959年夏季，他在奥地利萨尔茨堡的一次学术讨论会上，第一次使用了“后工业社会”这个词来描述西方社会出现的变化，由此得名为“后工业社会”的理论。这一理论主要强调生产部门的变化，以及由产品生产的社会向服务性社会的转变。1962年，在美国波士顿的一次讨论会上，贝尔写了一篇没有公开发表的长文，系统阐述了他关于后工业社会的思想，主题是研究“智能技术”和科学在社会变革中的决定作用。1967年，他又写了一些关于后工业社会的札记，直至1973年出版了轰动一时的著作《后工业社会的来临——对社会预测的一项探索》，将自己十几年的研究作了集中的总结和阐述。贝尔的这部著作以及三年后出版的另一著作《资本主义的文化矛盾》，成为西方研究发达国家社会发展的代表作。

贝尔在《后工业社会的来临——对社会预测的一项探索》中指出：“本书提出的命题是：在今后30年至50年间，我们将看到我称之为‘后工业社会’的出现……作为一种社会形态，它将是21世纪美国、日本、苏联和西欧社会结构的一个主要特征。”① 他所说的后工业社会的概念，是有关西方社会结构变化的一种社会预测。这种预测是以美国的现状为主要对象和基础的。贝尔的后工业社会理论，主要涉及三方面内容：社会结构内部的变化，社会结构变化与政治体制的关系，社会结构变化与文化发展的关系。在此书中，贝尔主要探讨了前两个问题。

贝尔对“后工业社会”的探讨，在方法论上采用了一种他称之为新的理性分析，即“中轴原理”和“中轴结构”的分析方法。中轴原理和中轴结构的思想，力图说明的不是因果关系，而是趋中性；就是在分析社会发展变化时，设法说明整个社会所环绕的动能原理和组织结构。不同的社会领域有不同的中轴原理和中轴结构，贝尔分析的是社会结构的中轴原理和中轴结构。贝尔认为，采用这种方法，可以把多得令人头昏目眩的宏观历史变化的可能前景加以条理化。从分析不同社会结构的中轴原理和中轴结构入手，可以将人类社会的发展分为前工业社会、工业社会和后工业社会，它们是以生产和使用的各种知识为中轴原理的概念顺序。

一个后工业社会与前工业社会和工业社会有什么不同呢？贝尔从多方面对比了它们的区别。在地区分布上，前工业社会主要分布在亚洲、非洲和拉丁美洲；工业社会主要分布在西欧、苏联、日本；后工业社会则主要在美国。在经济部门方面，前工业社会主要是第一产业；工业社会以第二产业为主；后工业社会则以第三产业（交通运输等）、第四产业（商业、金融等）和第五产业（卫生、教育、研究、政府等）为主。在职业上，前工业社会主要是农民、矿工和非技术工人；工业社会的主要职业是半技术工人、工程师；后工业社会的主要职业则是专业人员与技术人员、科学家。在使用的技术上，前工业社会主要是利用原料的技术；工业社会主要是能源技术；后工业社会则主要是信息技术。在社会“意图”上，前工业社会主要是同自然界竞争；工业社会主要是同加过工的自然界竞争；后工业社会则主要是人与人之间的竞争。在方法论上，前工业社会主要利用常识和经验；工业社会主要利用经验和实验；后工业社会则主要利用诸如决策论、系统论等抽象理论。在时间角度上，前工业社会倾向于面向过去；工业社会倾向于强调特定适应；后工业社会则倾向于面向未来。社会的中轴原理：前工业社会以传统主义为轴心，考虑土地和资源的局限性；工业社会以经济增长为轴心，考虑国家或私人对投资决策的控制；后工业社会则以理论知识的集中和具体化为轴心。

后工业社会是一个如此广泛的概括，能否比较具体简要地理解后工业社会呢？贝尔认为，可以从以下五个方面来把握这种发展的特征。

第一，经济方面：从产品生产经济转变为服务性经济。这种变化1956年第一次在美国成为现实，特别是保健、教育和管理部门的增长，表明一个新的知识界正在不断发展。后工业社会就是以服务业为主，因而这里考虑的已不是纯粹的体力和能源，而是信息。

---

① ［美］D. 贝尔：《后工业社会的来临——对社会预测的一项探索》，2页，北京，商务印书馆，1984。

第二，职业分布：专业与技术人员阶级处于主导地位。贝尔认为，考察社会结构的变化，不仅要看人们在什么地方工作，而且还要看他们做什么工作。在现代社会里，职业已成为划分阶级和阶层的决定因素。服务性经济的发展，使专业与技术人员成为后工业社会的关键集团。政府部门成为就业最重要的增长领域。

第三，中轴原理：理论知识处于中心地位，它是社会革新与制定政策的主要源泉。“后工业社会是围绕知识组织起来的”①，知识对任何社会的运转都是必不可少的，但在后工业社会里是知识性质本身发生了变化。这里具有决定意义的是理论知识，理论与经验相比占了首位，对现代社会进行革新与变革的管理、制订计划和预测未来，使得理论知识变得如此重要，以至于成为社会的战略源泉。而大学、研究机构和其他知识部门等作为汇集和充实理论知识的场所，成为未来社会的中轴结构。

第四，未来的方向：控制技术的发展，对技术发展进行鉴定。贝尔提出：“后工业社会有可能达到社会变化的一个新方面，那就是对技术的发展进行规划和控制。”② 在后工业社会中，人们有可能使用新的预测方法和“控制技术”，有意识、有计划地推动技术变革，从而减少前途的不确定性。同时，可以对新技术在使用之前进行“鉴定”，从而选择社会代价较低的技术。

第五，制定决策：创造新的“智能技术”。贝尔认为，自 1940 年以来，为了对庞大组织和社会复合体进行管理，识别和运用合理选择的战略来指导发展，一批新的智能技术领域开始进入鼎盛时期。有意识地制定政策，要求重用相应的技术人才，这种情况所带来的最重要的政治结果是，在几乎所有的政治体系中都发生了实际权力的转移，专业与技术人员成为后工业社会新的选民。

将后工业社会五个方面归纳起来，可以看到，后工业社会是工业社会的新发展，但它不是没有问题的社会。贝尔花了很大篇幅专门讨论了后工业社会将面临和将产生的问题，如社会制度、文化意识的矛盾、社会平等、科学的地位和作用、新的匮乏（信息、时间）等。

贝尔的《后工业社会的来临》出版后，在东西方社会学界和未来学界引起了极大的反响与争论。对贝尔的后工业社会理论有的给予全面肯定，有的则全面予以否定。贝尔作为一位严肃的理论家，对当代发达国家在科技革命作用下出现的社会变化进行了系统的理论分析，无疑是有很大的理论和现实意义的。当然，对贝尔出于自己的立场所作出的许多结论，也是不能完全同意的，他的中轴原理方法带有明显的历史唯心主义色彩，他所引为例证的许多指标也缺乏科学性。

三、传统现代化理论的开拓

20 世纪 60 年代末到 70 年代，虽然传统的现代化理论遭到批判，但是，它对

① ［美］D. 贝尔：《后工业社会的来临——对社会预测的一项探索》，26 页。

② 同上书，34 页。

现代化、特别是对发展中国家现代化的研究并没有停止。传统意义上的现代化研究中出现了很多从历史比较角度上进行研究的著作，重点在于揭示不同社会现代化的原因、条件和过程。例如，阿根廷社会学家哥迈尼自 50 年代中期以来，承袭结构功能主义的现代化理论，分析了拉丁美洲由传统农业社会向现代工业社会转变的过程。他在 1969 年出版的《现代化的社会学：理论的、方法的和在拉丁美洲的应用的研究》一书中提出，应该通过经验的分析研究来把握阻碍或推动现代化的因素。在哥迈尼看来，工业化、城市化、下层阶层政治参与程度的扩大，等等，都是加速西方社会现代化的主要因素。而在比较现代化历史分析方面进行更为系统研究的，是布莱克和他的研究小组。布莱克从 60 年代致力于现代化的比较史学研究，70 年代和 80 年代分别写出了有关日本、苏联、中国现代化的著作。布莱克著作中所运用的分析方法和分析结构值得我们重视和借鉴。

布莱克认为，现代化研究可以有三个重点：第一，研究现代化的根源；第二，研究参加现代化行列较晚国家的现代化问题；第三，研究现代化社会的前途。他本人重点研究的是第二个问题。[①] 不论现代化的根源和现代化社会的前途是什么，当前迫切需要了解的是在已经开始现代化的国家中所发生的变化。对参加现代化行列较晚的国家进行比较研究和对照，可以从中找出一些对现代化过程本身具有十分重要意义的因素。因此，布莱克的主要著作都是以日本、苏联、中国等国的现代化比较分析作为主题的。

布莱克在与他人合写的《日本和俄国的现代化》一书中，将一个国家的现代化过程分为现代化以前时期、变革时期和高度现代化时期。他认为，如此划分现代化进程，目的是为了突出以下三个研究重点：(1) 现代化以前是搞现代化的前提；(2) 满足进行变革必须具备的条件的方式；(3) 满足实现高度现代化必须具备的特殊条件的方式。也可以说，布莱克感兴趣的，是通过比较那些成功的现代化在前提、条件和方法上的惊人相似，来更深刻地认识现代化这一历史变革。

布莱克认为，对处于现代化过程中的社会可以进行多方面的比较，如在时间、制度等方面。但为了更有效地分析现代化的发展，解释不同社会现代化的经验和意义，下面五个方面的比较是重要的，即：(1) 国际环境；(2) 政治发展(协调和控制的形式)；(3) 经济增长；(4) 整个社会的相互依赖（伴随城市化而来的居住方式和社会组织的变化)；(5) 知识与教育。这五个方面相互联系，彼此发挥作用，使整个社会发生变化。具体的比较分析，可在两个层次上进行。以日本和俄国（苏联）的现代化比较分析为例，在三个阶段五个方面的比较，着重于它们的相似点，但也指出它们的不同之处。它们的相似点，值得所有正在搞现代化的国家仔细研究，这是第一个层次。第二个层次，要判明同日本和俄国现代化有关异同的意义，还需要把它们的异同之处同其他社会的经验作比较。例如，将搞现代化较晚的日本和俄国及搞现代化比较早的英国，同历史上已处于高级发

---

① 参见［美］C. E. 布莱克等：《日本和俄国的现代化——一份进行比较的研究报告》，30 页，北京，商务印书馆，1984。

展阶段的中国和土耳其、同其他一些不发达得多的社会进行比较。通过这些比较，布莱克试图了解，日本和俄国的哪些特点与1800年前的所有社会都是共同的，哪些与进入现代化较晚的国家是共同的，哪些只与处于实现现代化的早期阶段的国家是共同的；这些明显的特点是同整个现代化过程有关呢，还是只同现代化过程的某些阶段有关；日本和俄国的特点和差别，在多大程度上在发展中国家里存在，或者是能够通过采纳其他的制度可以产生，等等。

布莱克据此写出的著作，重点突出，分析清晰，结论颇有新意。他的分析方法和分析结构是独具特色的。当然，这样就大大增加了研究的难度，因而，布莱克等人的著作大多是集体研究的成果。

四、20世纪80年代以来社会学现代化理论的发展

20世纪70年代末和80年代以来，是现代化理论发展的第三个时期。这一时期，现代化理论的发展越来越呈现出多元化的趋势。第二次世界大战后日本现代化的成功奇迹，若干新兴工业化国家的崛起，大批发展中国家现代化的挫折，资本主义发达国家的变化，社会主义国家改革高潮的兴起，这一切都使人们认识到，任何一个国家的现代化都必须与本国的历史和特点相结合。现代化理论研究中的“西方化”、“欧洲化”观点，将“现代”与“传统”截然分离的观点，在80年代日益受到冷落。现代化理论研究的重点转向根据各种不同类型国家的特点，探讨多元的现代化模式。试图寻求适用于所有国家或大多数国家的现代化模式，被认为是徒劳无益的。现代化理论在不断的批判和反思中，保持着蓬勃发展的势头，人们对现代化的认识在80年代达到了一个新的高度。80年代以来，现代化理论的发展，同时也带动了许多相关的学科，如未来学、全球问题研究的发展。

1981年，法国著名经济学家弗朗索瓦·佩鲁受联合国教科文组织的委托，撰写了一份题为《新发展观》的专题报告，集中代表了20世纪80年代现代化和发展研究思潮的新特点。佩鲁以社会学观点为基本研究方法，试图从哲学高度总结和阐述新的发展和现代化观念。佩鲁提出，过去的大部分理论在讨论社会发展时，都存在一个根本的问题，即忽略了人的存在。在经历了长期的没有达到预期结果的发展之后，人们现在充分认识到，新的发展应该“依据以人为中心的战略”。这种新的发展方针，其要点在于：“发展同作为主体和行为者的人有关，同人类社会现实目标和显然正在不断演变的目标有关。”一个国家、一个社会的发展应该与每个人的体力与智力的发展相一致。一个国家就是一个蓬勃向上的民族，它是一种把活力逐渐灌输到整个社会机体的发展过程的结果。没有个人自身的发展，就不可能有多方面的人类社会的发展。

这种以“人”为中心的发展，其特征是整体性、综合性和内生性。整体性是指在考虑一个国家或整个世界发展时，在各种具体分析之外，还要既考虑人类整体的各个方面，又要考虑各个方面内在关系中的不一致。综合性是指在发展和现

代化过程中，各种单位和因素应结合为一个更为紧密的整体。综合的发展是各个部门、各个地域和社会阶级之间的一体化，是内聚力的不断加强。内生性是指在一个国家的发展中，要依靠内部力量和资源，为了阻止仓促的、不协调的工业化，应该提出“自力更生”的口号，自力更生意味着充分发挥和利用人们自身的力量，这与向现代化转变并不矛盾。

佩鲁在《新发展观》中还提出，如果人们不从理性和精神的更深层次上认真思考社会发展和现代化问题，那么，为发展和现代化所提出的任何战略和策略都难免是肤浅的。这种思考的更深层次，就是要以一个国家所具有的文化价值作为衡量发展和现代化的标准。文化价值“被理解为一整套渗透于人类生活的外在形式以及思想深处的规范和价值”。经济发展依赖于文化价值，如果一个国家脱离了自身的文化价值，它的经济目标最终会以失败而告终。只有在每个人所赞成的和在其各种活动中所感受的各种文化价值范围内，每个人才能充分实现自己发展的潜力。脱离了一个国家或一个民族的文化价值，我们就不能有意义地评判任何发展。可以说，佩鲁的观点，正是对当今现代化研究特点的高度概括。

*　　*　　*

纵观现代化理论几十年的发展，我们可以看到，由于意识形态、理论根据、研究立场和方法等方面的原因，现代化理论经历了曲折反复的发展，至今也没有形成完整的体系。但是，这并不是说现代化理论已经丧失了活力。今天“现代化”仍然是世界上绝大多数国家努力追求并正在实践的发展目标，发达国家正在向更高水平的现代化转变。在这种形势下，现代化理论所提供的新的研究角度和方法，现代化理论在长期发展中所积累起来的大量成果，适应了当今各国发展的历史要求，而不同理论观点和学派的存在，正从一个侧面说明了这一理论的吸引力和生命力。通过认真研究、分析和借鉴社会学中现代化理论的有益成分，结合我国社会的实际情况，发展出有中国特色社会主义现代化理论，是摆在我国社会学工作者面前的一项重要任务，我们应当为之作出努力。

【本章要点】

1. 社会现代化理论的由来和早期的发展。第二次世界大战后的和平环境，使得人们普遍关注全球性的社会发展问题。最早关注社会现代化问题的是经济学，它从现代化的角度入手，着眼于经济的发展水平；从政治学方面研究发展问题，侧重于“现代化”过程中的政治方面；历史学的现代化理论，注重于从传统社会向现代化社会变迁的具体演进过程；社会学对于现代化理论的研究，主要从社会文化、社会结构与社会关系的变革以及社会心理诸方面着眼，其中对于现代化的原因、动力和条件更为重视。

2. 社会学现代化理论的早期发展。社会现代化作为一种特定的社会过程，在西欧和北美自18世纪前后就已经开始。英国工业革命推动的资本主义世界的发展，引起了早期社会学家对社会变迁和社会发展问题的关注，如孔德的实证工业社会的理论，韦伯在《新教伦理与资本主义精神》一书中对资本主义社会现代化问题的思考。第二次世界大战后的美国的结构功能主义理论，其中“模式变量”思想，对社会学的现代化理论都有较大的影响，但“西方中心论”观点，受到了来自发展中国家的抨击。

3. “人格现代化”理论。美国社会学家英克尔斯是该理论的主要代表人物。他从人的现代性的角度研究社会现代化问题，被称作“人格现代化”理论。他提出衡量人的现代性的14个特征指标，从横向和纵向对于影响人的现代性环境进行了分析，一个时期内成为颇为风行的现代化理论。

4. “现代社会结构”理论。马里奥·列维是该理论的重要代表人物，他特别对中、日、美三国的现代化问题作了比较研究。为分析和鉴定社会发展，他制定了包括六个方面结构关系的模式变量。列维认为，运用这六个模式变量可以对一个社会里的不同类型的关系、不同社会里的类似关系、不同社会里的不同类型关系进行分析比较。

5. “依附理论”。该理论认为，低度发展的国家也将经历与发达国家相同或相类似的发展过程。由于这一假设的错误，它不能正确解释这些国家的发展。有的学者认为，由于欠发达国家在经济发展过程中受到发达国家的经济制约，或依赖于后者，造成了“依附”地位，因此主张发展中国家要与发达国家“脱钩”，摆脱依附状态。

6. “后工业社会”理论。美国社会学教授丹尼尔·贝尔于20世纪50年代末第一次提出了这一概念。他在对后工业社会的探讨中提出了“中轴原理”和“中轴结构”的分析方法。由此着眼，人类社会被分成前工业社会、工业社会和后工业社会。他对后工业社会进行了广泛的概括，并提出了五个方面的特征。

7. 传统现代化理论的开拓。其中布莱克是该理论方向的代表人物之一，他认为，现代化研究有三个重点：第一，研究现代化的根源；第二，研究参加现代化行列较晚国家的现代化问题；第三，研究现代化的前途问题。他认为，对处于现代化过程中的社会可进行多方面的比较。为了有效地进行比较研究，他提出了在五个方面进行比较的重要性。

8. 20世纪80年代以来社会学现代化理论的发展。自70年代末80年代初，社会学现代化理论进入第三个发展时期，这一时期现代化理论的特点是呈多元化的发展趋势。法国著名经济学家弗朗索瓦·佩鲁提出了以“人”为中心的发展思想，他强调发展的整体性、综合性和内生性。他认为如果不能从理性和精神的更高层次上思考现代化问题，所提出和制定的任何策略都将是肤浅的和短视的。

【基本概念】

现代化　现代化理论　人格现代化理论　现代社会结构理论　依附理论　后工业社会理论　传统现代化理论

【思考题】

1. 社会学现代化理论的由来和早期表现有哪些？

2. 第二次世界大战后社会学现代化理论的发展状况如何?

3. 社会学现代化理论都有哪些研究方向?

【参考书目】

1. [美] 罗斯托．经济成长的阶段——非共产党宣言．北京：商务印书馆，1962

2. [美] 布莱克等．日本和俄国的现代化——一份进行比较研究的报告．北京：商务印书馆，1984

3. [美] 贝尔．后工业社会的来临——对社会预测的一项探索．北京：商务印书馆，1984

4. [美] 英克尔斯．人的现代化．成都：四川人民出版社，1985

5. 萧新煌编．低度发展与发展——发展社会学选读．台北：巨流图书公司，1985

6. 罗荣渠．现代化与历史研究．历史研究，1986 (3)

7. 罗荣渠．西方现代史学思潮的来龙去脉．历史研究，1987 (1)

8. 孙立平．社会现代化．北京：华夏出版社，1988

9. 张琢主编．国外发展理论研究．北京：人民出版社，1992

10. [法] 佩鲁．新发展观．北京：华夏出版社，1987

11. Levy M. J. *Modernization and the Structure of Society*, Princeton: Princeton Univ. Press , 1966

第十五章

当代西方社会学理论的发展趋势

社会学理论在不同的时代往往表现出不同的发展趋势，这一方面是由于理论所反映的社会现实发生了变化，另一方面也与社会学理论本身发展的内在逻辑有关。当代西方社会学经过二战后几十年的发展，随着社会条件的变化，既出现了社会学理论的综合趋势，又出现了强调断裂和差异的后现代社会理论。我们下面对这两种不同的发展趋势分别加以阐述。

第一节 当代西方社会学理论综合趋势的背景

社会学作为一门学科，也像任何其他事物一样，在其发展过程中经历了若干不同的发展阶段，就其学科的理论发展而言，也是一个有“分”有“合”的过程。

一、社会学发展的历史回顾

翻开西方社会学理论的历史，从奥古斯特·孔德提出社会学到20世纪70年代末，在约一个半世纪的时间里，社会学理论的发展大致经历了四个阶段。

第一阶段：从19世纪30年代到70年代末，是社会学的奠基时期，以提倡实证主义，主张“普遍的和谐”，试图建立资产阶级人道教的法国学者孔德和信奉进化论、有机论思想的英国思想家赫伯特·斯宾塞为代表。

第二阶段：从19世纪80年代到20世纪20年代，是社会学的形成时期，以主张社会唯实论和集体主义论的法国社会学家埃米尔·杜尔克姆和主张社会唯名论、提倡建立“理解社会学”的德国理论家马克斯·韦伯为代表。

第三阶段：以1937年《社会行动的结构》一书的出版为始点直至20世纪60年代中期，这是社会学理论史上著名的“帕森斯王朝”试图综合杜尔克姆、韦伯、马克思、弗洛伊德等人在内的多家理论于一体、强调均衡与稳定的结构功能主义独霸天下的时期。

至此阶段，社会学理论的中心已从欧洲转移到美国。至于转移的原因，尚无定论，但有一点可以肯定，它与两次世界大战之间大西洋两岸的社会环境和学术气氛紧密相关。在欧洲，一方面，第一次世界大战给社会造成的巨大破坏，在人们心目中，特别在知识分子心里留下了难以愈合的创伤；到了20世纪30年代，欧洲社会更是充满了非理性主义，这使那种对个性和人类理性的乐观情绪迅速消失，一些持乐观主义信念的古典社会学理论受到冷落。另一方面，由于古典主义和人本主义在理论界一向占据主导地位，它们很少做使社会理论合理化和具体化的经验研究；加之，在此期间马克思主义思想席卷整个欧洲，这些都限制了杜尔克姆、韦伯等人创立的社会学的发展。此外，高等学府的保守倾向也妨碍了社会学这一崭新学科的进一步发展，这种保守倾向透过杜尔克姆、齐美尔等人在大学取得教授职位的艰难经历便可见一斑。而在美国，此时的情形则完全不同，美国社会并没有受到欧洲文明危机的很大影响，尽管20世纪30年代出现了经济大萧条，但深受实用主义传统影响的知识界对重建西方社会，对个人与人类理性充满信心。同时，由于美国大学成立相对较晚，它们思想较开放，因此十分欢迎社会学在大学里驻足。此外，尽管在此期间，美国也有自己的社会学研究（如芝加哥学派），但多为非理论的经验研究，缺乏较为宏观的理论，所以，到了20世纪30年代后期，用杰弗里·C·亚历山大的话说，“一方面，有若干无国家的理论传统；另一方面，又有一个无理论的国家”。这种情形就为理论中心的转移，为“帕森斯王朝”的诞生创立了条件。

第四阶段：从20世纪60年代中期直至70年代末，是社会学理论发展史上的“群雄割据”时代。在此阶段中，西方社会，特别是美国社会发生的急剧变动（如风起云涌的民权运动、女权运动、反越战浪潮、校园骚乱等），使帕森斯理论固有的不足更加暴露，于是符号互动论、交换论、常人方法学、戏剧论、冲突论、文化社会学等纷纷向帕森斯理论发起挑战，使帕氏王朝失去了昔日的辉煌。各挑战者自立门户，在社会学理论界占有一席之地，从而社会学理论出现由“一极世界”向“多极世界”的转变。当然，上述划分是粗略的，有一些过渡阶段没有包括进去，如结构功能主义尚未占据统治地位之前，美国本土上杜威等人的实用主义传统以及库利、米德等人的理论也许可算作第三个阶段，以填补20世纪20年代至1937年理论中心由欧洲向美国迁移过程中留下的空隙。

进入20世纪80年代，社会学理论的发展又开始了一个新的阶段——社会学理论新的综合尝试，可称为社会学理论发展的第五个阶段。

经过多年的争论，越来越多的理论家，特别是年轻一代理论家，开始意识到理论分化带来的消极影响，帕森斯之后的任何理论都无法单独解释日益复杂的社会现象，因为每种理论既有其所长也有其局限性。因此，他们试图将各种理论中的优点结合起来，对社会现象采取一种多维的思考，那些被划归某一阵营的理论家，也纷纷尝试着对自己的传统进行重新解释、修正，甚至重构，吸收其他理论传统中的合理成分，构造一种综合的、多维的理论，于是，社会学理论进入了新一轮综合，即第五个阶段。这种新的理论综合，不同于帕森斯的第一次综合，它表现出一些新的特点，虽然到目前为止，还没有出现和形成一种完整的综合理论，然而自 20 世纪 80 年代以来，社会学理论发展的这种综合趋势已经明显地表现出来。

二、当代西方社会学理论综合的社会背景

（一）世界格局的改变

20 世纪 80 年代以来，特别是 80 年代中期之后，世界局势发生了很大的变化。东西方经过长期的对抗，都感受到这种对抗带来的巨大物质消耗和精神压力，人民深受其苦。于是，对峙的两极开始相互接触，缓和过于紧张的关系，以响应大多数人谋求和平与发展的呼声。对抗的双方开始以一种冷静客观的态度反省自己、认识对方，并在此基础上，修正甚至背离原有的教条主义模式，注意发现甚至试图借鉴对方的长处。同时，人类共同面临的挑战，诸如环境保护、太空开发、防止核扩散等一系列重大问题，也需要不同制度、不同文化的国家之间进行合作，于是，一些跨国组织应运而生。这就进一步强化了人们的“同类意识”、“全球观念”。虽然在一些地区民族主义重新抬头，但是，和平共处、谋求人类共同发展成了当今世界的主题。这种变化了的社会现实必然在一定程度上对当代西方社会学理论的发展产生影响。一方面，原有的那些理论传统不能对这些变化了的社会现实作出恰当的解释，这就在客观上要求理论家们重新思考和构建崭新的、多维的理论；另一方面，新的社会现实在一定程度上改变了社会学理论界的学术空气，这对当代的理论综合趋势也产生了间接的影响。

（二）学术界的反思

如果说新的社会现实使人们产生了反省意识，具有更开放的视野，那么这在社会学理论家中间表现得就更为突出。一方面是由于他们的知识水平较高，对社会现实反应敏锐，更易于接受新的观念；另一方面也是由于他们饱尝了社会学理论分化、各流派相互对峙和争论所带来的恶果。长期以来，西方社会学理论各立门户，畸形发展，不同流派之间的相互指责，使一些优秀理论成果被忽视，而另外一些理论则因过于片面而“走火入魔”。事实上，许多社会现象仅凭单维的、片面的观点不可能得到令人满意的解释，这种状况使一些理论家对社会学理论的发展感到悲观。罗伯特·默顿在 1983 年纪念托马斯和兹纳涅斯基的报告会上一针见血地指出：“悲观主义论调是由于学科急剧分化所带来的痛苦而造成的，因

为这种分化如此之快，以至于我们没有力量对每一领域进行充分的开发。社会学事业需要的不是战斗，而是容忍，应将不同理论取向的观点综合起来，并深信，它们相互的理论联系将逐渐得到巩固。”① 库克等人在《交换理论：结构与过程的蓝图》一文中也指出：“在范围广泛的众多领域，无论是方法论方面，还是理论方面，社会学都已取得长足的进步。但是，如果将资源过分集中于建立与维持这些彼此分离的‘社会学封地’，而不是通过更加综合、更为一体化的努力来创造新的天地，结果会使所取得的这些成果付诸东流，那将是不幸的。”② 理论界这种日益增强的反省意识和开放态度也与老一代理论家纷纷退出历史舞台，年轻一代理论家逐渐占据中心地位并成为理论界的主力军有关。这些年轻的理论家们成长于后帕森斯时代，只从书本上偶尔感受到当年诸多理论家与帕森斯论争的情景。作为论战的局外人，所谓旁观者清，能较为全面客观地审视论战双方。另外，他们一般也不会抱住某一教条不放，而更易于吸收各理论中他们认为合理的成分。社会学界的这种反省意识和开放态度是当代社会学理论综合的必要条件。正是在这种气氛下，新时期的理论家们在元理论（metatheory，即关于理论的理论）的层次上对社会学学科及各流派理论进行深入广泛的考察，从而发现各种理论，包括那些被宣布“死亡”了的古典理论中的合理因素，并在此基础上，打破各理论派别之间的门户之见，兼容并蓄，吸收各家之长，努力构建综合性的理论。

三、当代西方社会学理论综合的理论背景

当代西方社会学理论综合趋势的形成，有其深刻的理论背景，它是推动整个综合趋势发展的更为直接和明显的因素。为了考察这种理论背景，我们必须从帕森斯的第一次理论综合开始。

（一）理论发展的内在逻辑

19 世纪末 20 世纪初的欧美世界，形形色色的“主义”俯拾皆是，各种各样的思潮竞相争鸣。在这场理论大混战中，有唯物主义与唯心主义之争，有集体主义论与个体主义论之争，也有理性主义与非理性主义之争，而同一“主义”中的不同的小“主义”之间也是唇枪舌剑，出现了由综合到分化和由分化走向再分化的局面。

然而，哪一种理论都无法完全驳倒对方，也不能对客观社会现象，特别是对社会行动、社会秩序等问题作出满意的回答。在这种情况下，雄心勃勃的帕森斯，在考察了一些主要理论的基础上，试图吸收它们的合理成分，构造一个抽象

---

① 转引自［美］乔治·瑞泽尔主编：《社会理论的前沿：新的综合》，2 页，哥伦比亚大学出版社，1990。

② 转引自上书，175～176 页。

的、综合的宏观体系，以结束思想混战的局面。

1937年出版的帕森斯的《社会行动的结构》一书便是这种尝试之作。在这部著作中，帕森斯建立了他称作由意志控制的行动理论（Voluntaristic Theory of Action）。他本人曾公开声明，这种理论能够综合实证主义和唯心主义这些相反的、片面的思想潮流。该理论中的一个核心概念就是“单位行动”，它集中体现了帕森斯所做的综合努力。这个概念包括的五大要素——努力、目标、条件、手段、规范，这些都是在他以前的一些主要理论传统所强调的要素，如：唯物主义传统中的集体主义理论强调条件制约，唯物主义的个体主义理论强调手段；唯心主义传统中的集体主义理论强调规范，唯心主义的个体主义理论则强调努力与目标。这样，“单位行动”的概念既强调了外部现实对于行动者的客观性、强制性，又强调了行动者的主观能动性，并说明了主客观两个方面的相互作用。

综观帕森斯的全部理论，可以发现，他综合了杜尔克姆的社会整合、社会系统与人格系统相互作用的思想，韦伯的“社会行动”概念，帕累托的社会体系均衡论、否定单线因果关系的观点，弗洛伊德的本我、自我、超我三者相互渗透的思想，以及怀特海的“分析现实主义”主张和马歇尔的经济理论等。帕森斯试图由此构造一种统贯一切的多维的宏观理论。然而，后来的事实证明，他没有能够实现这一宏图大志，虽然他所创立的理论王朝持续了近30年。

随着理论的进一步建构，帕森斯自己不自觉地落入了片面、单维的陷阱。例如，在《社会行动的结构》中，他写道：“当过程在一定程度上符合规范性时会出现实际秩序。”① 对于行动问题，他不仅认为应该用一种更多地考虑到主观性的理论来取代理性主义理论，而且更加片面地认为，行动的理性主义成分应完全让位于非理性或规范成分。这就难怪后来的一些挑战者认为他的理论是“文化决定论”了。以上事实表明，虽然他超越了个体主义理论，但却陷入了片面的唯心主义的泥潭。除此之外，他的理论还遭到许多其他的指责，如：有人指责他保守，因为尽管引入了社会变迁的概念，但整个理论是以系统均衡为基点，把社会冲突看成是社会的不正常状态；有人指责他的理论暗含着集体主义的预设，忽视了个体在构造规范中的作用；有人则指责他的理论过于宏观，缺乏经验操作性，一旦面对经验事实，常常显得无能为力。② 甚至有人认为，他的理论不能算作真正的社会学理论，如著名的功能主义者默顿就认为帕森斯的理论仅是一种一般性的理论取向，而不是名副其实的社会学理论。吉特堡也将帕森斯的理论看做是“社会科学中的一般性分类学”③。随着时间的推移、社会现实的变幻，帕森斯理论中隐含的矛盾和不足逐渐暴露出来，于是，在挑战者对不同方面进行的讨伐声中，曾一统天下的帕森斯理论失去了先前的地位。作为对前一个阶段的否定，各种微观的、个体主义的、片面的理论相继出现。其代表性的理论有上面提到的符

① ［美］T. 帕森斯：《社会行动的结构》，103页，南京，译林出版社，2003。
② 参见［美］J. H. 特纳：《社会学理论的结构》，22～23页，北京，华夏出版社，2001。
③ 转引自［美］M. 波洛玛：《当代社会学理论》，146页，北京，华夏出版社，1989。

号互动论、冲突论、交换论、常人方法学、文化社会学，等等。它们不是综合性的理论，而是针对帕森斯理论某一方面的问题提出来的，如，冲突论和交换论对帕森斯理论的行动观提出挑战，指责帕森斯对理性效率（rational efficiency）注意不够。冲突论强调对个体理性行动起制约作用的客观条件，而交换论则强调理性化的努力及由之决定的手段。符号互动论和常人方法学认为人们是根据其主观期望，即他们信奉的目标而行动的，所以行动者关注的是目标，而非手段，与以上几种理论不同，文化社会学不仅没有批判帕森斯理论是"文化决定论"，反而认为帕森斯理论反个体主义反得还不够彻底，指责帕森斯理论对文化规范的轻视和低估。这些理论对帕森斯理论的指责并不完全客观，也就是说，有些缺陷并非帕森斯理论所固有，而是讨伐者为了彻底推翻帕氏王朝，树立自己的理论大旗而强加给帕森斯的（亚历山大称他们这种做法是蓄意树起作为对立面的"稻草人"）。尽管他们的这种做法在客观上促进了社会学理论的发展和具体社会学研究的开拓，然而，由于挑战理论过于片面，因此在进行理论概括时，便往往陷入两难的困境。对于社会现象，它们也不能作出恰当的解释。此外，它们之间的相互争斗使理论越来越走上歧途。在这种情况下，综合便成了理论发展的必然逻辑。

（二）主流社会学理论的不足

为了具体说明这种综合的必然性及其取向，我们不妨对上述五种主要理论的一些不足之处作一简要分析。

无论哪种社会学理论，都必然要回答以下两个问题：人的行动是理性的还是非理性的，以及社会秩序是集体主义（即外在于个人）的还是个体主义（即由个体构造）的？上述五种理论对这两个问题的回答可见表 15-1。

表 15-1　不同理论对人的行动与社会秩序的看法

理论派别	人的行动	社会秩序
符号互动论	非理性的	个体主义的
冲突论	理性的	集体主义的
交换论	理性的	个体主义的
常人方法学	非理性的	个体主义的
文化社会学	非理性的	集体主义的

1. 符号互动论

符号互动论的直接渊源可追溯到 20 世纪初美国杜威等人倡导的实用主义传统和库利、米德等人的思想，其最主要的代表人物是布鲁默。布鲁默不承认文化的力量，认为个人在进行具体的互动时往往有一个对互动情境要素的阐释过程，个体通过"自我指导"赋予客体的"意义是在与他人的社会互动中产生的"①。

① ［美］H. 布鲁默：《符号互动论：观点与方法》，转译自［美］亚历山大：《社会学二十讲》，161 页，北京，华夏出版社，2000。

他在《符号互动论：观点与方法》中曾说过："个人面对的是一个他为了行动而必须阐释的世界，而不是一种他只对其作出反应的环境……他必须构造并指导自己的行动，而不仅仅是对作用于他的各种因素作出反应而行动。"① 可见，这是一种十分片面而又唯心的观点。至于社会秩序，他则完全采取了一种个体主义的立场。他认为，社会秩序是偶然的，因而也是不可预测的。然而，对于这种"不可预测"性，他并不完全满意。为了摆脱这一困境，他不得不从"后门"引入集体主义的范畴——剩余范畴，承认集体结构促进个人的行动。为避免以集体主义观点解释社会秩序之嫌，他便作出一些含义模糊的解释。如在《作为符号互动的社会》中，他写道："从符号互动论的立场来看，人类社会的组织是行动发生于其中的框架，但不是该行动的决定因素。"② 虽然他明确地作出了这种区分，但还是承认了集体结构对社会行动的限制作用。

符号互动论的其他分支，包括以曼弗雷德·库恩为代表的艾奥瓦学派、拉尔夫·特纳提出的过程角色理论，以及戈夫曼的戏剧论，尽管这些理论在不同方面不同程度地改进了布鲁默理论的困境，但在由个体、微观互动向集体、宏观组织结构的过渡中，它们始终未能架设一座有效的桥梁。也就是说，这些理论只能分析微观社会模型以及这些模型对个体的影响，而一旦它们的概念和方法用于宏观社会模型的分析，便显得无能为力，于是便只得借用一些前后矛盾的概念和含义模糊的解释来摆脱困境。或许这是所有片面的个体主义理论必然遇到的难题。

2. 冲突论

冲突论最主要的代表人物有四人，即刘易斯·科塞、拉尔夫·达伦多夫、约翰·雷克斯及兰德尔·柯林斯。他们的理论植根于马克思、齐美尔、韦伯等人经典著作的土壤里，不断从中吸取营养，虽同属冲突范式，但这四人的理论却有很大差别。

科塞的冲突论与其说是对结构功能主义的挑战，不如说是对结构功能主义的补充，因为科塞理论的基本概念和假设同结构功能主义是一致的（如，他承认社会结构的独立性及其对个体的制约作用，这与雷克斯的本理论假设不同），科塞只是不同意把结构功能冲突看做是起破坏作用的消极因素，而试图证明冲突对于构造与维持社会结构的正功能。因此，很多理论家称他的理论为冲突功能论（如J. H. 特纳③和 M. 波洛玛④）。

达伦多夫对传统功能主义范式提出过最严厉的批判。他将马克思的许多思想（有些被他误解了的）植入他的理论体系中，构造一种辩证冲突论。在达伦多夫看来，任何社会单位都可被视为一个"强制性协调组合"，其中存有合法的权力、权威关系，冲突起源于次级群体围绕权力、权威的争夺。然而，由于他并未能像马克思那样将利益冲突的基础同社会的上层建筑分开，因而始终没能解释清楚，

① ［美］H. 布鲁默：《符号互动论：观点与方法》，转译自［美］亚历山大：《社会学二十讲》，161页，北京，华夏出版社，2000。

② 同上书，166页。

③ 参见［美］J. H. 特纳：《现代西方社会学理论》，223页，天津，天津人民出版社，1998。

④ 参见［美］M. 波洛玛：《当代社会学理论》，94、89页。

冲突是如何产生于社会体系的合法关系之中的。虽然达伦多夫批判了功能主义理论范式，但他的模型却与前者有着某种对应关系，他关于社会的假设也与功能主义的假设一致，他的理论体系中还隐含着权威及权威关系中的冲突是出于社会整合和社会变迁的功能需求的思想。因此，一些评论家认为他并没能超越功能主义。

雷克斯反对帕森斯的文化（规范）决定论，认为任何行为模式都遵循以下这样一条因果链：经济分配系统给不同党派分配物质资源；政治权力系统分配权威以维护现行经济分配系统；而由价值系统断言这种分配系统的合法性；最后，宗教信仰和仪式影响人们遵照这种最终价值系统。他认为，冲突源于物质资源分配的不平等，分化的社会制度和文化意义系统对于冲突都无法实施其影响，由此，他便以他自己的片面模型批驳了帕森斯那种只注重秩序与稳定的片面模型。这种冲突范式假定行动是理性的、是有目的的（至少在现代社会中是如此），社会是由完全独立、分离的个体组成的，是由具体的单位和具体的行动组成的。但是，雷克斯又不愿接受这种个体主义观点，而倾向于一种集体主义理论，因为他要避免社会秩序的偶然论。为了既保持行动理性，又不落秩序的偶然论的陷阱，他便对社会秩序采取了一种外在强制、反唯意志论观点，即社会秩序是由外在的超个体的集体强制力量构成的。这与他前面对理性行动者的能力的信奉，对权力的批判是矛盾的。此外，他在解释革命和休战情形时，又引入了许多规范性、唯意志论的思想，从而与他提倡的反文化规范、反唯意志论观点相抵触。这种自相矛盾实际上是所有片面的冲突论所无法避免的结局。

柯林斯试图将对冲突与对抗存在的普遍性的强调与一种关于由仪式支配、由情感宣泄的需要所刺激的个体关系的“微观”理论结合起来，他认为仪式化的遭遇是受外部经济政治条件制约的。虽然他想保持该传统那种反文化、反帕森斯的立场，然而，人际行为的“仪式”岂能与规范性标准分开呢？不过，作为新一代的冲突论者，柯林斯毕竟不同于其前辈，进入20世纪80年代后，在新的社会现实和时势的影响下，柯林斯逐渐认识到原有冲突论的不足，开始实行“开放政策”，不再拘泥于原有的一些教条，大胆借鉴其他理论的合理成分，成为整个理论综合浪潮的一大支流。对此，本章在后面将作进一步考察。

3. 交换论

交换论的主要代表人物是乔治·霍曼斯和彼得·布劳。霍曼斯认为，人的行动是理性的交换，在此交换过程中，他们总是客观地计算着所付出的资源和所获得的报酬，关心自己行动的效率和利润，霍曼斯在对个人的看法上深受斯金纳等人的行为主义心理学的影响，在其《社会行为》（1961）一书中，他甚至把人与鸽子相类比。他认为帕森斯的结构功能主义所强调的“规范”和“角色”，所指的只是行动的集体的、制度的框架，而非行动本身。至于社会秩序，他认为完全取决于个体之间不断进行的谈判，是从“亚制度”行为中产生的，集体模式是个体之间面对面直接发生交换行为的结果。这样，他便陷入了前面所提到的“个体主义困境”之中，即：若对秩序持一种个体主义观点，他就必须冒致使社会秩序成为偶然的和不可预测的危险；若他不满于这种偶然论，就必须采取一种集体主义倾向。于是霍曼斯便不得不以某种含糊其词的方式来改变其对行动的认识，除了这种基本假设上的前后矛盾外，霍曼斯理论还遭到其他抨击，其中主要有：（1）它带有严重的还原主义色彩，似乎宏观的社会秩序、社会结构可以还原为个体之间的微观互动，还原为理性的、自主的个体的行为；（2）并非人们之间的所有行为都是理性的交换行为；（3）即便理性的交换行为也不能独立于文化规范而发生，例如在计算所付出的资源或所获得的报酬时，需要确定它们的价值，而有些“资源”（如某种非物质性帮助）或“报酬”（如感激、尊敬）的价值的确定，深受行动主体所接受的文化规范的影响。此外，有的理论家还指责他的理论中的主要概念同义反复、相互定义。

布劳试图对霍曼斯的交换论做些修正，他强调群体的整体效应，以避免霍曼斯的还原论倾向。在《社会生活中的交换与权力》一书中，他宣称其理论主要关心的是“社会过程中的变迁，这种变迁发生于社会结构从简单到复杂变动的时候，这种理论也关心在复杂的社会结构中出现的新的社会力量”[①]。因此，有人称他的理论为交换结构主义。实际上，布劳的理论是想把霍曼斯的交换概念与权力概念结合起来，以探讨集体组织中的权力分化及其合法性，社会组织的整合、对立等问题。这就导致他的理论范围相当狭窄，加之他后来抛弃了交换论，因此，他未能对制度行为、组织区别以及不同种类报酬的交换如何影响社会结构的不同类型等一系列问题进行充分的分析。虽然布劳承认规范的独立中介作用，但他认为这些规范产生于交换过程中，从而又回到了他曾极力想克服的个体主义理论，因而在实质上也必然落入“个体论的困境”。虽然他强调社会组织的整体效应，但并没有对整体效应作出令人满意的解释。此外，他也同霍曼斯一样，其理论的根本前提也是：人类行为是以交换为指导的，而社会是一个大市场。这是一种片面的观点，并不符合现实，因而也不能对社会现实作出恰当的解释。

4. 常人方法学

常人方法学是一种与众不同的理论（至少其创立者哈罗德·加芬克尔的初衷是如此），因为它不像其他理论那样从一种预先假设出发。常人方法学者认为，现实社会中的普通人（包括社会学家）总是想当然地以为社会行动是在具有一定社会秩序（对于以往的社会学家来说，这种秩序有集体主义与个体主义之分）的现实中进行的，他们对这种现实从不怀疑，但实际上，这种现实是由人们的意识主观构造的，人们之间有秩序地互动，符号系统的继续依赖于行动者的构造活动以及他们认为其他人也进行着同样的构造。常人方法学者正是要研究人们的意识构造活动这一现实时所使用的方法和技巧，从而为社会学开创一个新的世界。例如，加芬克尔设计了一种实验，故意向被实验者共同理解的现实挑战，威胁其正常的构造活动，通过被实验者的反应，从反面揭示意识构造活动对于社会秩序的重要性。应该说，常人方法学提出的一些观点与方法确实对帕森斯企图发展的那种唯意志论的多维理论作了重要补充，也给其他学派的理论家提供了一些有益的启示。然而，加芬克尔及

① 转引自［美］M. 波洛玛：《当代社会学理论》，61～62页。

其追随者并不甘心让常人方法学处于补充地位，而是雄心勃勃地要将它发展成为一种主流的社会学理论传统。在由微观互动转向宏观社会组织结构时，在将其观点普遍化时，他们抛弃了符号理论，切断了一些关键概念（如索引）与文化因素之间的联系，认为符号的意义是相互影响的意识构造技巧简单而直接的产物；认为"一个组织有理性的特征是由成员们的所作所为构成的"。这实际上就接受了他一开始曾竭力反对的唯心主义、个体主义预先假设。此外，尽管常人方法学对当时的社会学研究方法提出了严厉的批评，但它自己也没有一套完整的方法论和方法。难怪一些评论家指出，常人方法学所作的贡献主要是消极的，而不是积极的，甚至有人怀疑，随着时间的推移，作为一种理论传统，它将会"无可奈何花落去"。

上述四种理论，虽然通过强调帕森斯理论的不同要素，选择了各自的突破口向帕森斯发起了进攻，但它们都认为，帕森斯对文化价值因素做了系统的阐述，除了指责他过于突出这一因素的作用，因而使其理论成为"文化决定论"外，似乎很难将这一因素本身作为突破口，通过它来攻破帕森斯的理论城池。

5. 文化社会学

与上述理论不同，文化社会学的思想源于 19 世纪末德国哲学家狄尔泰等人的解释学思想。该理论认为个人的行动是非理性的，他们不断经历与阐释着周围的世界，但这种阐释并非完全取决于个人的主观，因为在经历世界的过程中，人们总是力图理解他人，这就使个体之间有高度的相互理解和共同的范畴。文化社会学的主要代表人物克里弗德·吉尔茨和罗伯特·N·贝拉批评帕森斯理论是符号还原论，即将文化还原为社会或心理因素作用的产物。他们认为文化就像地图，人们的行动和社会事件均可在这张图上找到一定的位置；文化系统有其自己的结构，这种结构是由相互联系的意义构成的。在文化社会学理论中，秩序是集体主义的，对文化的研究需要用"理解"的方法，因而其结果带有一定的相对性。随着理论的发展，吉尔茨等人矫枉过正，不仅认为任何行动都有一种文化参照，而且认为这种文化参照是唯一的。这样一来，就使该理论踏上通往唯心主义决定论的歧途。为了避开这一陷阱，吉尔茨不得不中途悄悄地引入行动的偶然性以及物质制约范畴，而这两个范畴曾是他起初极力否定的。如在《作为文化系统的意识形态》中，他的理论兴趣由开始的"一门符号的科学"转向"一门符号行动的科学"，由此从集体主义秩序观转向个体主义秩序观，其理论也从文化相对独立论变为一种对社会、心理等因素的反映论。也就是说，由于片面地强调"理解"，他的理论不可避免地陷入自相矛盾的困境中。这种文化社会学理论不仅在理论逻辑上前后不一致，而且在经验研究的层次上，也无法对诸如社会冲突、变迁等问题作出恰当的解释，因此遭到理论家们的严厉批评。

除了以上五种主要理论外，在帕森斯王朝崩溃后，还有许多其他理论得到了蓬勃发展，其中包括现象学社会学、存在主义社会学、理性选择论、新马克思主义、网络论等等。这些理论虽然从各自不同的角度透视了当代社会，为社会学理论的发展作出了贡献，然而，由于其片面性，这些理论在描述、解释社会现实时都表现出不足。这些不足之处不仅为其他学派的理论家所发现和指出，而且也越来越被本学派的理论家所认识，正是在这种认识的基础上，各个流派的理论家开始打破传统的理论界限，吸收其他理论的优点，从而汇成席卷整个西方社会学界的理论综合的大趋势。

（三）欧洲社会学理论的复兴

关于西方社会学理论综合趋势的理论背景，我们还需要把欧洲理论的复兴作为一个专题特别提出来作一简述，尽管上文提到的诸多新理论中也包括一些复兴的欧洲社会学理论。在两次世界大战期间，社会学理论的中心由欧洲迁移到了美国，此后，欧洲社会学理论的研究便一直是在美国社会学理论潮流的领导之下。然而到了20世纪70年代（在60年代便已初现端倪），在经历了帕森斯的综合和各流派的分化两个阶段后，欧洲理论开始复兴，出现了一些重要的理论，其中主要有：米歇尔·福柯的“知识考古学”、“权力谱系学”等，安东尼·吉登斯的“结构化理论”、于尔根·哈贝马斯的“沟通行动理论”、皮埃尔·布迪厄的实践理论、罗伯特·埃利亚斯的“构型社会学”（figurational sociology）。由于在反帕氏的战斗中及其后各流派相互攻击的战场上，欧洲社会学理论家介入较少，即使介入，也只是处于论争的边缘，而不是交战的前沿，因此他们对于社会学理论局势和各派理论具有较明确的认识，这使他们的理论在20世纪80年代以前便表现出综合的倾向。此外，欧洲原有的一些优良理论传统的复活，也使得欧洲理论具有不同于美国社会学理论的特质。这些理论向美国社会学理论界的输入，对整个理论的综合运动的兴起与发展无疑起到了推波助澜的作用。实际上，进入20世纪80年代后，欧洲社会学理论不仅是整个理论综合运动的重要组成部分，而且一些理论家还充当了这一运动的排头兵。

第二节 当代西方社会学理论综合趋势的表现

自20世纪80年代以来，特别是从80年代中期以后，西方社会学理论的综合趋势到底是一幅什么样的图景？我们下面先对构成整个理论综合浪潮的各支流的状况分别作一考察，然后再总结一下这些理论综合的总的特点。由于篇幅以及资料限制，下面的考察只能是一种粗线条的。

一、社会学理论综合趋势的主要理论流派

（一）新功能主义

这是当前西方社会学理论综合运动中声势浩大的一个流派，其开路先锋和主

要的代表人物是美国加利福尼亚大学的社会学教授杰弗里·C·亚历山大。我们可以将亚历山大的成名作《社会学理论的逻辑》第一卷的出版（1982）作为该流派兴起的标志。虽然连亚历山大本人也承认，到目前为止，“新功能主义还只是一种趋势，而不是一种已完善的理论”①，但其队伍阵容庞大，追随者颇多，遍及整个欧美社会学界。

亚历山大等人选用的“新功能主义”这一标签，已清楚地表明了该理论视角与帕森斯结构功能主义之间的密切联系。仅在十几年前，J. H. 特纳和马里安斯基还宣称结构功能主义已经死亡②，一位英国人甚至讽刺性地模仿帕森斯在《社会行动的结构》一书中谈到斯宾塞理论已不适用时所用的句式，不无夸张地反问道：“现在还有谁读帕森斯的书呢？”然而，进入20世纪80年代后，帕森斯理论似又卷土重来，且有一派立场鲜明地打出了“新功能主义”的旗帜，不过新功能主义并不是要复活正统的帕森斯理论，而是要对帕森斯功能论进行扬弃，即亚历山大所谓的“重构”，也就是，一方面发掘和发展其合理的内核；另一方面明确承认帕森斯理论的不足，对包括其核心部分在内的不合理成分进行批判，并在此基础上公开引入其他理论，特别是向帕森斯理论挑战的各单维、片面理论的合理要素，将它们与结构功能主义结合起来。“其目的是要超越战后社会学的第一和第二两个阶段，并在其间所取得的成就的基础上进行一种全新的综合。”③ 因此，亚历山大坦率地承认：“这种理论无疑与新理论运动中我的‘对手们’的理论有共同之处，正如与正统的功能主义有共同之处一样。”④

新功能主义者为实现他们的目标，是如何贯彻其方略的呢？我们不妨对他们在两个不同层次上进行的综合尝试分别予以说明，这两个层次是：一般理论层次和经验研究层次。

在一般理论层次上，主要涉及的是预设（预先假设）、本体论与认识论、意识形态、理论模型以及世界观等问题。新功能主义在这一层次上的综合，可以以亚历山大为代表（亚历山大在一般理论层次上的综合与其元理论观点是紧密相连的，为了简便起见，在此不将二者分开论述）。

首先，亚历山大通过对社会学经典著作的研究（这些集中体现在其《社会学理论的逻辑》一书中），肯定了帕森斯对不同派别思想进行多维综合的方向与尝试，同时，他也对帕森斯理论的许多不足作了批判。他指出，在预设、模型、世界观等方面，“帕森斯的取向都是模棱两可的”，“对于行动问题，帕森斯起初致力于将唯物主义同唯心主义预设综合起来，但他后来背离了这一目标，走向了唯心主义。对于秩序，他意欲将个体行动与社会结构联结起来，但从其集体主义立场出发，他从未将偶然性努力理论化。在帕森斯的理论模型方面，他使用了功能

① ［美］J. C. 亚历山大主编：《新功能主义》，16页，萨奇出版社，1985。

② 参见［美］J. H. 特纳、马里安斯基：《功能主义》，本杰明和卡明斯出版社，1979。

③ ［美］J. C. 亚历山大、P. 科洛米：《当今的新功能主义：重构一种理论传统》，载［美］乔治·瑞泽尔主编：《社会理论的前沿：新的综合》，46页。

④ ［美］J. C. 亚历山大：《新理论运动述要》，载《国外社会科学》，1990（8）。

和系统术语来描述由相互联系而又彼此相对独立的部分组成的社会。起初，他没有将任何部分概念化为决定性因素，均衡被认为是评估社会系统的分析参照点，而不是作为对这些社会系统的经验社会的描述。然而，当帕森斯将这一模型转变为一个控制系统时，他偏向了社会系统的一个部分——规范部分，将它置于另外一部分——物质部分之上，而且他很难坚持只将这一模型用作分析，并常常将概念化的均衡理想同经验社会的条件混为一谈，最后，帕森斯的意识形态或世界观也变得极端模糊……"[①] "功能主义充斥着反个体主义、反对变化、保守、唯心主义以及反经验主义倾向。"[②] 在这些批判的基础上，亚历山大对结构功能主义作了重新解释。

其次，为了吸收、引进后帕森斯时代各种理论的合理因素，亚历山大又从预设的角度对一些主要理论作了考察（这集中体现在《社会学二十讲：二战以来的理论发展》里），他揭示了各单维理论的片面性和由此必然导致的自相矛盾及其他缺陷。

最后，亚历山大等人将这些理论的"合理"因素融进功能主义理论中，对传统功能主义进行系统的重构。在行动问题上，亚历山大批判了帕森斯理论的唯心主义倾向，借鉴了交换论、冲突论及批判理论的思想，认为应重视经济报酬和政治强制的作用。古德在《资本主义发展中的革命》中也主张强调物质因素的作用，以重构真正多维的理论。对于秩序问题，亚历山大批评帕森斯没有考虑偶然性因素的作用，主张模拟个体交换、阐释等进行系统阐述。科洛米则提出一些系统理论，将关于集体行为的研究与对社会分化的结构的观点整合起来。修里力图将布鲁默对公众谈判的认识与新功能主义关于公共政治生活的理论融为一体。德国学者理查德·蒙奇也做过类似的尝试。对于功能主义的模型，亚历山大对帕森斯理论中的系统推理提出了一系列批判，他还批评帕森斯将在模型中对 AGIL 的划分同当代社会的经验分化混为一谈，要求回到帕森斯早期和中期更加具体的、以群体为取向的理论，因为在这些理论中，具体社会的制度内容与其抽象机制被截然分开。古德对帕森斯的系统模型提出挑战，他认为功能模型是必要的，但也是有限的，我们还需要运用发展模型。艾诺·罗西对帕森斯的四功能范式作了重新阐释，他在批判帕森斯及其后继者李兹观点的基础上指出，四个功能之间存在一种辩证关系，它们分别是社会系统中内部—外部，工具—结果这两条轴线的一极，"对立的每一极都包含了（也就构成了）其自身的对立面"[③]。在意识形态领域，亚历山大同意许多批评者关于帕森斯理论具有一些保守主义特征的指责，但是，他认为帕森斯理论总体上是进步的和人本主义的。他努力将新功能主义推向一种"左倾"但不激进的方向。科洛米在《分化理论的修正与进步》（1990）一文中，将新功能主义者的这种倾向命名为"批判现代主义"。在世界观问题上，

---

① ［美］J. C. 亚历山大、科洛米：《当今的新功能主义：重构一种理论传统》，载［美］乔治·瑞泽尔主编：《社会理论的前沿：新的综合》，44～45 页。

② ［美］J. C. 亚历山大：《新功能主义》，11 页。

③ 同上书，87 页。

R. J. 赫尔顿和 B. S. 特纳认为帕森斯是对现代性的进步和稳定持积极态度的唯一理论家，他们指出新功能主义应考虑到社会有可能让各种价值观真正地表达出来，"此外，不应认为社会中的价值多元化是一系列自恋主义的世界，是从公共领域的倒退，也不应认为它是尼采式的意志之间一场不可避免的战争，而是可把它看做是为有条不紊地解决多元和分歧创造一个规范的基础。"①

在经验研究层次上，新功能主义者的关注点主要集中在社会变迁、文化社会学、政治社会学、经济社会学、大众传播以及职业问题研究等领域。在这些领域的研究中，他们对其他理论针对正统功能主义提出的批判作出了强烈的反应，引进了其他理论派别，特别是冲突论和互动论的观点，如：N. J. 斯默尔塞在《对结构分化模型的评估：从 19 世纪教育变迁的角度》一文中，根据对 19 世纪前 75 年英美大众初等教育系统的产生进行的研究，批判了帕森斯等传统功能主义者建立与应用的结构分化模型，指出该模型假定一种占统治地位的价值体系在社会变迁中保持不变，而各种制度的运行是否良好正是依据这一体系来判断的。斯默尔塞认为，"应预想多种价值观，占统治地位的价值观与其他价值观发生冲突，而且，这些价值观随着时间发生变化，也就是说，对于任何一套制度或社会事实，判断其是否令人满意，都可能缺乏一致的标准。"② 斯默尔塞进一步指出，原模型只将反抗群体和对反抗作出反应的权威结构区分了开来，但实际上，权威结构的内部也会发生冲突。斯默尔塞还将冲突论所强调的受利益影响的个体和群体行动引入了功能主义分化论（即认为系统变迁是一个系统适应日益复杂的环境、完全不受个体和集体行动者主观取向影响的过程）之中。科洛米声称，"我们对分化是怎样发生的理解接近所谓的'结构唯意志论观点'"，这种观点认为，结构的功能分化是由诸如占支配地位的经济系统及其造成的紧张、普通的政治结构与权力分配、占统治地位的文化符号之类的社会外部制约条件所决定的，但不能完全由此作出解释。对这些条件的分析，还必须附以对具体的、集体和单个行动者对分化过程的作用大小的考察，也就是说，必须把结构因素和主观因素结合起来。在文化社会学领域，亚历山大等人也开展过一系列综合性经验研究（如亚历山大的《文化与政治危机：水门事件与杜尔克姆社会学》）。在这些研究中，亚历山大构造了一些文化与社会的关系模型。他认为传统功能主义的文化与社会关系模型（即假设文化系统通过人格内化的价值观在社会系统中被制度化）只是文化与社会关系的一种形式，除此之外，还有文化折射和文化条块化两种形式。在前一种形式中，相互冲突的群体与功能产生不断吸收在文化层次上被整合的价值体系的亚文化；在第二种形式中，社会和文化系统中都存在根本性的对抗，各利益群体没有共同的信仰，会产生真正对抗的政治文化群体。在一篇题为《超越帕森斯的专业人员理论》的文章中，伯纳德·巴巴尔也通过引入冲突论要素对帕森斯理论

---

① ［英］R. J. 赫尔顿、B. S. 特纳：《塔尔科特·帕森斯：论经济与社会》，215～216 页，伦敦，1986。

② ［美］J. C. 亚历山大：《新功能主义》，119 页。

做了修正。他认为帕森斯虽在原则上将理性、工具性要素同价值、规范性要素结合了起来，但在实践中，这种结合并没有实现。因为他忽视了专业人员也存在着利益，忽视了专业人员与受益人员之间的利益冲突。

在新功能主义的倡导者中，除了亚历山大外，我们尤其需要注意卢曼的理论贡献。卢曼近来不仅在德国，而且在英语世界也产生着越来越大的影响。他大量借鉴了来自组织理论、混沌理论等系统理论的新发展，他的社会学理论，其出发点是对社会系统的理解，因此该理论也被称作系统功能主义。在他看来，只有考虑到社会系统与其环境的复杂性关系，才能充分理解系统功能的运行。社会系统对其环境的复杂性有一个相对的不确定性容忍度，一旦环境的复杂性超出了系统的不确定性容忍度的限度，就会对系统的生存提出挑战，往往会要求系统产生化简环境复杂性的机制，以整合与环境的关系，使之限定在系统的不确定性容忍度之内，从而满足系统功能的必要条件。在卢曼的理论中，综合了帕森斯的结构功能主义、一般系统理论、格伦的哲学人类学和现象学，其领域涵盖政治、经济、社会、法律、宗教、艺术和教育等等，代表了新功能主义在理论综合上的高峰。

（二）新马克思主义

马克思主义作为一个完整的思想理论体系，在其诞生后的一百多年里，随着国际共产主义运动的风雨历程，在西方理论界几经沉浮。尽管它受到许多论敌的攻击，也被形形色色所谓的“马克思主义者”不同程度地歪曲和肢解，但时至今日，它仍保持着旺盛的生命力，其“幽灵”仍在包括欧洲在内的西方社会理论界徘徊。不仅有许多派别的社会理论和社会学理论从中汲取营养，而且还有一些理论家公开声明要在修正和重构的基础上继承其衣钵，这便是西方社会学理论界所谓的“新马克思主义”。

新马克思主义兴起于20世纪50年代，在随后的40年时间里，出现了许多种不同“版本”。这里只探讨其当代继承者于尔根·哈贝马斯等人在进入80年代后所进行的综合尝试。

虽然哈贝马斯的综合尝试在他的其他著作如《沟通与社会进化》、《现代性与后现代性》中也有所表现，但主要集中体现在其两卷本的《沟通行动理论》（1984）一书中。在这部著作中，哈贝马斯既想继承和保持马克思关于解放全人类的思想，又要抛弃有关阶级觉悟和阶级革命的乐观主义立场；他既想引入韦伯关于现代社会合理化过程的分析，又要避免韦伯对这种合理化给社会带来的不良后果的悲观主义论调。因此，他将马克思的解放全人类的思想、韦伯的合理化分析、米德的沟通理论、杜尔克姆的社会整合思想、帕森斯的功能主义和关于社会、文化和人格的三系统论、霍克海默尔和阿多诺等早期批判理论家的思想以及常人方法学、现象学、符号互动论等理论的互动观点通过改造综合在一起，与韦伯对行动类型的划分相对应，哈贝马斯也区分了四种类型的行动：（1）目的性行动；（2）循规性行动；（3）剧作性行动（显然是戈夫曼戏剧论观点的变体）；（4）沟通性行动。

目的性行动基本上与客观世界相联系；循规性行动与社会世界相联系；剧作性行动既与主观世界相联系，又与客观世界相联系；只有在沟通性行动中，“行动者为了商议共同对情景的界定，他们才同时涉及了客观的、社会的和主观的世界中的各项内容。”[①] 哈贝马斯认为，沟通行动（互动）必须先有一套共同的背景假设和知识库存，即一种“生活世界”（这显然导源于现象学和常人方法学）。由于沟通性行动包含了行动者实现主体间理解的诸要素，因而它有可能更加合理，与韦伯关于合理过程必然给现代社会带来不良后果的悲观主义论调相反，哈贝马斯认为，这些不良后果并不是合理化过程的必然结果。现代资本主义社会的危机是由于与沟通性理性化相对的“目的性理性化”（Purposive-rationalization）使权力与金钱“侵占”了互动领域，这种“殖民化”打破了日常世界与围绕着人类及其生存的物质生计而运行的社会系统过程之间的平衡，使技术控制取代了民主过程。换言之，金钱与权力之类，“非语言媒介”取代了再造生活世界的沟通性行动（互动）。因此，要避免人的异化，最终实现人类的解放，就需要加强沟通性理性化，把权力与金钱等“侵略者”赶出主体间的符号互动，即沟通行动的领域。上述思想不仅改造了马克思主义理论，融入了韦伯的思想，也引进了常人方法学、现象学、语言学及符号互动论的观点。在具体说明作为互动背景和环境的“生活世界”时，哈贝马斯把它归结为是由文化或符号系统、社会或社会制度、个体人格或自我及其存在等三方面的解释范式构成的，从而将互动过程同帕森斯关于社会、文化、人格三系统的区分联系了起来。在此基础上，哈贝马斯进一步认为，这三种解释范式是对应于再造生活世界的三种不同功能需求的，即：通过沟通性行动满足了文化的再生产、社会的整合及人格的形成三方面要求。

哈贝马斯从进化论的观点来看待微观与宏观的联系问题。[②] 他认为，一个社会的具体宏观结构是进化学习过程中一个阶段的一种功能，而学习是由个体或群体进行的，因此，一个社会的进化学习就极大地依赖于其成员的学习能力。哈贝马斯进一步指出，特定的宏观秩序是制度对首先在微观实际行动中产生与发挥作用的特定道德——实用意识的具体化，而宏观秩序的变迁也就有赖于系统成员获得新的道德——实用能力。这种依赖关系也就是宏观与微观层次之间的联系。

尽管其他理论家对哈贝马斯理论颇多微词（如无实质性标准评估其沟通质量、对沟通行动的环境的设想过于浪漫、意识形态偏左等），但它确实包含着许多独创、有益的构想，也为其他理论家的进一步综合提供了动力和条件。

除哈贝马斯外，新马克思主义阵营中其他一些理论家在 20 世纪 80 年代后也做了理论综合的尝试。其中主要包括：J. E. 罗麦、J. 艾尔斯特等（有人称他们为“分析马克思主义者”）改变了马克思主义的历史唯物主义方法论，借鉴理性选择模型、博弈论、总体均衡论以及新古典经济学的数学模拟技术，力图在关于

---

① ［德］J. 哈贝马斯：《沟通行动理论》，95 页，波士顿，1984。此处转引自特纳的《现代西方社会学理论》，281 页。

② 参见［英］吉登斯：《社会的构成：结构化理论大纲》，上海，三联书店，1998。

理性行动者的假设中为马克思主义宏观理论建立“微观基础”，并消除马克思主义的目的论和功能论色彩；后马克思主义者 E. 拉克劳和 C. 茅夫吸收了结构主义的思想，以修正马克思关于人类解放和阶级斗争的理论；F. 詹姆逊则力图将后现代主义与马克思主义理论结合起来。不过，这些综合大多集中在具体理论层次上。

（三）结构化理论（又译构造论理论）

这是英国社会学家安东尼·吉登斯在过去十几年间精心建造的一座理论大厦。与吉登斯早期理论偏重于新马克思主义社会批判思想不同，结构化理论是在对功能主义及后帕森斯时代各种理论传统进行批判的基础上，通过将它们融为一体而作出的一种理论创新尝试。在这一理论体系中，吉登斯抨击了以往理论传统中诸如个体——集体、主观（人）——客观（结构）、微观——宏观之类的二分法，主张代之以“结构的二重性”，即社会结构是由具有能动作用的人在互动中建构的，同时，这种结构又影响行动者的互动，是他们改造或再造社会结构过程的媒介。吉登斯认为，社会结构可概念化为“规则”和“资源”。所谓规则，是指能为行动者所理解并可运用于各种场合的一套方法和技巧。这些规则往往是非正式的、不成文的，互动者对它们的理解是潜在的、心照不宣的，它们是行动者“知识库”中的一部分。上述思想综合了功能主义者强调的制度性规范和文化价值观、常人方法学者关注的约定俗成的方法、结构主义者注重的符号的增殖性以及符号互动论关于社会结构的观点。在吉登斯为具有能动性的行动主体建立的分层模型中，个体的反思性监督受推论意识和实践意识的影响，推论意识是指替某人的所作所为寻求原因或使之合理化的能力；而实践意识是人们在具体情境中下意识地用以指导行动和解释别人行动的知识库，“是行动者对他们的社会条件，尤其是其行动条件的认识（或确信），但不能用言语表达出来，然而它是一种没有压抑与抵制的无意识……实践意识由行动者所知道的规则和技巧所组成。”吉登斯认为，大量动机是无意识的，它们对行动有一种弥散性的压力。这里，他不仅借鉴了现象学和常人方法学的观点，而且还引入了精神分析的思想。虽然吉登斯不同意弗洛伊德将人格分为本我、自我和超我，但他所用以取代的三重划分模型——本体论安全系统、推论意识和实践意识以及反思性监督，显然是对弗洛伊德思想的改造。

为了将个体之间的偶然性互动同社会再生产以及制度的表层“稳定性”（这一概念可追溯到乔姆斯基的结构主义语言学）联系起来，他从现象学理论中借用了“常规化”概念。在论述互动的常规化和区域化时，吉登斯几乎是全盘借用了戈夫曼的观点，他认为，随着儿童的自立，他们会逐渐掌握用一套“保护装置”来维持互动，使互动常规化以保护主体的安全。这套保护装置往往通过保持举止得体和印象管理原则发挥作用。

吉登斯认为社会科学研究的根本领域既不是单个行动者的经验，也不是任何形式的社会总体性的存在，而是跨时空的社会实践。对于社会行动与社会系统特性之间的联系，吉登斯采用了“非预期结果”的假设，即社会系统的特性受前社会行动造成的非预期结果的制约。这种行动的非预期结果既将微观与宏观二者联系了起来，也解释了社会的变迁。

可以说，对不同的理论传统进行综合是吉登斯构造理论的根本内容，上述几点只是其综合尝试的一些主要表现而已。J. H. 特纳曾用图 15 - 1 概括了结构化理论的主要内容及其引入的各理论传统要素。

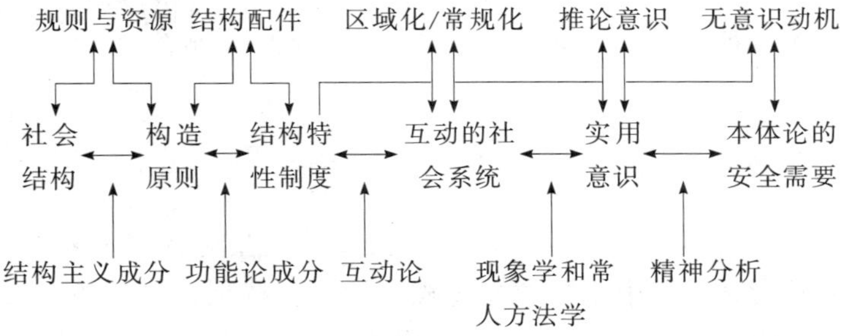

图 15 - 1[①] 结构化理论的主要内容

(四) 布迪厄的建构论的结构主义

如前所述，在当代西方社会学理论向综合方向发展时，欧洲社会学理论的复兴起着特别重要的作用。作为当代法国最著名的社会学家，布迪厄善于将欧洲的社会学理论传统与法国特有的哲学传统尤其是其认识论传统结合起来，创立了自己独具特色的“建构论的结构主义”（constructivist structuralism）。从这个概念可以看出，布迪厄的理论主旨是要超越结构主义和建构主义的二元对立，或者说是要超越社会物理学与社会现象学的二元对立。“所有方法论上的一元论，都声称要确立要么结构要么能动者，要么系统要么行动者，要么集合体要么个人在本体论意义上的先在性。与这些方法论的一元论不同，布迪厄主张关系的首要地位。”[②] 为此，他所使用的几个主要概念——场域、资本和惯习都是用来超越一元论的逻辑，而以其关系性的特征来展示复杂的社会实践逻辑。在他看来，以往的社会空间其实是被大大小小的场域所分割，在这些场域背后贯穿着的是各种社会力量相互斗争的逻辑。布迪厄的理论与结构分析相通的是，每个场域都有其独特的结构性的调控原则，而不同则在于场域是一种不断得到维系或被改变的关系的构型——其维系或改变依赖场域内行动者之间的斗争态势。“一个场域的结构可以被看做一个个不同位置之间的客观关系的空间，这些位置是根据他们在竞夺各种权力或资本的分配中所处的地位决定的。”[③] 布迪厄的理论与建构分析相通之处在于场域是一个行动者参与形塑的社会空间，其不同在于行动者的形塑是受

① 转引自［美］J. H. 特纳：《现代西方社会学理论》，659 页。

② ［法］布迪厄、［美］华康德：《实践与反思——反思社会学导引》，6 页，北京，中央编译出版社，1998。

③ 同上书，155 页。

到了场域既有关系与调控原则的制约。与场域相似，惯习也是一种生成性的结构，是场域固有的某种属性在行动者身上表现出来的性情倾向，它一方面塑造着实践，使场域得以生成，另一方面，它本身却又是场域所形塑的，是各种资本分配结构的历史产物。正如一位评论者所说的，“惯习和场域的概念使布迪厄得以屏弃个人的自发性和社会约束、自由和必然、选择和责任之类的虚假问题，从而避免了在个人和结构、微观分析（布鲁默、科尔曼）与宏观分析（布劳、斯考克波尔）之间进行人们所熟知的那种抉择。”① 可以说，布迪厄的社会学理论充分展现了他将主观与客观、宏观与微观独特地融合在一起的法国社会学的“味道”。

（五）当代符号互动论

以布鲁默为主要旗手的符号互动论，虽以其对互动者赋予客体的意义的强调，及其对互动者在互动中阐释意义过程的探讨，特别是以其微观层次的研究，弥补了帕森斯理论的不足，从而在20世纪60年代后成为一个重要的理论传统；但到了20世纪70年代末，其活力似乎逐渐枯竭，传统地盘颇有日益缩小之势。20世纪80年代后，随着其自身存在的问题为年轻理论家们所认识并予以完善，也进入了后布鲁默时代。一大批新的符号互动论者从传统理论的基本观点和视角出发，“用其他理论方法的零件拼砌了一种全新的理论”②。

鉴于当代符号互动论阵营中没有像新功能主义阵营中亚历山大这样一位领袖人物，所以不便以某位理论家的某一理论为主线来考察，下面将对新一代符号互动论者在几个不同方面进行的综合尝试分别作一介绍。

总的说来，当代符号互动论者的理论综合尝试可分两个大的方面：一是借鉴其他微观理论的观点，二是引入宏观理论的思想。

在综合其他微观理论方面，首先，许多符号互动论者抛弃了传统理论中关于行动的非理性主义的片面假设，吸收了交换论和理性选择论的观点，认为微观互动中的行动者是有理性的，他们根据要实现的目标和具体的情境选择互动的方式，在此选择过程中，他们精心计算成本、收益及行动的有效性等，如斯特莱克及其同事们在考察自我与身份的构造过程中便综合了交换论框架，斯特莱克认为，行动者总是试图通过承担角色和对特定身份行为的设计，精心规划自己的行动，以便在自己付出一定的“成本”时，最大限度地满足自己。其次，一些年轻的符号互动论者（如被称为“圣巴巴拉学派”的成员们）认识到将“意义”作为重要范畴的符号互动论忽视互动中使用的语言的研究是极为错误的，因为语言是塑造“意义”的一个主要因素。于是，他们把常人方法学中使用的方法和对话分析以及现象学社会学中“悬置”（意指中止判断）、“索引”等概念引入符号互动论之中。

---

① ［法］布迪厄、［美］华康德：《实践与反思——反思社会学导引》，24～25页。

② 格雷·范恩语，转引自［美］乔治·瑞泽尔主编：《社会理论的前沿：新的综合》，9页。

同宏观社会学理论相结合，是绝大多数当代符号互动论者更加关注的目标。首先，他们抛弃了传统上关于社会秩序的个体主义假设，承认结构因素、外部限制条件等对互动者赋予客体的意义、对互动方式的影响，如贝克尔和范恩在关于文化和艺术的研究中，都突出了结构条件的限制作用。其次，他们越来越重视对较大的社会单位特别是大型组织进行研究，如罗伯特·弗克纳 1983 年关于艺术界的研究、范恩 1987 年对餐馆的研究等。在这些研究中，他们把经济因素作为行动的决定性因素之一，以综合马克思主义观点和冲突论思想，如维多利亚·史密斯在对大银行的分析中证明，上层和中层管理者具有不同的经济利益，二者有时可能相互冲突。最后，在许多经验研究中，研究者在分析互动中的言语和对话时，往往将重点从传统上的说话者为自己说话的“情境”转向“说话者为某一阶层说话的‘环境’”，从而架起了使分析通向一般化的桥梁。

总之，当代符号互动论者为了构建一种更加综合的多维理论，广泛借鉴和引入了其他理论的要素，有的积极从各古典理论中汲取营养，从而形成了韦伯互动论、马克思主义互动论、齐美尔互动论、杜尔克姆互动论等；另一些人则力图输入后现代主义、结构主义、女权主义、符号学、行为主义等理论的新鲜血液。因此，后布鲁默时代的符号互动阵营是一个相对松散、没有明确公认领袖的联盟，其理论观点要比布鲁默时代综合得多。

（六）交换论

从 20 世纪 70 年代末开始，由乔治·霍曼斯首倡的交换论也经历了重大变革，一度曾是交换论领航人物的彼得·布劳改换门庭，转向宏观结构论。理查德·艾默森及其华盛顿大学的同事卡伦·S·库克等人接过交换论的旗帜，继续坚守并努力拓展这一理论阵地。为了克服传统交换论存在的不足，特别是关于社会秩序的个体主义假设所导致的个体间互动与结构、微观与宏观之间联系的脱节，他们试图向宏观层次靠拢，通过引入其他宏观理论要素，构建一种更为综合的交换理论。为此，他们首先将交换的范围扩大，即从关注双边交换转向更为广阔的交换网的研究，即使是对双边交换的分析，也要将交换双方的关系与更大的交换网联系起来，而不是孤立地进行考察。在此基础上，新一代交换论者力图将该传统更加广泛地同“结构社会学”联系起来，这主要是通过与网络理论的结合来实现的。网络理论同交换理论的结合似有一种“先天的”优势。虽然它关注的是社会结构，但这种结构同法国结构主义者关注的深层结构不同，它可具体化为社会上个体与集体成员间的客观联系模式。这就是说，网络理论与交换论一样，对行动者的动机不感兴趣，它对客观联系的关注刚好可与交换论对客观行为模式的兴趣密切结合（网络论与关注主观意识的符号互动论、现象学等派别不易结合；交换论同带有主观倾向的结构功能主义、批判理论等宏观理论传统也难结合），从而为交换论提供了一种高度协调的宏观理论，对后者的微观倾向予以补充。这种综合努力集中体现在艾默森的交换网理论中。同传统交换论不同，交换网理论着重于社会关系的结构以及在不同形式的网络结构中的交换关系。它一方面说明了交换过程对于产生特定的社会结构和结构变迁的影响，另一方面又揭示了特定社会结构要素对交换行为的作用。这实际上是将艾默生等人确定的微观（交换行为过程）和宏观（社会结构）两个层次的研究合为一体。另外，其他新交换论者引入了理性选择论和决策论思想，以说明具体行动者在交换过程中的行为抉择。而为了说明日常生活中参与交换的各方如何通过不同的信息符号使彼此理解对方，在相互之间建立起信赖，他们又借鉴了符号互动论、常人方法学及对话分析的观点。

交换论的发展虽因艾默森的英年早逝而蒙受巨大损失，但卡伦·S·库克等人沿着艾默森倡导的方向进行的不懈努力，仍使它成为当代西方社会学理论综合运动中的一支重要力量。

（七）冲突论

与前述几种理论传统相比，当代冲突论阵营显得有些势单力薄。虽然兰德尔·柯林斯在其1975年出版的《冲突社会学》中把注意力转向微观结构，并借鉴了符号互动论，特别是戈夫曼的微观理论成分，同时综合了杜尔克姆、马林诺夫斯基和拉德克利夫-布朗等人的思想，但此后，几乎没有值得注意的著述问世。尽管如此，冲突论仍有相当的活力。当代冲突论者在过去的10年中，为发展其理论，也进行了一些十分有益的综合尝试。首先，他们对冲突论做了扩大化的解释，认为它不只是一种关于冲突的理论，也是关于社会的组织、群体和公众的行为、社会的结构形式以及社会变迁的理论，而并不排斥关于社会团结、社会理想、道德情操的理论。① 由于冲突充斥于社会生活的各个领域，因此，冲突理论的范围比当前流行的大多数社会学理论更广。其次，当代冲突论者更注重具体的经验研究，所涉及的领域包括政治社会学、职业社会学、教育社会学、社会运动理论、犯罪学，以及分层和社会变迁等问题。在这些研究中，他们融合了或试图融合符号互动论、交换论、功能主义、批判理论等。由于其他传统的一些理论家有时也借鉴冲突理论的概念和观点对这些问题开展研究，因此，对于有些研究者，我们很难确定应称他们为“冲突论者”，还是应把他们看做是引入了冲突论观点的“新功能主义者”、“结构论者”或其他致力于综合的理论家。

目前，大多数冲突论者尚停留在“致力于综合”的宣言阶段，只有少数理论家进行了有限的综合尝试并取得一些成果，如兰德尔·柯林斯试图将米歇尔·曼恩的网络模型同网络理论结合起来。确切地说，在过去的十几年里，冲突论的活力更多地表现在其他传统的理论家们接受了冲突论的思想，将它作为一种重要而有益的观点整合进各自的研究中。以这种面目出现的冲突思想也许只能被称为“冲突观”而不是“冲突论”。冲突论若要在各派理论中成为重要的一极，适应当前理论综合的大潮，尚需该阵营中的年轻理论家们作出进一步的努力。

---

① 参见［美］兰德尔·柯林斯主编：《冲突理论与宏观历史社会学的进步》，载［美］乔治·瑞泽尔主编：《社会理论的前沿：新的综合》，70页。

（八）常人方法学

尽管常人方法学始终处于一种被怀疑、受攻击的地位，但它已在美国及英伦三岛站稳脚跟。进入20世纪80年代后，为了抵御“进攻”，进一步扩大自己的“根据地”，其创始者加芬克尔及新一代常人方法学者也做了多种努力。如加芬克尔关于科学及发现性科学的研究，哈维·萨克斯关于对话的研究，哈里蒂基和格雷伯奇对英国政治言论及用以取宠于听众的方法所作的分析等。他们千方百计地将常人方法学扩展到传统上只属于主流社会学的领域。虽然他们在经验研究方面取得的成果比在抽象理论层次上取得的成就更为社会学界所注目和公认，但其综合的、高度理论化的取向也是不可忽视的。这不仅表现在常人方法学者引入了符号互动论、交换论等强调互动的个体主义理论观点，而且还表现在他们试图融进强调结构的集体主义观点，如在论述行动者的能动性与结构的关系时，他们作出了与吉登斯结构化理论相同的综合努力；在探讨行动的背景时，他们借鉴了结构主义理论。他们抛弃了过去关于行动的非理性主义假设，一方面承认“行动者很少是‘无理的’或‘非理性的’，另一方面又认为行动者的逻辑是局限于当地的，应根据具体行动的细节而不是某种贯穿一切的逻辑来理解”①。他们也放弃了关于社会秩序的个体主义假设，认为应把个体与集体二者联系起来。像大多数微观社会学家一样，常人方法学者西考莱尔也将具体情境中的互动事件作为研究的重点，但他并不把宏观看做是微观事件的非预测结果的总和或微观事件的集合。他认为，宏观现象是微观情境中主动构造和寻求的总体性表现，也就是说，宏观现象并不是位于微观事件之上的一层特定的社会现实，而是存在于微观事件之中，是行动者在日常生活实践中构造活动的结果。这样，他便把微观和宏观联系了起来。

（九）理性选择论

理性选择论早期曾遭到多数社会学家的批评，因为它关于社会行动者的极端理性主义的假设过于片面，忽视了经验世界的真实性，也忽视了价值和信仰系统，带有严重的微观决定论倾向。然而，近年来，随着经济学取得的成功，特别是在新的学术气候的影响下，这棵枯木又发出了新芽。虽然大多数社会理论家，包括很多经济学家对理性选择论仍持怀疑态度，但一些理性选择论者的研究还是在社会学界引起了广泛注意，因为他们克服了或正努力克服理性选择论的不足，并试图与其他理论进行综合。他们承认，像任何一种理论那样，理性选择论如同一盏灯，只能照亮我们理论探索的一角，并在此前提下开始向宏观理论靠拢。当代理性选择论者甚至尝试将他们根据需要截取的马克思主义观点综合进博弈理论，形成所谓的博弈论马克思主义。到目前为止，他们的综合努力更

---

① 《本来面貌的世界：常人方法学和对话分析》，载［美］乔治·瑞泽尔主编：《社会理论的前沿：新的综合》，199页。

主要集中于宏观与微观的综合方面，虽然取得的成果有限，但他们认为这是他们努力的方向。在一篇题为《理性选择论对宏观社会学研究的贡献》的文章中，弗雷德曼和哈奇特写道："为什么选择理性选择论？也许最重要的原因是，理性选择论明确关注将宏观与微观分析联接起来，而不是将一种分析置于另一种分析之上。"①

无论是同其他理论的横向综合，还是对宏观、微观层次的纵向综合，理性选择论者的尝试都还只是刚刚起步，他们的努力只是整个西方社会学理论综合浪潮中一支细小的涓流。

（十）女权主义社会学理论

这是20世纪80年代中后期以来才在社会学理论界兴起的一种新理论，它以妇女为中心，由此来考察和论述社会生活和人类经验。"以妇女为中心"体现在三个方面：即，它以妇女为主要研究对象；以妇女的眼光来看待现实世界；以为妇女寻求更好的生活世界为宗旨。女权主义者认为，以前的社会学理论像其他知识体系一样，是以男性对世界的经验为基础的，它们充满偏见，因此，每一个社会学概念和命题及其整个模式都需要重新考虑。以此为前提构造的女权主义社会学理论是在多种思想的相互作用下产生的，这些思想主要有：（1）包括性生物学、性风俗及性心理学理论在内的性差异理论；（2）包括自由主义女权主义（强调男女机会均等，认为两性间的心理差异主要是社会造成的，而非先天决定的等等）和马克思主义女权主义（批判现实社会中存在的性别不平等，把妇女受压迫的根源归于特定的社会组织系统，归于生产资料的私有制，认为只有在生产资料属于全社会的社会主义社会里，妇女在经济上对男人的依赖消除之后，妇女才能获得真正解放）在内的性别不平等理论；（3）包括激进女权主义（认为妇女所受的压迫是根本性的压迫，在历史上妇女是最先受压迫的群体，妇女受压迫是一切已知社会中存在的最普遍现象，妇女受的压迫最深、最难根除。这种压迫为理解包括种族压迫和阶级压迫在内的其他压迫提供了概念模式）和社会主义女权主义（接受并超越了马克思主义理论，认为生产关系概念还应包括人们生产和分配满足性需求和养育子女需求的生产资料的组织方法）以及弗洛伊德的精神分析思想（如男女性心理特点是在男子占统治地位的家庭中从幼儿时起便被灌输而形成的）在内的性压迫理论。在女权主义理论的近期发展过程中，它又引入了其他一些思想，如在论述权力问题时，女权主义者们吸收了后结构主义者福柯在《性史》（1978）中的观点，认为"即使性本身的区别也必须被视为社会造就的，并且已充满了沉重得难以承受的强权"②。此外，传统社会学中关于宏观理论与微观理论的区分在女权主义理论中也将失去意义，因为女权主义者认为，社会现实是各种层次的活动相互交织在一起的。

---

① 《社会学理论》，1988（6）。

② ［美］B. 凯勒：《女权主义理论的危机》，载《国外社会科学》，1990（3）。

由于女权主义社会学理论是以妇女为中心对原有社会学理论的重构，因此，它必然要在对各种社会学理论扬弃的基础上进行重新思考。这就意味着，女权主义社会学理论在本质上是综合的。不过，目前，女权主义理论的基础还比较狭窄。可以预计，为了在理论界取得较为牢固的合法地位，它必将不断从古典的和新近发展的社会学理论中汲取营养。

二、当代西方社会学理论综合趋势的主要特点

上面的论述侧重于从面上对整个西方社会学理论综合图像的考察，我们下面将试图概括当代理论综合新趋势目前已表现出来的一些主要特点。

（一）多种综合并存

回顾西方社会学理论一百多年的发展历史，它经过了从分化到综合到再分化的历程，20 世纪 80 年代后又步入了一个新的综合时期。这似乎正符合中国古代先哲对“天下发展规律”的朴素概括：“分久必合，合久必分”。从帕森斯的第一次综合到现在的又一次综合，西方社会学理论的发展难道真像中国封建王朝的兴衰更替那样，只是在一个统一的王朝土崩瓦解之后经过一段时间的分裂状态再诞生另一个统一的王朝吗？对当代西方社会学理论综合趋势的全面考察告诉我们：事实并非如此。中国封建社会不同王朝的更替只是改姓氏换朝号而已，其根本性质和形式都没有变化。王朝的更替，“统一——分裂——再统一——再分裂……”的轨迹只是周而复始地循环。而当代西方社会学理论的综合与帕森斯的第一次综合相比，则有着根本的不同，其中最重要的一点是，新的理论综合不再谋求建立一个像帕森斯所建立的那样一种独霸天下的理论体系，而是从不同的基点出发，通过不同的方式与途径构建多种不同的综合理论，从而形成多种综合理论并存的局面。

经过长期的辩论，在新的社会环境与学术空气的影响下，当代社会学家开始在元理论的层次上进行着理性反思。他们逐渐认识到，人类社会是一个十分复杂的多面体：就其构成要素的单个个人来说，既有理智又有情感；既有与其他动物一样的基本需求，又有只有作为人才具有的高级需求；其行为既有理性的，也有非理性的；既有有意识的，也有无意识的；任何人都充满着矛盾，都具有多面性（这还不包括在特定场合下为了特定目的而戴上的各种假面具）。而由个体组成的群体，又会突生出许多不可还原于单个个体的复杂性质和特征。包括多个群体的社会更是复杂多变，不同的个体之间、群体与群体之间、个体与群体之间存在着多种关系：有竞争、合作，有冲突、互助，有支配、依赖，或同时兼有多重关系。正因为人类社会是一个多面体，因此，从不同的角度对它进行考察时就会得出不同的结论。换言之，各种不同的社会学理论只是所选择的角度、所侧重的方面不同，都有其一定的合理性。基于这种认识，当代社会学理论家们放弃了对过去那种“鸡生蛋，蛋生鸡”之类问题的无意义争论，他们一方面从自己特定的角

度来构造理论大厦，另一方面又突破传统的理论界限，注意借鉴与吸收其他理论的合理成分。同时，他们也逐渐认识到原来那种努力构建一种贯穿一切的、唯一的综合理论的企图是不切实际的。如新功能主义派的领袖亚历山大在《新的理论运动述要》一文中，明确地表示："尽管我的理论致力于新的理论综合，但我并不想建立一个终极性的正统理论。我相信，只有自觉地同时参照互相对立的理论体系，我们才能在互相信任、互相理解的基础上互相讨论。"① 因此，当代各派社会学理论之间虽然对于某些问题会发生双边或多边冲突，相互攻击，甚至在某些问题上，见解相同的几派可能结成联盟批驳另一派或另一联盟的观点，但是，他们并不全盘否认对方的理论视角和思想观点，在可能的时候，他们甚至会相互吸收，各派理论家之间的相互批判是以"站在理性的立场上说明分析多种观点，使之得以充分讨论，从而抵抗进行决定性综合的诱惑"② 这样一种基本认识为前提的。这样，当代西方社会学理论界便呈现出多种综合并存的局面，而没有一种一统天下的综合理论。

（二）关注宏观与微观的综合

在20世纪的一半时间里，西方社会学理论中充斥着个体与集体、主观与客观、行动与结构的二分法，其中最为重要的是，存在着宏观与微观的对立（它与上述几组二分概念部分相关）。宏观社会学注重对社会、社会制度和总体层次的社会—文化变迁的研究，它往往运用系统方法，注重描述和分析社会集体的特点，帕森斯的结构功能主义传统就是一种典型的宏观社会学理论，它认为社会结构是由规范一致所控制的一个功能整合的系统。达伦多夫的冲突论、布劳的宏观结构论以及梅尤的结构主义理论等都属于此类社会学。作为对帕森斯宏观理论的反叛，19世纪60年代后兴起的符号互动论、常人方法学、认知社会学、现象学社会学、交换论等则属于微观社会学理论范畴。它们认为，社会秩序是通过个体在具体互动中的主观认知过程而建立的，因而更关注语言的运用、具体的认知过程、行动者赋予客体的意义等，认为一个了解一切的、积极主动的个体是人类行为的根源。在方法论上，微观社会学也从集体主义和简单的个体主义转向了情境定义，即着重分析小规模的社会情境，把社会行动的后果看做是与情境中的特定场合和其他参与者相关联的。它们甚至声称，除非能够以从分析社会情境而获得的知识为根据，否则，宏观社会现象便是未知数，它是不可知的。

进入20世纪80年代，越来越多的理论家认识到，将宏观与微观割裂开来，只注重其中的一端是十分片面和有害的，社会学理论欲要发展，欲要更准确地解释社会现实，就必须将二者结合起来。如柯林斯在《80年代的社会学毫无生气吗?》一文中认为，宏观与微观的综合问题"有希望在将来的一个时期成为理论

① ［美］J. C. 亚历山大：《新理论运动述要》，载《国外社会科学》，1990（8）。
② 诺伯托·博比奥（意）语，转引自上文。

进步的一个重要领域”；艾森施塔特和黑尔在其《宏观社会学理论》的导言中也认为，“微观与宏观理论之间的对抗属于过去”；同样，蒙奇和斯默尔塞在亚历山大等人编辑的《微观与宏观的联系》的文集中也强调了微观与宏观层次的相互联系。正是基于这种认识。他们才开始通过不同的途径努力进行微观与宏观的综合。

微观与宏观的综合包括两种类型：一种是指将微观理论与宏观理论结合起来，如辛迪斯试图将“理论人文主义”同“结构主义”融为一体；柏特希望将原子论与规范论综合起来；斯默尔塞则努力寻求心理分析与社会学观点之间的结合等等。另一种是指发展一种将微观和宏观层次的社会分析结合起来的理论。进行这种微观—宏观综合的理论家很多，其中主要有亚历山大、鲍顿、考尔曼、柯林斯、吉登斯、蒙奇、布迪厄、威利、瑞泽尔等。虽然都以综合为目标，但他们的出发点却不尽相同：有的从宏观层次出发进行综合，如早期的亚历山大从宏观层次的新功能主义出发，通过对一些现象的典型化及科学发明等微观过程的关注，将宏观、微观综合起来；有的从微观层次出发进行综合，如范恩从微观层次的符号互动论观点出发，通过对制度、传统、外部环境的“顽固现实性”等的论述进行微观与宏观的综合；有的则选择从中观层次（Meso level）出发以达到综合的目的，如黑格着重研究正式组织，梅恩斯关注对现行秩序的探讨；还有的理论家致力于研究微观与宏观层次之间的关系，以将二者联系起来，如蒙奇和斯默尔塞在《将微观与宏观结合起来》一文中，探讨了微观因素的外化、创造与再创造宏观以及宏观因素的内化和制约作用等过程。

（三）综合多采用对传统理论的重构

综观构成当代西方社会学理论综合浪潮的种种尝试，可以发现，尽管各派理论家的出发点和视角并不相同，但除少数理论家之外，大多采用了同一种途径：即通过对某一传统理论的重构来进行理论综合。

一般说来，一个理论传统的后继者有三条途径来继承与发展该理论传统，即详尽阐发、修正和重构。详尽阐发是指，在认为原理论的基本假设和概念正确、原理论系统具有内在一致性和相对完整性的基础上，对它进行补充修饰，去粗取精，并加以拓展发挥。修正是指，在意识到原理论的一些不足和弱点的基础上，打着阐释原理论的旗帜，以不太明显的方式修改其中部分思想内容，以弥补它的不足，克服它的弱点。这两种途径只是对原理论传统的部分边缘要素做适当变动，而毫不触动其核心部分。理论重构则不然，它是在明确承认原理论之不足，表示不同意原理论中的某些观点与假设，甚至一些重要的观点和假设的前提下，提出一些相应的观点与假设，公开吸收其他理论传统的合理成分，对原理论传统的部分核心要素进行实质性修改。通过这一途径，不仅可以复活某些理论传统，还可能发展出一种新的理论，对已有理论传统进行重构的事例在理论（不仅仅是社会学理论）发展史上屡见不鲜，如我国历史上宋代王阳明的心学、朱熹的理学都是对传统儒家思想进行重构的产物。本章前面已提到的致力于综合的当代西方社会学主要理论派别中，除吉登斯的构造论理论和女权主义理论外，其他理论都采用了这一途径，它们试图从古典的或 20 世纪 60 年代后产生的某一理论传统（这从其标签上可看得很清楚）出发，通过对该传统的重构发展一种更加综合、更加多维的理论。其中最突出的例子是以亚历山大为首的新功能主义派对帕森斯的结构功能主义的重构。

在大多数理论家热衷于对传统进行重构中，当代西方社会学理论界有一种相当浓的“复古”气氛，这一是由于致力进行综合的当代西方社会学理论诸派中，有很大一部分是对古典理论进行重构，如新马克思主义、新韦伯主义、新功能主义（相对于 20 世纪 60 年代后产生的理论传统，结构功能主义也可归“古典”之列）、新进化论社会学以及杜尔克姆的符号互动理论等；另一原因则是，那些旨在对 60 年代后才产生的理论传统进行重构的理论，甚至那些未采用重构途径的理论（如构造论理论和女权主义社会学理论），也都从古典的理论中汲取了大量营养，引入了它们的合理成分。这种“复古”气氛使西方社会学理论界进入了一个“准文艺复兴”时代。当然，正如欧洲的文艺复兴一样，即使是对古典理论的重构，其真正目的也不是要复活古典理论，而是要挖掘和开发古典理论的合理内核，将它们与其他理论观点融为一体，发展出全面而多维的综合性理论，以解释变革了的社会现实，弥补现行社会学理论的不足。

（四）广泛借鉴其他学科的思想

当代学科发展的重大趋势之一，是不同学科相互交叉，跨学科知识不断增长，同时，学科之间的借鉴日益广泛。就当代西方社会学而言，由于社会的不同方面是彼此联系的，因而在具体的经验研究中必然要引入、运用其他学科的知识，这是不证自明的。在此要说的是，在当前蓬勃发展的这场综合运动中，许多理论的综合尝试也借鉴了其他学科的思想。虽然在社会学理论发展史上借鉴其他学科的思想不乏先例，但值得指出的是，目前这种借鉴现象要比先前普遍得多，借鉴范围也更为广泛。如：一些新功能主义者（李兹等人）、当代符号互动论者、吉登斯等都借鉴了以乔姆斯基的生成转换语法为核心的语言学思想；吉登斯的“区域化”和“场所”等概念引自时间地理学；女权主义社会学理论更是以生物学、生理学、心理学为基础。至于传统上对社会学理论常常发生影响的人类学、心理学、哲学思想，也比以前更为普遍地被引入当代社会学理论之中，如存在主义、结构主义以及尼采的哲学思想，期望状态论、发展心理学等心理学观点。有迹象表明，起源于文学、艺术领域的后现代主义思想也已得到了社会学理论的“入境签证”，并有可能在不久的将来领取“绿卡”。所有这些现象表明，在当前的西方社会学理论界，不仅各理论派别之间的边界变得模糊而富有弹性，而且整个社会学理论领地的“国门”也已经“对外开放”。

以上论述的是当代西方社会学理论综合趋势到目前为止表现出的四个重要特点。

第三节 后现代社会理论

后现代主义是当今文化界与理论界涌动着的一股大潮，也是对西方社会学理论传统构成巨大挑战的一种强劲力量。当代西方社会学一方面表现出综合的趋势，另一方面却又在后现代主义的冲击下表现出某种离散的趋势。这样一幅充满悖论的图景，正是社会学理论发展趋势中的复杂性所在。本节先对后现代思潮作一简单引介，然后讨论后现代社会理论中最有代表性的几个人物，最后总结后现代社会理论的学术价值及其对社会学理论发展趋势的影响。

一、什么是后现代

（一）后现代的缘起

后现代是一个十分复杂的现象，各家在对“后现代”这个概念的界定上众说纷纭，不少后现代主义者甚至根本反对给“后现代”下定义。所以，在论及后现代现象出现的社会背景时，也存在许多争执。不过，我们在这里试图抛开一些具体的争执点，而用半个多世纪以来三大社会事件来勾勒后现代的社会缘起。

第一大社会事件是 20 世纪 30 年代纳粹对犹太人的大屠杀事件。法兰克福学派第二代的重要传人——阿道尔诺曾有一句名言：“奥斯威辛之后，诗已不存在。”阿道尔诺在这里所提出的问题实际上是：在大屠杀事件之后，以启蒙文化为核心的现代性已经成了一个问题。“就进步思想的最一般意义而言，启蒙的根本目标就是要使人们摆脱恐惧，树立自主。但是，被彻底启蒙的世界却笼罩在一片因胜利而招致的灾难之中。”① 最令人恐惧和痛心的是英国社会学家鲍曼所指出的：“大屠杀可能远不仅仅是一次失常，远不仅仅是人类进步的坦途上的一次偏离，远不仅仅是文明社会健康机体的一次癌变；简而言之，大屠杀并不是现代文明和它所代表的一切事物的一个对立面。”② 不过，对启蒙最深刻的反思并不是霍克海默和阿道尔诺所谓的“启蒙辩证法”，也不是鲍曼所说的“文明化进程的道德后果”，而是法国思想大师福柯在“什么是启蒙”一文中对“启蒙的挟持”的批判。福柯拒绝对启蒙表现出非此即彼的鲜明立场，而是将启蒙视为一种临界的态度，以及对我们有可能逾越的界限所进行的一种历史—实践性的检验。也就是说，在福柯看来，启蒙的信念是否还值得坚持，这并不是问题的核心所在，最

① 霍克海默、阿道尔诺：《启蒙辩证法》，1 页，上海，上海人民出版社，2003。

② 鲍曼：《现代性与大屠杀》，10 页，南京，译林出版社，2002。

关键的在于带着对自由的渴望去考察和追问我们的界限。① 正是这样一种启蒙观，意味着对法国大革命以来的经典启蒙文化的根本动摇。

第二大社会事件是1968年始于法国、席卷整个西欧社会的“五月风暴”。“五月风暴”是西方尤其是法国知识分子思想产生急变的一道分水岭。“五月风暴”激发了知识分子的斗士激情，将西方社会的革命传统发扬到了一个极致。伴随着运动失败而来的，并不是人们通常所说的对革命本身的拒绝，而是对那种急于求成、期望一蹴而就、谋求根本解决或总体突破的革命之道的拒绝。只有这样去看，才能理解为什么“五月风暴”既使许多知识分子产生了对（西方）马克思主义的幻灭，却又以其坚定的反体制精神成了后现代主义的温床。事实上，“五月风暴”是西方知识分子转型的一个界标。对这种转型，鲍曼概括为从昔日制定普遍是非和道德标准的“立法者”到今日的多元文化中寻求对话和沟通策略的“阐释者”，福柯概括为从“以真理和正义之宗师的身份言说”的全能型知识分子到“在具体领域工作”的专家性知识分子，利奥塔概括为从关注宏大叙事的启蒙英雄到关注微小叙事的专业人士。我们可以说，“五月风暴”之后，知识分子仍然还在战斗，但是他们已经变成自居边缘的战斗者，变成日常生活的战斗者，变成以颠覆整个学院传统来重塑道统的战斗者。所以，“五月风暴”之后，知识分子纷纷从街垒走回了学院，但他们并不是龟缩在象牙塔里，而是成了学院内的革命者，成了面对日常生活的革命者。

第三大社会事件是大约20世纪80年代在西方开始逐渐成形的消费社会和网络社会。消费社会的一个重要特征是大众媒体尤其是电视在其中扮演了重要的角色。在以往的生产社会或工业社会中，消费行为是依据人的真实需求作出的；但在消费社会或后工业社会中，消费不再依赖于人的真实需求，而是被各种广告和符号所刺激着，进而使消费成为非理性的狂欢。而互联网技术的普及则造就了一个全球性的虚拟空间，一个布希亚所谓的“超现实的社会”。因此，在这样的社会中，实在（reality）让位于超现实（hyperreality）与符码（code 代码），对历史进步的期许为面对时尚和模仿（simulation）的迷狂所替代。

以上三大事件都使人们开始怀疑现代性的实际后果与其纲领性的承诺的不和谐。用鲍曼的话来说：（现代性）“自信在叙述着必然性，但却充满了偶变性；自信在叙述着普遍性，但却充满了特定的局部性；自信在叙述着超地域、超时间的真理，但却充满了受传统束缚的解释；自信在叙述着明晰性，但却充满了不定性；自信在叙述着世界的确定性，但却充满了人的处境的暂时性；自信在叙述着自然的秩序，但却充满了人为设计的含混。”② 后现代正是作为对现代性及其后果的批判性反思而出现的。

（二）后现代的思想渊源

早在后现代思潮涌现前，就有几位思想大家揭示了现代性的困境。韦伯在其

---

① 参见福柯：《什么是启蒙》，载《国外社会学》，1997（6）。

② ［英］鲍曼：《现代性与矛盾性》，北京，商务印书馆，2003。

经典著作《新教伦理与资本主义精神》的结语中，已经指出启蒙主义“脸上的玫瑰色红晕似乎也在无可奈何地褪去”，理性化的发展可能成为现代人的铁笼，现代性甚至可能在“专家没有灵魂，纵欲者没有心肝”中幻想自己达到了前所未有的文明程度。[①] 尼采则提供了一种“反社会学”，在古典理论家们从启蒙和自由的角度看到进步的地方，他看到的是衰微、枯竭和支配。无论是尼采对理性的批判，对主体性的拒斥，还是他对审美经验的高扬，对身体的透视，无不深深地影响了后世的后现代主义者。如果说尼采分析了人的社会自我已经为奴隶道德所“驯化”的话，那么，弗洛伊德则以其富于原创性的精神分析理论告诉人们，人的个体自我是一个分裂的主体，是自我的意识与被压抑的欲望之间永恒的交战。无意识、压抑、力比多、自恋、俄狄浦斯情结（Oedipus Complex），弗洛伊德理论中的这些主题词成为后现代主义尤其是女权主义争执的焦点。此外，索绪尔、列维-斯特劳斯、巴特等人的结构主义也是后现代思潮孕育的基本理论资源。他们对语言结构的关注有力地推动了社会科学本质的“语言学转向”，成为后现代致力于对符号的研究的序曲。事实上，后现代主义有时也被称为后结构主义，由此足可见结构主义与后现代深厚的渊源。

（三）后现代性与现代性

由于后现代状况的含混、庞杂，我们难以提出一个关于“后现代”或“后现代性”的清晰定义，但可以从后现代（后现代性）与现代（现代性）的关系中把握它们的要旨。不言而喻，后现代出现在现代之后，但这并不意味着后现代与现代纯粹是时间上的顺序关系；后现代是指与现代判然有别的一个社会、文化和政治的新时代，但这也并不意味着后现代就完全是现代的终结者。实际上，后现代性与现代性之间更是一种批判性的关联，是对现代性及其后果的激进反思。[②] 所以，后现代的主要代表人物之一利奥塔才会说后现代无疑属于现代的一部分，而于桑就后现代思潮的主要来源的法国，曾说过这样一句意味深长的话：“法国理论所提供给我们的，并不是一种关于后现代性的理论……而主要是一种关于现代性的考古学，关于处在耗竭阶段的现代主义的理论。”[③]

（四）后现代社会理论

后现代观念表现在文学批评、历史分析、哲学思考、建筑学、神学和社会理论等广阔的领域中。我们这里着重讨论一下“后现代社会理论”这个概念。首先需要注意的是，我们用的是“社会理论”而非“社会学理论”。这是因为，对于包括吉登斯、哈贝马斯在内的许多当代社会学大家来说，他们更多采用的

① 参见［德］韦伯：《新教伦理与资本主义精神》，142～143页，上海，三联书店，1987。

② 之所以将后现代对现代性的反思称为激进的，是因为在当代西方理论中同时还存在着以政治哲学家列奥·斯特劳斯及其学派所代表的对现代性后果的保守反思。

③ 转引自［美］斯马特：《后现代社会理论》，见《社会理论指南》，544页，上海，上海人民出版社，2003。

是社会理论的视角，因为它比社会学理论的视角广阔得多。他们“并不把社会理论视为任何一门学科的专有领地，因为关于社会生活和人类行动的文化产物的问题是跨越社会科学和人文学科的”[①]。而且，多数重要的后现代社会理论家都不是传统学科划分中的社会学家。尽管社会学家米尔斯在讨论自由主义和社会主义的宏大叙事的瓦解、批评现代关于理性和自由之间固有关联的假设时，最早明确将后现代观念引入了社会理论，但后来像福柯、布希亚（虽然他长期在社会学系任教）、利奥塔这样的后现代大家所采用的理论视角都是跨学科的。

其次要注意的是，对不少被公认为后现代大师的理论家来说，是不大会接受“后现代社会理论”这种说法的。由于种种原因特别是出于对贴理论标签做法的不满，福柯、布希亚、德里达等人并不大愿意接受“后现代主义者”这样的封号。即使是对从正面去阐释“后现代状态”的利奥塔等人来说，也对“后现代社会理论”心存疑虑。因为将推崇局部、边缘、片段和断裂的后现代与长于宏大叙事和科学话语的社会理论联系在一起，似乎是一个类如“方的圆”的矛盾语。然而，既然我们将后现代性与现代性不是视为一种完全的断裂关系而是一种批判性的关联关系，那么，正如美国学者瑞泽尔所说的，用现代的方式（社会理论）来讲述后现代的故事仍是多种可能性的一种。[②] 尽管这种理论教科书的讲法无法避免使后现代经典作品本身的营养有所流失，但它仍可能激发我们对后现代诸公的兴趣，进而直接地、深入地去阅读经典著作。

再次，我们要注意后现代社会理论与后结构主义的孪生关系。后现代社会理论与后结构主义常常被人们相提并论，它们之间并无严格的、清晰的界限。区分两者有两个不太严格的标准：与后现代社会理论相比，后结构主义更加抽象、更具哲学色彩和更少政治化；此外，后结构主义的涵括没有后现代社会理论那样广，它大致被看做是更具法国理论特色的那一部分后现代社会理论。

当然，比考究“后现代”这个概念更重要的是，对后现代社会理论的若干重要代表人物进行个别的考察，从中总结他们的理论价值。

二、后现代社会理论的重要代表人物

（一）福柯

福柯是一位复杂的思想家，而不是纯粹的“后现代”论者。实际上，他自己并不认同后现代的说法：“我们正在说的后现代是什么？我没跟上潮流。我不了解在人们所谓后现代或后结构主义之间有什么样的共通的问题？”[③] 他之所以被视为后现代的大家，主要基于他对现代性（尽管他本人很少用“现代性”这个

① A. Giddens and J. Turner, *Social Theory Today*, Stanford University Press, 1987.

② 参见［美］瑞泽尔：《后现代社会理论》，7页，北京，华夏出版社，2003。

③ 《福柯文集》，上海，三联书店，2007。

词，而是用他独特的语汇“现代时期”）批判的彻底性。所以，我们应把重点放在他对现代性的审视上。

如同法兰克福学派一样，福柯认为现代理性是一种强制性的力量，但前者把焦点放在理性对自然的征服及其在社会和精神上的压制性后果，而福柯则专注在经由社会机制、话语、日常实践上对个体的支配。如同马克思主义一样，福柯对现代资本主义的生产实践进行了最犀利的批判，但前者所进行的是总体性的、连续的、宏观的批判，而后者所进行的是局部的、不连续的、微观的批判。实际上，真正对福柯思想产生巨大影响的是尼采。福柯追随尼采的立场，对现代的进步观和启蒙意识进行了尖锐的抨击；尼采将知识视为权力斗争的产物，这对福柯所提出的知识考古学产生了直接的影响；尼采对道德所采用的谱系学的方法成就了福柯最具洞见的著作。不过，福柯思想也并不是简单的尼采主义者，他将尼采、结构主义传统、康德的批判哲学传统和法国的认识论传统融会贯通，在历史所谓的边缘处作了一系列精彩的具体研究，并通过这些具体研究直逼现代性那些基本预设的合理性。

福柯的著述主旨可以分为三个方面。

1. 知识考古学

知识考古学是用以探讨知识何以可能的主体和客体条件以及“真理体制”得以建立的实践过程的方法。无论是知识，还是打上引号的“真理”，都并非知识社会学或意识形态分析中的用语，而是被福柯赋予了特定的内涵，以更深入地揭示知识或“真理”的建构与社会的运作机制之间的密切关系。他使用“考古学”一词，并非别出心裁，而是为了颠覆现代理论所使用的表层—深层的结构因果观念，福柯力图通过“停在表面”① 的方法去把握那些流变的、断层的、随机的具体现实。不同于现代史学的编写，不连续性不再被视为历史叙述中的障碍或大体上被认为是一种缺憾。相反，福柯以不连续性作为积极实用的分析概念。对他来说，以往那种对总体历史的叙述采用的是一种不恰当的方式即抽象的构造，这种抽象遮蔽了复杂的相互关系、分散变换的多元性和个别化的论述系列，而这些东西实际上并不能被化约为一个法则、一个模式、统一或纵向的排列。知识考古学就是要去突破这种单一化的模式，在知识场域中发现论述的繁复性、历史的多元性。福柯的考古学取向与后来的布希亚、利奥塔等人的理论取向有两点重要的不同：其一，福柯并不只是展示杂然并陈的现实，而且也力图确定在不同系列的事物之间可以恰当地描述出什么样的关系形式；其二，福柯的不连续论述是一种谨慎而限定的用法，他认为历史的断裂之间总是包含着新与旧之间的一些重叠、互动和回应。② 他的这些思想集中体现在《疯癫与文明》、《临床医学的诞生》、《词与物》、《知识考古学》等著述。

---

① 福柯不同意进行表层与深层的这种本质主义划分法，而认为表面就已经包含了事实的全部。所谓“停在表面”，即是要把事件作为关系去把握，而任何一种关系并不是化约为结构，而是将之视为事件，这也是德勒兹所说的“关系/事件”分析方式。

② 参见［美］贝斯特、凯尔纳：《后现代理论：批判的质疑》，66～68 页，台北，巨流图书公司，1994。

2. 权力谱系学

如果说知识考古学在权力问题上是沉默的话，那么福柯的权力谱系学就是要探讨我们自身与权力的关系。所谓权力谱系学，即是要通过非常细致和耐心的文献工作努力去把握权力的出身，而不是权力的源起。“出身”（herkunft）和“源起”（ursprung）的区别源自尼采。追求源起是这样一种努力，即试图捕获事物的精确本质、事物最纯粹的可能性以及事物被精心保护的同一性，是通过排除一切假面具去追寻一成不变的、完全满足真理本性的原生真理形象；思考出身则是这样一种努力，即在事物的开端要去发现的并非不可改变的原始同一性，而是对其他事物的分解，是一些微妙的、独特的和个体之下的标记，这些标记也许可能会自我交叉而构成一个难以澄清的网络。福柯将这种区别运用在了权力分析中。他强调权力的谱系学是要展示权力运作的过程和效果，为此，史家必须“在不考虑任何单调的终结目的的情况下，记录事件的独特性”，“力求关注那伴随着每个开端的诸多细节和偶然事件”，“能够认出历史的诸多事件，它的震荡、它的意外、它并不踏实的胜利和难以吞咽的失败”，“描述诸多力量相互发动的斗争或针对不利环境而发动的斗争，描绘那些企图通过分化这些力量、使之互相争斗而避免退化并重新获得力量的努力”①。通过《监禁与惩罚》和《性史》第1卷等著作，福柯以其深刻的洞察力揭示了权力的多种形态、它与知识之间的密切关联、它作为生产性的实践、它建筑在身体上的身体政治（body politics）或生命政治（bio-politics），他还充分展示了权力关系得以运作的场所、策略和技术。

3. 自我伦理学

如果说福柯在权力谱系学中关于权力无所不在的论述容易给人以现代人无处可逃也无所作为的误解的话，那么，福柯在晚年以《性史》第2、3卷为代表的著作中所提出的自我伦理学就可说是对这种误解的一种回答。所谓自我伦理学，是要探讨我们自身与伦理的关系，通过这种关系，我们将自身建构为伦理实践者。福柯在这里也作了一个重要的区分，即道德与伦理的区分。在他看来，道德尤其是基督教道德是与外在的禁令和准则联系在一起的，是对欲望的控制或节制，是对自我的贬损和弃绝；而伦理尤其是古希腊文化中的伦理则是个体与自我的关系，是把自我作为一件艺术品去塑造的生存艺术，这种艺术是自由人用独特的行动来改变自身、赋予自己的生活以审美价值和独特风格的自由实践。因此，在自我伦理学中，个体不再是社会权力支配的对象和工具，而成了自我照看、自由行动、自主抉择的主体。

支配权力弥散在我们的日常生活之中，以及将自我作为可以不断去创造的艺术品——福柯留给我们的这两个看似矛盾的思想，实际上贯穿着他对自由的思考和追寻。与启蒙学者和理性主义者不同的是，他并不把自由与理性、与知识、与话语联系在一起，后者貌似自由亲密的同盟，实则自由危险的敌人。正因为对构成现代性基石的理性和科学的拆解，福柯对后现代社会理论产生了深远的影响。

---

① ［法］福柯：《尼采·谱系学·历史学》，载《福柯文选》，上海，三联书店，2007。

（二）布希亚

尽管布希亚在访谈中对后现代的态度比较暧昧，但他显然比福柯更被人们视为后现代的偶像人物，甚至被认为是“提出了关于后现代性最震撼、最极端的理论”。尽管布希亚对他所栖身的社会学保持着相当的距离，甚至宣称要让“社会”这个概念终结，但他的思想仍可以被看成是米尔斯所谓的“社会学的想象力”在我们今天这个时代的某种表现。

1. 对现代性的批判

要介绍布希亚的思想，应从他对现代性的批判开始。如果说福柯对现代性的批判更多针对的是理性和真理的话，那么，布希亚对现代性的批判更多针对的则是生产和实在。

布希亚早年接受过马克思和结构主义的影响。马克思对他的影响表现在把经济作为社会的关注焦点上；而结构主义对他的影响则表现在把消费品系统和以广告为核心的信息沟通系统看做是一种意义的符码。然而，即使在他早期的代表作《消费社会》、《物体系》等书中，也已经显出了他独特的社会分析视角。现代性的发展过程与资本主义的生产过程一直紧密相随。马克思对资本主义的深刻批判着眼的是生产的角度，福柯对现代权力关系的犀利批判也未摆脱生产模式。然而，随着丹尼尔·贝尔所谓“后工业社会”的到来，随着加尔布雷思所谓“丰裕社会”的临近，随着传媒业的高度发达和高科技产业的迅猛发展，消费已经成为社会的焦点。布希亚敏锐地抓住了被现代性思想所遮蔽的消费的面向，给人们展示了消费社会的基本特征。在布希亚看来，消费既不是由生产所决定的，也不是由人们的需要所决定的，相反，是消费引导了生产，是消费塑造着生产。不是我们在购买我们所需要的东西，而是在购买符码告诉我们应该购买的那些东西。因此，商品并非只有价值和使用价值这二重性，还具有更重要的符号价值。布希亚的名言是：“消费是一种系统化的符号操作行动……要成为消费的对象，商品必须先成为符号。”尽管布希亚在这时并未完全否认消费符号所受到的主客观条件限制，但他更强调消费自我衍生的附加意义，强调物品是符号系统的一部分。在他看来，“被消费的东西，永远不是物品，而是关系本身——它既被指涉，又是缺席，既被包含，又被排除——在物品构成的系列中，自我消费的是关系的理念。”① 值得注意的是，他这里所说的物品的意义并非马克思所说的从人与人的关系中获得的，而是源于物品本身与其他物品的关系，是符号与符号之间的关系，是不被真实体验到的关系，消费于是成为一个自我塑造的虚拟物。

在此后的《生产之镜》、《象征性交换与死亡》等著作中，布希亚进一步发挥了他对消费社会的想象力，开始告别曾影响过他的那些思想家。他把马克思的政治经济学称为生产之镜，把福柯的权力谱系学称为权力之镜，把弗洛伊德的精神分析学称为欲望之镜。也就是，在布希亚看来，上述三人分别把生产、权力和欲

① ［法］布希亚：《物体系》，212页，台北，时报文化出版公司，1997。

望想象为一面镜子，企图将社会、历史和人都反映在这面镜子中。而这几面镜子都没能看到西方资本主义从商品形式到符号形式的转变。这些符号不再是附着在物品上的符号，而是日益脱离实在，成为自己的幻影。我们正在经历的“不是由生产资料的所有制而是由符码控制所带来的对所有社会关系的象征性解构”，因此，他呼吁人们必须打破所有西方形而上学的生产之镜。

不过，我们不应将布希亚误解为消费社会的鼓吹者。恰恰相反，他倒是借助前现代社会的象征性交换（即非生产性的、持续互惠的交换）的理想，既对抗资本主义社会的生产性交换，也批判消费社会所带来的“邪恶的欲望”和“普遍的歇斯底里”。饶有趣味的是，后来被视为“后现代文化与社会的倡导者”的布希亚在这里竟是借用前现代性来批判现代性，这也足见一个思想家的复杂性不是一个简单的标签所能涵括的。当然，布希亚承认我们不可能回到前现代社会，但他却认为他所铸造的这一批判的武器比马克思更能颠覆资本主义现代社会的秩序和价值。

2. 对后现代性的勾勒

布希亚是在《模拟和模拟物》、《致命的策略》等后期著述中比较集中地阐明了后现代社会的基本特征。概括他后期的这些著述，我们看到他对后现代性的勾勒是三位一体的形象：模拟、内爆、超现实。所谓“模拟”，是指充当现实对象或事物的复制品或模型的符号。布希亚宣称我们进入了一个模拟的时代，在这样的时代中，极度繁殖的符码本身已经有了完全的自主性，建构出了一个新的社会，即“符号衍生术的社会”。所谓“内爆”，是指事物的各种边界分崩离析，真品与赝品、实在与虚幻、现实与想象之间的界限消失。所谓“超现实”，是指本来是对现实的模拟却被当作比其所表示的实在还真实。“实在的东西不仅就是可以被复制的东西，而且始终是已经被复制出来的东西。”也就是说，符码和图像不再与任何实在发生关联，而是纯粹的模拟本身。美国的迪斯尼乐园就是超现实的一个典型代表，这个乐园里的美国模型比真实的美国社会还要真。这倒似乎正应了《红楼梦》里面的那句诗文：“假作真时真亦假”。随着模拟时代的到来，压迫与反抗的现代政治为诱惑与屈从的后现代政治所替代，政治与娱乐秀之间的距离越来越小，社会蜕变为冷漠的散众。在布希亚笔下的世界，虽然光怪陆离，充满诱惑，却没有深度，没有意义，一切稳固的东西都烟消云散了，甚至历史都将终结。

就布希亚后期的思想来说，有相当的虚无色彩，这使他对现代性的反抗和对后现代性的嘲讽失去了支点。不过，综观布希亚的思想，对社会理论的一个贡献却是实实在在的：这就是对现代性的消费社会面向的洞察，对大众传媒、高科技、广告、符码在后现代社会的特殊影响的凸现。布希亚曾写有一书名为《忘掉福柯》，他批判福柯所谈的权力在一个由模拟、符码、媒体、资讯所主导的后现代社会里已经死了。这当然是片面之词，权力依然弥散在我们的日常生活中；不过，布希亚的著述的确也启发我们，在当代社会，权力的运作有了许多全新的形式，而这些形式是福柯等人并未曾深入论及的。就此而言，我们尽管不应忘掉福柯，但也不应忘掉布希亚的贡献。

(三) 鲍曼

波兰犹太裔的英国社会学家鲍曼一生经历多变，思想跨度颇大。他经历了从军人到学者、从东欧社会主义国家移民到西方资本主义社会的变化，在思想上又跨越了现代和后现代两个维度——既有被称为"现代性三部曲"的名著，又有大量论述后现代的著作。不过，终其一生，他对于自己作为社会学家的身份是非常认同的。在后现代思想家的行列中，鲍曼似乎是唯一自觉以社会学的方法来思考(《以社会学的方法思考》就是他的一部书名)的人。这一点对于理解他对现代性的批判和对后现代的独特思考来说并非无关紧要。

1. 现代性三部曲

鲍曼认为后现代这个概念的提出与理解知识分子在当代社会的角色息息相关。在他的名著《立法者与阐释者》中，尽管该书后来被称为鲍曼的"现代性三部曲"之一，但该书实际上是把现代性和后现代性并列而论的，它们分别是表达知识分子角色所处的截然不同的两种境遇及相应的两种不同策略。现代世界观认为世界在本质上是一个有序的总体，因此，如果有正确的解释，就可以获得控制的有效性。现代社会中的知识分子比非知识分子有更多的机会和权利获得更高层次的知识，他们被赋予了从事对争执不下的意见纠纷进行仲裁和抉择的合法权威，俨然扮演了立法者的角色，他们本人及其知识不受地域和共同体传统的限制，享有了治外法权。而后现代世界观认为世界在本质上是由无限种类的秩序模式构成，每一种模式均产生于一套相对自主的实践。秩序并不先于实践，因而不能作为实践之有效性的外在尺度。因此，知识分子这时就演变成了阐释者，他们的解释性话语是以某种共同体传统为基础，其目的是使共同体之间得以沟通，而不是为了选择最佳社会秩序。相比于立法者而言，阐释者几乎没有什么权力，尤其是没有将他的解释强加在共同体成员和其他阐释者之上的权力。鲍曼在书中强调后现代性策略并不必然排斥现代性策略，后现代模式也并非现代模式的一种提升。他所关心的是理解使两种模式的出现成为可能的社会条件及两者命运发生变化的因素。[①] 我们从鲍曼的这种表述中看到的似乎是被实证社会学奉为圭臬的价值中立原则。然而，我们在鲍曼现代性三部曲中的其他两部书中，却明显可以看到鲍曼对现代性的深刻批判。

如本节开篇所述，阿道尔诺曾有一句名言："奥斯威辛之后，诗已不存在。"而鲍曼接续他的思路，在《现代性与大屠杀》中提出了大屠杀之后何为社会学的问题。他深刻地批判了现代性的非道德后果："(西方现代)文明化进程是一个把使用和部署暴力从道德计算中剥离出去的过程，也是一个把理性的迫切要求从道德规范或者道德自抑的干扰中解放出来的过程，"因此，"大屠杀式的现象必须被看成是文明化趋势的合理产物和永久的潜在可能。"大屠杀实际上是韦伯关于理性化从轻飘的斗篷变成沉重的铁笼的悲观预言的证实，因为大屠杀告诉现代人，"大多数人在陷入一个没有好的选择，或者好的选择代价过于高昂的处境中时，

---

① 参见［英］鲍曼：《立法者与阐释者》，4～8页，上海，上海人民出版社，2000。

很容易说服他们自己置道德责任问题于不顾（或者无法说服他们自己面对道德责任），而另行选取了合理利益和自我保全的准则。”[①] 在《现代性与矛盾性》中，鲍曼则批判了现代性的虚假透明性、反矛盾性。他一反在《立法者与阐释者》中的某种中立立场，对哲人的立法理性梦想、对那种确保人为设计的秩序的至高无上性的做法进行了猛烈的抨击。在他看来，大屠杀之所以会发生，与现代性力图消除矛盾性的做法一脉相传。他指出，能够真正抗衡并最终抵消现代性的工具性及其工具—理性心态中的种族大屠杀的潜在性的唯一因素乃是权力的多元主义（因此也包括权威意见的多元主义）。唯有多元主义才能使行动的道德责任感回归其自然的承担者——行动的个体。[②]

值得我们注意的是，鲍曼与许多后现代思想家相同的是，他们都批判了现代性的道德困境，然而，两者批判视角的一个根本不同在于：鲍曼不仅不认为现代性负载了太多的道德，而是恰恰相反，现代性由于其对矛盾性的排斥、对总体性的追求而导致了个体道德的虚无。因此，他对后现代的期许就不仅不是要从道德中挣脱出来，反而是如何赋予现代人真正的道德自主性。

2. 后现代伦理

鲍曼在《后现代伦理》与《生活在碎片之中》等著作中，探究了怎样以一种后现代的方式来增进社会生活的道德化。鲍曼认为我们首先必须正视社会生活是充满偶变和矛盾的，是错误设计与权宜行事交织的，是一个混沌不清、碎片四散、复杂难料、流变不居的世界，我们不得不放弃“喋喋不休地死抱着关于普遍性、确定性与透明性的希望”。这样，我们不仅不是放弃道德，反而是为真正的道德自主性开辟了空间，反而使道德上有责任能力的自我可以获得解放。我们在这里可以看到，在鲍曼所说的后现代性中，道德自我和道德责任居于核心地位，这是与相当一些对道德、解放之类主题抱怀疑或否定态度的后现代主义者所不同的。当然，鲍曼并非是对后现代简单唱赞歌的思想家。他认识到后现代世界既是一种巨大的道德希望，同时又是一种巨大的个人困苦。在他看来，后现代状况的伦理悖论在于，它为行动者恢复了道德选择和责任的丰富性，而同时又从他们那里剥夺了现代的自信曾经允诺的、那种被普遍指引的安逸。换言之，道德像后现代世界的大多数其他事物一样已经被私人化了。由于没有一种更普遍的伦理体系的指导，伦理于个体（在个体那里）便成为与“个人的判断力、冒险、剧烈的不确定性和永远不会得到抚慰的不安”相关联的事情。后现代性既可能是我们的“机会”，也可能是我们的“毒药”。[③] 也就是说，伦理的相对主义化，道德的私人化，这种趋势是否能避免把我们拖进虚无主义的深渊，能否永远告别奥斯威辛和古拉格，这依然是一个令人深思的问题。

因为篇幅所限，我们在这里对德里达、利奥塔、贝克等人的后现代思想就不再一一介绍了。

---

① ［英］鲍曼：《现代性与大屠杀》，38，269页，南京，译林出版社，2002。

② 参见［英］鲍曼：《现代性与矛盾性》，77页，北京，商务印书馆，2003。

③ 参见［美］瑞泽尔：《后现代社会理论》，234页，北京，华夏出版社，2003。

三、后现代社会理论的学术价值及其对社会学理论发展趋势的影响

后现代社会理论一个最奇特的景观是：最旗帜鲜明地鼓吹后现代、宣称要与现代性决裂的人，他们所援引、所推崇的后现代社会理论大家，无论是福柯，还是鲍曼，甚至包括布希亚，对后现代的态度都是迟疑不决的。也许正是在这些迟疑之处，我们才可以发现那些思想大家在被人所贴的“后现代”这个标签背后真正深刻的思想内涵。也就是说，后现代社会理论家固然表现出了对现代性及其后果深刻的怀疑——他们因此以断裂应整体，以边缘反中心，以片断抗总体，以差异对统一，以微小叙事替宏大叙事——，然而，他们之所以对后现代本身多少也是迟疑的，这是因为他们看到了后现代性与现代性之间有着剪不断、理还乱的复杂关系。如果说现代性本身并不乏反思性的话，那么，后现代性实际上是把这种反思的逻辑贯彻到底的一种产物。因此，鲍曼、利奥塔等人才会坦承后现代性是现代的一部分，是步入成年的现代性。后现代社会理论的主要价值并不在于对当代西方社会的未来出路的启示，而在于通过所谓“当前史”（history of the present，福柯语）的批判性反思，揭示了现代社会是何以成为现在这样的，尤其是何以从充满光明的启蒙时代走到了出现惨无人道的奥斯威辛和古拉格的地步的。也许后现代社会理论在正面建构充满自由和解放感的新天地时不免充斥着某种相对主义、虚无主义的色彩，但它在犀利地批判现代性的阴暗背影时却并非虚无。如果我们只是寻章摘句地在他们的著述中去发现“人之死”的宣言，我们就无法理解他们为什么对真把人血当水踩的集中营念念不忘；如果我们将后现代精神简单等同于解构的游戏、摧毁的快感，我们就无法理解他们为什么要认真地探讨自由伦理实践的问题。

在后现代社会理论家中，虽然对社会学这个学科自觉认同的并不多，但他们的思想还是对社会学理论发展的趋势具有非常重要的影响。这种影响总括起来可以说有以下三个方面：

第一个方面是后现代社会理论大大丰富和深化了“社会学的想象力”。在经典和现代社会学理论中，有若干一以贯之的特点，如对理性的推崇、对科学的信奉、对宏大叙事的运用、对本质主义的追求等等，这些特点塑造了社会学理论的传统，然而这种传统实际上也自我设限，约束了社会学的想象力。而后现代社会理论的一个重要影响就是解放了以往传统对社会学想象力的约束。用瑞泽尔的话来说，后现代社会理论促使了社会学理论的“去中心化”，即“把社会学理论从传统上占据学科核心地位的许多关注点（作者、宏大叙事、总体性、本质主义、真理、科学等等）上移开”。因为如果社会学理论总是寻求某个核心的话，“必然会使其他许多东西注定被置于边缘地带。那些被搁置边缘的东西得不到应有的关注，同时还注定要受到处于中心位置的那些东西的控制”[①]。而社会学理论的去

① ［美］瑞泽尔：《后现代社会理论》，289 页。

中心化则会导致对原来比较边缘的实体、问题和取向的关注。比如，女权主义在社会学理论中的地位日渐崛起，就在很大程度上凭借后现代思潮兴起之力。

第二个方面是后现代社会理论大大拓展和延伸了社会学与其他学科的相互联结。在经典社会学大师那里，很少有学科的自觉界分，马克思、韦伯、杜尔克姆所关注的宏大问题既塑造了社会学的传统，也深深地影响了其他学科。现代社会学在美国取得制度化的学科地位后，虽然使社会学从中受益匪浅，但也因日渐细密的学科分工而越来越自我封闭，失去了与其他学科的有机联系。后现代社会理论尽管反对宏大叙事，但它在方法论上却不囿于某一学科，从而为学科新的融合创造了有利的条件。

第三个方面是后现代社会理论重新提出了理论与实践生活的关系问题，有助于突破专业化所造成的理论自治的传统。所谓“理论自治”，指的是理论脱离了日常生活，蜕变成理论家在象牙塔中孤芳自赏的玩物。比如，1989 年美国社会学年会在加利福尼亚州召开时，诸位学者热衷于讨论宏微面（宏观和微观）的关系问题，却对身边已成汹涌之势的艾滋病视若无睹。[①] 如果社会理论不是使我们的日常生活有所不同，而是树立起了日常生活的一面屏障，那么，我们在获得专业地位的过程中就会不断丧失社会学的想象力，就会在精心构建理论象牙塔的同时放任经验感受力的萎缩，就会使我们始终高居云端、傲慢地将理论的逻辑加之于生活的逻辑之上。如果理论无法培养起我们面对社会、面对生活、面对自己进行深入探究的精神传统，而只是使我们沉迷于帕森斯式的“宏大理论”，沉迷于刻板的教条，那么，它就会沦落为对雕虫小技的传授，而不可能培养起独立的思想、自由的人格，也不可能由之出发去审察世事、批判社会和塑造自我。后现代社会理论启发人们，理论与其说是为人们提供客观而普遍的真理，还不如说是为人们展示面对日常生活和社会现实的种种可能性及其限制，提醒我们注意潜在的社会危险，告诉我们可能的补救办法。

综观当代西方社会学理论的发展趋势，既有新的综合趋势，又有新的“去中心化”趋势；既在综合趋势中表现出对边缘问题的关注，又在去中心化趋势中显现出学科融合的特性。不仅“分久必合，合久必分”，而且合中有分、分中有合，这正是社会学理论色彩斑斓的发展图景。

【本章要点】

1. 当代西方社会学理论综合的社会背景。经过长期的东西方冷战对抗，进入 20 世纪 80 年代以来，世界出现了缓和的趋势，学者中随之萌生了“地球村”的概念，这种全球意识和世界一体化的开放态度，对社会学界的理论反思产生了影响，是社会学理论进行综合的不可缺少的学术背景条件。

2. 当代西方社会学理论综合的理论背景。理论发展的内在逻辑，导致了 20

---

① 参见［美］史蒂文·塞德曼：《有争议的知识——后现代时代的社会理论》，2 页，北京，中国人民大学出版社，2002。

世纪30年代后期帕森斯开始的理论综合的努力，构建了被称为结构功能主义的宏观理论体系。随着帕森斯理论统治地位的丧失，符号互动论、冲突论、交换论、常人方法学、文化社会学等纷纷登场亮相，被认为是分化过程中出现的一些社会学主流理论。分久必合的发展逻辑，促使了欧洲社会学理论的复兴、美国新功能主义理论的问世，从不同的角度进行着理论综合的努力。

3. 当代西方主要社会学理论的综合尝试。自20世纪80年代以来西方社会学理论进入了一个综合的新时代。在此期间几种主流理论出现，试图进行以自身理论为根基的理论综合。其中有杰弗里·C·亚历山大为代表的新功能主义理论；以哈贝马斯为代表的新马克思主义理论；以安东尼·吉登斯为代表的结构化理论；当代符号互动论；交换论；冲突论；常人方法学；理性选择论；女权主义社会学理论等。不过，它们都是以本派理论一孔之见的一种综合的努力而已。

4. 当代西方社会学理论综合的主要特点：多种综合并存；关注宏观与微观的综合；综合多采用对传统理论的重构；广泛借鉴其他学科的思想。

5. 当代西方社会学理论综合趋势的实质。第一，社会学理论作为对社会现实的反映，从本质上讲，其综合的努力是为了适应社会现实的需要，为社会现实服务；第二，社会学像任何其他学科一样，在其发展过程中有其自身的内在逻辑，因此说，由分化到综合是社会学理论发展的必然。

6. 当代西方社会学理论综合趋势的前景。当前的这种理论综合的趋势还会进一步地发展，直至出现一个为多数人满意的，具有解释力和概括力的理论体系为止。目前还难以预测哪一家更有可能成为这一过程中的胜出者，这需要时间的考验和由历史作出回答。

7. 后现代社会理论的思想渊源。早在后现代思潮涌现前，思想理论大师韦伯，在其经典著作《新教伦理与资本主义精神》一书中，某种程度上就已经涉及了这个问题。尼采对理性的批判，对主体性的拒斥，或是他对审美经验的高扬，无不深深地影响了后世的后现代主义者。弗洛伊德则以其富于原创性的精神分析理论告诉人们，人的个体自我是一个分裂的主体，是自我的意识与被压抑的欲望之间永恒的交战。此外，索绪尔、列维-斯特劳斯、巴特等人的结构主义也是孕育后现代思潮的基本理论资源。

8. 后现代社会理论。许多重要的后现代社会理论家都不是传统学科划分中的社会学家。社会学家米尔斯在讨论自由主义和社会主义的宏大叙事的瓦解、批评现代关于理性和自由之间固有关联的假设时，最早明确将后现代观念引入了社会理论，但后来像福柯、布希亚（虽然他长期在社会学系任教）、利奥塔这样的后现代大家所采用的理论视角都是跨学科的。不少被公认为后现代大师的理论家的本人都不大会接受“后现代社会理论”这种说法，但这并不妨后人因为他们对后现代理论作出的重要贡献而称其为后现代社会理论家的看法。

9. 后现代社会理论的重要代表人物。福柯是一位复杂的思想家，而不是纯粹的“后现代”论者。福柯的著述主要表现在知识考古学、权力谱系学、自我伦理学三个方面。此外还有布希亚，他对现代性进行的批判和对后现代性的勾勒。

另外波兰犹太裔的英国社会学家鲍曼的后现代伦理。他们也被认为是后现代社会理论的重要代表人物。

10. 后现代社会理论的学术价值及其对社会学理论发展趋势的影响。后现代社会理论一个最奇特的景观是：最旗帜鲜明地鼓吹后现代、宣称要与现代性决裂的人，他们所援引、所推崇的后现代社会理论大家，无论是福柯，还是鲍曼，甚至包括布希亚，对后现代的态度都是迟疑不决的。也许正是在这些迟疑之处，启发我们去发现那些思想大家在被人所贴的“后现代”这个标签背后真正深刻的思想内涵，而这种思考对社会学理论的发展将产生重要影响。

【基本概念】

新功能主义　新马克思主义　构造论理论　当代符号互动论　交换论　冲突论　常人方法学　理性选择论　现代性　后现代性　现代理论　后现代理论　理论综合

【思考题】

1. 当代西方社会学理论综合趋势的背景是什么？
2. 西方社会学理论至今经历了哪几个发展阶段？
3. 试述西方社会学理论综合趋势的主要流派及其理论观点。
4. 当代西方社会学理论综合趋势的主要特点是什么？
5. 如何认识后现代理论的缘起？试述后现代理论的代表人物及其主要思想观点。
6. 怎样看待后现代理论的学术价值及其对社会学理论发展趋势的影响？

【参考书目】

1. ［美］亚历山大．新理论运动述要．国外社会科学，1990（8）
2. ［美］亚历山大．社会学二十讲．北京：华夏出版社，2000
3. ［英］鲍曼．立法者与阐释者．上海：上海人民出版社，2000
4. ［英］鲍曼．现代性与大屠杀．南京：译林出版社，2002
5. ［英］鲍曼．现代性与矛盾性．北京：商务印书馆，2003
6. ［英］鲍曼．后现代性及其缺憾．上海：学林出版社，2002
7. ［美］贝斯特，凯尔纳．后现代理论：批判的质疑．台北：巨流图书公司，1994
8. ［法］布希亚．物体系．台北：时报文化出版公司，1997
9. ［法］布迪厄，［美］华康德．实践与反思——反思社会学导引．北京：中央编译出版社，1998
10. ［法］布迪厄．艺术的法则．北京：中央编译出版社，2001
11. ［法］福柯．什么是启蒙．国外社会学，1997（6）
12. ［法］福柯．规训与惩罚．上海：三联书店，2003

13. ［法］福柯．福柯文集．上海：三联书店，2007

14. ［英］吉登斯．社会的构成：结构化理论大纲．上海：三联书店，1998

15. ［英］吉登斯．现代性与自我认同．上海：三联书店，1998

16. ［英］吉登斯．现代性的后果．南京：译林出版社，2000

17. ［英］吉登斯．社会理论与现代社会学．北京：社会科学文献出版社，2003

18. ［德］霍克海默，阿道尔诺．启蒙辩证法．上海：上海人民出版社，2003

19. ［美］波洛玛．当代社会学理论．北京：华夏出版社，1989

20. ［美］凯勒．女权主义理论的危机．国外社会科学，1990（3）

21. ［美］帕森斯．社会行动的结构．南京：译林出版社，2003

22. ［美］瑞泽尔．后现代社会理论．北京：华夏出版社，2003

23. ［美］塞德曼．有争议的知识——后现代时代的社会理论．北京：中国人民大学出版社，2002

24. ［美］J. H. 特纳．现代西方社会学理论．天津：天津人民出版社，1998

25. ［美］J. H. 特纳．社会学理论的结构．北京：华夏出版社，2001

26. ［英］B. 特纳．布莱克维尔社会理论指南．上海：上海人民出版社，2003

27. 王岳川．后现代主义文化研究．北京：北京大学出版社，1992

28. 杨善华主编．当代西方社会学理论．北京：北京大学出版社，1999

29. 刘少杰．后现代西方社会学理论．北京：社会科学文献出版社，2002

30. 杨善华，谢立中主编．西方社会学理论（下卷）．北京：北京大学出版社，2006

31. Turner J. H.，Maryanski A. *Functionalism. Reading*，MA：Benjamin/Cummings，1979

32. Alexander J. C. *Neofunctionalism*. Beverly Hills：Sage，1985

33. Holton R. J.，Turner B. S. *Talcott Parsons on economy and society*. London and New York：Routledge & Kegan Paul，1986

34. Giddens A.，Turner J. *Social theory today*. Stanford University Press，1987

35. Friedman D.，Hechter M. "The contribution of rational choice theory to macrosociological research." *Sociological theory*，6，1988：201－218

36. Rizer G.（ed.）*Frontiers of social theory*：*The new syntheses*. New York：Columbia University Press，1990

37. Antonio R. "Nietzsche's antisociology：Subjectified culture and the end of history." *AJS*，Vol. 101，No. 1，1995：1－43

第三篇

第二次世界大战后的苏联社会学

第十六章

苏联社会学的发展历程及其特点

苏联是世界上第一个走上社会主义道路的国家，它有70余年的历史。苏联社会学在这期间的发展经历了一个“肯定—否定—肯定”的过程，曲折的道路和特殊的社会条件，使苏联社会学表现出自己的某些特点。

第一节 早期苏联社会学的发展

所谓早期苏联社会学，是指从十月革命胜利到20世纪30年代后期，即1917年至1938年这20年左右的历史。在这段时期里，从沙皇俄国沿袭下来的资产阶级社会学受到批判，马克思主义社会学作为一门学科在大学里开始出现，但由于认识上的片面性，最终导致这门学科在这一阶段的末期被否定和取消。

一、对资产阶级社会学的批判

在1917年十月革命之前，社会学在俄国已逐步为社会所公认，是一门有了一定发展的学科，是大学里开设的一门课程，并在社会科学中占有相应的地位。其中比较著名的社会学家诺维科夫和科瓦列夫斯基的理论著述和社会活动颇多，对当时整个俄国的学术界，特别对西欧一些国家的社会学思想有较大的影响。

在十月革命胜利后的最初年代里，苏维埃政权在接管文化教育工作之后，社会学作为一门学科或大学里的课程并没有被禁止和取消。当时的彼得格勒（后改名为列宁格勒）大学照样开设社会学的课程，如社会学原理、社会学思想史等科目，并由先前的教师讲授。当时索罗金讲授一般社会学，塔赫塔列夫讲授发生社会学，卡列耶夫讲授社会学说发展史。[①] 这是一批在十月革命胜利之前就在社会和学术界中有一定地位和声望的社会学家。

列宁和布尔什维克党在无产阶级取得政权之后，在对待文化和教育领域里的工作、在对待知识分子的问题上是比较慎重和注意政策的。为了把从旧社会过来的这批知识分子吸引到无产阶级方面来，使他们为苏维埃政权和社会主义制度服务，在当时经济极其困难的情况下，不惜采取重金收买的政策，对他们付以高薪，给予优厚的物质待遇，提供较好的工作条件，以求发挥他们的业务专长。应当说，采取这种政策和做法，从根本上说是符合无产阶级和广大人民利益的。但是，也应当看到，对于像上面提到的这样一批社会学家，要想根本改变他们的立场和世界观是困难的。他们业已形成的立场和资产阶级世界观决定了他们对革命的基本态度，索罗金便是他们当中颇有代表性的人物之一。

索罗金（1889—1968）出生于普通农民的家庭。1912 年，他毕业于彼得格勒大学社会学专业。1913 年，同当时最著名的社会学家科瓦列夫斯基一起出版《社会学中的新思潮》系列读物。1914 年至 1916 年，他在彼得格勒精神神经病学院任教，1917 年至 1922 年，在彼得格勒大学和农业学院任教。1920 年，他出版了《社会学体系》一书的第 1、2 卷。作者在书中对于这场轰轰烈烈的无产阶级革命运动表示了抵触和不满，对于马克思主义理论进行了抨击。他在《社会学体系》第 2 卷的序言中写道："作者写作这本书所遵循的一条基本的最高准则是：研究实在的事实，说他认为的真理，不管别人是喜欢还是不喜欢这种真理，它是'令人高兴的真理'还是'令人不悦的真理'，也不管这种真理是'令人振奋'还是'令人沮丧。"[②] 接着他写道："在其他国家和在安定的时期，这些话可能是多余的，但是在俄国，对于'不随波逐流的'社会学总是从动摇现存制度的基础的观点进行评价，而基本的'科学的'论据是：监狱、流放和苦役，在这样的国家里，说这些话就是适宜和必要的了。"[③] 此时，作者已经预感到革命形势和政治变革对于他所坚持的学说和理论的威胁，所以他在序言的最后不是别无用心地提醒读者说："《社会学体系》以后各卷能否按时出版，主要地将不取决于作者，而是依赖于国家的一般条件和俄国印刷业的状况。"[④] 并俨然从卫护一般社会学和俄国社会学的利益出发，不无煽动性地说："希望我们不曾有过的社会学思想的自由从'期望和等待'最终变成现实。"[⑤] 正如索罗金本人所说的，他的这些话不是"多余的"，而是非说不可的。其矛头指向不言自明。

总之，这批社会学家利用继续在大学里任教的机会，利用当时社会出版和言论的自由，继续活动，进行着反对无产阶级革命的宣传。

众所周知，在十月革命后的最初岁月，列宁为首的布尔什维克党十分关心和重视在广大人民群众中进行无神论的宣传和破除宗教迷信的思想教育。在当时的

---

① 参见［苏］B. 恰金：《苏联社会学思想史纲》，8 页，列宁格勒，1971。

②③④⑤ ［美］P. 索罗金：《社会学体系》，第 2 卷，8～9 页，彼得格勒，1920。

历史条件下，强调这项工作，具有特别重要的意义，因为它关系到新生政权的巩固和社会主义制度的安危。当时的苏维埃政权处于敌人的四面包围之中，面临着严重的威胁和挑战：有来自敌人的经济封锁和破坏；有来自白匪的武装叛乱和外国的军事干涉；不甘心退出历史舞台的资产阶级及其政客还到处煽风点火。总之，阶级敌人调动一切力量，利用一切手段，妄图将年轻的苏维埃共和国一举消灭在摇篮之中。当时的形势确是极其严峻的，思想文化领域里的斗争非常令人担心，特别是阶级敌人利用群众的落后意识——宗教迷信思想，掀起对无产阶级政权和社会主义制度的怀疑和不信任。

就是在这关键的时刻，资产阶级学者卡尔萨温于1922年出版了一本《东方、西方和俄国思想》的小册子，公开宣扬俄国人自古就有宗教的传统，迷信的属性，怀有对上帝的内省感受，从而论证上帝的存在。[①] 弗兰克在《论概括的社会科学任务》一文中，也是多方论证神灵的存在，上帝的万能，世间万事万物皆是上帝的造化、神灵的具体体现。[②] 他们还利用上课的机会向学生进行灌输。在这样一场资产阶级学者和社会学家宣传愚昧落后和宗教迷信的大合唱中，一向十分活跃的索罗金，怀着本能反抗的心理，更加积极地宣传他的唯心主义思想，连续不断地在《经济学家》和其他杂志上发表文章，在全面性和客观性的旗号下论证社会发展的多因素理论，与马克思主义唯物史观相抗衡。除此之外，这批资产阶级社会学家还成立研讨小组，以开展学术交流活动为名，加强彼此间的联系，扩大其社会影响。

1921年彼得格勒大学就成立了这样一个哲学小组。在小组开展的活动中，宗教迷信的思想内容居于首位。当时所作报告和讨论的问题有：《论神城》、《论奇迹的信仰和宗教》、《谈唯物主义史观的神秘论》、《关于三种宗教观念中的历史哲学》等。其他大学也有类似的组织和活动。

在资产阶级和无产阶级这场你死我活的斗争中，这批学者完全站到了无产阶级和人民对立面的一边，试图与无产阶级进行一番较量。不难想象，联系到他们的上述言行，在学生成分发生了根本性变化的情况下，他们课堂上的讲授，会出现什么样的反应和引起什么样的后果。据当时有关方面的统计，20世纪20年代初，在彼得格勒大学低年级学生中几乎有近半数的人是来自工农速成中学的学生。尽管这些人的马克思主义理论水平不是很高，但是，他们经过革命的洗礼和锻炼，又经过中学文化知识的补习和进入大学校门之后的学习，应当说他们在对待苏维埃政权、社会主义制度和与他们切身利益相关的大是大非问题的立场是十分鲜明的。他们不同意教授们的观点，不赞成他们的唯心主义思想和宣传宗教迷信的愚民政策。于是，学生同教师在课堂上的思想分歧，先是展开讨论，后来变成激烈的争论，最后由理论冲突发展成情绪对立，直至学生拒绝听他们的讲授，把他们轰下讲台，赶出教室，请来“红色”专家登台上课。这就是20年代初期

① 参见［俄］Л. 卡尔萨温：《东方、西方和俄国思想》，79页，圣彼得堡，1922。

② 参见［苏］《思想》杂志，1922（3）。

大学里开展的所谓“红色教授”运动和对资产阶级社会学进行的批判活动。这场运动在开始时带有一定的自发性质，随着运动的深入，逐步变成有组织、有领导的行动。当然，事态的进程是由各种因素促成的，当时的情形也要复杂得多，这里只不过是简单介绍其梗概。

二、关于早期马克思主义社会学的建设

随着资产阶级社会学受到批判和退出历史舞台，建设马克思主义社会学的任务便尖锐地提了出来。这时苏联理论界对于马克思主义社会学的认识还很肤浅，片面地把历史唯物主义等同于马克思主义社会学，在这一时期里“等同论”的观点占据了统治地位。

1921 年，出版了布哈林的《历史唯物主义的理论》一书，书中试图通过对韦伯等人社会学思想的批判和讨论，论证历史唯物主义就是马克思主义社会学的观点。1923 年，著名马克思主义者、历史学家科瓦列夫发表了《历史唯物主义教程》第 1 册。作者批判了孔德、斯宾塞、塔尔德以及俄国的社会学家科瓦列夫斯基和索罗金等人的思想观点，指出马克思和恩格斯所创立的唯物史观才是真正的科学的社会学。如果考虑到列宁在《什么是“人民之友”以及他们如何攻击社会民主主义者?》中对主观社会学的批判，强调辩证唯物史观奠定了社会学的科学基础，使之成为真正科学的著名论断，那么，对于当时多数的马克思主义者得出历史唯物主义就是马克思主义社会学的结论也就不奇怪了。

同时也应当指出，这时对马克思主义社会学也有不同的认识和看法。比如有人认为，历史唯物主义只是马克思主义哲学的一个组成部分，它表现为一般科学方法论的原则，而不是马克思主义社会学本身的理论内容，因此不能称历史唯物主义就是马克思主义社会学。尽管当时对于马克思主义社会学存在一些分歧和不同的看法，但这不能从根本上改变历史唯物主义与马克思主义社会学“等同论”的基本观点。1929 年，奥兰斯基的《马克思主义社会学的基本问题》一书出版，作者着重批驳了认为历史唯物主义仅是一般科学方法论的观点之后，进一步阐发了历史唯物主义就是马克思主义社会学的“等同论”思想。至此，关于历史唯物主义和马克思主义社会学的关系问题已成定论，没有人再公开提出怀疑和继续争论，于是最终形成和确立了历史唯物主义型的即“等同论”的苏联马克思主义社会学。

20 世纪 20 年代至 30 年代初这段时间里，苏联社会科学工作者和部分从事实际工作的同志，遵照列宁的指示，对年轻苏维埃共和国的社会结构、人们的劳动生活、工作闲暇和文化教育，特别是农村状况进行了有益的社会学调查。尽管当时的调查研究的技术和手段不尽科学和完善，但所积累的材料和经验对尔后苏联社会学的发展起了积极的作用。这一时期涌现出的较有代表性的研究成果有：《我们的农村》（亚科夫列夫，莫斯科，1924）、《职业的选择》（施皮尔赖因，莫斯科，1925）、《农村的面貌》（罗斯尼茨基，莫斯科—列宁格勒，1926）、《工人日常生活的纪实》（卡博，莫斯科，1928）、《今日的宗教》（瓦列夫松，明斯克，

1930)、《论科学劳动的计算方法》(斯特鲁米林，列宁格勒，1932)、《儿童观众的研究》(格尔蒙特，莫斯科，1933)[①] 以及其他著作。这些研究成果对苏联社会学的早期以及后来的发展都起了十分积极的作用。

总之，在这一时期里，苏联开始了马克思主义社会学的建设工作。但是，对于到底要建设成一门什么样的马克思主义社会学心中无数。

三、社会学的夭折

在苏联社会学的早期发展阶段上，人们关于这门学科的认识可以说还停留在知其然，而不知其所以然的水平上。所谓知其然，是指已经初步感受到需要有一门与西方不同的马克思主义社会学科学。所谓不知其所以然，是指对这门学科的性质和任务的认识还相当模糊，简单地把历史唯物主义当作马克思主义社会学，看不到作为哲学学科的历史唯物主义和作为具体学科的马克思主义社会学的不同。哲学是一门世界观和方法论的科学，社会学则是一门以研究社会结构与变迁为其对象的具体科学，所以，这两个学科研究的出发点、角度和方法不同。当然，马克思主义社会学在不同的历史时期和不同的社会条件下可以表现为不同的具体形态，如在无产阶级取得政权之前以对资本主义批判为主的革命批判形态和在无产阶级取得政权之后以促进本国社会主义建设为主的发展建设形态。由于苏联理论界缺乏对马克思主义社会学两种形态的认识，因此不能在新的历史条件下为发展建设型的马克思主义社会学而工作。

与此同时，在对待西方社会学的问题上，看不到它们的某些经验和具体研究方法也有可以采用和借鉴之处，而不加分析地一概加以否定，也是认识上片面性的一种表现。认识上的这种片面性带来了不良的后果：一方面限制了早期苏联社会学的发展，另一方面导致了马克思主义社会学最终被否定和取消。

20 世纪 30 年代的后期，斯大林的《论辩证唯物主义和历史唯物主义》作为《联共（布）党史简明教程》部分章节的内容发表以后，对斯大林的个人迷信开始滋长，教条主义的空气日渐浓厚，政治民主和社会主义的法制大大削弱，学术自由讨论的传统受到破坏，随之而来的是对资产阶级意识形态的全面批判运动。在这场所谓无产阶级对资产阶级的大批判运动中，社会学作为“资产阶级伪科学”和“反科学”成了首当其冲的靶子，马克思主义社会学在这场批判中也被否定和取消，从而使社会学中途夭折。

总起来看，苏联社会学在其早期发展阶段上有以下两个特点：第一，形成和发展出一种历史唯物主义型的马克思主义社会学，即历史唯物主义完全“等同”于马克思主义社会学。第二，这一时期的社会学经验研究尚没有作为马克思主义社会学知识有机整体的一部分被包括进来，二者关系还不明确，因而各自保持着相对独立。

---

① 参见［苏］Г. 达维丘克：《应用社会学》，52～54 页，明斯克，1979。

第二节 如何看待苏联社会学被否定的历史

关于苏联社会学20世纪30年代至50年代被否定的这段历史，对于置身于其外的研究者来说，一般看得比较清楚，没有多少不同意见，但对于苏联社会学界自身来说却成了至今说不清楚的一个难题。归纳起来有以下几种观点和态度。

一、回避含糊的态度

对于30年代至50年代这段历史情况苏联社会学界一般人持回避态度，不公开表示意见。在许多苏联社会学的文献中，在回顾苏联社会学的整个历史发展过程时，通常是这样写道：遵循列宁的指示，马克思主义社会学家们在20世纪20至30年代对年轻苏维埃国家的社会结构和社会关系、社会劳动和社会生活等问题进行了一系列的社会研究与社会学研究，尽管这些研究尚有一些不足之处，但不可忽视它们的科学价值，它们对马克思列宁主义社会学的发展以及在解决社会主义建设中的社会问题和社会经济问题作了贡献，并为苏联社会研究和社会学研究进一步发展奠定了基础。接下去便谈到苏联社会学最近几十年来在苏联共产党支持下获得迅速发展的一些具体情况。[①] 不用作任何解释，一般读者都会明白，这里所说的“最近几十年”是指50年代末和60年代初苏联社会学重新恢复以后的这段时期，不包括30年代末至50年代末这段历史。有时，在个别的社会学文献中，在非涉及40年代和50年代这段历史不可时，通常也是含糊其词，不作明确表态，使读者有一种模棱两可和似是而非的感觉。

对于上述这种现象，人们可能感到奇怪和不可理解。苏联社会学界为什么不能对自己过去的历史进行认真的讨论和深刻的反思呢？实际上，欲要弄清苏联社会学的这段历史，对于身置其中的苏联社会学界的许多人来说确实不是一件轻而易举的事，这当中有许多忌讳和难点，因为它既关系到对早期苏联社会学的评价，又涉及对当前苏联社会学理论体系的看法。在一个不把学术理论问题和政治问题混为一谈的国度里，搞清上述问题也许并不困难，但在缺乏这种传统的情况下，要完全做到这一点谈何容易。

二、基本肯定的评价

我们在上面的一节里已经指出，苏联社会学在其早期阶段上所确认和推崇的

① 参见《苏联社会学》，第1卷，5页，莫斯科，1982。

是一种历史唯物主义型的马克思主义社会学，即把唯物史观完全等同于一般马克思主义社会学，形成了至今仍不乏其拥护者的苏联理论界的传统观点。持这种观点的人们，在马克思主义社会学和历史唯物主义之间完全画上了等号。在他们看来，把历史唯物主义摆在前面，称历史唯物主义是马克思主义社会学，或者把马克思主义社会学摆在前面，称马克思主义社会学是历史唯物主义，两种说法都是一样。从这种“等同论”的立场出发，很难得出苏联社会学在30年代至50年代被否定和取消的结论。在这种观点看来，既然30年代至50年代期间，历史唯物主义作为一种理论或一门学科并没有被取消和禁止，最多是不提或不用“社会学”这个名词、术语而已。既然如此，又怎么能说马克思主义社会学曾有过被取消和不存在的历史呢？恰金教授在《苏联社会学思想史纲》（列宁格勒，1971）一书中反映出来的就是这样一种观点。

恰金于20世纪50年代和60年代担任列宁格勒大学哲学系的教授，苏联科学院列宁格勒分院的通讯院士。他的《苏联社会学思想史纲》是苏联较早的一部从理论上和实践上总结和概括1917年至1969年半个多世纪以来苏联社会学发展历史的著作。书中辟有“30年代后期至50年代中期马克思主义社会学状况”一章，专门讨论这个问题。30年代后期至50年代中期，正是我们通常认为的苏联社会学被取消和否定的时期，如果从这种观点出发，就可以得出客观的结论，对于问题作出清楚的回答。然而，作者从马克思主义社会学和历史唯物主义“等同论”的观点出发，所得出的结论既不是马克思主义社会学被否定，也不是马克思主义社会学停滞不前，而是它在这一时期以历史唯物主义的形式的继续发展。作者在严酷的历史事实面前，自然也不得不承认从1936年以来斯大林个人迷信的滋长对社会学发展带来的不利影响，他写道：“斯大林的个人迷信在马克思主义社会学领域中灌输的本本主义，破坏了马克思主义分析的科学基础。从30年代后期起，马克思主义社会学的发展经历了严重的困难。”[①]“尽管大多数社会学家转向注释斯大林的著作，但整个说来马克思主义社会学的发展在继续”[②]。那么，作者这里所说的马克思主义社会学又是指什么呢？请看紧接上面的一段话：“在1939年至1940年期间，在一些杂志中逐渐出现了试图在某种程度上超越斯大林《论辩证唯物主义和历史唯物主义》著作教条的文章，尽管这些文章表面上继续忠于这一著作，但提出了新的题目，新的社会学题材。在《在马克思主义旗帜下》杂志中同样可以发现对与历史唯物主义这样或那样一些方面的分析有关的文章”[③]。从作者的这段话中不难看出，作者所说的马克思主义社会学指的就是历史唯物主义方面的问题。从作者所列举的这一时期讨论的所谓马克思主义社会学问题的具体内容来看，又显然大大超出了历史唯物主义问题的范围，实际上是指整个马克思主义的广泛内容，如科学社会主义问题、政治经济学问题，甚至包括普列汉诺夫的美学问题，等等。至于说在这一时期马克思主义社会学家有无进行实际问题的社会学调查研究，作者书中没有正面回答这个问题。苏联白俄罗斯国

---

①②③ ［苏］Б. 恰金：《苏联社会学思想史纲》，178、179页。

立列宁大学社会学教授达维丘克在《应用社会学》一书中正面回答了这个问题。他写道：20年代和30年代应用社会学研究中的某些缺点，常被机会主义集团用来反对党的路线，这对应用社会学的进一步发展起了消极的作用。从30年代中期起，具体社会学研究有着很大的局限性，这项工作的某些课题由中央统计局负责，社会学的专业性的科学研究基本上是从事普通社会学的理论问题即历史唯物主义的研究。40年代和50年代期间的社会学只限于历史唯物主义范围之内。① 这就是说，这一时期社会学的具体研究或达维丘克称为应用社会学的研究工作没有开展。在分析其原因时，达维丘克指出，这是由于斯大林的个人迷信所造成的结果。

三、潜在的意见

应当指出，苏联社会学界多数人并不同意马克思主义社会学与历史唯物主义"等同论"的观点。因此，他们不同意恰金等人的上述关于苏联社会学在40年代和50年代"依然存在"并"继续发展"的说法。问题很明显，如果苏联社会学没有被"取消"和"否定"的话，那么苏联社会学在50年代后期的恢复和重新提出来进行讨论又从何谈起呢？我们在本节开始所说的苏联社会学界不公开表示意见的一些人当中，有的就持这种看法。他们为什么不公开表示自己的意见？这就是我们上面提到的由于社会因素和政治因素等多种原因造成的。表面上对于问题的沉默、不表态，实际上就是一种无声的意见，因为沉默有别于随声附和。所谓不表态也只不过是暂时的现象而已，即发表意见的社会条件不成熟，待有了宽松的环境、自由讨论问题的气氛时，学者们是会畅所欲言、各抒己见的。

关于如何看待苏联社会学30年代末至50年代末这段历史。归根结底还是如何看待历史唯物主义同马克思主义社会学的关系问题。我们认为，在没有彻底搞清两者的关系并明确划定两者的界限之前，也就是说在没有改变下面将要提到的僵化的苏联社会学的理论体系的情况下，一般不大可能对于这段历史进行公开的讨论和作出清楚的回答。

第三节 恢复后的苏联社会学及其特点

一、社会学的重新恢复

苏联社会学自20世纪50年代后期恢复以来，发展很快，成绩显著。1958

① 参见［苏］Г. 达维丘克：《应用社会学》，58页。

年成立了苏联社会学会，1968 年苏联科学院建立了具体社会研究所，1972 年改名为社会学研究所，1974 年公开发行《社会学研究》杂志作为该所的机关刊物。在此期间，苏联各加盟共和国科学院系统也相继建立了社会学研究机构。在一些较大的城市，成立了各有侧重的专门研究中心。在国立莫斯科大学、国立列宁格勒大学和白俄罗斯国立列宁大学等几所著名的学校里，陆续开出了一般社会学和若干分科社会学的课程，设立研究生班，培训社会学中高级研究人员。同时还出版了大量的社会学专著和研究报告，其中比较有代表性的有：《社会学手册》（莫斯科，1976）、《社会学和现时代》（第 1、2 卷，莫斯科，1977）、《苏联社会学研究的理论和实践》（奥西波夫，莫斯科，1979）、《社会学研究的方法论和程序》（兹德拉沃梅斯洛夫，莫斯科，1969）、《应用社会学研究的方法论》（1976）、《19 世纪至 20 世纪初资产阶级社会学史》（科恩主编，莫斯科，1979）、《20 世纪上半叶资产阶级社会学史》（奥西波夫主编，莫斯科，1979）。

在这期间苏联社会学界还进行了大量的、内容广泛的具体社会学研究：从社会结构和社会关系到社会主义的生活方式、个性的发展，从社会规划、管理和预测到城市、乡村的具体建设，从制定人口政策到社会移民、劳动力流动，从严格劳动纪律、提高生产效率到现代化的企业管理、科学组织等问题，都有深入细致的研究，并在研究的方法和技术手段方面不断改进和完善。这个时期，苏联具体社会学研究的特点是，注意社会学工作者内部的分工，加强同其他学科的合作，发展横向联系，仅 1972 年至 1979 年的几年时间里，就先后召开过 15 次较大规模的地区性和全国性的协调社会学研究工作的会议。社会学研究的问题和门类从 1965 年前后的六七种，增加到 1980 年前后的 40 余种，这些都是早期苏联社会学未曾有过的现象，然而真正代表苏联社会学这一时期特点的东西，主要还是表现在它的理论体系结构方面。

二、关于马克思主义社会学体系的大辩论

苏联社会学自 1957 年开始恢复以来，就对马克思主义社会学的对象和体系结构问题展开了激烈的讨论，直到 1968 年才初步形成了一种为官方和理论界多数人所接受的体系结构。

在关于苏联社会学体系结构问题的争论过程中，发表过各种不同的意见和观点，归纳起来，主要有以下三种：一种是传统的保守派意见。他们依然坚持“等同论”或“替代论”的看法，只承认历史唯物主义是马克思主义社会学。在他们看来，唯有如此，才是真正继承和发扬马克思主义社会学的思想传统，体现马克思主义社会学的无产阶级党性原则。坚持这种观点的人，是一些长期从事哲学理论工作的人，其中有的人曾直接参加了 20 世纪三四十年代对社会学的批判运动。这一派，实际上是新形势下的取消派，只不过是迫于形势，不能再公开打出这面旗帜而已。这些人的意见在 60 年代初期占有压倒的优势，是当时的主流派。但

毕竟由于这种看法已经过时，不符合时代的精神和学科发展的逻辑而未被最后采纳。与之针锋相对的另一派，竭力主张马克思主义社会学应是一门与历史唯物主义不同的独立学科，其理由是社会学有自己特定的研究对象，有自己的理论和方法。这是一些比较了解第二次世界大战后西方社会学发展的务实派。由于他们意见尖锐、态度激进，我们不妨称他们为激进派。但他们过分强调社会学的经验研究和应用性，并直接搬用大量的西方社会学的名词、概念，因此他们被指责为向资产阶级社会学屈服和放弃马克思主义社会学的党性原则，受到了严厉批评。在这种情况下，调和折中、包容双方的第三派意见，即所谓稳健派的观点，受到好评和重视。他们所提供的马克思主义社会学的结构体系至今仍被采用，可算是稳健派对苏联社会学所作的一大贡献。

以中青年为骨干的苏联社会学稳健派，在20世纪60年代这场旷日持久的历史性大讨论中成功的奥妙就在于，他们能够审时度势，分寸得当：既了解本国国情，又熟悉国外社会学的发展；既不完全因循守旧、止步不前，又不轻举妄动、贸然行事。而是在争论双方陷入僵局的关键时刻，恰到好处地引入"专门社会学理论"（亦称局部社会学理论）的概念，在对峙的双方架起一座沟通的桥梁，构筑成马克思主义社会学"三层次论"的结构体系。

三、"三层次论"的理论体系

所谓"三层次论"的理论体系，是指马克思主义社会学包括这样三个组成部分：作为马克思主义社会学一般理论的历史唯物主义，这是第一个层次；第二是作为马克思主义社会学专门理论或局部理论的中间层次；第三，作为经验研究的具体社会学，是它的第三层次。正如苏联《社会学手册》中所指出的："马克思主义社会学是具有复杂的结构，并把一般理论、局部理论和具体研究等各类社会学认识结合起来的一门科学。"①

关于这样三个层次之间的关系，首先应当明确，它们不是并列的三个部分，而是一种有序的即具有高低之分的"等级结构"。苏联社会学界特别指出这一点，并有人把他们的社会学叫做具有"等级式结构的科学"。在苏联社会学的"等级结构"中，历史唯物主义作为一般社会学理论处于该体系的最高层，它决定和把握社会学的研究方向，体现马克思主义社会学与西方资产阶级社会学的本质不同。专门社会学理论是该体系结构的第二个等级、中间层次。专门社会学理论的概念系由美国社会学家罗伯特·默顿的"中级理论"概念引申而来，苏联社会学界对此并不隐讳。专门社会学理论作为该体系结构中的中间环节，具有承上启下、贯通整体结构的作用。不言而喻，它在该体系中占有非常重要的位置，是具有决定性意义的一环。这里所说的专门社会学理论，是指各分科社会学的理论观点，如家庭社会学、劳动社会学、城市社会学等。至于说处于第三个层次作为该

---

① 苏联科学院社会学研究所：《社会学手册》，16～17页，杭州，浙江人民出版社，1983。

体系基础的具体社会学，它的任务则是进行社会的经验研究。通过一定的程序和方法，包括运用电子计算机等现代化的技术手段，进行社会资料的收集和整理，检验和发展专门社会学理论，并为论证和阐述历史唯物主义基本原理提供事实根据，这就是苏联马克思主义社会学中三个层次间的一般关系。

那么，如何看待苏联社会学的这种结构体系呢？我们认为，苏联社会学的这样一种理论体系和结构恰好反映出苏联社会学在当前发展阶段上的某些特点。第一，它突出和强调历史唯物主义是马克思主义社会学的一般理论，而不再是过去意义上的"等同论"，就此点而言，不能不说是一种历史的进步。第二，专门社会学理论和具体社会学研究，虽说是两个不同的层次，但二者的关系最为密切，最能体现社会学的学科性质和特点，是苏联社会学的实体部分。将以上两点结合起来看，便可以得出反映苏联社会学目前现状和本质的第三个特点：历史唯物主义既承认马克思主义社会学是一门独立学科，又不肯完全放手任其独立存在和发展的一种矛盾现象。我们认为，只有认识和把握住苏联社会学的这些特点，特别是最后一点，才能从根本上了解苏联社会学。

我们应当看到，苏联社会学的这种结构体系，是苏联社会特定历史条件下的产物，是不同意见的各方彼此妥协和让步的结果，它会随着社会情况的变化而变化，因为在这一结构体系中包含着内在的矛盾和不协调的因素。正是由于这个缘故，进入 20 世纪 80 年代以来，苏联社会学界不断有人提出要改变这种"三层次论"的结构体系，彻底划清社会学同历史唯物主义的关系和界限，使社会学成为一门像其他社会科学一样的完全独立的学科。提出这种观点的理由和根据是：历史唯物主义本身是一门学科，它有自己的研究对象和具体内容，而在苏联社会学的这种结构体系中，它作为一般社会学理论，必将造成并事实上已经造成了两门学科在研究的对象和内容上的不必要的重复，于学科的发展不利。鉴于这种情况，由苏联科学院《社会学研究》杂志编辑部牵头，于 1980 和 1985 年先后两次组织了以"马克思主义社会学的对象和结构"为内容的专题讨论会。由于与会者的人数有限，并且是经过严格挑选的社会名流，所以参加会的持传统观点的保守派居多，代表改革要求的不同意见者寥寥无几。因此，仅就两次讨论会（实为座谈会）刊登出来的发言摘要来看，可以说没有取得任何进展。不过，这并不能完全反映苏联社会学界的实际思想动态，倒是说明，大刀阔斧地改变苏联社会学这种体系结构的条件尚不成熟。

【本章要点】

1. 早期苏联社会学的发展。苏联社会学早期的发展经历了对资产阶级社会学的批判、马克思主义社会学的早期建设和之后被否定的历程。1917 年十月革命之前，社会学在俄国已是一门有一定程度发展的学科。随着十月革命后对资产阶级社会学的批判，开始了早期马克思主义社会学的建设，其中在 20 世纪二三十年代的社会调查，积累了不少有益的社会资料。

2. 早期苏联社会学的特点。苏联社会学在其早期发展阶段上有两个特点：

（1）形成和发展出一种历史唯物主义型的马克思主义社会学，即将历史唯物主义"等同"于马克思主义社会学；（2）这一时期的社会经验研究尚没有作为马克思主义社会学知识有机组成部分被包括进来，因二者的关系尚不明确，各自保持着独立。由于对社会学认识上的片面性，导致社会学在 20 世纪 30 年代后期的夭折。

3. "三层次论"的理论体系。"三层次论"的理论体系，是指马克思主义社会学由高中低三个不同的部分组成：作为最高层次的马克思主义社会学一般理论——历史唯物主义；作为中间层次的社会学专门（或局部）理论；作为底层或基层的经验研究——具体社会学。

【基本概念】

早期苏联社会学　马克思主义社会学　历史唯物主义　等同论　三层次论　一般理论　专门理论　局部理论　经验研究　具体社会学

【思考题】

1. 苏联早期社会学的发展经历了哪几个阶段？其内容是什么？
2. 如何正确评价苏联社会学被否定的历史？
3. 恢复后的苏联社会学特点是什么？
4. 试分析苏联社会学"三层次论"的结构体系及形成的社会背景。

【参考书目】

1. 社会学和现时代（两卷本）．苏联科学院社会学研究所编著，北京：中国人民大学出版社，1979，1980

2. ［苏］罗任．马克思主义社会学导论．武汉：华中工学院出版社，1982

3. 苏联科学院社会学研究所编．社会学手册．杭州：浙江人民出版社，1983

4. ［苏］里亚布会金，［苏］奥西波夫主编．苏联社会学．北京：中国社会科学出版社，1986

5. Д. Ф. 科兹洛夫主编．社会学研究的方法论问题．天津：南开大学出版社，1986

6. ［苏］鲁特凯维奇．辩证法与社会学．福州：福建人民出版社，1987

7. 苏联科学院社会学研究所编．苏联社会学．北京：华夏出版社，1989

8. 贾春增．当代苏联社会学（1917—1989）．北京：时事出版社，1992

9. Чагин Б. А. *Очерк истории социологической мысли в СССР 1917 - 1968*. Л.，1971

10. Давидюк Г. П. *Введение в прикладную социологию*. Минск，1975

11. Весоловский В，Руткевич М. Н *Проблемы развития социальной структуры общества в Советском Союзе и Польше*. М.，1976

12. *Советская социология*. В 2-х Т，М.，1982

13. Колесников С，В. Ни-Ли Г. П. *Советское общество сегодня*. М.，1987

14. Осипов Г. *В Марксистско-ленинская социология*. М.，1988

15. История русской социологии. *XIX-XX вв*，*Электронная версия учебного пособия И. А. Голосенко*，*В. В.* Козловского Москва，1995

附录一

外国社会学史教学大纲

使 用 说 明

编写这本教学大纲，目的在于方便读者自学和教学单位用来组织教学活动。大纲提出了每一章的教学目的和要求，指明了应当掌握的内容和重点，为了加深所学知识，在每一章之后还列有思考题。

使用本大纲进行教学时，可按照不同学校和专业，不同年级和程度，以及授课时数多少，自行决定取舍，灵活掌握。

这本教学大纲经过10年左右的教学实践，表明它对巩固所学知识、领会要点、贯通全书起到了积极作用，故在本书修订出版之际，将大纲附于书后，以供参考。

绪 论

教学目的和要求

认识社会学作为一门学科出现的历史必然性；掌握社会学产生的具体社会条件；把握从社会哲学到社会学的转变过程；明了社会学学科的性质和特点。

第一节 社会学产生的历史背景

一、工业革命和现代无产阶级的出现

从18世纪下半叶到19世纪中叶，资本主义生产力有了突飞猛进的发展。

现代无产阶级随着资产阶级即资本的发展而逐步壮大、与资产阶级的矛盾不断激化。

二、经济危机和无产阶级与资产阶级斗争的加剧

随着资本主义经济危机和社会各种矛盾的加深，工人阶级反对资产阶级的斗争，已经从破坏机器和自发的斗争时期转入了有意识、有组织的经济斗争和政治斗争时期。

第二节　从社会哲学到社会学的转变——社会学产生的理论前提

社会学的出现，除了社会需要这个历史条件之外，还必须具备一定的理论前提，才能实现从社会哲学到社会学的转变。

一、古希腊哲学关于社会的思想

柏拉图的“理想国”；亚里士多德的“人是社会动物”的断言；智者派的社会契约论观点等，都代表了古代人类文明对社会形成和起源的理论思考。

二、中世纪时期的社会观

由于宗教神学的黑暗统治，窒息了世俗文明关于社会的理论思考。其间，阿拉伯学者伊本·哈尔顿关于社会分工论、商品交换的观点和历史发展遵循规律的思想，具有朴素唯物主义性质，代表了这一历史时期的最高理论成就。

三、文艺复兴以来的社会哲学思想

文艺复兴标志一个新的历史时代的开端，自此以来，思想理论空前活跃：社会契约论、君主论和共和思想；英国古典政治经济学（马尔萨斯的人口论）；法国的政治思想理论（圣西门的空想社会主义）；德国古典哲学（黑格尔的历史哲学）；自然科学成就（达尔文的进化论）等。

把整体社会作为研究对象的社会学，正是在这种历史背景和社会理论前提下提出来的。

第一篇　社会学产生和形成时期的西方主要社会学家及其理论观点

第一章　孔德的实证主义社会学

教学目的和要求

了解孔德的科学分类和社会学提出的思想逻辑基础；掌握社会静力学和社会动力学的基本内容，特别是关于社会学的研究方法；认识孔德实证社会学的实证主义性质和唯心主义史观。

第一节　生平与著述（略）

第二节　孔德社会学思想的理论发端

孔德的社会学思想和实证主义精神源于他的理论前辈，是在承袭了 18 世纪法国启蒙思想家和他的同代的理论前辈的基础上形成和发展起来的。

一、“精神之父”和实证主义哲学思想

孔德发现在无论在自然科学或人文科学领域，所有的成果，无论是在一代人中还是几代之间存在着紧密联系，是一个不断积累和创新的过程。他从这一立场出发，考察了实证主义精神的发端，并推崇包括孔多塞在内的理论前辈为“精神之父”。

二、孔多塞和蒂尔戈的进化论思想

孔多塞和蒂尔戈的进化论思想，对孔德产生了重要影响。孔德赞同孔多塞的进化论思想，同时批评了他的不彻底性。孔德高度评价了蒂尔戈的进化论，其中关于人类理智发展的三阶段思想，赋予其“伟大哲学和社会学规律的”意义。

三、圣西门思想的影响

孔德的思想中有的是直接从圣西门那里借鉴来的，圣西门关于社会静力学和动力学的观点就为孔德所用，并成了他的社会学思想的重要内容。但孔德不同意圣西门关于社会关系是生理性的，而不是社会性的观点，他将有机科学区分为生理学和社会科学两个部分，作为人类知识的专门领域分别进行研究。

第三节　科学分类和社会学

科学分类和建立其上的科学等级体系，是孔德将社会学作为一门实证科学提出的理论基础。

一、科学的分类

孔德认为，整个宇宙现象按其性质可具体分为五类，与此相对应，他将科学也划分为五种：天文学，研究天体现象；物理学，研究物理现象；化学，研究化学现象；生物学，研究生物现象；最后，社会学，研究社会现象。这就是孔德实证主义哲学体系中著名的科学分类。

二、社会学的对象和任务

孔德在讨论社会学的对象和任务时，从社会学作为一门关于社会的科学这一观点出发，严格将它同神学和形而上学关于人和社会的思辨区别开来。孔德认为，个体是抽象的，只有社会才是现实的，社会活动也遵循着自然规律。社会现象与生物现象的不同，社会处于经常的变动之中。

三、作为实证科学的社会学

孔德认为，前四种科学在他之前已经有了专门研究，成为独立的学问，唯有关于社会现象的研究，尚未进入实证阶段，成为真正的科学。孔德把这门科学最初命名为“社会物理学”，后来改名为社会学。

第四节　社会静力学和社会动力学

孔德把社会学定义为研究社会秩序和社会进步的科学。按照生物学区分为解剖学和生理学的类比，孔德把社会学区分为社会静力学和社会动力学两部分。

一、社会静力学

孔德的社会静力学是关于人类自发秩序的一般理论，研究社会有机体的组织和结构及其各部分之间的相互关系。

二、社会动力学

孔德的社会动力学，主要是应用关于人类智力发展的三阶段理论解释社会历史的进步，智力发展三阶段的理论是孔德社会动力学的基本内容。社会发展的阶段与人类智力发展的过程完全相适应，也经历了三个阶段，即远古时代的神学阶段，中世纪以来的形而上学阶段和 18、19 世纪之后开始逐步进入的科学阶段。

第五节　社会学的研究方法

孔德认为，社会学之所以能够成为研究社会规律、解释社会秩序和进步的科学，主要是因为运用了卓有成效的一些研究方法，这些方法是：观察法、实验法、比较法和历史法。

一、观察法

孔德认为，社会学研究社会的规律是建立在对社会事实进行观察的基础上。但是，这种观察必须在事先理论的指导下进行。

孔德不仅指出了直接观察在社会学研究中的重要意义，同时还论证了通过对历史和文化遗迹的研究所谓间接观察的科学价值。

二、实验法

孔德认为，在社会现象研究中一般采用间接实验的方法，即社会研究人员利用社会本身的特殊状况（如社会病态）向人们提供的一种研究机会。

三、比较法

比较的方法在社会学研究中占有核心的地位。孔德认为，通过人类社会和动物社会的比较，从中可以窥探人类社会关系的萌芽，这一方法的重要性还在于它可以直接比较世界各地同时并存的社会状态，发现社会进化的不同阶段。

四、历史法

孔德认为，历史的方法是社会学研究的专门方法。它是对于过去事物所作的一种纵向的和历时性的比较。在使用历史方法时，需要用人类智力和社会发展三阶段的理论作为指导。

关于社会学研究方法的归纳和论述，是孔德社会学中最有价值的一部分。它体现了孔德要把社会学建设成为一门实证科学的努力。

第六节　关于社会改建的实证主义思想

孔德是法国政治革命和工业革命之后社会现实的见证人，他对于新的资本主义制度持有某种悲观的立场和批判的态度。

一、孔德的实证政治纲领

孔德的实证政治纲领，就是要把他的实证主义哲学变成世界宗教，成为全人类的普遍道德信仰，资本家和无产阶级各安其位，不再有阶级斗争。孔德不赞成马克思的无产阶级革命的思想。孔德的政治纲领充分暴露出他的唯心主义立场。

二、实行普遍的道德教育

在孔德看来，社会的改组不是建立在政治或经济的基础上，而是要靠新的工业社会的道德，是通过普通的道德教育来实现的。

三、牧师的特殊作用

为了实行普遍的道德，政治权力或统治的“功能”应集中在人道教的牧师和工业领袖的手中。人道教的牧师就是像他一样的一批实证主义社会学家。他们的任务是，向人们解释人道教的实证主义学说。

四、社会舆论的控制作用

孔德突出强调了社会舆论在社会控制中的作用。他认为社会舆论是社会控制的有效手段和形成社会道德的重要保证。没有很好组织的社会舆论，社会的改组或改良就没有希望。

五、关于社会的进步

在社会进步的问题上，孔德从他的社会发展三阶段理论出发，认为人们合理的合作可以加快社会进步的过程，为使社会改良得以顺利和有计划地进行，必须符合文明发展的一般规律。

第二章　斯宾塞的社会有机论

教学目的和要求

了解斯宾塞社会有机体的学说；明确斯宾塞关于社会进步的思想；把握他对社会的分类和对社会进行对比考察的意义；认识和领会斯宾塞关于国家政治理论的基本思想内容。

第一节　生平与著述（略）

第二节　社会有机论和社会进化论

社会有机论和社会进化论的思想是贯穿斯宾塞社会学的两条主线，是他关于社会的基本理论观点。斯宾塞的社会有机论思想和社会进化观同孔德有一定联系，但从根本说来，二者的思想体系不同。

一、斯宾塞的综合哲学

斯宾塞的社会学思想是在他的被称作综合哲学的框架制定出来的。在斯宾塞看来，物质处于永恒的和无休止的运动之中，统一的因果规律贯穿其中。进化所反映的物质从简单到复杂、从同质性向异质性的变化、从不确定性向确定性、从没有联系到建立联系的方向发展。

二、社会是有机体

斯宾塞的基本立场是社会唯实论。他认为社会是一个像生物有机体那样的“社会有机体”实体。

他列举了社会有机体和生物有机体的许多相似之处，同时也指出了二者的若干区别。

三、关于社会进化的思想

早期的斯宾塞把社会的进化看做是一个持续的、没有倒退的和不间断的过程，存在于人类历史的始终。

成熟时期的斯宾塞，面对19世纪末英国社会大量存在的社会冲突，使他对社会进化和倒退现象有了新的认识：他承认人类社会在整体进化总趋势下，在具体的社会中可能有暂时的倒退现象发生。

斯宾塞认为社会发展是不可逆转的，社会的进步像其他类型的进步一样，不是直线的，而是以一种分散和再分散的方式进行的。

第三节 关于社会的类型——军事社会和工业社会

一、社会分类的标准

斯宾塞关于社会分类的标准有下列几种不同的说法：

有时他按照社会进化的程度或社会结构由简单到复杂的变化，把社会分为简单社会、复合社会、二次复合社会和三次复合社会的序列。

其次，他还提出以社会内部管理形式作为基础的新的分类标准。按照这一标准，他把社会分为军事社会和工业社会两大类型。

二、关于军事社会和工业社会的比较

斯宾塞认为，在主要的功能或结构等方面，军事社会和工业社会是性质不同的两种社会类型。军事社会的典型特征是强制。工业类型的社会是建立在志愿合作和个人自我节制的基础上的。

第四节 关于国家的政治理论

一、国家和政府的概念及其权力的基础

首先，斯宾塞对国家和社会的概念作了区分。国家是社会的一种特殊形式，即政治上组织起来的社会。

斯宾塞认为，社会上存在着两种类型的合作：一种是自发的私人合作，另一种是“有意设计的”合作，正是这种类型的合作促成了国家的诞生，并维持国家的存在。

在谈及国家和政府的社会功能时，斯宾塞从社会和动物有机体的生物类比出发，对这一问题做了回答。

关于国家和政府权力基础问题，斯宾塞主要是从人的心理方面讨论这一问题，他提出了“对活的人恐惧”是政治权力基础的观点。

二、国家活动的领域和范围

斯宾塞大力宣扬社会自动进化的思想，并用来作为限制国家和政府活动范围的理论依据。斯宾塞关于限制国家活动最基本的理论出发点，是建立在政治不干涉主义的思想基础上。他认为，国家和政府的过分干预，限制了个人的自由，加重了人们的负担，妨碍了社会的发展。

第三章 滕尼斯的社会学体系

教学目的和要求

了解滕尼斯“公社”和“社会”这对范畴的含义及其对滕尼斯整个社会学理

论的重要作用和意义；掌握滕尼斯关于一般社会生活的构成要素和形态的基本思想；弄清滕尼斯社会学体系的基本结构和分类；全面把握其社会学理论的总体特征。

第一节 生平与著述（略）

第二节 滕尼斯社会学的代表作——《公社与社会》

一、《公社与社会》一书产生的理论背景

滕尼斯关于“公社”与“社会”的思想反映了他与当时的浪漫主义思潮及其影响下出现的历史学派的关系。

浪漫主义和历史学派的一般特征：浪漫主义强调个性，崇尚人类原始的有机结合；历史学派反对超历史地建立某种普遍原则和逻辑演绎方法，主张对历史材料进行归纳和描述。

滕尼斯对以上思想流派的态度：在理论方法上，滕尼斯既反对理性主义完全排除经验对象的概念演绎，又拒斥历史主义放弃理论系统的观点，对上述思潮滕尼斯采取有保留地吸收改造的态度。

二、人类共同生活的两种表现形式

“公社”和“社会”是人类共同生活的两种表现形式。

公社型生活的基本特征：人们的相互联系是建立在亲密、纯朴的自然感情基础上，是有机联系的。社会型生活的基本特征：人们的联系是建立在各自的目的利益相互算计的基础上，是机械的结合。

三、共同生活的意志类型

本质意志和选择意志是分别构成“公社”和“社会”两种不同的人类生活的基础。本质意志主要基于情感动机，选择意志主要基于思想动机，表现为尽量排除情感因素的理性思维、个人利益及目的性打算。

第三节 对社会生活的构成及形态的研究

一、社会本质

社会本质即构成社会的本质要素。它包括三种类型：社会关系；社会集合体；社会集团。以上三种类型既可以表现为公社的形式，又可以表现为社会的形式。

（1）社会关系。当人们不仅形成并且意识到相互之间的一定关系，并由此而产生相互之间的权利与义务时，他们之间便构成了社会关系。社会关系典型化的或纯粹的形式是“联盟”。

（2）社会集合体。当群体的参与者把他们的结合视为达到某种目的所需要的手段时，便表现为社会集合体，“党派”是社会集合体的典型形式。

（3）社会集团。当人们在相互关系之上形成一定的内部组织并有着彼此之间的职能关系时，便是社会集团的表现形式，社会集团的纯粹形式是“联合体”。

二、社会价值

社会价值是指那种自身具有社会本质的、为人们所肯定的现实的或理想的对象，它包括经济的、政治的和思想道德的价值。

三、社会规范

社会规范是指社会行动的规则，它规定人在何种情况下该做什么和不该做什么。

规范的本质表现为一种否定或限制；规范的其他特征是普遍性及其内化为主体行为的有效准则。

四、社会相关物

社会相关物即社会本质要素相关的体制和现实活动领域。社会相关物在社会生活中包括经济的、政治的和思想道德的三个方面。

第四节　社会学体系中的其他类别

滕尼斯的整个社会学体系包括一般社会学和专门社会学两个基本类别，后者又包括纯粹社会学、应用社会学和经验社会学三部分。

一、应用社会学

应用社会学是纯粹社会学在历史发展中的动态应用，但它是建立在经验的基础上的。

在应用社会学里面，“公社”和“社会”被理解为历史形成的并现实存在的两种社会生活形式。而且，从发展史角度来看，人类社会是一个从“公社”走向“社会”的过程。

二、经验社会学

经验社会学是对社会现实的经验研究，主要涉及消极的社会关系及社会病态现象。

三、一般社会学

一般社会学是关于纯粹共同生活的学说，它的对象是社会生物学和社会心理学的事实。

第五节　科学研究中的价值问题

一、社会学研究中的价值中立的思想

社会学研究中的价值中立的思想，要求人们把社会学与伦理学严格区别开来，同时有助于确立并实现正确的价值目标。

二、伦理学是以价值为其研究对象的科学

对价值作科学研究是伦理学的任务。这种伦理学必须以社会学为基础，摆脱过去那种个人主义良心伦理学，而建立科学的社会伦理学。

第四章　齐美尔的形式社会学

教学目的和要求

了解齐美尔关于社会学理论的对象与结构；把握形式社会学的内容实质；领悟齐美尔关于文化矛盾和社会冲突的思想；认识齐美尔在社会学史中的地位。

第一节 生平与著述（略）

第二节 形式社会学

一、社会学理论的对象与结构

齐美尔认为，社会学是以社会为研究对象的，既不能满足于承认只有个人是真实的，也不能因为人类一切生活存在发生于社会之中便认定只有社会才是真实的，应研究个人与社会的关系。

齐美尔认为，“社会”首先是社会化的个人的复合体，它构成了整个真实的历史。其次，社会也是各种关系形成的总合，是一个由单个人所构成的复杂的相互作用的网络，是因相互作用而联系起来的无数个人的一种总称。基于此，齐美尔认为，社会学研究社会就是研究人们的社会交往形式。

齐美尔社会学的知识体系是由一般社会学、形式社会学和哲学社会学三级结构构成的。

二、形式社会学

社会学交往的形式是指：人们在历史和现实中的种种相互作用联系和行为，其中都存在着一种基本上类似的相互作用模式，这些相互作用的模式即所谓的“社会交往的形式”。

齐美尔认为，人们之间的社会交往和相互作用的具体内容是十分复杂的，只有从大量社会现象中抽出某些共同的形式特征，才能深入研究复杂纷繁的社会现象。

无论几何学，还是社会学，都把研究形式的内容或总体现象的任务交给其科学，而只考察它们的形式，所以，人们将齐美尔的社会学称为“形式社会学”。

三、不同群体的互动形式

齐美尔指出了一些交征形式，如统治、服从、竞争、合作、党派、分工、亲密等。齐美尔认为，群体类型的变化会导致互动形式的变化。

齐美尔的形式社会学从方法论和研究对象的角度上对社会学作了有意义的界定，为社会学研究专门化和制度化做了有益的推动，在社会学发展史上占有一定地位。

第三节 关于社会冲突的思想

一、社会冲突存在的必然性

齐美尔认为，在社会中，完全协调一致的群体是不存在的。在任何一种形式的社会合作中都同时存在冲突，完全和谐的社会合作也是不存在的。不存在冲突的群体即使存在，也是没有生命力的，不可能有变革和发展。

二、社会冲突的类型与功能

从冲突的性质出发，他将冲突分为现实的冲突和非现实的冲突；从冲突的范围上，他将冲突分为四类：（1）群体内部的冲突；（2）群体之间的冲突；（3）诉讼；（4）非人格的思想冲突。

社会冲突对于群体和社会的整合具有积极功能，这一思想在后来的冲突理论中被发展为“安全阀”理论。

第四节　资本主义的文化矛盾

一、客观性与个性的矛盾

齐美尔认为，资本主义文化的根本矛盾，是文化的客观性与人的个性自由发展之间的矛盾，他以货币经济的发展具体说明了这种矛盾：(1) 人与人之间的交往是物与物之间的交往；(2) 各种文化客体越来越多地相互联系起来，而和人的个性情感的联系却日益淡漠；(3) 人们之间的结合与相互交往，逐渐成为纯粹是为了有限目的的结合与交往。

二、社会与个人的矛盾

齐美尔认为，在货币所集中体现的现代文化矛盾的影响下，个人与社会的关系也表现为一种双重的关系，即个人必须在社会中生活不能与其脱离，但同时又与社会相对立。

第五章　韦伯的理解社会学

教学目的和要求

了解韦伯社会学的主要内容和基本特征；明确韦伯社会学研究的中心思想；掌握韦伯社会学的方法论和关于统治类型特别是对于科层制的研究；领悟宗教社会学研究的意义。

第一节　生平与著述（略）

第二节　理解社会学的方法论基础

一、自然科学与社会科学

韦伯承认社会生活领域的独特性和社会科学的特殊性，但反对非理性主义和直觉主义的认识方法。同时认为，在社会科学的研究过程中，必须坚持价值中立的立场。

二、社会学的对象与方法——“社会行动”与“理解”

社会学以解释的方式来理解社会行动，并对社会行动作因果性的解释。

韦伯的“理解”概念既具有理智上和逻辑上的意义，又具有情感体验的和艺术感受的内容。但任何理解都必须与解释结合起来。对“理解”问题的强调，使韦伯社会学获得“理解社会学”的别称。

社会行动表示行动者以他主观所认为的意义与他人的行为相关。社会行动的主体是个人，个人的行动是理解社会学进行研究的出发点。

三、社会学方法论的概念工具——“理想类型”

理想类型是韦伯社会学建立因果性、规律性认识的概念工具。理想类型的特点表现在：一方面，作为理智上的概念工具，它具有高度的概括性、抽象性；另一方面，作为考察现实的概念工具，它又突出了经验事实中带有共性或规律性的东西，从而成为典型的形式，能说明经验现象的实质。理想类型的建立对社会学认识具有重要的方法论意义。

四、社会行动的分类

韦伯把社会行动分为四种类型：（1）目的合理的行动；（2）价值合理的行动；（3）情感的或情绪的行动；（4）传统的行动，即按照习惯而进行的行动。社会行动的四种类型之间有着相互联系和区别。

第三节 关于统治类型的研究

一、基本概念的论述

对统治或权威类型的研究涉及权力、统治和纪律三个基本概念。

二、统治的三种基本类型

（一）传统型统治。这种统治类型的基础是自古沿袭下来的风俗习惯和道德，统治权力是终身的和世袭的，传统型统治所代表的是一种保守力量。

（二）个人魅力型统治。个人魅力型统治是建立在对具有出色感召力的领袖人物的拥戴和信仰的基础上。

（三）法理型统治。这一统治形式是以目的合理性或价值合理性（或两者兼而有之）为目标而制定出来的，并努力加以贯彻，包括用强迫的手段使之实施。

三、科层制

科层制是法理型统治的最典型、最纯粹的表现形式。韦伯认为，科层制作为一种组织形式和管理机构，从功能上说是严格合理的和最有效益的。

第四节 关于宗教社会学的研究

一、研究主题与研究方法

韦伯考察了基督教新教伦理与资本主义精神的联系，说明新教伦理对资本主义发展及整个西方合理化进程的影响。按照“禁欲”与“神秘”两种不同的方式，韦伯对欧洲和亚洲的各大宗教进行了对比，以说明论题。

二、《新教伦理与资本主义精神》

“资本主义精神”概念的核心思想是“职业责任”，即把努力增加自己的资本并以此为目的的活动视为一种尽责尽职的行动。

新教伦理中路德的“天职”观念客观上起了重要的作用。

加尔文教义主要学说命定说。由此，加尔文教为人的世俗活动的意义找到了答案，同时，它自己表现出独特的入世禁欲主义倾向。新教中的劳动天职观念、职业成功意识、节俭致富倾向等都与前述“资本主义精神”有很强的亲和力。

第六章 杜尔克姆的社会学思想

教学目的和要求

了解杜尔克姆在争取社会学的独立方面所作的突出贡献；把握杜尔克姆关于社会学的研究层次、对象以及方法的思想；理解以社会团结为主线的基本社会学理论；领会《论自杀》一书在实际发展社会学方面所取得的实质性突破；正确理解和评价杜尔克姆在社会学发展史中所起的重要作用。

第一节　生平与著述（略）

第二节　社会学的研究层次、对象和方法

一、杜尔克姆的社会观

杜尔克姆社会观的特点是坚持社会唯实论和社会整体观。他认为，尽管社会由个人联合而成，但社会是独立存在的客观实体。社会和个人分别处于两个不同层次，社会学只把社会层次上的现象作为自己的研究领域。

二、社会学的研究对象：社会事实

杜尔克姆把社会事实即社会层次上发生的种种现象作为社会学的研究对象，社会事实具有外在性、强制性、普遍性等重要特征。社会事实可以分为社会形态学方面的社会事实和社会心理学方面的社会事实。对社会学对象的这一规定，使社会学同社会哲学和心理学区别开来，成为一门独立的实证科学。

三、社会学方法论的基本原则

（一）必须把社会事实视为“物”。鉴于“集体表象”一类重要的社会事实无法直接观察，杜尔克姆提出把统计方法作为社会观察的重要工具的思想。

（二）社会事实只能用社会事实解释。这一原则体现了杜尔克姆社会学的基本精神：研究社会必须禁绝任何形式的还原说，这一特点被称之为“唯社会论”。

（三）因果分析和功能分析是两个不同的但又必需的研究方法。杜尔克姆倡导一种控制比较的方法并确立了假设——推测——检验的步骤来研究社会现象之间的因果关系。

第三节　社会团结与社会分工

社会团结是一种最基本的社会事实。杜尔克姆的社会学理论是以社会团结为主线而展开的。

一、社会团结的含义

社会团结指的是把个体结合在一起的社会纽带，以及个体与个体、个体与群体、群体与群体之间的以结合或吸引为特征的联系状态。

社会团结的基础是“集体意识”或“集体良心”的“同一社会一般公民共同的信仰和情操的总体”。在这个意义上，杜尔克姆将社会学规定为研究道德的科学。

二、社会团结的类型：机械团结和有机团结

机械团结和有机团结是杜尔克姆区分的两种团结类型。机械团结是通过强烈的集体意识将同质性个体结合在一起的社会联结纽带。有机团结是建立在社会成员异质性和相互依赖基础上的社会联结纽带。

机械团结向有机团结的过渡是由社会分工的发展引起的。社会分工是一种职业专门化。社会分工产生了两方面的后果：一是削弱了集体意识，二是造成整个社会全面相互依赖的需要。

有机团结类型的社会中，在整体社会层次上发展出抽象的共同信仰和价值观，在中间群体层体上，出现了各种群体规范。

三、在现代社会中社会团结所面临的危险：原因与表现

（一）社会解组的危险。社会解组从根本上来说是社会道德的调节作用发生了故障，使得社会联结纽带出现松弛和断裂。

（二）反常分工对社会团结的破坏作用。社会解组的危险主要来自社会分工的反常状态，即：分工增长速度过快、强制性分工和纯技术分工。反常社会分工的共同特点是，它们都不具有牢固的社会道德基础，因而无法保证新型社会结构的稳定存在。

（三）有机团结面临的威胁。杜尔克姆从整体和个体两个层次上寻找破坏有机团结的原因。在整体层次上，有机团结由于全社会共同道德规范受到削弱而受到威胁；在个体层次上，对有机团结的重要威胁来自极端的个人主义。

为了防止和根除有机团结所面临的威胁，杜尔克姆倡导建立一种与社会分工体系相适应的多层次的社会道德体系。

第四节 对自杀现象的研究

杜尔克姆在其《论自杀》一书中应用了他所确定的社会学方法对社会现象进行实证研究，其重点是对自杀现象进行因果分析。

一、关于研究对象的说明

（一）自杀的定义。

（二）个人自杀事件与自杀率。社会学研究个人自杀事件，它所感兴趣的是自杀者在某一群体或社会中所占的比例，即自杀率。

（三）研究自杀现象的原因。

二、直接影响自杀率的社会原因

（一）对自杀现象的分类方法。杜尔克姆采用溯源学分类法将群体自杀率分为三大类型和一个附带类型，即利己型、利他型、失范型（以及宿命型）。

（二）利己型自杀。

（三）利他型自杀。

（四）失范型和宿命型自杀。

三、自杀理论小结

杜尔克姆坚持用社会群体的整合程度或规范程度这类社会事实作为决定自杀率变化的原因，不仅深化了他的社会学理论观点，同时也证明在社会研究领域建立与自然科学相类似的科学理论是可能的，为实证社会学提供了范例。

第七章 帕累托的普通社会学思想

教学目的和要求

了解帕累托的普通社会学思想；把握关于逻辑行为和非逻辑行为、“剩遗物”

和“派生物”概念；领悟社会精英和精英循环理论；特别是他的社会系统与系统平衡思想对美国社会学的影响。

第一节　生平与著述（略）

第二节　帕累托社会学的重要理论范畴

帕累托认为，人是一种无理性的、但又能理性思考的动物。他提出了剩遗物和派生物的概念，作为分析非逻辑行为的理论工具。

一、逻辑行为和非逻辑行为

非逻辑行为是帕累托社会学理论的一个重要出发点。逻辑的行为，是指在主观上和客观上将手段与目的合理地联系在一起的行为，反之都是非逻辑行为。非逻辑行为又分为四类：（1）手段与目的之间没有任何联系的行为；（2）行为与结果之间只存在主观联系的行为，如祭天行雨；（3）行为的手段与其结果之间存在着逻辑的联系，但为行动者不曾想象过此种联系的行为；（4）行为结果与所运用的手段之间的逻辑联系并不符合行为者初衷的所谓事与愿违的行为。

二、剩遗物和派生物

（一）概念的提出。在变幻多端的感情或感情冲动的背后隐藏着某种稳定不变的东西，为了表述和解释人的行为，作者提出了“剩遗物”和“派生物”的概念。

（二）剩遗物。是用以强调情感中具有稳定性和不易变化的部分。剩遗物是情感和本能的表示；是一种媒介，而不是其本身。剩遗物的六种类型：（1）组合的本能；（2）组合体的持久性；（3）行动的本能；（4）社会性；（5）个人的完整性；（6）性本能。帕累托认为，第一类和第二类剩遗物是最主要的。

（三）派生物。是指意识形态、信仰和理论等相对易变的成分，是剩遗物的证明物。派生物分为四类：（1）“简单肯定”；（2）“权威论据”；（3）“原则”；（4）“口头论据”。

第三节　帕累托关于社会精英和社会系统的思想

一、精英和精英循环理论

精英的定义有广义和狭义之分：广义的概念是指社会精英的全部；狭义的精英仅指处于统治地位的统治精英。

社会的特点是由精英，特别是统治精英的性质所决定的，而统治精英的性质又是由占主导地位的情绪即剩遗物决定的。不同类型的精英循环决定了社会政治形式的循环变化。

二、关于社会系统思想

社会系统是由互相依赖的因素构成的，影响系统任何部分的事件都会对系统整体产生影响。社会波澜起伏的发展，是由于它的三个子系统同步循环和相互影响的结果。这三个子系统是：（1）社会情绪的循环；（2）经济生产的循环；（3）政治组织的循环。

帕累托认为独立地分析上述任何一个系统不能揭示社会运动的规律，因此他又对以下三种形式的系统的组合进行了分析：(1) 社会情绪与经济生产；(2) 社会情绪与政治组织；(3) 经济生产与政治组织。

第二篇　20 世纪以来美国社会学的发展

第八章　社会学自欧洲传入美国及本土化运动

教学目的和要求

了解社会学自欧洲传入美国的历史及本土化运动；把握社会学由欧洲的宏观理论向美国早期微观经验研究的转变；认识实用主义传统对美国社会学发展的影响。

第一节　早期美国社会学家及其理论贡献

一、美国社会的发展及社会学的引进

（一）美国社会学发展的社会背景。南北战争前后的美国经济以日益加快的速度向前发展。为了解决随着社会发展而出现的大量的社会问题，美国从欧洲选择了一种最适合美国当时需要的斯宾塞的社会学说。

（二）萨姆纳的社会学思想。萨姆纳完全因袭斯宾塞的学说，认为进化通过生存竞争为自己开辟道路。他的著名理论称为“合作对抗论”。他的代表作《民族风尚》一书被认为是研究习惯、风俗等专门社会学的经典性作品。萨姆纳提出“我群”和“他群”的概念。“我群”中的关系是团结一致与合作，“我群”与“他群”之间的关系则是敌对的。

（三）沃德的社会学思想。沃德一方面继承了实证主义传统，另一方面，突出强调人的意识在社会发展过程中的重要作用，提出“有目的进化”的口号，认为社会学的基础不应是斯宾塞的生物学，而应当是心理学。

二、学院社会学的创立

（一）斯莫尔的作用和社会学思想。斯莫尔将学术研究划分为四个阶段：描述、分析、评价和建议，认为社会学应看做为“社会工艺”。在《社会学概念》中，他将与一定群体相联系的“社会利益”视为社会学研究的重要内容。

（二）吉丁斯的社会学思想。从亚当·斯密的人类情感说出发，吉丁斯提出了著名的“类意识”概念，认为由于人们以相同的方式对相同的环境刺激加以反应，所以，人们意识到大家是同类。他把社会划为四个层面：类意识发达的，不发达的，没有类意识的，类意识堕落的。

第二节　美国社会学的本土化运动

一、实用主义与美国社会学的发展

（一）实用主义哲学的影响。实用主义对人的主体性的强调，导致社会学家由对外部进化的思想转向对人自身内部机制的研究，造就了库利、托马斯、米德等社会学思想大师，使美国社会学走向成熟。

（二）库利的社会学思想。库利是美国第二代社会学家的突出代表人物之一。库利的社会学是整体论的。库利社会学的主导思想是：社会是一个由多种现象（包括对立现象）构成的有机论。个人与社会之间的关系构成库利全部著作的主题，他对这一论题的贡献是提出“镜中我”的著名概念，同时还提出了“初级群体”这一重要概念，认为初级群体是“人性的摇篮”。

（三）托马斯的社会学思想。托马斯一开始就用心理主义对原始社会加以研究，认为人的行为必须从历史和社会生活的角度去解释。他所著的《波兰农民在欧洲和美国》一书是美国社会学理论研究与经验研究相结合的转折点。

（四）米德的社会学思想。在萨姆纳、杜威、库利以及托马斯关于个人与社会相互作用的论述基础上，米德创立了符号互动理论。他认为个人行为只有在他成为成员的社会群体行为的意义上才能获得理解。他提出了“角色扮演”这一概念，将自我划分为主体我和客体我。米德谈到三种社会控制：个体的自我控制、社会自身发展的社会控制，以及社会自然环境的社会控制。

二、经验社会学传统的确立

（一）促成转向经验社会学研究的历史背景。第一次世界大战后美国社会工业化与城市化的进程，激化了社会矛盾，造成了大量的社会问题，从而促成了向经验社会学研究的转变。

（二）社区研究的发展。社区研究是美国第三代社会学家的研究主题。社区研究的三种理论取向是：类型学的、生态学的和结构功能主义的。

（三）芝加哥学派与都市研究。1915 年在芝加哥大学围绕帕克形成的社会学研究者群体，其贡献是使实地调查成为一项完全合法的科研事业和社会学的真正基础，城市是其研究主题。

帕克的社会学思想。帕克在鼓励经验研究方面起了巨大作用。帕克认为人类社会具有两个方面：即社区和社会。帕克将社会过程划分为四个阶段：竞争、冲突、调节与同化。

（四）林德夫妇的小城镇研究。林德夫妇选择了一个普通的美国城镇用作实验基地，阐释其普遍意义。他们关于“中镇”的研究开创了“当代生活的社会人类学”。

（五）沃纳对美国社会分层的研究。沃纳的《扬基市系列》一书开创了社会分层研究方法。将人类学的研究方法应用于当代社会问题的探索是沃纳在实地调查初期进行研究的主要特征之一。

第九章　结构功能主义

教学目的和要求

了解结构功能主义的思想渊源、基本特征以及这一流派的兴衰过程；掌握帕森斯发展结构功能主义的思想脉络；理解结构功能主义的基本理论和方法，以及默顿为发展功能分析方法而提出的功能分析范式；正确认识结构功能主义在社会学发展历史中所起的承前启后的枢纽作用。

第一节　结构功能主义的特征及其思想渊源

一、结构功能主义的主要特征

第一，结构功能主义将社会结构和社会整体作为基本的分析单位。

第二，结构功能主义重点考察社会系统中维持系统存在的各种机制以及各个组成部分在维持系统存在中所作的贡献。

第三，结构功能主义致力于解决的基本问题是，社会系统如何维持其存在状态。

第四，结构功能主义发展出一套全新的系统分析方法。

二、结构功能主义的思想渊源

（一）早期社会学家的影响。孔德、斯宾塞都提出过社会有机体的思想。特别是斯宾塞的社会有机体学说已经包含了结构功能主义的基本命题。

杜尔克姆是现代结构功能主义的最重要的奠基人。他关于社会整体性和系统性、社会团结和社会秩序、因果分析和功能分析的观点为结构功能主义所继承、接受和发展。

（二）英国文化人类学功能学派的影响。马林诺夫斯基提出的功能普遍性和功能不可缺少性假设，拉德克利夫-布朗提出的功能统一性假设，成为传统功能主义的理论基础。

第二节　帕森斯的理论学说

一、帕森斯的生平（略）

二、社会行动理论

（一）行动概念。帕森斯将行动视为主体朝向目标的动作。行动单元可以分解为：第一，行动目标。第二，情景状态。后一要素可以进一步区分为：（1）手段；（2）条件；第三，规范取向。

（二）对以往理论的批评与综合。帕森斯将研究行动的理论分为实证主义和理想主义两大流派，其中实证主义流派又可分为功利主义和反理性主义两个分支。实证主义的缺陷在于忽视了文化价值或主观因素在行动过程中的作用。理想主义的缺陷在于过分强调价值规范作用以及忽略了其他有关因素。

站在帕森斯行动理论的立场上看：情景状态和规范取向是影响行动的两个同等重要的独立因素。

价值规范对行动的调整不仅是帕森斯行动的核心点，也成为贯穿他后来发展的全部理论之中的一条主线。

三、社会系统中的模式变量

（一）行动与社会系统。行动系统由下述四个附属系统组成：文化系统、社会系统、人格系统和行为有机体。

社会系统是由行动者同其状态中的其他行动者之间稳定的、制度化角色关系构成的，通常所说的“社会”是社会系统中的一个特定类型。对社会系统的分析应从社会结构入手。社会结构指各个地位、角色之间稳定的制度化关系，稳定社会结构的先决条件是承担角色的行动者对同一组价值规范者有共同的理解。社会需要两种机制对可能发生的偏离进行调整：一是社会化机制；二是社会监督机制。

（二）模式变量理论。模式变量理论的提出，表明帕森斯将分析重点由社会行动转向社会系统。

行动者之间的互动过程必然要做五个方面的抉择，这些可能的抉择被概括在称为模式变量的五对范畴中。特定社会关系中的变量组合是由社会文化中的价值规范预先规定好的。

模式变量不仅可以用来分析社会结构，同时也为文化层次和人格层次的比较提供了分类学工具。

四、结构功能分析

（一）从模式变量向结构功能分析的过渡。帕森斯修改了关于模式变量具有独立性及可以任意组合的看法，提出社会结构的基本类型同社会系统必须满足的功能要求相联系的看法。

（二）行动系统的普通功有要求：AGIL。任何行动系统都必须满足四个最基本的功能要求，即适应（A）、达鹄（G）、整合（I）、维模（L）。这四个基本范畴为研究所有行动系统提供了功能分析框架。

（三）对社会所作的功能分析。首先是揭示出四类制度性结构的特征，其次，要揭示各个系统之间的边界关系。

各个系统都有用来同其他子系统进行交换的象征媒介，即：货币、权力、影响或赞同、价值承担或声望。

（四）社会变迁思想。帕森斯的社会进化理论的关键性概念是结构分化和子系统之间的边界关系。帕森斯进一步提出了进化共相和演化形态的思想，所有进化过程都可以概括为四个更抽象的演化形态，这些形态与系统的结构功能相对应。它们是：适应性增长；分化；采纳；价值概括化。

第三节　默顿对功能主义的发展

一、对传统功能主义的批判

默顿认为早期功能分析中三条流行的假设是无根据的、经不住事实检验的。他还认为，在以往的功能分析中“主观动机”和“客观后果”这两个概念之间的区别没有得到应有的强调。默顿坚持功能分析应当在经验研究的基础上进行，应以各种制度化行动的客观后果为重点。

二、功能分析范式

功能分析范式是对功能分析方法的完善，包括一组精确的概念和研究方案，其中主要有：功能分析的项目和机制、显功能与潜功能；正功能与反功能；功能接受者；功能替代物、结构制约性等等。默顿的范式把功能分析规定为五个步骤。

第十章　社会冲突理论

教学目的和要求

了解社会冲突理论产生的历史背景和思想渊源；明确米尔斯关于权力的研究和对冲突理论的贡献；领会科塞关于社会冲突性质和作用的功能主义思想；认清达伦多夫和科塞冲突理论的区别和联系。

第一节　社会冲突理论产生的历史背景

社会冲突理论产生于20世纪60年代的美国，它是该时期动荡不安的美国社会及其日益尖锐的社会矛盾的具体反映。

一、战后美国社会及其社会思潮的发展

第二次世界大战后的美国社会经历了三个发展阶段，即相对稳定和繁荣发展的40年代中后期和50年代，全球性动荡的60年代，以及70年代以来相对稳定时期。与此相应，40年代中后期和50年代，描述社会制度合理性、社会结构平衡性的结构功能论成为美国社会学界的主导理论。60年代开始，一部分社会学家的主题转变为冲突和压迫。所谓冲突论，就是社会学家对社会上的各种冲突和矛盾所作出的一系列理论探讨。

二、社会冲突理论的思想渊源

（一）20世纪以前的冲突论思想。16世纪意大利资产阶级政治家马基雅弗利和17世纪英国唯物主义哲学家霍布斯，19世纪德国伟大思想家马克思和韦伯、齐美尔，都曾对社会冲突理论在20世纪之前的发展作出过重要贡献。特别是马克思、齐美尔和韦伯被认为是这一理论的直接的先驱。

（二）20世纪前半期的冲突论思想。马克思、韦伯和齐美尔思想当中的冲突论思想，在当时的西方社会学界受到了一定的重视。其中，美国社会学家帕克、凡勃伦等人对此有过专门的论述。

（三）60年代以来社会冲突理论的发展。社会冲突理论在60年代出现了一个理论发展的繁荣时期。这一时期，美国社会学界涌现了米尔斯、科塞、里斯曼、兰斯基和柯林斯等一批著名社会冲突论者；此外，法兰克福学派和原西德社会学家达伦多夫也对社会冲突理论的发展作出了重要贡献。

第二节　米尔斯对社会学的想象

一、生平与著述（略）

二、美国社会阶级关系的新变化

米尔斯对美国社会阶级关系的研究主要见于《白领：美国的中产阶级》一

书。他在书中将马克思的异化理论和韦伯有关科层制的论述融合在一起，构成了全书一种特有的批判立场。

三、关于权力的研究

米尔斯对冲突论最有影响的一个贡献，就是他对权力研究的关注。在米尔斯看来，所谓权力就是在面临反对情况下也能实现自己意志的能力；所谓权力精英就是那些处于能作出重要决定位置上的人。

第三节　科塞的功能冲突论

一、生平与著述（略）

二、社会冲突的根源

科塞认为社会系统内的每一种成分、部分都是彼此关联的。当这个彼此关联的社会系统运行时，不可避免地伴随着紧张、失调和利益冲突现象。科塞的贡献在于，他不是一般地认为社会冲突都是有害的。

科塞认为，只是冲突不直接涉及基本的价值观念，它对社会是有好处的。科塞把冲突的原因区分为物质性原因和非物质性原因，并把这种区分当成最基本的界限。

科塞认为冲突的非物质性原因，源于“社会合法性的撤销”。社会合法性的撤销，指人们对现有的制度怀疑并缺乏信心，不再接受现有制度为合理合法。

科塞认为冲突的物质性原因，就是指当过多的人要求得到充足的报酬机会时，社会报酬的不均等分配以及人们对不均等分配表现出的失望。

三、冲突的社会作用

科塞在齐美尔冲突思想启发下，集中论述了社会冲突对于群体的建立和维持的功能，得出冲突有外部冲突和内部冲突之分的结论，谈到了社会安全阀制度问题，区分了现实与非现实的冲突。

（一）外部冲突与内部冲突。一个社会系统与其外部的冲突称为外部冲突，一个社会系统内群体之间的冲突称为内部冲突。

（二）社会安全阀制度。社会安全阀制度或体制是社会的一种机制，它通过潜在的社会冲突来维持一个群体，安全阀可以充当发泄不满的出口，及时排泄积累的敌对情绪。

（三）现实冲突与非现实冲突。现实冲突指的是个人或群体只是运用冲突这一最有效的方法，来达到自己确定的目的。非现实冲突源于某种难以捕捉的外在因素，其对象不是冲突的根源，冲突的目的纯粹是为了宣泄敌对情绪。

四、社会冲突的功能

科塞论及的社会冲突的功能的内容或方面主要有三项，即冲突的社会功能，冲突的社会心理功能和分裂性功能或称反功能。如果把这些内容与他区别的正向功能、反向功能结合起来考察，应做这样的归类：冲突的正功能包括它的社会功能和社会心理功能；冲突的反功能就是指它的分裂性功能。

第四节 达伦多夫的辩证冲突理论

达伦多夫从社会压制模式出发建立了辩证冲突论，试图用社会结构来解释团体冲突现象。

一、两种社会模式

社会学理论中存在着两种相互对立的社会模式：以稳定、整合、功能协调和价值共享为基本要素的社会均衡模式和变迁、冲突、功能失调和压制为基本要素的社会压制模式。辩证冲突论建立在后一模式基础上，其理论目标是找出团体冲突的结构性原因并全面解释团体冲突的产生、形式及其后果。

二、辩证冲突论的基本概念

（一）权威和权威结构。权威指特定命令被既定个人执行的可能性，是一种与社会地位相联系的合法的上下级关系。权威结构指统治地位与服从地位的结合形式。

（二）强制性协调组合。强制性协调组合指一切具有权威结构的社会成员的结合形式。

（三）利益、潜在利益与外显利益。利益指与一定权威地位相联系的、对地位占有者行动取向的期待形式，又叫角色期待。潜在利益指没有被地位占有者意识到的被期待的行为取向；外显利益指被地位占有者意识到的、并将其化为行动目标的行为取向。

（四）准团体和利益团体。准团体指在强制协调组合中占有相同权威地位、但其利益尚处于潜在状态的人群集合；利益团体是普遍意识到与权威地位相联系的利益、并在一定程度上组织起来的处于共同地位的人群集合。

三、辩证冲突论的主要理论命题

（一）关于冲突团体形成的命题：强制性协调组合中对立准团体的成员，除非受到组织条件的干预，都将把自己组织为利益团体。这些组织条件包括：技术条件、政治条件和社会条件，此外心理条件也是冲突团体形成的干预变项。

（二）关于团体冲突形成的命题：利益团体之间的冲突形式（激烈程度和紧张程度）由冲突条件决定。这些冲突条件包括：组织条件、各组合权威结构之间的多元关系、权威结构同其他社会地位结构之间的多元关系、社会垂直流动以及冲突调节机制。

（三）关于社会结构变迁的命题：团体冲突通过改变统治地位占有者而导致社会结构变迁，社会变迁的种类、速度和深度取决于结构变迁条件。结构变迁的内容表现在价值规范和制度两个层次上；变迁的形式有突发式、改良式和革新式。测定变迁程度的标准是突发性和激进性；由于冲突形式同变迁程度之间有密切关系，因此冲突条件同时也是结构变迁条件。

第十一章　社会交换理论

教学目的和要求

掌握交换理论的基本思想；明确交换理论所使用的基本概念及其思想来源；正确区别霍曼斯和布劳理论的主要观点及各自的理论缺陷；批判性吸取该理论中的合理思想成分，借以识别现实生活中的某些具体交往过程。

第一节　社会交换理论产生的社会背景和思想渊源

一、社会交换理论产生的社会背景

20世纪50年代后期，在美国的社会生活中，人们开始普遍强调个性发展，反对那种只把人作为群体组成部分，而不把人作为社会个体行动者的理论观点。由此，便产生了从交换的观点研究人与人关系的理论。

二、社会交换理论产生的思想根源

（一）古典政治经济学中的交换思想。经济学中研究人们通过相互行为实现欲望满足问题的，最早是英国古典经验论者洛克和亚当·斯密。他们认为交换使双方有利，而且人们都是最大利益的追求者。社会交换论借用了许多经济学上的概念。

（二）人类学中的交换思想。人类学家对初民社会的研究表明，在该社会中不存在市场竞争，互惠的交换方式是初民社会整合的基础。其代表人物主要有弗雷泽、摩斯、马林诺夫斯基和列维-斯特劳斯。

（三）行为心理学和交换理论。行为心理学代表人物斯金纳对交换理论影响最大，斯金纳对行为主义的许多论述几乎成为社会交换理论的必要前提。

第二节　霍曼斯的行为主义交换理论

霍曼斯被认为是社会交换理论的创始人。其主要观点认为，社会学主要研究单位是人，而不是社会角色或社会结构。对社会现象的合理解释也必须以人性的内在心理结构为基础，人与人之间的互动根本上是一种交换过程。

一、霍曼斯交换理论的基本概念

活动，报酬（或奖赏），价值，情感，互助，规范，代价（费用），投资，利润，公正性期待。

二、霍曼斯交换理论的基本命题

（一）成功命题：个人的某种行为越是经常地得到相应的报酬，那么，他就越可能重复这一行为。

（二）刺激命题：相同的刺激可能会带来相同的或相似的行为。

（三）价值命题：如果某种行为的后果对一个人越有价值，那么他就越有可能采取该行动。

（四）剥夺与满足命题：在近期内重复获得相同报酬的次数越多，那么这一报酬的追加部分对他的价值就越小。

（五）攻击与赞同命题：这一命题是指一个期望得到的报酬没有得到，就会出现攻击行为；反之，当个人得到的报酬超过期望值或个人没有得到的预期惩罚时就会出现赞同心理。

（六）理性命题：是指人们在选择行为活动时，不仅考虑到它是否有价值，而且还考虑到获得该效果的可能性如何。

三、霍曼斯交换理论的实际意义

霍曼斯理论适合于小群体研究，其基本意义在于对社会整合、权力、地位等问题做了重新阐述。

四、霍曼斯的理论缺陷

（一）心理还原主义；

（二）关于人的行为是一种理性行为的批评；

（三）理论命题中同义反复的错误。

第三节　布劳的结构主义交换理论

布劳的理论研究重点不只是个人间的交换关系，还包括整个社会整合及大组织权力的社会基础。

一、布劳的理论目标

布劳的交换理论从社会结构的原则出发来考察人与人之间的社会交换过程。其理论目标是既想克服功能主义忽视研究人的缺陷，又想弥补霍曼斯理论只局限于小群体范围的不足，布劳的理论试图从人际关系的最小单位推演到较大的研究单位——社会结构，探讨权力、规范等社会生活中的复杂结构问题。

二、关于社会交换的基本概念

布劳把交换理解为特定类型的交往，这种交换具有下述特征：首先，它是指参加交往的各方都期待对方的回报。其次，它是建立在相互信任基础上的自愿性活动。布劳同时指出社会交换与经济交换的相似和不同点。

三、基本交换过程

布劳认为社会交换包括下述一些过程：

（1）吸引与竞争；

（2）分化；

（3）整合与冲突。

四、宏观交换观点

布劳在分析宏观过程中，除了他的基本交换理论外，还增添了一些新的概念：

（一）共享价值观。是指参与交换各方共同接受的统一的社会标准或规范。

（二）制度化。布劳认为，尽管共享价值观为宏观交换关系的形成提供了可能性，但要使这种交换成为稳定的模式，必须有一个制度化的过程。

布劳的交换理论从微观到宏观系统地追溯了社会交换的形成、发展过程及其形态和影响，试图说明社会交换是如何从个人层次上升到支配社区与社会复杂结构的过程。由于该理论存在的一些不能克服的缺陷，致使他在 20 世纪 70 年代放弃了这一理论，转向“宏观结构理论”的研究。

第十二章　符号互动论

教学目的和要求

了解符号互动论的理论来源，搞清该理论产生与发展的基本线索；弄懂符号互动论的基本原理；着重把握符号互动论创立时期和在第二次世界大战后几个代表人物的基本思想；学会运用马克思主义观点正确分析和对待符号互动理论。

第一节　符号互动论的理论背景

符号互动论侧重于从心理学角度研究社会，认为社会是由互动着的个人构成的，对于社会的解释只能从这种互动中寻找。

符号互动论是在下列理论的基础上发展起来的。

一、苏格兰伦理学家的影响

许多苏格兰伦理学家主张研究现实生活、研究人的心理活动。其中，亚当·斯密和大卫·休谟阐述了社会中的人均把对方作为检验自己行为的镜子的思想，亚当·弗格森认为习惯的作用大于本能。苏格兰伦理学家的思想通过美国实用主义哲学而发展为符号互动理论。

二、詹姆斯对习惯、自我与社会我的研究

实用主义的重要代表詹姆斯研究了习惯取代本能的过程。他还研究了“自我”，首次将自我分为四类，即“物质我”、“精神我”、“社会我”和“纯粹的我”。其中，社会我的思想对后来的符号互动论影响最大。

三、鲍德温的自我发展三阶段论

鲍德温提出，儿童的自我观念的发展经历了投射阶段、主观阶段和射出阶段三个过程。

四、杜威的社会互动思想

杜威强调人类调整自己以适应环境的过程，认为人的活动与客观世界是相互依赖的。

第二节　符号互动论的早期代表人物及思想

一、库利的“镜中我”思想

库利对符号互动论的突出贡献是提出了“镜中我”思想。他认为，一个人的自我观念是在与其他人的交往中形成的。他还认为，初级群体为人们创造了了解“镜中我”的环境。

二、托马斯的情境定义和情境分析的思想

托马斯提出了情境定义及情境分析的思想。他认为人们的行为反应是以人们对所处的客观环境的判断为前提的。个人的定义受到社会定义的制约。

三、米德的符号互动思想

米德对符号互动思想作了较为全面的阐述。米德认为，人类个体的自我反省、反思、自我控制之所以能存在，就是由于人们参加到了社会互动中来，并且掌握了互动中产生的语言等交往工具。米德对“自我观念”做了尤为深入的研究，他不仅明确区分了“主体我”和“客体我”，而且进一步研究了儿童的自我的形成发展过程。他将这个过程分为“嬉戏阶段”和“群体游戏阶段”两大阶段。

第三节　第二次世界大战后的符号互动论

第二次世界大战后，符号互动论成为美国及西方社会学界具有较大影响力的社会理论。

一、布鲁默全面总结与发展了符号互动论

（一）从符号互动论的角度看社会。布鲁默认为，人类相互之间总是对对方的行为作出自己的解释和定义，并以此为根据而发生互动。社会客体并没有固定的意义，所谓意义是符号互动产物。

（二）符号互动论与功能主义理论的区别。功能主义将人的行为视为社会组织结构的必然产物，而符号互动论认为人的行为是受行动者自己控制的。

（三）关于符号互动论基本思想的归纳。布鲁默认为符号互动论有三个基本论断：第一，人类对某一客体采取的行动主要是依据他们对客体的定义；第二，人们对客体的定义产生于社会互动之中；第三，人们对客体的定义不是一成不变的，而是随时加以修正。

（四）“共同行动”的概念。两个以上的人参加到同一项行动中来就构成了共同行动。在共同行动中，处于不同地位的人通过各自的解释、定义而相互作用，结合在一起，形成一个持续不断的过程。

（五）符号互动论的方法论原则。布鲁默主张回到经验世界中去，做直接的考察。这种直接考察包括“探索”和“检查”两种方式。

二、戈夫曼对人际互动的研究

戈夫曼从更为微观的、新的角度研究人际互动。他着重考察了两种场合的互动。

（一）对于社会机构内互动的研究。这是指在一定界限内发生的经常性的互动。戈夫曼认为，人们在这里的互动就好比舞台上的演出，每个人都根据剧本扮演角色，他专门研究了这种控制他人印象的技巧。他还提出了剧组人员合作的思想，区分了误导的表演与神秘的表演，以及说明了表演的客观效果问题。

（二）对于社会结构以外互动的研究。这类互动是没有界限的、临时性的互动，戈夫曼称这类互动为“相遇”。在对这类互动的研究中，他提出了“角色距离”的概念。

三、标签理论

标签理论是用符号互动观点解释越轨行为的理论。它认为，所谓越轨行为是一种主观的东西，即某种行为之所以成为越轨行为就是因为社会给它贴上了这样的标签。

第十三章 布劳的宏观社会结构理论

教学目的和要求

了解西方社会学理论发展动向和形式化特点；重点理解布劳关于构造公理系统的方法论原则；掌握宏观社会结构理论的基本内容；正确评价这一理论的历史地位和作用。

第一节 宏观结构理论的思想渊源

布劳的理论倾向深受三位欧洲经典社会学家的影响：

一、马克思的唯物史观和阶级斗争学说

二、齐美尔的形式社会学及关于相互关联的社会属性的观点

三、杜尔克姆关于社会事实的思想和他的研究方法

第二节 布劳构造理论的方法论原则

一、社会学科学化的任务

社会学科学化同其他科学一样，表现在遵循同一的方法论原则。

二、科学理论的特征：演绎性和证伪性

一切科学理论，就其形式而言，必须是演绎性的；就其内容而言，必须是具有证伪性的。

三、科学的社会学理论应当具备的要素

（1）明确地界定解释物和被解释物；

（2）通晓有关的经验知识；

（3）提出崭新的理论观点和核心概念；

（4）概念的精确化；

（5）形成由命题组成的演绎体系；

（6）将理论同实证研究结果相对照。

第三节 宏观结构理论的前提

一、研究对象的界定

宏观结构理论的被解释物是一个社会或社区中的社会关系模式。

二、核心概念的定义

（一）社会结构。指社会人口在多维空间中的社会地位上分布。这个定义涉及了社会地位、分布和多维空间三个基本概念。社会地位指人们在社会生活中用

来识别他人并作为选择交往标准的属性或特征。分布指社会人口在众多社会地位上的规模分配。多维空间用以描述个人在社会中处于许多而不是孤立的一种社会地位轴线上。

（二）三类参数。第一类异质性，指在一个社会地位轴线上的人口在各个不具有等级差别的社会集团间的分布。第二类不平等性，指在一条地位轴线上的人口在具有等级差别的社会集团间的分布。第三类相交性，指在社会结构中几条轴线上人口分布的共变状态，分为重合、部分相交、完全相交几种情况。

三、公理和假设

（一）公理。在社会或社区中，由人口的成分组成和分布状态所产生的结构性限制或结构性机会对人们社会关系起着决定性作用。

（二）假设。（1）接近性假设：社会地位接近的人们之间交往多于地位差距较大的人们之间的交往。（2）机会性假设：交往程度取决于接触机会。（3）促进性假设：人们同其他社会集团或阶层的交往促进他们向这些集团或阶层流动。（4）独立性假设：任何社会地位对社会交往的影响都或多或少地独立于其他社会地位的影响。

第四节　宏观结构理论的基本定理

宏观结构理论的定理分为两大层次。第一层次定理直接由理论前提演绎而来，主要涉及集团间关系问题；第二层次定理是间接地通过第一层次定理演绎而来，主要涉及社会流动问题。

一、第一层次的定理（16 条）

（一）关于集团或阶层之间关系的定理。首先，布劳考察了一般结构分化对集团间关系的影响，提出异质性或不平等性的增长促进集团间交往的思想，进而考察了社会结构的空间形式——子结构和多层次的子结构——中社会分化对集团间交往的作用；其次，考察了集团人口规模这一结构要素对集团间关系的影响；最后，考察了各个社会地位轴线上人口分布状态的相交关系对集团间关系的影响。

（二）关于社会流动的定理。布劳分别考察了社会流动的可能性、流动对社会结构的影响以及社会流动与各类结构参数之间的关系。

二、第二层次的定理（11 条）

布劳通过第一层次定理进一步考察了社会流动对集团间关系的影响以及社会结构性质对社会流动的影响。

对布劳宏观结构理论的简评

（一）贡献

第一，坚持和发展了结构理论学派的传统，推动着西方社会学界研究方向的转变；

第二，在社会学科学化方面作出了重要尝试。为社会学理论的公理化和数学化开辟了途径。

（二）缺陷

第一，社会结构的定义过于狭窄，限制了理论的解释范围；

第二，在结构因素与非结构因素的关系上缺少应有的分析；

第三，对不同层次的社会结构之间的关系及结构与个人的关系分析不够。

第十四章 社会学的现代化理论

教学目的和要求

了解社会学现代化理论的学科边缘性质；认识各种现代化理论的局限性；把握一些所谓现代化理论的阶级实质；领悟发展中国家最终要根据自己的国情制定现代化发展战略的重要性。

第一节 社会学现代化理论的由来和早期的发展

一、现代化理论的兴起和发展

“现代化”作为一种思潮提出来是第二次世界大战后的产物。战后的和平环境，使得人们普遍关注全球性的社会发展问题。但不同国家的理论家，由于所持立场不同，看法不一。

最早从现代化的角度研究发展问题的是经济学；从政治学方面研究发展问题，侧重于“现代化”过程中的政治方面；历史学现代化理论，注重于从传统社会向现代化社会的具体变迁过程，社会学对于现代化理论的研究，主要从社会文化、社会结构与社会关系的变革以及社会心理诸方面着眼，其中对于现代化的原因、动力和条件更为重视。

二、社会学现代化理论的早期发展

社会现代化作为一种特定的社会过程在西欧和北美从 18 世纪前后就已经开始。18 世纪出现的影响世界历史进程的三大事件，特别是由英国工业革命推动的资本主义世界的发展，引起了早期社会学家对社会变迁和社会发展问题的关注。孔德的实证工业社会的理论；韦伯的《新教伦理与资本主义精神》一书中对资本主义社会现代化问题的思考。第二次世界大战后，美国的结构功能主义理论，其中“模式变量”思想，对社会学的现代化理论有较大的影响，但“西方中心论”观点，受到了来自发展中国家的抨击。

第二节 第二次世界大战后社会学现代化理论的状况

一、“人格现代化”理论

该理论的主要代表人物之一是美国社会学家英克尔斯。他从人的现代性的角度研究社会现代化问题，被称作“人格现代化”理论。他提出衡量人的现代性的 14 个特征指标，从横向和纵向对于影响人的现代性环境进行了分析。一个时期内成为风行的现代化理论。

二、“现代社会结构”理论

该理论的代表人物马里奥·列维，他特别对中、日、美三国的现代化问题进行了比较研究。为分析和鉴定社会发展，他制定了包括六个方面结构关系的模式变量。列维认为，运用这六个模式变量可以对一个社会里的不同类型的关系、不同社会里的类似关系、不同社会里的不同类型关系进行分析比较。

第三节　社会学现代化理论研究的新方向

一、“依附理论”

该理论认为，把低度发展的国家假设为将经历与发达国家相同或相类似的发展过程。由于假设的错误，它不能正确解释这些国家的发展。有的学者认为，由于欠发达国家在经济发展过程中受到发达国家的经济制约，或依赖于后者，造成了“依附”地位，因此主张发展中国家要与发达国家“脱钩”，摆脱依附状态。

二、“后工业社会”理论

美国社会学教授丹尼尔·贝尔于 20 世纪 50 年代末第一次提出了这一概念。他在对后工业社会的探讨中提出了“中轴原理”和“中轴结构”的分析方法。从分析不同社会的结构的中轴原理和中轴结构入手，将人类社会分成前工业社会和后工业社会。对后工业社会进行了广泛的概括，并提出了五个方面的特征。

三、传统现代化理论的开拓

其中布莱克是该理论方向的代表人物之一，他认为，现代化研究可有三个重点：第一，研究现代化的根源；第二，研究参加现代化行列较晚国家的现代化问题；第三，研究现代化的前途问题。他认为，对处于现代化过程中的社会可进行多方面的比较。为了有效地进行比较研究，他提出了在五个方面进行比较的重要性。

四、20 世纪 80 年代以来社会学现代化理论的发展

自 20 世纪 70 年代末 80 年代初，社会学现代化理论进入第三个发展时期，这一时期现代化理论的特点是呈多元化的发展趋势。法国著名经济学家弗朗索瓦·佩鲁提出了以“人”为中心的发展思想，他强调发展的整体性、综合性和内生性。他认为如果不能从理性和精神的更高层次上思考现代化问题，所提出和制定的任何策略都将是肤浅和短视的。

第十五章　当代西方社会学理论的综合趋势

教学目的和要求

了解进入 20 世纪 80 年代末和 90 年代初以来西方社会学出现的向理论综合方向发展的趋势；认识西方社会学理论发展的内在逻辑；把握理论由分化转向综合过程中的社会背景和学术条件及其各种理论综合尝试的不同特点。

第一节　当代西方社会学理论综合趋势的背景

一、社会学发展的历史回顾

从孔德提出社会学这门学科至今大体经历了以下五个发展阶段：（1）社会学的奠基时期——19 世纪 30 年代至 70 年代末；（2）社会学的形成时期——19 世

纪 80 年代至 20 世纪 20 年代；（3）结构功能主义理论占统治地位的时期——以 1937 年帕森斯《社会行动的结构》一书出版为进入该时期的标志；（4）社会学理论的多元化时期——从 20 世纪 60 年代中期至 70 年代末，针对帕森斯理论的不足对其挑战形成的各种社会学理论；（5）社会学理论新的综合尝试——自 20 世纪 80 年代以亚历山大建立新功能主义的理论综合尝试为代表。

二、当代西方社会学理论综合的社会背景

（一）世界格局的改变。经过长期的东西方冷战对抗，进入 20 世纪 80 年代以来，世界出现了缓和的趋势，随着跨国组织的产生，"地球村"的全球意识开始增强，这种历史现实对社会学界的理论反思产生了影响。

（二）学术界的反思。长期对抗的东西方两大阵营出现了和缓局面，学术界不同理论的对抗、各持一端的做法是否明智引起了学术界的思考。这种反省意识和互相吸纳的开放态度是社会学理论进行综合不可缺少的学术背景条件。

三、当代西方社会学理论综合的理论背景

（一）理论发展的内在逻辑。19 世纪末 20 世纪初，欧美世界形形色色的理论思潮竞放争鸣。30 年代后期以帕森斯《社会行动的结构》（1937）一书为开端，开始了他的理论综合的努力，构建了被称为结构功能主义的宏观理论体系。该理论在欧美居于统治地位近 30 年。随着帕森斯理论的缺陷逐步暴露出来，形成了挑战帕森斯理论的分化过程。这一过程的进一步发展，又为新的理论综合准备了条件。

（二）主流社会学理论的不足。随着帕森斯理论统治地位的丧失，诞生了多种社会学理论。其中符号互动论、冲突论、交换论、本土方法论、文化社会学等被认为是分化过程中出现的社会学主流理论。它们在回答（1）人的行动是理性的还是非理性的？(2) 社会秩序是集体主义的还是个体主义的？这样两个问题时又暴露出其不足，表现出各自的局限性。

（三）欧洲社会学理论的复兴。两次世界大战期间，社会学理论中心由欧洲移至美国，此后便一直是美国社会学领导着西方世界社会学发展的潮流。到了 20 世纪 70 年代，欧洲社会学理论开始了复兴，出现了"知识考古学"、"构造论"、"沟通论"、"符号表现社会学"、"后现代主义理论"，显现出一派复苏的生机。

第二节　当代西方社会学理论综合趋势的表现

自 20 世纪 80 年代以来，西方社会学理论进入了一个综合的新时代。在此期间几种主流理论登场亮相，试图进行以自身理论为根基的理论综合。

一、社会学理论综合趋势的主要理论流派

1. 新功能主义

杰弗里·C·亚历山大为代表的新功能主义理论，一方面努力发掘和发展帕森斯的理论中的合理内核，另一方面又指出其不足，通过借鉴和引入其他理论的合理要素对帕森斯结构功能主义在一般理论层次和经验层次上进行重构。

2. 新马克思主义

是兴起于20世纪50年代西方社会学理论的一个重要流派，其代表人物是哈贝马斯。他试图将马克思的解放全人类的思想同韦伯的理性化分析思想、米德的沟通理论、杜尔克姆的社会整合思想、帕森斯的系统功能论、霍克海默尔和阿多诺等人的早期批判理论的思想，以及本土方法论、现象学、符号互动论等理论中的互动观通过改造综合在一起。

3. 构造论理论（又译结构化理论）

该理论流派是社会学家安东尼·吉登斯在对功能主义理论以及后帕森斯时代的多种理论传统进行批判的基础上，通过对之改造、融为一体而创建的一种理论流派。该理论强调“结构的二重性”，主张社会结构是由具有能动作用的人在互动中建构的，这种由互动构建的社会结构反过来又影响人们的社会互动。

4. 布迪厄的建构论的结构主义

作为法国最著名的社会学家，他将欧洲的社会学理论传统与法国特有的特别是认识论传统结合起来，创立了独具特色的建构论的结构主义。该理论从其命名的本身，可以看出，它要超越结构主义和建构主义的二元对立，另一方面，它又通过使用场域、资本和惯习等几个主要概念超越一元论的逻辑，而以其关系性的特征来展示复杂的社会实践逻辑。

5. 当代符号互动论

是指后布鲁默时代的符号互动论的一个相对松散的理论派别。为了克服传统符号互动论的局限性，试图构建一种更加综合性的理论。当代符号互动论者广泛借鉴和引入了其他理论要素，既包括宏观的理论观点，也包括微观的理论成分。还有一些符号互动论者力图引入后现代主义、结构功能主义、女权主义、行为主义等理论的部分观点和内容。

6. 交换论

进入20世纪80年代之后的新一代的交换论者认识到传统交换理论的不足，在引入其他宏观理论的基础上构建了一种更为综合的理论。如艾默生等人将传统的交换理论同网络理论结合形成的网络交换理论；另外一些交换论者引人选择论和决策论思想；还有一些理论家借鉴符号互动论、本土方法论的观点。

7. 冲突论

冲突论理论进行的综合，一方面表现为兰德尔·柯林斯借鉴符号互动论思想吸收杜尔克姆、马林诺夫斯基和拉德克利夫-布朗等人的观点。20世纪80年代后的冲突理论者进行理论综合的尝试，首先表现在对冲突理论进行的扩大化的解释。其次在广泛的研究中又融进了其他理论派别的思想，丰富其冲突理论的内涵。

8. 本土方法论

本土方法论者引入了符号互动论、交换论的理论观点，强调个体论的互动观点，而且还试图融进强调结构的集体主义观点。如在论述行动者的能动性与结构的关系时，他们作出了与吉登斯构造论理论相同的综合努力。

9. 理性选择论

该理论早期曾经受到多数社会学家批评，近年来随着经济学取得的成功，又受到社会学界的注意。理性选择论学者在努力克服其不足，开始向宏观理论靠拢。当代理性选择论者甚至尝试构建所谓博弈论马克思主义。

10. 女权主义社会学理论

它是进入 20 世纪 80 年代中期以后才兴起的一种社会学理论。该理论以妇女为研究对象，以妇女的眼光来看待世界，为妇女寻找更美好的世界蓝图。女权主义者认为，以前的社会学理论像其他知识体系一样，是以男性对世界的经验为基础的，充满了偏见，因此对以前的每个社会学概念和命题及整个模式都要进行重新思考和解释。

二、当代西方社会学理论综合趋势的主要特点

（一）多种综合并存。当代西方社会学理论综合的趋势，不是一种理论担当此角色，各种较有影响的理论都试图以自身理论为基础进行综合的尝试，其结果形成了多种理论综合并存的局面。

（二）关注宏观与微观的综合。长期以来，西方社会学理论充斥着宏观与微观理论的对立，如个体论与集体论、主观与客观、行动与结构等二分法。宏观社会学注重对社会、社会制度和总体层次的社会—文化变迁的研究；而微观社会学只注重社会的某个局部或部分，如互动论或冲突论等理论。当各理论派别认识到这种二分法缺陷之后，在其理论综合中开始注意二者的结合。

（三）综合多采用对传统理论的重构。一个理论派别一般可通过三种途径继承和发展该理论传统，即详尽阐发、修正和重构。各主流理论在参加综合的潮流中，大多采用了后一种形式——对传统理论的重构做法。

（四）广泛借鉴其他学科的思想。不同学科的相互交叉、跨学科知识的增长，是当代学科发展的一个重要趋势。随着学科之间的相互借鉴日益广泛，这种情况也反映在当代社会学理论的综合过程中。

第三节　后现代社会理论

当代西方社会学一方面表现出综合的趋势，另一方面却又在后现代主义的冲击下表现出某种离散的趋势。本节通过对后现代思潮引介及后现代社会理论中最具代表性的人物的讨论，使读者把握后现代社会理论的学术价值及其对社会学理论发展趋势的影响。

一、什么是后现代

（一）后现代的缘起

“后现代”是一个十分复杂的现象，对此概念众说纷纭。暂且抛开具体分歧，用半个多世纪以来三大社会事件来勾勒后现代的社会缘起。

第一大社会事件是 20 世纪 30 年代纳粹对犹太人的大屠杀事件。法兰克福学派第二代的重要传人——阿道尔诺有一句名言：“奥斯威辛之后，诗已不存在。”英国社会学家鲍曼指出，大屠杀是“文明化进程的道德后果”。在法国思想大师

福柯的眼里，大屠杀意味着对法国大革命以来的经典启蒙文化的根本动摇。

第二大社会事件是 1968 年始于法国、席卷整个西欧社会的“五月风暴”。它是西方尤其是法国知识分子思想产生急变的一道分水岭。伴随着运动的失败而来的，并不是人们通常所说的对革命本身的拒绝，而是对那种急于求成、期望一蹴而就、谋求根本解决或总体突破的革命之道的拒绝。五月风暴之后，知识分子纷纷从街垒走回了学院，成了面对日常生活学院内的革命者。

第三大社会事件是 20 世纪 80 年代前后在西方开始逐渐成形的消费社会和网络社会。消费社会的一个重要特征是大众媒体尤其是电视在其中扮演了重要的角色，消费变成了不再依赖于人的真实需求，而是被各种广告和符号所刺激着，进而使消费成为非理性的狂欢。

以上三大事件都使人们开始怀疑现代性的实际后果与其纲领性的承诺的不和谐。后现代正是作为对现代性及其后果的批判性反思而出现的。

（二）后现代的思想渊源

早在后现代思潮涌现之前，就有几位思想大家揭示了现代性的困境。如韦伯在《新教伦理与资本主义精神》的结语中，已经指出启蒙主义“脸上的玫瑰色红晕似乎也在无可奈何地褪去”。尼采提出的“反社会学”，他在古典理论家们从启蒙和自由的角度看到进步的地方，他看到的是衰微、枯竭和支配。弗洛伊德以其富于原创性的精神分析理论告诉人们，人的个体自我是一个分裂的主体，是自我的意识与被压抑的欲望之间永恒的交战。此外，索绪尔、列维-斯特劳斯、巴特等人的结构主义也是后现代思潮孕育的基本理论资源。事实上，后现代主义有时也被称为后结构主义，由此足可见结构主义与后现代深厚的渊源。

（三）后现代性与现代性

由于后现代状况的含混、庞杂，对于这一概念人们难以给出一个清晰的定义，但可以从后现代（后现代性）与现代（现代性）的关系中把握它们的要旨。后现代与现代并不完全是时间上的顺序关系，它是指与现代判然有别的一个社会、文化和政治的新时代，它们之间更是一种批判性的关联，是对现代性及其后果的激进反思。

（四）后现代社会理论

后现代观念表现在文学批评、历史分析、哲学思考、建筑学、神学和社会理论等广阔的领域中。特别要注意的是，这里用后现代“社会理论”而非后现代“社会学理论”，因为前者比后者的理论视角更为广阔，像福柯、布希亚（虽然他长期在社会学系任教）、利奥塔这样的后现代理论大家都是跨学科的。甚至一些被公认为后现代大师的理论家本人都不大认可“后现代社会理论”的说法，即使是对从正面去阐释“后现代状态”的利奥塔等人来说，也对“后现代社会理论”心存疑虑。

二、后现代社会理论的重要代表人物

（一）福柯

福柯是一位复杂的思想家，而不是单纯的“后现代”论者。福柯认为现代理性是一种强制性的力量，他对现代资本主义的生产实践进行了批判。他将尼采、结构主义传统、康德的批判哲学传统和法国的认识论传统融会贯通，在历史所谓的边缘处作了一系列精彩的具体研究，并通过这些具体研究直逼现代性那些基本预设的合理性。

福柯的著述主旨可以分为三个方面：

1. 知识考古学

知识考古学是用以探讨知识何以可能的主体和客体条件以及"真理体制"得以建立的实践过程的方法。福柯力图通过"停在表面"的方法去把握那些流变的、断层的、随机的（不连续性的）具体现实。不连续性不再被视为历史叙述中的障碍或大体上被认为是一种缺憾，相反地，福柯以不连续性作为积极实用的分析概念。

2. 权力谱系学

如果说知识考古学在权力问题上是沉默的话，那么福柯的权力谱系学就是要探讨我们自身与权力的关系。所谓权力谱系学，就是要通过非常细致和耐心的文献工作努力去把握权力的出身，而不是权力的源起。他赞同尼采的观点，"出身"（herkunft）和"起源"（ursprung）是两个不同的概念。

3. 自我伦理学

福柯在权力谱系学中关于权力无所不在的论述，容易给人造成现代人无处可逃也无所作为的印象的话，那么"自我伦理学"的提法就是要消除这种误解。所谓自我伦理学，是要探讨人们自身与伦理的关系，通过这种关系，将人们自身建构为伦理实践者。道德与伦理不同：道德尤其是基督教道德，是对欲望的控制或节制，是对自我的贬损和弃绝；而伦理尤其是古希腊文化中的伦理则是个体与自我的关系，是把自我作为一件艺术品去塑造的生存艺术。因此，在自我伦理学中，个体不再是社会权力支配的对象和工具，而成了自我照看、自由行动、自主抉择的主体。

（二）布希亚

尽管布希亚在访谈中对后现代的态度比较暧昧，但他显然比福柯更被人们视为后现代的偶像人物，甚至被认为是"提出了关于后现代性最震撼、最极端的理论"。

1. 对现代性的批判

布希亚早年受过马克思和结构主义的影响。马克思对他的影响，表现在对经济在社会中的作用的关注；而结构主义对他的影响，则表现在把消费品系统和以广告为核心的信息沟通系统看做是一种意义的符码。他在此后的《生产之镜》、《象征性交换与死亡》等著作中，进一步发挥了他对消费社会的想象力，把马克思的政治经济学称为生产之镜，把福柯的权力谱系学称为权力之镜，把弗洛伊德的精神分析学称为欲望之镜。他说，我们正在经历的"不是由生产资料的所有制而是由符码控制所带来的对所有社会关系的象征性解构"，他呼吁人们必须打破所有西方形而上学的生产之镜。

2. 对后现代性的勾勒

布希亚是在《模拟和模拟物》、《致命的策略》等后期著述中，比较集中地阐明了后现代社会的基本特征，勾勒出三位一体的后现代性的形象：模拟、内爆、超现实。在布希亚笔下的世界，虽然光怪陆离，充满诱惑，却没有深度，没有意义，一切稳固的东西都烟消云散了，甚至历史都将终结。

布希亚的后期思想具有某种虚无主义的色彩，这使他对现代性的反抗和对后现代性的嘲讽失去了支点。不过，综观布希亚的思想，不可否认他对后现代社会理论作出的贡献。

（三）鲍曼

波兰犹太裔的英国社会学家鲍曼一生经历多变，思想跨度颇大。他经历了从军人到学者、从东欧社会主义国家移民到西方资本主义社会的变化，在思想上又跨越了现代和后现代两个维度，他写下了既有被称为“现代性三部曲”的名著，又有大量论述后现代的著作。

1. 现代性三部曲

《立法者与阐释者》被称为“现代性三部曲”的首篇。书中叙述了知识分子扮演的两种截然不同角色：一方面被赋予了从事对争执不下的意见纠纷进行仲裁和抉择的合法权威，俨然扮演着一个立法者的角色；另一方面，后现代世界观又使他们成了一个几乎没有什么权力的阐释教者。

在《现代性与大屠杀》中提出了大屠杀之后的社会学何为的问题。他深刻地批判了现代性的非道德后果：“（西方现代）文明化进程是一个把使用和部署暴力从道德计算中剥离出去的过程，也是一个把理性的迫切要求从道德规范或者道德自抑的干扰中解放出来的过程，”因此，“大屠杀式的现象必须被看成是文明化趋势的合理产物和永久的潜在可能。”

在《现代性与矛盾性》第三部曲中，他一反在《立法者与阐释者》中的某种中立立场，对哲人的立法理性梦想、对那种确保人为设计的秩序的至高无上性的做法进行了猛烈的抨击。他指出，只有权力的多元主义才能够真正抗衡并最终抵消现代性的工具性及其工具-理性心态中的种族大屠杀的潜在危险。

2. 后现代伦理

鲍曼在《后现代伦理》与《生活在碎片之中》等著作中，探究了怎样以一种后现代的方式来增进社会生活的道德化。当然，鲍曼并非是对后现代简单唱赞歌的思想家。他认识到后现代世界既是一种巨大的道德希望，同时又是一种巨大的个人困苦。在他看来，后现代状况的伦理悖论在于，它为行动者恢复了道德选择和责任的丰富性，而同时又从他们那里剥夺了现代的自信曾经允诺的、那种被普遍指引的安逸。后现代性既可能是我们的“机会”，也可能是我们的“毒药”①。

三、后现代社会理论的学术价值及其对社会学理论发展趋势的影响

在后现代社会理论家中，虽然对社会学这个学科自觉认同的并不多，但他们

① ［美］瑞泽尔：《后现代社会理论》，234 页。

的思想对社会学理论发展的趋势具有非常重要的影响，总括起来有以下三个方面。

第一个方面是后现代社会理论大大丰富和深化了“社会学的想象力”。用瑞泽尔的话来说，后现代社会理论促使了社会学理论的“去中心化”，即把社会学理论从传统上占据学科核心地位的许多关注点上移开，去关注那些原来被忽视的所谓边缘问题。比如，女权主义在社会学理论中的地位日渐崛起，就在很大程度上凭借了后现代思潮兴起之力。

第二个方面是后现代社会理论大大拓展和延伸了社会学与其他学科的相互联结。现代社会学在美国取得制度化的学科地位后，虽然使社会学从中受益匪浅，但也因日渐细密的学科分工而越来越自我封闭，失去了与其他学科的有机联系。后现代社会理论尽管反对宏大叙事，但它在方法论上却不囿于某一学科，从而为学科新的融合创造了有利的条件。

第三个方面是后现代社会理论重新提出了理论与实践生活的关系问题，有助于突破专业化所造就理论自治（脱离日常生活、孤芳自赏）的传统。后现代社会理论启发人们，理论与其说是为人们提供客观而普遍的真理，不如说是为人们展示面对日常生活和社会现实的种种可能性及其限制，提醒我们注意潜在的社会危险，告诉我们可能的补救办法。

综观当代西方社会学理论的发展趋势，既有新的综合趋势，又有新的“去中心化”趋势；不仅“分久必合，合久必分”，而且合中有分、分中有合。

第三篇　第二次世界大战后的苏联社会学

第十六章　苏联社会学的发展历程及其特点

教学目的和要求

了解苏联社会学的早期发展；正确认识苏联社会学被否定的思想根源和社会背景；掌握苏联学术界对于20世纪30年代至50年代社会学被否定的这段历史的不同看法；明了恢复后的苏联社会学理论体系结构及其特点。

第一节　早期苏联社会学的发展

早期苏联社会学经历了对资产阶级社会学的批判、马克思主义社会学的早期建设和最终被否定的这样几个阶段。

一、对资产阶级社会学的批判

在1917年十月革命前，社会学在俄国已是一门有一定发展的学科。著名社会学家诺维科夫、科瓦列夫斯基的理论著述和活动对当时西欧诸国的社会学思想有较大的影响。

在十月革命胜利后的最初年代里，社会学作为一门学科或大学的课程并没有被禁止和取消。随着国内阶级斗争的不断激化，充分暴露了资产阶级社会学反对无产阶级的性质，因而受到了批判和被赶下了讲坛。

二、关于早期马克思主义社会学的建设

在苏联社会学开始建设的初期，历史唯物主义与马克思主义社会学“等同论”的观点占据统治地位。然而，这时对马克思主义社会学也有不同的认识和看法。有人认为，历史唯物主义只是马克思主义哲学的一个组成部分，不是马克思主义社会学理论。

20 世纪 20 年代至 30 年代初这段时间里。苏联社会科学工作者和部分从事实际工作的同志进行了有益的社会调查。

三、社会学的夭折

在苏联社会学发展的早期阶段，由于对这门学科认识上的片面性，到 30 年代的后期，导致马克思主义社会学的夭折。

总起来看，苏联社会学在其早期发展阶段上有以下两个特点：第一，形成和发展出一种历史唯物主义型的马克思主义社会学，即历史唯物主义完全“等同”于马克思主义社会学。第二，这一时期的社会学经验研究尚没有作为马克思主义社会学知识有机整体的一部分被包括进来，二者的关系尚不明确，因而各自保持着独立。

第二节　如何看待苏联社会学被否定的历史

关于苏联社会学 20 世纪 30 年代至 50 年代被否定的这段历史，存在着不同观点和态度。

一、回避含糊的态度

苏联社会学界对于 20 世纪 30 年代至 50 年代这段历史情况一般人持回避态度，不公开表示意见。

二、基本肯定的评价

坚持马克思主义社会学和历史唯物主义“等同论”的人，不承认苏联社会学在其发展过程中有过被“否定”或“中断”的历史，但承认社会学发展受到过挫折。

三、潜在的意见

苏联社会学界多数人并不赞成马克思主义社会学与历史唯物主义“等同论”的观点，因此，不同意苏联社会学在 40 年代和 50 年代“依然存在”和“继续发展”的说法。

第三节　恢复后的苏联社会学及其特点

一、社会学的重新恢复

苏联社会学自 20 世纪 50 年代后期恢复以来，发展很快，相继建立了一批社会学研究机构。在一些较大的城市，成立了各有侧重的专门研究中心，出版了大量的社会学专著和研究报告。

二、关于马克思主义社会学体系的大辩论

苏联社会学自 1957 年开始恢复以来，对马克思主义社会学的对象和体系结构问题展开了激烈的讨论，直到 1968 年才初步形成了一种为官方和理论界多数人所接受的体系结构。

在关于苏联社会学体系结构问题的争论过程中，主要有以下三种观点：一种是传统的保守派意见。他们坚持"等同论"或"替代论"的看法。另一派，竭力主张马克思主义社会学应是一门与历史唯物主义不同的独立学科。第三派，即所谓稳健派的观点。提供了至今仍被采用的"三层次论"的结构体系。

三、"三层次论"的理论体系

所谓"三层次论"的理论体系，是指马克思主义社会学由高低不同的三个部分组成：作为第一层次的马克思主义社会学一般理论——历史唯物主义；作为中间层次的中级理论——社会学专门理论；作为第三层次的经验研究——具体社会学。

附录二

人名对照表

A

Alexander Ⅲ，the Great	亚历山大
Almond，G. A.	阿尔蒙德
Alexander，J. C.	杰弗里·亚历山大
Adorno，T.	阿多诺
Aristotle	亚里士多德
Aron，R.	阿隆
Assmann，H. V. G.	阿斯曼
Антонович，И. И.	安东诺维奇

B

Bacon，F.	培根
Baudrillad，J.	布希亚
Baldwin，J. M.	鲍德温
Baran，P.	巴兰
Barbar，B.	巴巴尔
Barnes，H. E.	巴恩斯
Becker，H. S.	贝克尔
Becker，G.	贝克尔
Bell，D.	贝尔
Bellah，R. N.	贝拉
Bendix，R.	本迪克斯

Bergson, H.	伯格森
Bernard, L.	伯纳德
Black, C. E.	布莱克
Blau, P. M.	布劳
Blumer, H.	布鲁默
Bodin, J.	博丹
Bobbio, N.	博比奥
Boudon, R.	鲍顿
Bourdieu, P.	布迪厄（又译波迪尤）
Boutroux, E.	布特鲁
Braithwaite, R. B.	布瑞斯威特
Brzezinski, E.	布热津斯基
Buddha	佛陀
Burgess, E. W.	伯吉斯
Burt, R.	柏特
Валевсон, С. Я.	瓦列夫松
Бородкин, Ф. М.	博罗特金
Бухарин, Н.	布哈林

C

Calvin, J.	加尔文
Caser, J.	恺撒
Chomsky, N.	乔姆斯基
Cicourel, A.	西考莱尔
Coleman, J. S.	科尔曼
Collins, R.	柯林斯
Colomy, P.	科洛米
Comte, A.	孔德
Condorcet, M. de	孔多塞
Cooley, Ch. H.	库利
Cook, K. S.	库克
Coser, L. A.	科塞

D

Dahrendorf, R.	达伦多夫

Darwin，Ch.	达尔文
De Coulanges，F.	德·吉兰伊
Descartes，R.	笛卡儿
Dewey，J.	杜威
Diderot，D.	狄德罗
Dilthey，W.	狄尔泰
Derrido，J.	德里达
Duncan，O. D.	邓肯
Durkheim，E.	杜尔克姆
Давыдов，А. А.	达维多夫
ДавыдюК，Г. А.	达维丘克
Добреньков，В. И.	多布列尼科夫

E

Eisenstadt，Sh. N.	艾森施塔特
Elias，N.	伊里亚斯（又译埃利亚斯）
Ellwood，C. A.	埃尔伍德
Elster，J.	艾尔斯特
Emerson，R. M.	艾默森
Emerson，R.	艾默生
Encontre，D.	昂孔特雷
Engel，F.	恩格尔
Engels，F.	恩格斯
ИОНиН，л. г.	伊奥宁

F

Faulkner，R.	弗克纳
Ferguson，A.	弗格森
Fiamengo，A.	费亚缅科
Foucault，M.	福柯
Fourier，Ch.	傅立叶
Frank，A.	弗兰克
Franklin，B.	富兰克林
Frazer，S. J.	弗雷泽
Friedman，D.	弗雷德曼
Франк，С.	弗朗克

G

Galbraith，J. K.	加尔布雷思
Galileo	伽利略
Gall，F. J.	加尔
Garfinker，H.	加芬克尔
Geertz，C.	吉尔茨
Gehlen，A.	格伦
Germani，G.	哥迈尼
Gerth，H.	葛斯
Giddings，F. H.	吉丁斯
Giddens，A.	吉登斯
Goffman，E.	戈夫曼
Golderson，R. K.	戈德森
Gould，M.	古德
Greatbatch，D.	格雷伯奇
Grimm，H.	格林
Гельмонт，А. М.	格尔蒙特
Говорухин，С.	戈沃鲁欣

H

Habermas，J.	哈贝马斯
Hage，J.	黑格
Hall，P.	黑尔
Hamilton，W.	汉姆敦
Harms，F.	哈尔姆
Hechter，M.	哈奇特
Hegel，G. W. F.	黑格尔
Heritage，J.	哈里蒂基
Hindess，B.	辛迪斯
Hillery，G. A.	希勒里
Hobbes，Th.	霍布斯
Hofstaudter，R.	霍夫斯塔特
Holton，R. J.	赫尔顿
Homans，G. C.	霍曼斯

Horkheimer，M.	霍尔海默尔
Hume，D.	休谟
Huntigton，S. P.	亨廷顿
Huxley，T. H.	赫胥黎
Huyssen，A.	于桑

I

Inkels，A.	英克尔斯

J

James，W.	詹姆斯
Jandy，E. C.	简迪
Jameson，F.	詹姆逊
Jesus Christ	耶稣

K

Kahn，H.	卡恩
Kant，I.	康德
Khaldun，Ibn	伊本·哈尔顿
Knorr-Getina	克诺尔-塞地纳
Kuhn，M.	库恩
Kulcsar，K.	库尔萨尔
Каб0，Е. О.	卡博
Кареев，Н. Е.	卡列耶夫
Карсавин，Л. П.	卡尔萨温
Квалевский，М.	科瓦列夫斯基
Ковалев，С. И.	科瓦利夫
Кон，И. С.	科恩
Кудрявцев，В.	库德里亚夫采夫

L

Lacan	拉康
Laclau，E.	拉克劳

Lamarck，J. B. De M.	拉马克
Lazarsfeld，P.	拉扎斯菲尔德
Lazarus，M.	拉扎拉斯
Leibnitz，G. W.	莱布尼茨
Lemert，E.	勒默特
Lenski，G. E.	兰斯基
Lévi-Strauss，C.	列维-斯特劳斯
Levy，M.	列维
Lidz，V.	李兹
Locke，J.	洛克
Luhman，N.	卢曼
Luki′c，R.	卢基奇
Lunt，P. S.	朗特
Luthe，M.	路德
Lynd，H.	林德，H.
Lynd，R.	林德，R.
Lyotard，J-F.	利奥塔
Ленин，В. И.	列宁

M

Machiavelli，N.	马基雅弗利
Malinowski，B.	马林诺夫斯基
Malthus，T. R.	马尔萨斯
Maines，D.	梅恩斯
Mandic′，O.	曼迪奇
Mann，M.	米歇尔·曼恩
Marshall，A.	马歇尔，A.
Marshall，T. H.	马歇尔，T. H.
Maryanski，A.	马里安斯基
Martindale，D.	马丁代尔
Martineau，H.	马蒂诺
Marx，K.	马克思
Mauss，M.	摩斯
McDoudall，W.	麦独孤
Mead，G. H.	米德
Merton，R. K.	默顿

Mills，C. W. 米尔斯
Mohammed 穆罕默德
Mommsen，T. 蒙森
Montesquieu 孟德斯鸠
Morgan，L. H. 摩尔根
Mouffe，C. 茅夫
Munch，R. 蒙奇
Mayhew，B. 梅尤
Михайловский，Н. К. 米海洛夫斯基

N

Napoleon 拿破仑
Newton，S. I. 牛顿
Nietzsche，F. 尼采
Новиков，Ж. 诺维科夫

O

Owen，R. 欧文
Оранский，С. А. 奥兰斯基
Осипов，Г. В. 奥西波夫

P

Pareto，V. 帕累托
Park，R. E. 帕克
Parsons，T. 帕森斯
Pavlov，T. 巴甫洛夫
Plato 柏拉图
Popper，K. R. 波普
Prebish，R. 普雷维什
Popovi′，M. 波波维奇
Puliňšeli′，S. 布里舍里奇
Платэ，Н. А. 普拉泰

Q

Quandt，J. B. 匡特
Quesnay，F. 魁奈
Чагин，Б. А. 恰金

R

Radcliffe-Brown，A. R. 拉德克利夫-布朗
Ratzenhofer，G. 拉兹霍弗
Redfield，R. 雷德费尔德
Reisman，D. 里斯曼
Rex，J. 雷克斯
Ricardo，D. 大卫·李嘉图
Rickert，H. 李凯尔特
Ritzer，G. 瑞泽尔
Roemer，J. E. 罗麦
Ross，E. A. 罗斯
Rostow，W. W. 罗斯托
Rousseau，J. J. 卢梭
Rossi，I. 罗西
Росницкий，Н. 罗斯尼茨基

S

Sacks，H. 萨克斯
Saint-Simon，H. 圣西门
Santos，D. 桑托斯
Schäffle，A. 舍费尔
Schmoller，V. 薛莫勒
Schopenhauer，A. 叔本华
Schumpter，J. 熊彼特
Sciulli，D. 修里
Shils，E. A. 希尔斯
Simmel，G. 齐美尔
Skidmore，W. 斯基莫尔

Skinner，B. F.	斯金纳
Small，A. W.	斯莫尔
Smelser，N. J.	斯默尔塞（又译斯梅尔塞）
Smith，A.	斯密
Sombart，W.	桑巴特
Sorokin，P. A.	索罗金
Spencer，H.	斯宾塞
Spinoza，B. de	斯宾诺莎
Stollberg，R.	斯托贝格
Stryker，S.	斯特莱克
Sumner，W. G.	萨姆纳
Supek，R.	苏佩克
Szacki，J.	沙斯基
Saussure，F.	索绪尔
Сталин，И.	斯大林
Струмин，С. Г.	斯特鲁米林
Садовничий，В. А.	萨多夫尼奇
Шпильрейн，И. Н.	施皮尔赖因

T

Tard，G.	塔尔德
Thomas，W. I.	托马斯
Timasherff，N. S.	蒂玛舍夫
Tönnies，F.	滕尼斯
Turgot，A. R. J.	蒂尔戈
Turner，B. S.	特纳，B.
Turner，J. H.	特纳，J.
Turner，L.	特纳，L.
Turner，R.	特纳，R.
Tylor，S. E. B.	泰勒
Tyndall，J.	廷德耳
Тахтарев，К. М.	塔赫塔列夫

V

Veblen，T. B.	凡勃伦
Vico，G. B.	维科

W

Ward，L. F.	沃德
Warner，W. L.	沃纳
Watson，J. B.	华生
Weber，M.	韦伯
Whitehead，A. N.	怀特海
Wiese，L. V.	维泽
Wiley，N.	威利
Wolff，K. H.	沃尔夫
Wundt，W.	冯特

Y

Ядов，В. А.	亚多夫
Яковлев，Я.	亚科夫列夫
Яхцел，Н.	亚希尔

Z

Zeller，E.	蔡勒
Zetterberg，H. L.	吉特堡
Znaniecki，F.	兹纳涅斯基
Здровомыслов.，А. Г.	兹德拉沃梅斯洛夫

图书在版编目（CIP）数据

外国社会学史：重排本/贾春增主编．—3版．—北京：中国人民大学出版社，2018.10
新编21世纪社会学系列教材
ISBN 978-7-300-26268-0

Ⅰ.①外…　Ⅱ.①贾…　Ⅲ.①社会学史-世界-高等学校-教材　Ⅳ.①C91-091

中国版本图书馆CIP数据核字（2018）第217090号

新编21世纪社会学系列教材
外国社会学史
（第三版重排本）
主　编　贾春增
Waiguo Shehuixueshi

出版发行	中国人民大学出版社		
社　　址	北京中关村大街31号	**邮政编码**	100080
电　　话	010－62511242（总编室）		010－62511770（质管部）
	010－82501766（邮购部）		010－62514148（门市部）
	010－62515195（发行公司）		010－62515275（盗版举报）
网　　址	http://www.crup.com.cn		
经　　销	新华书店		
印　　刷	北京七色印务有限公司	**版　　次**	1989年1月第1版
开　　本	787 mm×1092 mm　1/16		2018年10月第3版
印　　张	26.25	**印　　次**	2023年11月第6次印刷
字　　数	579 000	**定　　价**	65.00元

关联课程教材推荐

书号	书名	作者	定价
978-7-300-26323-6	社会学概论新修（第五版）	郑杭生	69.00 元
978-7-300-20919-7	中国社会思想史（第三版）	王处辉	59.80 元
978-7-300-10739-4	当代国外社会学理论	刘少杰	39.80 元
978-7-300-25621-4	社会研究方法（第五版）	风笑天	65.00 元

配套教学资源支持

尊敬的老师：

衷心感谢您选择使用人大版教材！

秉承“出教材学术精品，育人文社科英才”的出版理念，我社为教材打造配套教学资源，帮助老师拓展教学思路，革新教学方式。相关的配套教学资源，请到人大社网站（www.crup.com.cn）下载，或是随时与我们联系，我们将向您免费提供。联系人信息：

地址：北京海淀区中关村大街 31 号 206 室　龚洪训 收　邮编：100080

电子邮件：gonghx@crup.com.cn　电话：010-62515637

QQ：6130616/195761402

欢迎您随时反馈教材使用过程中的疑问、修订建议等，让我们与教材共成长。建议一经采纳，即有好书奉送。

如有相关教材的选题计划，也欢迎您与我们联系，我们将竭诚为您服务！

选题联系人：	电子邮件：	电话：
潘　宇	pany@crup.com.cn	010-62515634
盛　杰	shengj@crup.com.cn	010-62513897